高等院校通识教育"十三五"规划教材

国家民委高等教育教学改革一般项目　西藏高等院校重点建设教材

大学体育指导教程

（微课版　第2版）

Sports

耿献伟 罗帅呈 杨文豪 主编

人民邮电出版社

北　京

图书在版编目（ＣＩＰ）数据

大学体育指导教程：微课版 / 耿献伟，罗帅呈，杨
文豪主编. -- 2版. -- 北京：人民邮电出版社，2017.8（2022.7重印）
高等院校通识教育"十三五"规划教材
ISBN 978-7-115-45535-2

Ⅰ. ①大… Ⅱ. ①耿… ②罗… ③杨… Ⅲ. ①体育—
高等学校—教材 Ⅳ. ①G807.4

中国版本图书馆CIP数据核字(2017)第091534号

内 容 提 要

本书共分 4 部分内容，第一部分基础理论篇（第一章至第五章）、第二部分现代竞技体育篇（第六章至第十章）、第三部分民族传统体育篇（第十一章至第十四章）以及第四部分休闲体育篇（第十五章）。第一部分基础理论篇对体育与健康、体育锻炼、体育保健、医疗体育、运动损伤、运动竞赛等相关内容进行阐述；第二部分现代竞技体育篇对田径、球类、搏击类、塑身体育、游泳等常见运动项目做详细介绍；第三部分民族传统体育篇内容包括武术、藏民族传统体育项目和全国少数民族传统体育运动会比赛项目的介绍；第四部分休闲体育篇包括登山、拓展训练、定向越野、攀岩等常见休闲体育项目。

全书既有理论方面的深入阐述，又有切合大学生身心发展的运动能力的训练，并配有大量趣味性插图及微课视频。本书不仅可以帮助大学生掌握基本运动技能和正确的运动技巧，而且有利于引导他们养成锻炼意识、形成体育习惯，为大学生全面发展奠定基础。

本书可作为高等学校"公共体育"课程教材，也可以供体育爱好者学习参考。

◆ 主　编　耿献伟　罗帅呈　杨文豪
　　责任编辑　王　平
　　责任印制　沈　蓉　彭志环
◆ 人民邮电出版社出版发行　北京市丰台区成寿寺路 11 号
　　邮编　100164　电子邮件　315@ptpress.com.cn
　　网址　http://www.ptpress.com.cn
　　北京市艺辉印刷有限公司印刷
◆ 开本：787×1092　1/16
　　印张：16.25　　　　　　2017 年 8 月第 2 版
　　字数：383 千字　　　　2022 年 7 月北京第 6 次印刷

定价：45.00 元

读者服务热线：(010)81055256　印装质量热线：(010)81055316
反盗版热线：(010)81055315

本书编委会

主　编：耿献伟　罗帅呈　杨文豪

副主编：杨海航　王兴怀　杨建军

参　编：（排名不分先后）

李　杰　李　超　曹　钧　李红琴　张鹏海　章效宝

邓军平　薛　强　张新民　郭慧芳　兰海涛　谭　振

李　明　李侠功　秦　丽　张李强　常子敏　陈　强

张二伟　李玉林　张艳红　张键华　刘会杰　张万广

陶光华

学校体育工作的重点是增进学生身心健康，提高学生综合素质，促进学生全面发展。大学体育的目标是贯彻执行"学校教育要树立健康第一"的指导思想，让学生掌握体育的基础知识、基本技术和基本技能，切实地把体育理论和体育实践结合起来，把学生培养成 21 世纪富有竞争力的合格人才。

本书依据科学发展的要求，紧密结合当前高校体育教学的需要和大学体育改革的现状，以学生为本，从实际出发，确立以终身体育理念和技能为内容、以学生身心健康为目标的新型体育教学体系，改变单一课堂的狭隘课程教学模式，拓展课外、社会和自然体育资源，引进大量学生喜爱的新颖项目。

本书针对大学生的特点，在知识点选择和内容编排方面力求内容丰富、生动易懂。与目前市场上其他同类教材相比，本书具有以下特点。

（1）注重基础性。大学体育是高等院校一门重要的公共课程，因此，本书注重基本概念的介绍和基本技能的训练，为指导大学生体育活动和运动健身提供了理论知识与实践手段，力求养成终身体育意识。

（2）强调趣味性。全书配有丰富的插图和阅读文献，内容更加生动形象，所覆盖的知识面也更为广泛，可以更好地启发学生的学习兴趣。

（3）突出实用性。一方面从学生身心特点出发，在内容选择上具有针对性，深入浅出地阐述了大学生较为关注的问题；另一方面，对运动项目的介绍充分、清晰，易教、易学、易操作，既可作为大学公共体育课的教学用书，又可作为大学生自我锻炼的参考用书，将课程建设与学生发展紧密结合起来。

（4）讲求创新性。针对学科知识的无限性和教材内容有限性的问题，在简要概述基本知识的基础上，增添了新的内容（如基础理论中的图示详解，藏民族传统体育选介及全国少数民族体育运动会竞赛项目，运动实践中的户外运动、拓展训练等内容），特别是民族传统体育内容的介绍，为民族传统体育的传承和发展提供了新的思路。尽力做到力求立足体育的前沿，指引大学体育的教学。

（5）一定学术性。本书是 2011 年国家民委本科教学与质量建设研究项目"西藏本科院校公共体育课程改革及建设研究，项目编号为 11092"的部分成果，无论是理论部分还是项目设置部分都经过课题组成员的反复论证和研究，具有一定的学术参考价值。

（6）加入"微课"教学。根据体育教学的规律和特点，在传统体育教学的基础上加入微课教学，经过精心的信息化教学设计，以视频形式展示不同体育运动项目的动作技术。精美的视频配上悦耳的音乐，达到学习知识的目的，并引发学生更深入的思考。

　　本书在编写的过程中，得到了西藏民族大学校领导及教务处的悉心指导，此外，摄影老师汪琦为本书提供了摄影素材，在此一并表示感谢。由于编者水平有限，书中难免有疏漏之处，恳请广大读者不吝赐教。

编　者

2017 年 3 月

目录

第二部分　现代竞技体育篇

第一部分

基础理论篇

第一章
体育与健康

本章概述了中国体育的发展历程，指出了体育强健身心、完善品质、追求完美的真谛。探讨了健康内涵，分析了环境、心理、生活方式、体育等因素对健康的影响，阐述了体育对健康的作用——奠定了人体的生理基础，铸就了人体的心理健康，推进了个体的社会适应，强化了个体的道德建设。

第一节　体　育　概　述

本节介绍了体育发展的历史轨迹：从萌芽到演进再到曲折时至崛起。从人文视角探寻体育的真谛：对完美永无止境的追求。

一、历史回顾——追溯体育的轨迹

1. 原始体育的萌芽

原始人的生存环境极为严峻，他们只能依靠自己的体力，凭借自己的智慧，同恶劣的自然环境进行较量，通过打猎、采集、捕鱼等方式获取生活所必需的食物（见图1-1）。在悠悠岁月的历史长河中，在血和泪的教训下，我们的祖先深深地懂得，强壮的身体是生活的前提。

图1-1　原始人狩猎图

死亡的阴影经常在头顶盘旋，为了生存，更为了发展，原始人不得不学会了奔跑、投掷、攀登、爬越、泅水……这些行为既是劳动手段，又是基本生活技能，其中蕴含了体育活动的萌芽。

由于生产力的局限，原始社会无法形成专门的体育，也没有专门的体育活动者。此时的体育往往与军事活动、祭祀、生产、游戏等融合在一起，其所特有的运动手段和形式尚未完全"独立"。原始社会的体育萌芽，从本质上而言，是由经济状况、生产状况和实践方式决定的，是在生存过程中简单模仿所形成的。毋庸置疑，体育自此萌芽，在原始的星光下和初绽的黎明中扎根、发芽，不断成长。

2. 古代体育的演进

奴隶社会的体育，是在继承原始体育萌芽状态的前提下，在奴隶制基础上发展起来的体育的初级形态。随着生产力的进步，它已经和劳动初步分离，而与军事、教育、宗教、礼仪以及统治阶级的享乐生活紧密结合，并向着多样化、复杂化和独立化的方向发展。

这一时期，频繁的军事战争成为体育演进的重要动力。有文字记载的体育运动包括射、御、角力（见图1-2）、兵器武艺、奔跑、跳跃、举鼎、拓关、游水、弄丸（见图1-3）、投壶以及棋类活动等。

图1-2　角力图

图1-3　弄丸图

封建社会前期，从战国到南北朝，体育蓬勃发展，就种类而言，体育运动的项目不断增多，内容日益丰富，游戏、导引（见图1-4）等普遍开展，其中以华佗所创的五禽戏（见图1-5）最负盛名；就范围而言，从皇宫到民间，从军队到学校，从城市到乡村都有体育活动开展；就技术而言，角抵、蹴鞠等项目发展较快，逐渐向竞技方向靠拢，出现了不少技艺高超的体育人才；就理论而言，体育专著在这一时期也开始涌现。

至隋唐五代，体育空前繁荣。体育项目呈现多样化和规范化的特点，许多运动项目明确了规格型制，拥有了专职机构和专业人员，如蹴鞠（见图1-6）、武术、角抵等；体育竞技状况空前兴盛，规模宏大，运动技艺水平有了很大提高；女子体育运动蔚然成风，有踏球、抛球等，其中以马球（见图1-7）和蹴鞠最为盛行；国际体育交流增多，一方面，唐代的技击术在朝鲜半岛的新罗广泛流行，养生术、蹴鞠也传入日本；另一方面，印度人、罗马人的杂技和幻术从汉代起就不断传入中国，自唐代日本倭刀也为中国武林所重视。

图1-4　导引术

虎形　鹿形　熊形　猿形　飞鸟形

图1-5　五禽戏

图1-6　蹴鞠示意图

图1-7　打马球图

封建社会后期，宋元明清到鸦片战争之前，一方面，民间体育组织的出现，极大地推动了民间体育的普及和提高；大量的体育资料被汇集成书，尤其是武艺、球类、养生导引方面的著述较多。另一方面，宋初的民族歧视压迫政策和程朱理学的主静思想在一定程度上阻碍了体育的进一步发展。

3. 近代体育的曲折

鸦片战争以后，政局动荡，战争频繁，经济薄弱。随着帝国主义的入侵，西方文明涌入，欧美体育亦大规模地传入，中国传统体育逐渐没落。传入我国的西方近代体育项目主要有体操、田径、游泳、足球、篮球、排球、棒球、垒球、网球、乒乓球等。体育在战火纷飞的社会夹缝中艰难生存，运动技术水平缺乏必要的提高基础和周期。

4. 现代体育的崛起

新中国成立以来，体育事业突飞猛进。群众性体育运动广泛开展，如火如荼，群众体育组织体系逐渐健全，自1995年起实施全民健身计划。竞技体育硕果累累，1959年，乒乓球运动员容国团获得了中国体育史上的第一个世界冠军。2008年，我国更是成功举办了第29届北京奥运会。学校体育稳步成长，从体育院系的建设到校园体育运动的推广，从健康第一的倡导到终身体育的理念，体育正在成为当代人的重要生活方式。

二、人文视野——探寻体育的真谛

体育在不同历史阶段和文化背景下被人为地赋予了不同的含义，但人本思想贯穿了体育发展的始终。在体育运动中，人的身体既是手段，又是直接的目的，体现着工具性和目的性的完美统一。人居于运动中心的、首要的位置，人的发展和完善是直接的、最重要的目的，而由体育所带来的名声、荣誉、财富、地位以及产业的发展、经济的增长等，都是人在实现自我发展和追求自我完善的过程中所带来的"副产品"。体育真正的伟大之处在于对完美永无止境的追求，它让人类在强健身心、探索真理、开拓世界的过程中获得了无限的发展空间。

扫一扫

微课：塑造品格

在遥远的古希腊时代，人们通过体育追求躯体之美、力量之美和精神之美。以体育的形式表达对神的敬意，并在肉体上和精神上无限地去接近正确、光明和真理。在古希腊神话中，神灵的移动瞬时完成，不需要时间，而人则无法达到，那么使用时间最少的人就是最为接近于神的人，成为神"在这大地苍穹之中"的"荣耀的见证"。就这样，人在体育锻炼中，充分发展并不断挖掘着自身的潜能，诠释着体育的完美真谛。

从保守的维多利亚时代，体育便明确地承担起道德的重任。运动员出现的道德过失，会被认为是整个体育界乃至社会的灾难。英国公立学校中，通过体育教给男孩们所有统治国家时所需要的"男子汉"的品德：正直诚实，团队合作精神，忠于伟大的事业。

体育不仅是要强身健体，也要塑造美好的品性。这也正是体育运动经久不衰的魅力之所在。体育是一种虔诚的追求——拼搏不息，永不满足；体育是一种积极的态度——锐意进取，百折不挠；体育是一种文化的积淀——以人为本，重在参与。体育让人类实现自我超越，走向"臻于至善"的完美境界。

第二节 健康准则

本节介绍了健康的内涵，其范畴不断更新，涵盖了躯体健康、心理健康、社会适应健康和道德健康等领域。分析了影响健康的部分因素：环境、心理、生活方式、体育锻炼等。从生理、心理、社会适应和道德建设的角度详细阐述了体育锻炼对维护健康具有重要作用。

一、健康的内涵

"健康（Health）"是当今使用频率最高的词汇之一，互联网的中文搜索引擎下，"健康"的相关条目数以千万计。可见人们对健康的关注程度极高。

有健康的人，便有了希望；有希望的人，便有了一切。古希腊哲学家赫拉克利特呼吁："如果没有健康，智慧就不能表现出来，文化无从施展，力量不能战斗，财富变成废物，知识也无法利用。"思想家苏格拉底曾说："健康是人生最为可贵的。"培根指出："健康的身体是灵魂的客厅，病弱的身体是灵魂的监狱。"马克思认为"健康是人的第一权利"，我国著名经济学家于光远指出："健康地生存是人生的第一需要"。世界卫生组织（World Health Organization，WHO）始终围绕健康主题，提出"健康就是金子"（1953），"健康的青年——我们最好的资源"（1985），"良好的健康是社会、经济和个人发展的主要资源，也是生活质量的重要部分"（1986），"健康地生活——皆可成为强者"（1988），"健康是基本人权之一，是社会和经济发展的基础"（1997）。健康的重要性由此可见。

在一定的历史范畴内，健康与特定的社会、环境、经济、文化、伦理道德等密切相关。人们对健康内涵的认识随着历史的发展而不断演进和深化。

古代，人们对生命活动的认识极为肤浅，加之宗教信仰的桎梏，对健康的认识仅仅局限于没有疾病。随着社会的发展和医学的进步，人们能够使用各种仪器检测、发现身体的生理变化，健康被视为"器官发育良好，体质健壮，体能充沛"。毋庸置疑，这种建立在生理基础上的生物医学模式是一种巨大的进步，但它忽视了人的心理因素和社会属性。20 世纪 30年代，美国健康教育学者指出："健康是人们身体、心情和精神方面都自觉良好，活力充沛的状态。"由于不良情绪、精神创伤、恶劣环境等导致的"现代病"愈演愈烈，1948 年世界卫生组织提出了新的健康概念：健康不单是没有疾病和不虚弱，而是躯体的、精神的健康和社会幸福的完善状态（Health is a state of complete physical，mental，and social well-being and not merely the absence of disease or infirmity.）。20 世纪末，世界卫生组织又把道德修养纳入了健康的范畴。

世界卫生组织提出了健康的 10 个标志。

- 精力充沛，能从容不破地应付日常生活和工作的压力而不感到过分紧张。
- 处事乐观，态度积极，乐于承担责任，事无巨细不挑剔。
- 善于休息，睡眠良好。
- 应变能力强，能适应环境的各种变化。
- 能抵抗一般性感冒和传染病。
- 体重得当，身材均匀，站立时头、肩、臂的位置协调。

- 眼睛明亮，反应敏锐，眼睑不发炎。
- 牙齿清洁、无空洞、无痛感，龋齿颜色正常，不出血。
- 头发有光泽，无头屑。
- 肌肉、皮肤富有弹性，走路轻松有力。

《从混沌到有序》中描述：科学不是一个"独立变量"，是嵌在社会之中的一个开放系统，由非常稠密的反馈环与社会连接起来，它受到外界环境的有力影响，它的发展是因为文化接受了它的统治思想。由单一的生理健康观，到涵盖生理、心理、社会层面的三维健康观，再到包括躯体健康、心理健康、社会适应健康和道德健康的全面健康观，健康理念不断变革。随着科技的发展，环境的改变，健康观亦会被赋予新的内涵。正如杜波斯所言："寻求健康是一个不断进行和适应性的过程，而不是一个总能达到或总能保持的静止状态，即健康意味着不断适应变化不定的生物和社会环境。

二、影响健康的因素

1．环境与健康

自然环境是人类赖以生存的基础，为人类提供了生活的必需物质。良好的自然环境可以陶冶情操、放松精神、愉悦心情，有利于人的身心健康。恶劣乃至被污染的自然则会损害身心健康，如酷暑、严寒、飓风、雪灾、空气中的有害气体、河流中的有毒微生物等，会引起人体的种种不适，甚至引发疾病。

社会环境是人类在自然环境基础上，有目的、有计划创造而成的人工环境，是人类物质文明和精神文明发展的标志。现代社会中，高节奏的生活、大强度的工作、激烈的竞争、巨大的压力，无一不侵蚀着人类的健康。疲劳综合征、伏案综合征、空调综合征、静电综合征等，社会的快速发展也在一定程度上牺牲了人类的健康。

2．心理与健康

《黄帝内经》中提到"怒伤肝""喜伤心""悲伤脾""恐伤肾"。现代医学证实，心理因素的异变可能诱致心身症，又称精神生理反应。最初表现为自主神经和内脏系统的功能性改变，继而发展为躯体的功能失调，甚至发生组织结构的损害，如溃疡、偏头痛、心悸等。而积极的心理状态则能保持和增进健康，对疾病的治疗、痊愈也有显著作用。

3．生活方式与健康

生活方式是在遗传提供的可能性前提下，在所处客观环境中养成的一种行为模式，这种行为模式表现为日常生活中习以为常的行为。

吸烟是目前影响人类健康的一个重要危险因素，全世界每年因吸烟而导致死亡的达250万人之多。烟草的烟雾中至少含有3种危险的化学物质：焦油，尼古丁和一氧化碳。焦油沉积在肺中浓缩成一种黏性物质。尼古丁是一种会使人成瘾的药物，主要对神经系统产生影响。一氧化碳则会降低红血球将氧输送到全身的能力。长期吸烟者的肺癌发病率比不吸烟者高10～20倍，喉癌发病率高6～10倍，冠心病发病率高2～3倍。循环系统发病率高3倍，气管炎发病率高2～8倍，吸烟者的死亡率比非吸烟者高1.7倍。

酗酒就是过量饮酒。酗酒会引起黏膜充血、肿胀和糜烂，导致食管炎、胃炎、溃疡病。酒精主要在肝脏内代谢，肝癌的发病与长期酗酒有直接关系。酒精还会影响脂肪代谢，可致使血胆固醇和甘油三酯升高。当血液中的酒精浓度达到 0.1%时，会使人感情冲动；达到 0.2%～0.3%时，会使人行为失常；长期酗酒，会导致酒精中毒性精神病。

一般把不在医生指导下，随意不适当地使用一些心理激动（致幻）剂直至产生成瘾趋势的行为称吸毒。目前吸食的毒品绝大多数是海洛因，它对人体神经系统产生高度的毒性和生理破坏。吸毒上瘾后，不仅心理变态，人格解体，尊严尽丧，不知廉耻，而且会导致和传染各种疾病甚至死亡。据联合国禁毒署统计，全世界每年因吸食毒品而死亡的高达 10 万人，因此而丧失劳动能力的每年约有 1 000 万人。

4. 体育锻炼与健康

科技的进步和社会的发展提高了人类整体健康水平，但是新的健康问题（涉及人的机体功能状态、人与自然的关系和人与社会的关系等领域）不断涌现出来，严重威胁着人类的未来生存。体育的真谛和健康的内涵使两者在现代社会紧密地联系在一起，体育成为健康发展的核心主题之一，其对健康的特殊意义越来越得到肯定和重视。

体育锻炼是健康的需要。经常运动能预防并减少许多疾病，如心脏病、癌症、糖尿病等，也有利于维持健康的体重，增加抗压能力，改善睡眠质量等。美国卫生部的研究表明，身体缺乏运动的人容易超重，肥胖，患慢性疾病和出现心理不健康等问题。世界卫生组织统计，全球每年有 200 多万人因缺乏运动而导致死亡。对此，专家建议，坚持每天活动半小时是保持健康的最低要求。

三、体育锻炼与健康维护

1. 体育锻炼奠基人体生理基础

（1）体育锻炼有利于提高神经系统的机能。神经系统包括大脑、脊髓、神经和神经细胞。长时间的脑力劳动，会由于供血不足和缺氧而头晕脑胀。进行体育锻炼，尤其是在新鲜的空气中开展运动，可以改善大脑的供血情况，使大脑消除疲劳，恢复活力。从事体育锻炼还可以延缓脑细胞的衰亡过程，延长大脑的"年轻态"。

体育锻炼还可以改善神经系统的调节功能，提高其对复杂变化的判断和反应能力，并及时做出协调，准确，迅速的应对。经常参加体育锻炼能够加强神经系统兴奋和抑制的交替转移过程，从而改善大脑皮层神经系统的均衡性和准确性，提高脑细胞工作的灵活性、协调性、反应速度、耐受能力等。如果缺乏必要的体育活动，则大脑皮层的兴奋性将会下降，导致平衡失调，甚至引发某些疾病。

扫一扫

微课：体育锻炼
与供氧系统

（2）体育锻炼有利于促进循环系统的机能。循环系统由静脉、动脉和毛细血管组成，它在心脏的驱动下，为人体各个部位提供氧气和各种养料。

① 经常从事体育锻炼能使心肌细胞内的蛋白质合成增加，心肌纤维增粗，心壁增厚，心肌力量增强，每搏输出量加大，使血液的数量增加并提高其质量。研究表明，在安静状态下，健康成人心脏的每搏输出量为 70 毫升，而经常运动者的可达 90 毫升。

② 体育锻炼可以增加血管壁的弹性，并促使大量毛细血管开放，大大加快能量供应，提高新陈代谢。

③ 体育锻炼可以显著降低血脂含量（胆固醇、b-蛋白质、三酰甘油等）、改变血脂质量，在遏制肥胖、健美形体的同时，能有效地防治冠心病，高血压和动脉粥样硬化等疾病。

④ 体育锻炼可以降低血压，舒缓心搏，预防心血管疾病。病理学家通过解剖发现，经常运动的人患动脉硬化的比率要远远低于不常运动的人。

（3）体育锻炼有利于增强运动系统的机能。运动系统由骨、骨连结和骨骼肌组成，它支撑起身体，并保护各器官的系统运作。体育锻炼能够增强运动系统的准确性和协调性，保持较好的灵活性，使人有条不紊、准确敏捷地完成各种复杂的动作。

体育运动可使骨密质增厚，骨小梁排列更加规则整齐，促使青少年骨的长径生长速度加快，直径增大，极大地提高骨的坚固性和抗弯、抗断、抗压能力。同时，可促进骨骼中钙的储存，预防骨质疏松。

体育运动可使肌肉的效能增强，肌肉更加粗壮、结实、发达而有力。具体表现为肌红蛋白和肌糖元的数量增加，肌纤维增粗，肌肉体积增大，肌肉的收缩力量加强，速度增快，弹性提高，耐力持久。

经常性的体育锻炼还可以增强关节周围肌肉的力量和韧带的柔韧性，从而扩大关节活动的幅度和牢固程度，减少各种外伤和关节损伤。

（4）体育锻炼有利于完善呼吸系统的机能。呼吸系统由呼吸道（鼻、喉、气管和支气管）和肺组成。

体育运动可以增加肺活量（人体尽全力吸气后再尽力呼出的气体总量）和肺通气量（每分钟尽力呼出或吸入肺内的气体总量）。经常参加体育锻炼，特别是做一些伸展扩胸运动，可使呼吸肌力量增强，胸廓扩大，有利于肺组织的生长发育和肺的扩张，使肺活量增加。同时，体育锻炼时需要大量的吸入氧气和排出二氧化碳，这就要求呼吸肌加强收缩，使肺泡得到充分张开，加深呼吸的深度，从而有效地增加了肺的通气效率，使人体能够承受更大强度的运动量。实验证实，经常参加体育锻炼的人，肺活量可增加 1 000 毫升左右，肺通气量可达 100 升/分以上，均高于一般人。

（5）体育锻炼有利于优化免疫系统的机能。体育运动本身是一种运动负荷的刺激，反复刺激，身体的各个系统就会产生形态及功能的适应性变化。在这种应激与适应的生理反应过程中，免疫机能也会相应提高。

（6）体育锻炼有利于强健消化系统的功能。经常进行体育锻炼能促进胃肠蠕动，增加消化液分泌。运动中肌肉的收缩和舒张能对胃肠起到按摩作用，在提高食欲的同时增强吸收能力。

但应注意，不宜在饭后即刻进行体育活动或剧烈运动后马上就餐，运动和吃饭之间要有一定的间隔休息。一般认为，运动后至少休息 30～40 分钟再进食，或饭后间隔约 1.5 小时再进行运动较为科学。

运动时，在中枢神经系统的调节下，对全身的血液进行重新分配，以保证对肌肉骨骼营养物质和氧气的供应。此时管理消化的神经尚处于抑制状态，消化腺的分泌减少，胃肠蠕动减弱。运动越剧烈、持续时间越长，消化器官就越需要更长的时间来进行恢复。

同样，如果饭后立即参加剧烈运动，就会致使正在参与胃肠消化和吸收的血液又重新分配，流向肌肉和骨骼，从而会影响胃肠机能。甚至可能因为胃肠的震动和肠系膜的牵扯而引起腹痛及不适感，进而影响人体的健康。

2．体育锻炼铸就人体心理健康

心理健康又称精神健康（Mental Health），指的是人能积极调节自己的心理状态，顺应环境（包括自身环境、自然环境与社会环境），有效地、富有建设性地发展和完善个人生活。其包括 5 个方面：①智力发育正常；②情绪稳定、乐观进取；③意志坚定、行为协调；④人格健全、自我悦纳；⑤良好的社会适应性。心理健康的人能够随外部环境变化而不断调整自身的心理结构以维持内外的平衡。

（1）体育锻炼能够舒缓情绪。情绪是心理健康的重要指标。现代社会中，各方面的综合压力使人产生的焦虑、烦恼、紧张、压抑、暴躁、忧郁等都属于不良情绪范畴。医学研究发现，从事慢跑、游泳、骑自行车等体育活动对于抑郁症、焦虑症、化学药品依赖者的治疗具有显著疗效。这充分说明体育运动能够转移并宣泄不愉快的情绪，使人恢复精神愉快。

（2）体育锻炼可以强韧意志。意志品质包括自觉性、果断性、坚韧性、自制力以及勇敢顽强精神。体育活动充满了失败和挫折，积极主动、持之以恒地坚持体育运动，要克服各种主、客观困难，这个过程既是锻炼身体的过程，又是培养良好意志的过程。竞技体育活动能够激励人们奋发向上、顽强拼搏的斗志，养成坚强、自信、勇敢、进取的优秀品质。

3．体育锻炼推进个体社会适应

社会的适应性是指个体对所处的社会环境的认识，能够融洽地愉快地扮演生活中的各种角色，如朋友、邻居、同学、恋人等，在社会各领域的生活中发挥积极的作用。体育活动能够增进人际交往，增加彼此交流，同时形成团结合作、协调一致、相互帮助、彼此鼓励的团队精神，有助于个体对于社会适应性的培养。

4．体育锻炼强化个体道德建设

体育锻炼，不仅在于育体，也在于育心。西周的礼射，讲究"明君臣之礼，明长幼之序"，以射建德。古希腊和斯巴达的军事体育，有着忠君效国的鲜明思想。时至当今，美国把体育作为培养青少年道德观念的巨大教育力量，芬兰主张通过体育对中小学生进行道德和社会教育，形成为他人着想，为人正派的品质。我国亦将体育作为养成道德健康的积极手段，从竞技体育的爱国主义教育到学校体育的集体主义教育，务实肯干、自强不息、尊老爱幼、诚实守信、谦虚礼让、助人为乐等美德随着体育锻炼不断传播。

思考与练习

1．健康的内涵包括哪些内容？
2．影响健康的因素有哪些？
3．体育锻炼对健康的作用有哪些？

第二章
体 育 锻 炼

本章阐述了科学锻炼的原则：锻炼项目应恰当选择，锻炼强度应切实适宜，锻炼内容应全面系统，锻炼进程应持之以恒，锻炼热身应保证到位，锻炼意向应明确主动。提出科学锻炼应分 4 步走：自我测试、设置目标、制订计划、实施锻炼。科学锻炼的方法有重复锻炼法、间歇锻炼法、连续锻炼法、循环锻炼法、变换锻炼法、负重锻炼法等。在此基础上介绍了运动处方的 4 要素：运动项目、运动强度、运动时间、运动频率。指出运动处方的实施是一个有步骤的、动态的过程。此外阐述了体育锻炼的心理卫生和生理卫生；分析了人体三大运动供能系统，介绍了膳食的营养成分和运动营养的补充；讲解了运动按摩的基本手法和部位；概述了大学生常见的运动损伤及防治方法。

第一节　科 学 锻 炼

本节介绍了科学锻炼的原则：恰当选择项目，切实确定强度，全面系统锻炼，持之以恒坚持，落实准备运动，端正锻炼意向。阐述了科学锻炼的方法，指出科学锻炼应有步骤、有计划地不断推进。

一、科学锻炼的原则

科学锻炼的原则是指科学锻炼身体所必须遵循的规律。科学锻炼的本质在于发展身体，增进健康。只有运用科学的锻炼原则和方法去指导大学生锻炼实践，才能事半功倍，获得理想实效，达到预期目标。

科学合理的体育锻炼应遵循以下原则。

1. 锻炼项目应恰当选择

要根据学生健康状况和体能情况，合理制订锻炼计划，恰当安排锻炼内容，特别需要注意学生由于身体残缺、疾病等导致的不宜进行的身体锻炼。在提高锻炼效果的同时，最大限度地防止意外事故的发生。

2. 锻炼强度应切实适宜

教师应根据学生性别、体质、体能等诸多因素的差异，做到因人施教，在运动强度等方面区别对待。否则很容易产生有人"吃不饱"，有人"吃不消"的现象。学生也应该从自身特点出发，安排、调整锻炼的方法、内容和运动负荷等。例如，在长跑训练时，体质弱的女生可以先跑 600 米，进而逐步延长；在引体向上的练习中，对体能极好的男生可以适当提高要求。

3．锻炼内容应全面系统

不同的项目锻炼，所引起的人体的生理变化和机能适应各不相同。例如，长跑侧重于学生肺活量和耐力的提高，吊环则能快速增强手、臂的力量。大学体育的教学内容包括跑、跳、投、攀爬、悬垂、支撑以及球类、搏击类、户外运动、游戏等丰富的项目，目的就是使身体得到全面锻炼，对良性适应起到互补和促进作用，从而促进身体各部分组织器官的整体发展，使身体素质和运动能力得到综合提高。反之，如果只是单凭兴趣，喜欢什么项目就只练什么，则可能造成身体发展的不均衡和不协调。

大学生体育锻炼的内容、方法要尽可能考虑身体的全面发展，可以功效大、兴趣浓的运动项目为主，其他项目为辅进行全面锻炼。强调全身的活动，而不限于局部。

4．锻炼进程应持之以恒

（1）体育锻炼要循序渐进。俗话说"一口吃不成个胖子"，强健体魄、完善素质、提升机能、形成技能，不可能一蹴而就，而是需要在长期的运动中，在反复的刺激下，在大脑皮质中建立起动力定型，进而形成动力定型条件反射，使得机能逐渐适应、积累、提高，逐步、依次、循序地发生变化，拔苗助长不但不利于健康，甚至会造成身体的损伤。

扫一扫

微课：持之以恒原则

在体育锻炼的过程中，运动负荷（指体育锻炼时身体的生理负荷量）的适宜直接影响人体机能的变化，进而对锻炼效果的优劣产生作用。如果负荷过小，就无法促进机体变化，达不到锻炼身体的目的；如果负荷过大，超出了机体所能承受的范围，就会引起睡眠不宁、食欲不振、长期疲劳等不良反应。正确的做法是以一定的运动负荷量作用于身体，一定次数和时间后，引起了身体的适应，然后再依据人体对运动的适应性变化，有计划地逐步增大运动负荷，使身体产生新水平的适应，最终达到增强体质的目标。运动负荷的大小因人、因时而异，同一个人，不同的机能状态下对负荷的承受能力也不尽相同。一般而言，每次体育锻炼以后感到稍累，但没有各种不良反应，通过休息恢复较快，这样的运动负荷基本是合适的。

（2）体育锻炼要坚持不懈。从生物学的角度看，人体的发展既不能立竿见影，也不能一劳永逸。根据"用进废退"的原理，人体对体育锻炼的适应呈现出经常锻炼则进步、发展，"三天打鱼，两天晒网"则退步、消弱的变化规律。运动停止后几周，由于热量消耗减少，脂肪开始增长，肌肉逐渐萎缩，技能也会消退。古语说得好："动不在三更五鼓，炼只怕一曝十寒"，所以，需要树立终身体育的理念，日、周、月、年持续地进行体育锻炼。

5．锻炼热身应保证到位

锻炼开始时，要重视准备活动。准备活动就是在体育锻炼前，根据体育项目的特点，相应地活动身体各部位。其作用在于提高神经中枢的兴奋性，加强心肺功能，使肌肉、肌腱、韧带处于伸展性良好的"工作状态"。它是人体从相对安静状态过渡到剧烈运动状态，克服生理惰性，进行自我保护的有效措施。尤其是在气温较低、气候寒冷的季节，更应该重视锻炼前的热身活动。

锻炼结束后，要做好放松整理活动。整理活动的作用在于通过比较轻松、舒缓的身体活动，使各个组织器官从紧张的运动状态中松弛下来，增加吸氧量，"冲刷"体内的乳酸，从而加速疲劳的缓解和消除，使肌肉疼痛感大大降低。此外，剧烈运动时，肌肉有节律性地收缩，促使血液很快地流回心脏，心跳和血液流动加快，肌肉和毛细血管扩张。此时如果立即停止运动，会使得肌肉的节律性收缩也立即停止，导致肌肉中的大量血液淤积于静脉，造成暂时性的心脏缺血、脑部供血不足，引发心慌、头晕、眼花，甚至休克等症状。例如，急速奔跑到达终点后，借助惯性再慢跑一段直至放慢到步行状态，目的就在于此。

6. 锻炼意向应明确主动

首先，体育锻炼者应该确立明确的健身目标。根据个人实际，既不妄自菲薄，又不夜郎自大，不急躁冒进，不踏步不前，确定恰当的锻炼目标。在此基础上形成各个时期的锻炼计划和预期效果，并注意阶段性的调整，体育锻炼才能奏效。

其次，体育锻炼者应该自觉积极地从事运动。这就要求大学生充分认识体育锻炼的价值，培养浓厚的体育兴趣。这样才能克服自身惰性，把体育锻炼当做生活中必不可少的组成部分，以极大的主动性和自觉性投身体育运动，真正达到身心合一。

7. 体育锻炼常见误区

误区一：晨练最好。清晨，是心脏病发作的高峰期，因为体内的血液凝聚力较高，血栓形成的危险性较大。相反，黄昏时，心跳、血压最平衡，嗅觉、听觉、视觉、触觉最敏感，人体应激能力达到一天的最高峰，既能适应运动时心跳、血压的改变，又能最大限度地化解血栓，是体育锻炼的理想时间，暮练优于晨练。

误区二：锻炼内容千篇一律。锻炼的范围仅局限于同样的几块肌肉，日复一日，动作单一。当人体完全适应了这种锻炼动作的刺激后，呼吸不再加速，运动过程中消耗的热量就会渐减，使锻炼效果变差。

误区三：大量运动后立即洗澡。很多人认为，运动后一身汗，应该马上洗澡，其实，剧烈运动后，人体为方便散热、保持体温的恒定，皮肤表面血管扩张，汗孔张大，排汗增多。此时，冷水浴会使血管立即收缩，血液循环阻力加大，体内产生的大量热量不能尽快散发，导致内热外凉，机体抵抗力降低，破坏人体的平衡，容易生病。而热水澡则会继续增加皮肤和肌肉内的血液流量，导致心脏、大脑等其他重要器官的供血不足，出现头昏、恶心、全身无力，甚至虚脱休克，严重的还会诱发其他慢性疾病。

误区四：出汗越多运动越有效。出汗不出汗，不能用来衡量运动是否有效。人体的汗腺受遗传影响，分为活跃型和保守型两种。出汗与脂肪消耗也没有必然联系。汗水的成分包含水、盐分和矿物质，不含脂肪。出汗越多并不意味着减肥成效越大。

误区五：锻炼期间可以尽兴吃喝。许多人认为，健身期间身体会消耗更多的热量和碳水化合物，不需要实施节食计划。其实不然，那样只能做到热量的入出平衡或不增加肥胖。想要达到最佳锻炼效果，就要保持营养平衡，多吃水果、蔬菜、纤维素、谷物及瘦肉，少喝甜饮料、少吃能榨出油的干果和热量高的食品。

二、科学锻炼的方法

科学锻炼应分4步走：自我测试、设置目标、制订计划、实施锻炼。

1．自我测试

进行锻炼前，应对自身状况有充分了解，才能树立恰当的锻炼目标，形成科学的锻炼计划。自我测试的内容包括 3 个方面：①身体形态的测试，如身高、体重、胸围等；②身体机能的测试，如脉搏、血压、肺活量等；③运动能力的测试，如速度、力量、耐力、灵敏、柔韧、平衡等身体素质和跑、跳、投等身体活动能力等。

2．设置目标

明确了锻炼目标，就规划出了锻炼计划的"主要航道"，这也是确定锻炼内容的先决条件。根据锻炼计划，选择运动项目，确定运动强度，安排运动时间。

3．制订计划

如同建筑楼房离不开工程监理的监控，科学的锻炼计划也离不开适时的评价和调整，只要有助于长期坚持，就是一个好的锻炼方案。

4．实施锻炼

锻炼的过程包括了检查评价、修订计划和继续实施。常用的锻炼方法有 6 种。

（1）重复锻炼法。重复次数不同，对身体的作用亦不同，重复次数越多，身体对运动反应的负荷量越大。因此，运用重复锻炼的方法，关键是视实际情况掌握好负荷量，并据此调节重复次数。

（2）间歇锻炼法。间歇的健身作用并不亚于运动本身，体质增强的实现，就是在间歇的休息过程中取得的超量恢复（超量恢复是指机体承受超过原有运动负荷刺激后，所达到的适应性恢复水平与原有恢复水平之差）。自古以来就有以静炼身的经验，现代科学更是让人类认识到了间歇健身的机体效果。

需要注意的是，间歇时，不要做静止休息，而应采取积极休息的方法，边轻微活动边休息，使肌肉对血管起到按摩作用，帮助血液流回心脏并加速排除代谢所产生的废物。如慢速走步，放松手脚、伸腰抻腿或深慢呼吸等。

（3）连续锻炼法。连续的作用在于维持负荷量在一定的水平上，既不下降，又不上升，使身体充分地受到运动的作用。实践中，用于连续锻炼的主要是比较容易，并已为锻炼者所熟悉的动作，如跑步、游泳、健美操等。

（4）循环锻炼法。循环锻炼法由几个不同的练习点组成，一个点上的练习一经完成，练习者就迅速转移到下一个点，随后的练习者依次跟上。练习者完成所有点上的练习，就算完成了一次循环。这种方式负荷较轻，既简单有味，又可获得综合锻炼，达到全面发展的良好效果。例如，把篮球练习分为立地投篮、三步上篮、全场运球三个点，逐一完成。

（5）变换锻炼法。此法可以有效地调节生理负荷，提高兴奋性，克服疲劳和厌倦情绪，进而强化锻炼意向，以达到提高锻炼效果的目的。

一方面，锻炼条件、环境的变化，可使锻炼者的大脑皮层不断地产生新异的刺激，提高兴奋性、维持锻炼的兴趣，从而提高机体对负荷的承受能力，提高锻炼效果。另一方面，对锻炼内容、时间、动作速率等做出变更、提出新的要求，可有效地调节生理负荷，使机体不断产生适应性变化，达到更好地锻炼身体的目的，如由田径场的长跑变为越野跑。

（6）负重锻炼法。负重锻炼法是使用杠铃、哑铃、沙袋等重物进行身体锻炼，增强体力的方法。大学生进行负重锻炼时，应该采用最大摄氧量和最大心输出量以下的负荷，以防止给心血管和呼吸系统带来不良影响。

第二节 运 动 处 方

本节阐述了运动处方的内容，介绍了运动处方的 4 要素——运动项目、运动强度、运动时间、运动频率。指出运动处方的实施是一个有步骤的、动态的过程：在进行健康检查和体制测试的基础上制订运动处方，然后实施运动处方，再次进行体质测试并分析运动效果，据此调整运动处方，随后实施修正后的运动处方，不断反馈循环，以获得最佳的运动效果，达到运动的预期目标。

扫一扫

微课：FITT 原则

一、运动处方的内容

战国时期，《行气玉佩铭》上刻有我国最早的运动处方，郭沫若先生译为："行气，深则蓄，蓄则伸，伸则下，下则定，定则固，固则盟，盟则长，长则道，道则天。天几春在上，地几春在下。顺则生，逆则死"。公元前 5 世纪，古希腊 Hippocrates（希波克拉第）的著作《Preidiaites》（健身术）被视为西方运动处方的萌芽。20 世纪 50 年代，美国著名的生理学家 Kapovich（卡波维奇）提出了运动处方的概念。1969 年，世界卫生组织（WHO）采用了运动处方（Exercises Prescription）这一术语。1995 年，美国运动医学学会提出了一个运动处方的建议"FITTP"：F——Frequency（频率）、I——Intensity（强度）、T——Time（时间）、T——Type（性质）、P——Progression（进度）。

运动处方的定义，各家学者表述不一。通俗而言，运动处方是指针对个人的年龄、性别、健康、锻炼经历、心肺和运动器官的机能水平等状况，而采用的运行处方规定了适当的锻炼内容、锻炼方法和运动量等的科学的体育锻炼方法。它是一种个体化的锻炼方案，因人而异，针对性强，收效快，避免不合理的运动损害身体，更好地达到健身和防治疾病的目的。运动处方从不同角度分类众多，如表 2-1 所示。

表 2-1　运动处方的分类

按运动处方的目的分类	治疗性运动处方：以治疗疾病，提高康复效果为主
	竞技性运动处方：以提高专业运动成绩为主
	健身性运动处方：以提高身体素质，增强运动能力为主
按锻炼的器官系统分类	神经系统运动处方：呼吸系统运动处方；消化系统运动处方等
按锻炼者的年龄分类	幼儿运动处方：青少年运动处方；中年运动处方；老年运动处方等

运动处方的内容一般包括 5 个方面：运动目的（强身健体、防治疾病、健美减肥、消遣娱乐等）、运动项目、运动强度、运动时间、运动频率。其中后 4 项被称为运动处方的 4 要素。

1. 运动项目

运动项目（Mode）即根据体育运动者的目的有针对性地选择锻炼项目。例如，大学生为了预防和缓解神经衰弱，可以选择太极拳、瑜伽等放松舒缓的运动项目；为了完善形体，可以选择健美、交谊舞等塑形健身的运动项目；为了增强耐力，可以选择球类、跑步等有氧运动项目。

2. 运动强度

运动强度（Intensity）即在单位时间内完成的运动量，也就是运动的激烈程度。它是制订和实施运动处方的关键因素之一，对于获得最优化的健身效果具有积极作用。恰当的运动强度应是安全而有效的。

如果运动强度过大，会导致出汗较多，食欲不振，睡眠不良，并伴有头晕、恶心、胸闷等不良反应，第二天运动后的疲倦感仍然比较明显。如果运动轻度过小，则不能实现锻炼目标，具体表现为脉率变化很小，运动后1～2分钟脉率即恢复到安静时的水平，不出汗等。

运动强度常以心率作为量化的指标。心率与锻炼效果的关系如表2-2所示，心率过低，锻炼效果不明显；心率过高，锻炼则会适得其反，造成机体损伤。据研究，心率在120～150次/分钟时为锻炼效果的最佳区间，上限为安全界线，下限为显效界线。在实施过程中，应根据年龄、性别、体质状况及身心特点的不同，个别对待、自监自控、负荷适宜、循序渐进，对此区间的心率做适当的调整，以获得最佳的锻炼效果。

表2-2　　　　　　　　　　　　　　心率与锻炼效果评价表

心率范围（X）	锻炼效果
$X \leqslant 120$ 次/分钟	血压、血液、尿蛋白、心电图等均无明显变化，健身价值小
120 次/分钟 $< X \leqslant 140$ 次/分钟	每搏输出量接近并达到最佳状态，健身效果明显
$X \approx 150$ 次/分钟	心脏每搏输出量最大，健身效果最好
160 次/分钟 $\leqslant X \leqslant 170$ 次/分钟	无不良的异常反应，亦未出现更好的健身迹象
$X \geqslant 180$ 次/分钟	体内免疫球蛋白减少，易产生疲劳、感染疾病、导致运动损伤等

常用的确定运动心率的方法有5种（见表2-3）：年龄减算法、心率百分比法、卡沃南法、库柏（美国军医）提出的最佳心率测定法、卡尔森提出的运动强度心率测定法。

表2-3　　　　　　　　　　常用的确定运动心率的方法

年龄减算法	运动时适宜的心率=180（或170）-年龄
心率百分比法（T）	（每分钟最高心率数[一般人为220]-年龄）×70%$\leqslant T \leqslant$（每分钟最高心率数-年龄）×85%，以此确定有氧锻炼的适宜负荷量
库柏提出的最佳心率测定	锻炼时最佳心率=（最大心率-安静时心率）×70%+安静时心率
卡沃南法	运动时心率=（按年龄预计的最大心率-静息时心率）×60%+静息时心率
卡尔森提出的运动强度心率测定法	持续耐力训练适宜心率=（最高心率-运动前安静心率）÷2+运动前安静心率

3. 运动时间

运动时间（Duration）即达到处方要求强度的持续时间。运动时间与运动强度成反比，强度大时，欲达到相同的训练效果，运动时间就可以缩短；强度小时，则运动时间应该延长。一般而言，要使身体各系统受到有效的运动刺激，达到有效心率后的运动时间不能少于5分钟。

4. 运动频率

运动频率（Frequency）即每周的运动次数。每周运动的次数要综合考虑疲劳的消除、运动效果的积累与持续的时间。一般而言，耐力锻炼，每次 20～60 分钟，每周 3～5 次即可；肌肉力量锻炼，隔日为好；柔韧性锻炼，至少应两天一次，且每次训练皆伸展一至三个回合。运动能力强、体力好的大学生运动次数可以适当增加，否则反之。

此外，运动处方有 4 项注意事项。首先，遵守循序渐进、个别对待的原则；其次，加强医务监督和自我监控；再次，坚持准备活动和整理活动；最后，注意运动安全。

二、运动处方的实施

运动处方的制订和实施遵循一定的步骤，如图 2-1 所示。

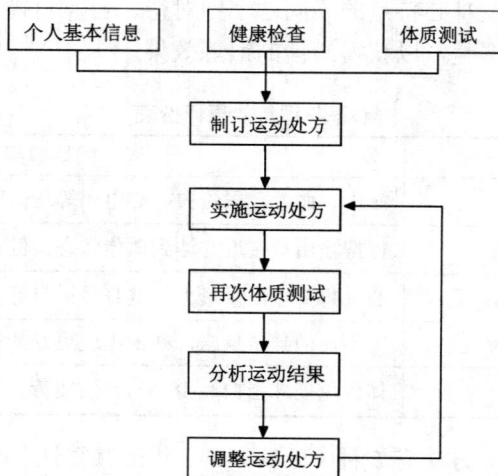

图 2-1　运动处方制订实施的流程

个人基本信息指姓名、性别、年龄、既往病史、训练经历、测试者的健身目的、所处环境等。例如，不曾训练过的人，进步幅度会较大；曾经长久训练过的人，进步则相对缓慢。

健康检查的目的是获取运动者在身体发育、机能水平以及疾病状况方面的基本信息，以便有针对性地确定运动项目、运动强度、运动频率等，主要包括心率、血压、心电图、摄氧量、验血、验尿等生理生化指标。

体质测试应在专业人员的指导和监督下进行，一般包括身体形态、心肺机能和身体素质 3 个方面。具体测试项目有身高、体重、肺活量、速度、力量、耐力、柔韧性等。

制订运动处方时，要重视运动目标的设置，短期、中期和长期相结合。一方面要防止因运动负荷水平过高而造成对机体的损害，另一方面要避免因运动量过小而达不到锻炼目的，应明确锻炼者心肺功能对运动负荷的反应。此外，运动项目的选择和确定应从个人实际出发，明确、具体、便于量化。大学生的体力、精力是人生全过程中最充沛的阶段，最好选择球类、健美、武术、游泳以及《国家体育锻炼标准》规定的项目等。

运动处方的实施是一个动态的过程，应根据锻炼效果对原定处方进行调整，使之更加切合实际，使运动处方内容与机体状态保持最佳配合，以切实达到发展身体，增强体质，增进健康，终身受益之目的。

　　坚持运动一段时间后，如果机体承受运动负荷的水平有所提高，机体对原有的运动刺激已经适应，应加大运动量或改变运动方式，以不断提升锻炼效果；如果锻炼者竭尽努力也难以完成处方中所规定的运动量，经常出现疲劳，甚至表现出了运动性疾病的症状，应重新评价运动者的机能水平和运动能力，修改运动处方的内容。大学生运动处方如表 2-4 所示。

表 2-4　　　　　　　　　　　　　大学生运动处方

项目		等级	锻炼频率（次/周）	运动强度	靶心率（次/分）	持续时间（分）	组/次	组间隔（分）
大学男生	身高标准体重	肥胖	2/天或 1/天	55%～70%	110～140	>20 或>45		
		超重	1/天	55%～70%	110～140	>45		
		较轻	3～4	65%～80%	130～160	>30		
		营养不良	3～4	65%～80%	130～160	20～30		
	心肺功能	良好	3～4	65%～80%	130～160	>20		
		及格	3～4	65%～80%	130～160	>20		
		不及格	3	65%～80%	130～160	>15		
	速度力量	良好	3					2
		及格	3					2
		不及格	3					2
	力量	良好	3				4～6	1～2
		及格	3				4～6	1～2
		不及格	3				4～6	1～2
	柔韧性	良好	1/天			30～60		
		及格	1～2/天			30～60		
		不及格	2/天			30		
大学女生	身高标准体重	肥胖	2/天或1/天	55%～70%-5%	105～135	>20 或>45		
		超重	1/天	55%～70%-5%	105～135	>45		
		较轻	3～4	65%～80%-5%	125～155	>30		
		营养不良	3～4	65%～80%-5%	125～155	20～30		
	心肺功能	良好	3～4	65%～80%-5%	125～155	>20		
		及格	3～4	65%～80%-5%	130～160	>20		
		不及格	3	65%～80%-5%	125～155	>15		
	速度力量	良好	3					2～3
		及格	3					2～3
		不及格	3					2～3
	力量	良好	3				4～6	1～2
		及格	3				4～6	1～2
		不及格	3				4～6	1～2
	柔韧性	良好	1/天					0.5～1
		及格	1～2/天					0.5～1
		不及格	2/天					1

思考与练习

1．科学锻炼的原则是什么？

2．科学锻炼的方法有哪些？

3．运动处方的内容包括哪些要素？

4．运动处方制订与实施的步骤有哪些？

第三章
体 育 保 健

第一节　运动卫生

本节阐释了体育锻炼的心理卫生："二有三无"——有运动欲望，有愉快氛围，无厌恶情绪，无胆怯心理，无自卑心态。概述了体育锻炼的生理卫生：一般卫生要求（运动环境、场地器材、衣着、饮水、洗澡等的卫生要求）；"冬练三九"的卫生注意事项（其一是勤换湿衣，其二是正确呼吸）；"夏练三伏"的卫生注意事项（切忌"快速冷却"，不可即食冷饮，谨防运动中暑）。

一、体育锻炼的心理卫生

为使个人保持积极的运动兴趣，预防思想疲劳，促进其身心健康发展而采取的措施、手段、方法等都可以纳入体育锻炼心理卫生的范畴。体育锻炼过程中，由于各人性格不同而导致的运动能力上的差异，以及其他因素的影响，一些人可能出现心理矛盾和障碍。讲求运动的心理卫生，就要做到"二有三无"：有运动欲望，有愉快氛围，无厌恶情绪，无胆怯心理，无自卑心态。

1. 要有强烈的运动欲望

运动前，存在跃跃欲试的运动情绪；运动中，保持积极乐观的运动热情；运动后，拥有酣畅淋漓的运动满足感。一则，可以与朋友、亲人等一起参加体育锻炼，在运动中互相鼓励，良性竞争；二则，可以选择自己较为感兴趣的运动项目，尽量使运动与娱乐、健身与悦心相结合。

2. 要有愉快的运动氛围

人体的心理活动直接影响生理机能。体育锻炼要重视心理调节，包括情绪、心境、意志等的调整，以保持心情舒畅，取得良好的锻炼效果。例如，运动前后，照镜子时，看到面带微笑、身体强健的自己，精神也会为之更加振奋，这便是一种积极的心理自我调节。

3. 避免厌恶情绪

个人因性格内向或身体基础弱或运动能力差等原因，不爱活动，缺乏运动意愿和热情，对自己参加的体育锻炼抱着厌恶的态度，表现为"身随而心违"的被动状态。要改变对运动的厌烦，应从培养体育兴趣，确立锻炼目标入手。例如，柔弱安静的女生可以从陶冶气质、完美自我的形体运动入手，如进行体育舞蹈的学习；羸弱自闭的男生则可以从塑形、强魄的健美运动开始。运动贵在坚持，在长期的体育锻炼中，厌恶情绪自然会逐渐减少。

4．克服胆怯心理

个人因为运动项目过难、运动负荷过大、运动器械不良、意志品质薄弱等原因，对运动产生恐惧心理，表现为犹豫不决、欲动又止、半途而废等行为。运动中，胆怯心理可以通过与同伴的交流，在指导者的示范下逐步克制。老师传授经验，同学支持鼓励，都有利于树立运动者勇敢的信念。

5．消除自卑心态

自卑是一种轻视自己，认为自己不如他人的消极的心理现象。导致自卑的原因众多：自我评价过低，身心存在缺陷，体育成绩较差，别人过多指责等。对于自卑者，应多鼓励和安慰，对其取得的微小成绩也给予肯定和赞扬，并就以前和现在的状况进行比较，使其不断增强自信。

二、体育锻炼的生理卫生

1．体育锻炼的一般卫生要求

（1）运动时环境的卫生要求。体育锻炼应选择空气清新、地面平坦，设施安全的场所。植物具有净化空气的作用，公园里、山脚下、绿化区内树木和草坪较多的地方，是开展运动的最佳场所。忽视周围的环境卫生，不但不能达到健身的目的，甚至会危害健康，导致呼吸系统的疾病。

① 马路锻炼不可取。汽车排出的废气中，含有一氧化碳、氮氢化合物、碳氢化合物和铅化合物等有毒有害物质。同时，车辆行驶会卷起灰尘，而有害气体或液体都会吸附在灰尘的微粒上。当人体将这些微粒吸入肺脏深处后，就会对身体造成不利影响。

② 小区锻炼需谨慎。人口密集的居民区空气流通慢，炊烟中的二氧化硫具有腐蚀性，强烈刺激人的眼结膜和鼻咽结膜等，可引发急性支气管炎、肺炎和哮喘等。浓度极高时，还会诱发声带水肿、肺水肿或呼吸道麻痹等症状，甚至危及生命。

③ 工厂锻炼是大忌。特别是火力电厂、钢铁厂、化工厂、水泥厂附近，有毒有害气体众多，不宜锻炼。如果条件限制，也应尽量选择宽敞、通风和烟囱的上风、侧风方向的地带进行锻炼。

（2）场地器材的卫生要求。场地器材的卫生要求，如球场是否有杂物，沙坑是否挖松，单双杠是否牢固等，发现隐患应及时消除。

（3）运动衣着的卫生要求。运动时的服装不仅要根据不同时节具有保温、透气等功效，更应满足体育锻炼的需要——轻便、舒适。而且，在运动过程中，也应保持着装卫生。例如，锻炼一会儿身体发热出汗后，便将衣服脱下捆在腰间，不但不易散热，还会给运动带来不便。除夏季外，运动后应尽快将衣服穿上，防止感冒。

（4）锻炼饮水的卫生要求。体育运动中出汗较多，需要及时补充水分，否则会造成机体缺水，影响正常的生理机能能力。

① 应坚持少量多次的饮水原则，为身体充分补水的同时，利于水分的快速吸收，并减轻心脏、肾脏等器官的负担。如果饮水过量，一方面，过多的水分聚集在胃肠，使其沉重闷胀，容易引发慢性胃炎；另一方面，血液中水的含量剧增，会引发多排汗的症状，并带走体内大量盐分，从而破坏体内水平衡并降低血液内盐分的浓度，导致抽筋现象。

② 此时应喝温开水和淡盐水，不宜喝自来水、冰水、饮料等，否则会剧烈刺激食道、胃肠，不利于健康。

③ 运动前后也不宜大量饮水。运动前饮水过多，会使腹部沉重，影响呼吸，不利于运动；运动后，身体消耗的能量较大，人体需要补充大量的营养物质，饮水太多会把胃内的消化液冲淡，直接影响到对食物的消化和吸收。

（5）运动后洗澡的卫生要求。锻炼后不宜立即洗澡，这是因为停止运动后，血液大量流向肌肉的情况仍会持续一段时间，这时如果立即洗热水澡，就会导致其他重要器官血液供应不足（如心脏和大脑的供血不足），出现头昏、恶心、全身无力等状况，严重的还会诱发其他疾病。运动后立即洗冷水澡更是弊多利少，这会导致体内产生的大量热量不能很好地散发，形成内热外凉，破坏人体的平衡，极易生病。因此，运动后应休息 10～30 分钟（具体根据脉搏恢复到接近正常数为准）后再洗澡，最适宜的水温为 40℃左右。

2．"冬练三九"的卫生注意事项

冬季体育锻炼有利于增强人体对寒冷刺激的适应能力，增加抗寒力和体温的调节力，预防或减少某些冬季疾病的发生。然而其恶劣的自然环境也为健身运动的卫生带来了一些困难。其注意事项有以下两个方面。

（1）勤换湿衣。锻炼的过程可能出汗较多，湿透内衣，要及时到室内用干毛巾擦身，并换上干爽保暖的其他衣服，切忌不可穿着汗湿的衣服吹风。

（2）正确呼吸。冬季风沙大，气温低，人们锻炼时常会感觉呼吸困难，而张大嘴巴大口吸气会使得灰尘、细菌等直接刺激咽喉，可能引起咳嗽，甚至诱发呼吸道疾病。

鼻腔黏膜上有丰富的毛细血管，干燥、寒冷的空气在这里及时进行加温、湿润，减少了对咽喉的刺激。鼻腔中的鼻毛及黏膜分泌的黏液又能阻挡和吸附灰尘等有害物质。因此，体育锻炼中，应尽量使用鼻子呼吸。当必须使用口鼻协同呼吸时，口宜微张，让冷空气经齿缝适量进入口腔，以减少对呼吸道的刺激。

3．"夏练三伏"的卫生注意事项

（1）切忌"快速冷却"。夏日锻炼后，往往是汗流浃背，不宜马上吹电风扇、洗冷水浴、游泳或进入空调房间。

人体在运动时，新陈代谢旺盛、体温增加，皮下血管显明扩张、血量流大，散热加快。这时遭遇"快速冷却"弊端诸多：肌肉血管收缩、血液循环不畅，疲劳的心脑不但无法休息甚至加重了负担；肌肉中的代谢产物不能及时排出、氧气和能量物质也不能及时供应，不但会加重肌肉的酸痛肿胀，而且推迟肌肉疲劳的恢复；毛孔突然关闭，排汗减少，体内积聚的热量不能及排时出，皮肤表面温度下降但体内温度上升，可能导致发烧和中暑；机体调温机能发生紊乱，身体抵抗病菌的能力降低，极易诱发伤风感冒等疾病。

因此，夏日运动后，应先擦干汗液，稍作休息，待体温下降，排汗减少后再进行上述活动。

（2）不可即食冷饮。运动时，胃肠的血液供应暂时减少，运动后，立即吃冷饮，极易使胃肠等局部肌肉痉挛而发生腹痛、腹泻等症状；同时，正处在充血状态的咽喉部和脑部血管受到突然的冷刺激，其口径会迅速缩小，以致流向此处的血液减少，使这一部分的机能失调，易咽喉嘶哑、头昏、头痛，甚至出现重力性休克。

（3）谨防运动中暑。在炎热的夏季进行运动，一方面运动产热，体内热量蓄积，另一方面气温较高使机体散热受到障碍，使体温升高，出现头晕、胸闷、心慌、恶心、呕吐、四肢无力以至虚脱等症状，即是"中暑"。

夏季锻炼防中暑应注意两方面的问题。第一，安排运动时间，剧烈的活动最好在上午 9 点钟以前或下午 5 点钟以后进行，避开一天中较热的时间。第二，夏季运动不宜袒背赤膊，最好穿浅色、薄质、宽松、透气的衣服，以减少身体受热射线的影响，并防止皮肤被晒伤。

第二节　运动营养

本节概述了人体三大运动供能系统（磷酸原系统、乳酸系统和有氧氧化系统）并分析了其特点。介绍了膳食的营养成分，具体讲解了蛋白质、脂肪、糖等热能、维生素和微量元素的功效。阐述了力量练习、速度练习、耐力练习、灵敏练习等运动营养的补充。

一、运动供能系统

人体运动时的供能系统，依其运动强度和运动持续时间的不同可分为 ATP-CP（磷酸原）系统、无氧糖酵解（乳酸）系统和有氧氧化系统（见图 3-1）。

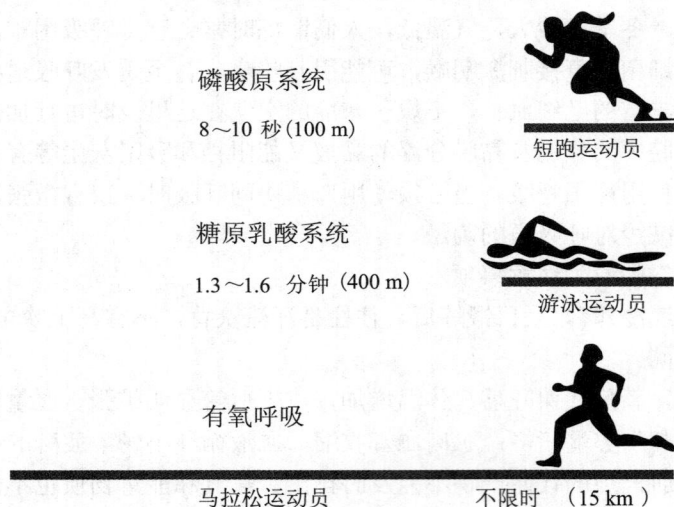

磷酸原系统

8～10 秒（100 m）　　短跑运动员

糖原乳酸系统

1.3～1.6 分钟（400 m）　　游泳运动员

有氧呼吸

马拉松运动员　　不限时　（15 km）

图 3-1　运动供能系统

1. 磷酸原系统及其供能特点

ATP-CP（磷酸原）系统又称非乳酸能系统。它是由肌肉内的 ATP（Adenosine-Triphosphate，腺嘌呤核苷三磷酸，又叫三磷酸腺苷）和 CP（Phosphagenhp，磷酸肌酸）这两种高能磷化物构成，ATP 与 CP 同样都是通过分子内高能磷酸键裂解时释放能量，以实现快速供能。因此，在运动时供能系统将两者一起称为磷酸原系统。

磷酸原系统供能不在其数量的多少，而在于其能量的快速可动用性。在 3 个供能系统中，其能量输出功率最高。任何强度的运动，开始首先供能的都是 ATP-CP 系统。磷酸原系统供能的特点如下：

① 分解供能速度快，重新合成 ATP 速度最快；

② 不需要氧气；

③ 不产生乳酸；

④ ATP-CP 供能系统最大输出功率约为 50W/kg 体重；

⑤ 维持供能的时间短，其在短时间最大强度运动的供能体系中起着重要作用。

ATP 以最大功率输出供能可维持约 2 秒；CP 以最大功率输出供能可维持约 3~5 倍于 ATP。剧烈运动时 CP 含量迅速下降，但 ATP 变化不大。凡是短时间极量运动（如短跑、举重、冲刺、投掷等）时所需的能量几乎全部由磷酸原系统供给。

2．乳酸能系统及其供能特点

乳酸能系统是指糖原或葡萄糖在细胞浆内无氧分解生成乳酸过程中，再合成 ATP 的能量系统。其最大供能速率或输出功率为 29.3J/kg/s，供能持续时间为 33 秒左右。由于最终产物是乳酸，故称乳酸能系统。当人体剧烈运动时，骨骼肌能量消耗不仅量大而且速度快，有氧供能不足。而 ATP-CP 大量消耗时，糖的无氧酵解便开始参与供能。当氧供应不足的程度为氧化供能需要量的 2 倍以及肌肉中 ATP-CP 被消耗的量约为原储备量 50% 时，为了迅速再合成 ATP 以保证持续运动的能力，骨骼肌中的糖原便大量无氧分解，乳酸开始生成。产生的乳酸扩散进入血液，血乳酸水平是衡量乳酸能系统供能能力的最常用指标。

乳酸能系统供能总量较磷酸原系统多，输出功率次之，不需要氧，产生乳酸。其特点包括以下几个方面。

① 这种利用糖原酵解供能的方式速度快，比有氧氧化供能及时，故称其为应急能源。

② 不需要氧，是脂肪酸、甘油、氨基酸等供能物质所不及的。

③ 表现的速度与力量均不如磷酸原系统，但维持供能时间较长。

乳酸能系统供能的意义在于保证磷酸原系统最大供能后仍能维持数十秒快速供能，以应付机体的需要。该系统是 1 分钟以内要求高功率输出运动的供能基础，如 400 米跑、100 米游泳等。专门的无氧训练可有效提高该系统的供能能力。

此外，该系统的代谢产物为乳酸。乳酸是一种强酸，在肌细胞中大量聚积，超过了机体缓冲及耐受能力时，会破坏机体内环境酸碱度的稳态，进而又会限制糖的无氧酵解，直接影响 ATP 的再合成，且引起肌细胞代谢性酸中毒，易导致机体疲劳。

3．有氧氧化系统及其供能特点

有氧氧化系统是指糖、脂肪和蛋白质在细胞内彻底氧化成水和二氧化碳的过程中，再合成 ATP 的能量系统。该系统 ATP 生成总量很大，但速率很慢，需要氧的参与，不产生乳酸类的副产品，最大供能速率或输出功率为 15J/kg/s。从理论上分析，体内储存的有氧氧化燃料，特别是脂肪是不会耗尽的，故该系统供能的最大容量可以认为是无限大，是进行长时间耐力活动的物质基础。

有氧氧化系统是人体能量消耗的主要供能系统，其特点包括以下 4 个方面：

① 有氧氧化系统是 ATP 生成的主要途径；

② 能量物质来源广阔、种类多、储备量大；

③ 有氧氧化过程复杂、受氧利用率的影响、供能速度慢，是运动强度低、氧供应充足的耐力型运动项目的主要供能来源；

④ 最大输出功率均低与其他两个系统，但有氧氧化释放的能量远远高于糖酵解生成的

ATP 数量，且比脂肪消耗的能量少，是体内最经济的能量供应系统。

二、膳食营养成分

营养是人体吸收、利用和获得食物的过程。膳食能提供人体所需的六大营养素：蛋白质、脂肪、碳水化合物、矿物质、维生素、水。在各种各样的食物中含有多种不同比例的各种营养素，任何一种都不能够包含全部营养素，而任何一种营养素又不可能代替其他营养素。必须合理膳食，才能正确地摄取丰富的营养。

体育锻炼时，人体物质能量消耗明显增大，超量代偿效应显著。保证营养物质的充分供给，对提高体育锻炼的效果，具有十分重要的意义。

1. 热能

热量是维持人体进行一切活动的基础条件。运动时热能消耗较大，一方面满足机体的正常需要，另一方面使人体保持充沛的运动能力，必须维持热能的消耗与摄取的平衡。这是保持人体健康、提高锻炼效果的基本要求。应根据机体能量消耗的情况来确定热能的摄入量。

运动时，影响热能消耗的主要因素有运动项目、强度、时间以及运动员的体重等。运动强度越大、时间越长、体重越重，人体所需的热能越多。

一般而言，经常参加体育锻炼的人，饮食中糖和蛋白质的比例要高一些，脂肪相应减少些。营养学家认为，蛋白质、脂肪和糖三者的比例可按重量 $1:0.7:5$ 为宜（对从事耐久项目的人可以适当增加脂肪食物的比例）。

（1）蛋白质是机体组织细胞的基本成分，骨骼、肌肉和内脏等组织器官的生长需要大量的蛋白质。它能增强运动员的兴奋性和机敏性，对技巧性和爆发性用力的项目来说及其重要，对体育锻炼参加者必不可少。

蛋白质食物长期多量的摄入，会使体液发生酸化倾向，加重肝、肾负担，导致运动时疲劳过早发生。同时会使钙离子丢失过多，影响骨质的坚固性。还会减少糖的摄入、降低糖储备，使运动能力下降。

（2）脂肪是高热能物质，其代谢耗氧较多，能间接地增加氧自由基的生成，加重过氧化对组织细胞的损害作用，加剧运动时人体的缺氧状态，不利于运动能力的发挥。同时，膳食中脂肪过多还会影响对其他营养成分尤其是蛋白质的吸收。因此，膳食中的脂肪量应适当控制。

（3）糖具有易消化吸收、供能快、耗氧少（在有氧或缺氧的情况下都能分解出热量及氧化分解产物——水和二氧化碳）、易排出体外等特点，对于体育锻炼者十分重要。选择糖类食物，一是要选择多糖避免单糖，单糖易使血糖急骤升高或降低，影响机体健康，多糖则可以比较稳定地供给热能，如淀粉等；二是要补充多种糖类，以保持肝脏、血液、肌肉之的糖类平衡，有利于运动的需要，如全面补充淀粉、水果、糖果等。

糖的摄入不足，容易导致免疫力降低、中枢神经疲劳，出现思维能力、反应能力、灵敏性下降的同时，直接影响肌肉的收缩力和连续性运动的体能维持，使耐力减弱。还会使蛋白质、维生素 B 族的吸收受损，引发代谢性疾病。

2. 维生素

维生素是维持人体正常生理功能所必需的营养物质，它对体育锻炼的效果具有明显的影响。大学生在从事体育锻炼时，体内代谢加强，加之大量排汗，维生素的消耗较大。绿叶蔬菜和鲜嫩水果，以及动物的心、肝、肉中都含有丰富的维生素，饮食时应注意补充。

维生素中以维生素 B、维生素 C、维生素 E 等对人体运动的影响最为关键。豆类及其制品中富含维生素 B，蔬菜水果中富含维生素 C，食用油脂中则富含维生素 E。B 族维生素是许多酶的辅酶，维生素 B_1、维生素 B_2 和烟酸不足都会影响能量代谢，导致供能不足，影响锻炼者的体力和精力。若人体内 B 族维生素和维生素 C 的储备充足，可使血糖保持较高水平，血中乳酸和丙酮酸减少，运动后可使糖元恢复正常。维生素 E 能提高神经系统工作的持久力，有利于降低氧耗（运动后恢复期内的过量氧耗），提高恢复系数。

3．微量元素

钙的摄取不足，会使肌肉的兴奋性过分升高，收缩力随之下降，容易出现肌肉痉挛（抽筋）。钙量过多则会干扰铁、锌的吸收，易引起肾结石。

硒有抗氧化作用，可以保护细胞膜的结构和功能免遭过氧化的损害，使细胞内重要活性物质不受强氧化剂的破坏。它是肌肉的组织成分，并参与体内多种代谢活动和细胞内呼吸的过程，对多种酶有激活作用。

锌可以维持人体内 300 多种酶的活性。例如，集中于红细胞中的含锌酶——碳酸酐酶能够帮助红血球摄取二氧化碳，将之送入肺中，保证细胞的内环境稳定和能量代谢顺利进行。如果碳酸酐酶活性下降，人体的最大吸氧量、最大二氧化碳排出量、换气率均显著下降，运动能力便会受到影响。膳食中，锌的主要来源是肉类、海产和坚果类。

钠、钾、氯、铝、镁主要是维持体液的渗透压和酸碱平衡，维持神经、肌肉的应激功能，维持细胞正常的新陈代谢。

三、运动营养补充

饮食与运动的配合极为重要，科学合理的饮食，能更好地提高运动成绩和锻炼效果，帮助疲劳的消除和体能的恢复，快速实现健身目标（见表 3-1）。

表 3-1　运动饮食

运动前饮食	饱食后 2 小时、60%饱食后 1 小时、40%饱食后半小时才可进行运动，如果食物以肉食品为主，饭后运动的间隔时间还应适当延长。 运动前适量进食，能有效提供运动时所需的能量和水分，防止因能量不足而引起的虚脱症状，利于身体机能在运动中的提高
运动中饮食	进食的数量不能超过平时饭量的 1/3，即≤30%饱度。食物要以高碳水化合物为主，如面包、麦片、糕点、水果等。进食 15～30 分钟后再进行运动锻炼
运动后饮食	运动后应在 30 分钟内补充足够的糖。胰岛素在这段时间内活性最高，有利于糖的转化储备和被肌肉利用。最好以糖盐水的形式补充。补糖量以每千克体重 1 克糖标准为宜。 运动后大量进食应在运动停止半小时到 1 小时以后进行。进食量不应超过平时饭量的 80%为宜。 如果运动后即刻感到明显饥饿，稍休息几分钟后也可以少量进食，进食量不超过平常饭量的 1/3。 食物应松软易消化，避免辛辣等刺激

力量、速度、耐力、灵敏等练习是大学生最基本和常用的身体锻炼方法。

1．力量练习的营养需求

男生的力量素质在 22～23 岁可达到最高峰，女生则在 18～22 岁可达到最高峰，以后两者的力量素质均随着年龄增长而增加减慢。

力量性运动对肌肉质量的要求较高，蛋白质作为肌肉合成的重要材料，需求较大。

蛋白质的最好来源是动物性食物和植物性豆类食物。动物性蛋白被称为"优质蛋白质"，所含氨基酸的组成方式和人类的蛋白相似，较之植物性蛋白效能更高，如鸡蛋、牛肉、鱼等。豆类（主要是大豆）含有丰富的植物蛋白质，粮谷类食物蛋白质含量不高，但由于食用量较大，因此也是蛋白质的主要来源。还可采用蛋白粉制剂，一般每天不少于 2g/kg 体重，且应占每日摄入总热量的 20%左右。此外，运动者亦可达到 2.5g/kg 体重。

肌酸是合成磷酸肌酸（储存能量）的基础，有研究表明，口服外源性肌酸可使磷酸肌酸的储存量提高 20%，增加肌肉的爆发力，与糖、磷酸盐同时服用可促进肌酸的吸收。

糖对于蛋白质在体内的代谢过程有重要作用，它可以节约蛋白质的使用。摄入蛋白质同时摄入糖类，体内游离氨基酸浓度增高，可以增加 ATP（即腺嘌呤核苷三磷酸，又叫三磷酸腺苷）的形成，有利于氨基酸的活化及蛋白质的合成。

此外，维生素 B_2 可促进肌肉蛋白质的合成，可多吃动物内脏、蛋和奶等食物；钾、钠、钙、镁等离子合作共同维护肌肉神经的兴奋性，钙主要来源于虾皮、海带等食物，钾以水果中的最容易吸收，钠主要来源于食盐，镁主要来源于绿叶蔬菜、小米、燕麦、大麦、小麦、豆类等。

2．速度练习的营养需求

男生在 20～22 岁达到速度发展的顶峰，呈单峰型。女生则在 14～17 岁出现第一个缓慢的波峰，到 21～22 岁又出现第二个缓慢的波峰，呈双峰型。

速度的快慢与肌纤维的兴奋性、快肌纤维的百分组成、肌肉力量的大小有关，其代谢特点是高度缺氧，蛋白质的合成过程被破坏，运动时的能量来源主要由糖的无氧酵解供应。因此，速度素质的提高在营养上也需要增加蛋白质、糖、维生素 C、维生素 B 族、磷、镁及铁等营养素的摄入量，使 ATP 及磷酸肌酸合成加速，并增加肌肉的合成，提高高能磷酸原的能量储备。一般而言，蔬菜和水果可以很好地补充速度训练所需的营养，其应占一日总食入量的 15%～20%为宜。

3．耐力练习的营养需求

耐力发育总的趋势是随年龄的增加而逐渐提高，至 20 岁达到高峰，以后又随年龄增加而下降。

影响有氧耐力水平的两个重要因素是脂肪和血红蛋白。脂肪能为有氧能量代谢提供大量的能源。脂肪供能比例的增大有利于减少糖元储备的消耗，而糖的节省对比赛后期的激烈争夺是有利的。肌肉收缩需要的能量来源是体内储备的能源物质——糖元，1 克糖在体内大约产生 4 千卡的热能，体内糖元储备的多少直接影响人体的运动能力。为提高耐力素质，膳食中每日摄取的脂肪应不少于 250～500 毫克。此外，膳食中糖的来源是粮食和薯类，米和白面的含糖量为 80%～90%。一般情况，糖占总热能供给量的 60%～70%，成人每日每千克体重需 4～6 克，运动者需 8～12 克。

血液中红细胞血红蛋白的携氧能力是决定有氧耐力水平的重要条件。女生缺铁性贫血的发生率较之男生更高，应多吃瘦肉、鸡蛋、猪肝、绿叶菜等含铁高的食物，并可补充一些含铁制剂，以有利于血红蛋白的合成，保证血液的输氧能力。

如果耐力运动中出现抽筋症状，还应加补矿物质元素镁。

4．灵敏练习的营养需求

灵敏性运动的特点是神经系统在运动中处于紧张的状态，虽然机体总的能量消耗不大，但神经系统的消耗却很大，因此热量供给不宜过多，而要加强神经系统的营养。

磷与神经系统的活动有密切关系，一切肌肉、神经活动、糖与脂肪的代谢都需要有磷的代合物参加，肌肉活动越多，能量消耗越大，磷的需要也更多。磷和脂肪合成磷脂是维持中枢神经系统正常状态所必需的物质。磷广泛存在于动植物组织中，一切富含蛋白质的食物都含有磷，如蛋类、肉类、鱼类等，植物性食物中，豆类和绿色蔬菜含磷较高，因此膳食中磷的来源不成问题，如果蛋白质和钙含量充足，则所得到的磷也能满足需要。磷的需求量为成人每日需磷 1.5 克，运动者需要较大。尤其能量消耗大和神经高度紧张的项目，如体操，长跑等则每日需磷 2.5 克。

5．不同体育项目的营养需求

如表 3-2 所示，不同的运动项目对营养的要求不尽相同，但由于运动过程中体内物质代谢旺盛，因此无论哪种性质的运动项目，都应多供给机体维生素 B_1 和维生素 C。维生素 B_1 的来源主要是粮食，多含在胚芽和外皮部分，所以粮食加工得越精，维生素 B_1 损失得就越多。另外，食物在烹调过程中加碱也会使维生素 B_1 受到较多的破坏。维生素 C 分布很广，几乎所有的蔬菜和水果中都含有，其中含量较多的有枣、山果红、油菜和圆白菜等。维生素 C 亦容易受储存和烹调的破坏，所以蔬菜和水果应尽可能在新鲜时食用，且尽量生吃。

合理的安排膳食营养是补充运动消耗，提高运动成绩，维护身体健康的重要措施。对运动训练膳食的基本要求是：热量合理，酸碱平衡，维生素和矿物质充足，各种营养素比例恰当。

表 3-2　　　　　　　　　　　不同体育项目的营养需求

	短跑	长跑	球类	操类	游泳
运动特点	时间短，强度大，高度缺氧，能量代谢率高	时间长、耗能大，以有氧代谢供能为主	复杂多变、速度快、强度大，对力量、速度、耐力、灵敏度、柔韧性、弹跳力等素质要求较高	技术动作复杂，对力量、速度、灵敏、协调性及神经系统要求较高	阻力大、耗能多、易疲劳
营养需求	蛋白质、糖、铁、维生素C、维生素 B_1	糖、蛋白质、铁、水分、维生素C、维生素 B_1	糖、蛋白质、维生素 B_1、维生素C、维生素E、维生素A、磷	蛋白质、维生素 B_1、维生素C、钙、铁、磷	蛋白质、糖类、脂肪、铁、维生素 B_1、维生素C
膳食要求	豆制品、乳品、鱼类、肉类、薯类、水果、蔬菜	谷类、瘦肉、鸡蛋、绿叶蔬菜	牛奶、鸡蛋、胡萝卜、菠菜、水果	海鲜、豆类、杂粮、橘子、菜花、萝卜、脱脂牛奶、鸡蛋、猪肝、猪腰	蜂蜜、海带、牛奶、卷心菜

第三节　运　动　按　摩

本节概述了运动按摩的渊源，阐释了运动按摩的手法——推法、揉法、擦法、按法、搓法、捏法、抖法、摇法和掐法，讲解了运动按摩的部位。

一、运动按摩概述

按摩是人类古老的保健医疗手段。早在公元前 14 世纪，出土的商代殷墟甲骨文卜辞中就有了"按摩"的文字记载。《庄子》《老子》《旬子》《墨子》等著作也都提到了自我按摩的方法。战国时期，《素问·异法论篇》中就提及："形数惊恐、经络不通、病生于不仁，治之以按摩。"这一时期，还出现了我国第一部按摩专著《黄帝岐伯按摩十卷》。隋唐时期，按摩兴盛，从行政上设置了按摩专科并授以一定职务，划分了按摩师的等级，并将其列入医学教育的范畴。华夏民族的按摩之术源远流长，绵延至今。

运动按摩是在体育实践中，以专门的手法作用于人体，调节并消除疲劳，预防并改善损伤，调整并保护良好的锻炼状态，增进并发展潜在体能，以实现锻炼目的。

运动按摩可在运动前、运动中、运动后进行。运动前的按摩可以提高兴奋度或镇静身心，促使身体进入最佳的竞赛状态；运动中的按摩能够缓解疲劳，保持竞技状态甚至继续提升运动能力；运动后的按摩则在于消除各种不适感，恢复机体活力。

二、运动按摩手法

运动按摩的手法种类众多、学派不一，但均要求持久、有力、均匀、柔和，从而达到渗透作用。一般而言，应沿淋巴流动方向进行按摩。此外，手法的恰当运用及熟练程度，对效果有直接影响。

1. 推法

用手指或手掌在身体某处或穴位做前后、上下或左右的推动。

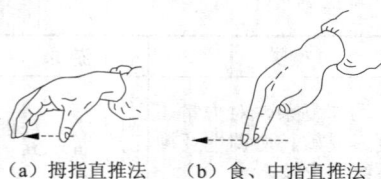

（a）拇指直推法　（b）食、中指直推法
图 3-2　指推法

（1）手法。力量须由轻而重，根据不同部位和情况决定用力大小。力大时，作用达肌肉、内脏；力小时，作用达皮下组织。频率为 50～150 次/分钟，开始稍慢，逐渐加快。其分为指推（见图 3-2，（a）拇指直推法，（b）食、中指直推法）、掌推、拳推、肘推。

（2）应用。用于头部、胸部、背部、腹部等。

（3）作用。舒筋活血，对神经系统和肌肉有镇静和放松效果。

2. 揉法

用手指或手掌在身体某处或穴位上进行圆形或螺旋形的旋转动作。

（1）手法。揉动时手指和手掌应紧贴皮肤，与皮肤之间不能移动。轻揉时作用力仅达皮下组织，重揉时达肌肉。施力由轻到重再至轻，频率为 50～100 次/分钟。其分为指揉（见图 3-3）、大鱼际揉、肘揉、掌揉等。

（2）应用。多用于疼痛部位或缓解强手法的刺激，亦可在放松肌肉、解除局部痉挛时应用。常用于关节、肌腱和腰背部。

（3）作用。消肿止痛，活血化瘀，消积理气等。

图 3-3　指揉法

3．擦法

用手指或手掌在身体某处或穴位上作来回直线形或螺旋形的摩擦。

（1）手法。用力应轻缓、柔和、均匀，仅作用于皮肤及皮下。频率较高，为 100～200 次/分钟。操作时可适当涂抹润滑油。常擦至皮肤发红，但不可擦破皮肤。其分为指擦法、掌擦法（见图 3-4）、小鱼际擦法（见图 3-5）、大鱼际擦法等。

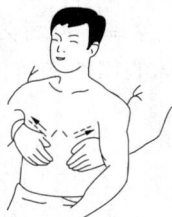 

图 3-4　掌擦法　　　　　　　　　图 3-5　小鱼际擦法

（2）应用。指擦法多用于胸肋部、小关节、韧带和肌腱等部位。掌擦法多用于四肢、腰背等肌肉宽阔的部位。小鱼际擦法多用于背部。大鱼际擦法多用于踝关节。

（3）作用。加速血液和淋巴液的循环，行气活血、温经通络，消肿止痛，祛湿散寒等。

4．按法

用手指或手掌在身体某处或穴位上用力向下按压。

（1）手法。按压的力度可浅到皮肉，深达骨骼、关节和部分内脏处。按压力量由轻而重，再由重到轻，应富有弹性。也可以有节律地一按一松，每次按压持续约 30 秒。其分为拇指按（见图 3-6）、中指按、拳按、掌按（见图 3-7）、肘按（见图 3-8）等。此外，还可以利用按摩工具进行按压。

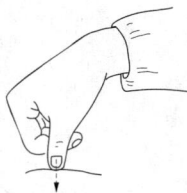 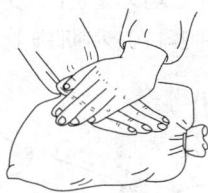 

图 3-6　拇指按　　　　　　图 3-7　掌按　　　　　　　图 3-8　肘按

（2）应用。常用于腰背、肩部、四肢等肌肉僵硬和乏累时。

（3）作用。放松肌肉，通经活络，散瘀止痛，矫正畸形等，对轻微的关节错位能起到复位作用。

5．搓法

双手挟住被搓肢体，相对用力，方向相反，来回搓动。

（1）手法。其作用力可达肌肉、骨面。强度轻时感觉肌肉轻松，强度大时则有明显的酸胀感。频率一般为 0～50 次/分钟，频率开始时由慢而快，再由快而慢，反复交替进行，结束前速度减慢。其分为掌搓（见图 3-9）和侧掌搓等。

（2）应用。适用于四肢肌肉，尤其是大腿和上臂部位，还可用于肩关节、膝关节等处。

（3）作用。放松肌肉，疏散经络，调和气血，通利关节，有利于排除肌肉中的代谢产物，消除疲劳等。

6．捏法

拇指与食、中指或其他手指相对，手成钳形，捏住某处肌肉，做一收一放或持续的揉捏动作。

（1）手法。捏法有两种：一种是用拇指和食、中两指相对；另一种是手握空拳状，用食指中节和拇指指腹相对（见图 3-10）。腕要放松灵活，手法强度可轻可重，轻则感到温和舒展；重则感到酸胀。频率可快可慢，快者不低于 100 次/分钟，慢者为（30～60）次/分钟，要富有节奏且连续，不可忽快忽慢，忽轻忽重。根据肢体的粗细和肌肉的肥厚程度等，可采用单手操作或双手操作。

图 3-9　掌搓法

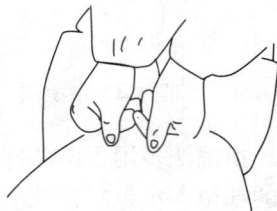

图 3-10　捏法

（2）应用。纵行肌腹横向提捏，横行肌腹纵向提捏。常与揉法配合使用。

（3）作用。通络活血，消除疲劳等。

7．抖法

轻抓肌肉或肢体末端，进行局部的振动。

（1）手法。被按摩者身体放松，按摩者轻抓其肌肉或握住其肢体末端，在牵拉的同时以柔劲进行上下，或左右的快速抖动。力量作用于肌肉、关节、韧带。操作时振幅小，频率快。抖动的频率由快而慢，再由慢而快，用力均匀适当，反复5～10次。

（2）应用。多用于四肢关节（见图 3-11）和肌肉肥厚部位。

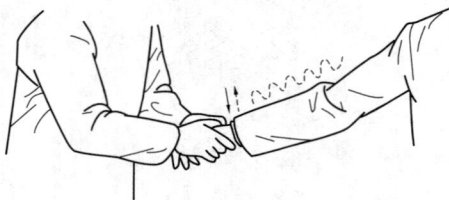

图 3-11　抖法

（3）作用。舒展筋骨、滑利关节，消除疲劳、恢复解剖位置的异常等。

8．摇法

以关节为轴心，使肢体顺势轻巧的做回旋、屈伸等运动。

（1）手法。被按摩者采取合适体位，按摩者一手握住被按摩者关节近端肢体，另一手握住远端肢体，根据关节的正常生理活动范围，使关节做屈伸、旋转、绕环等活动。动作要缓和稳妥，速度要慢，幅度应由小到大，注意适可而止。

（2）应用。常用于四肢和关节，如图 3-12 所示，（a）腕关节摇法，（b）颈部摇法，（c）肩关节摇法，（d）髋关节摇法，（e）踝关节摇法。

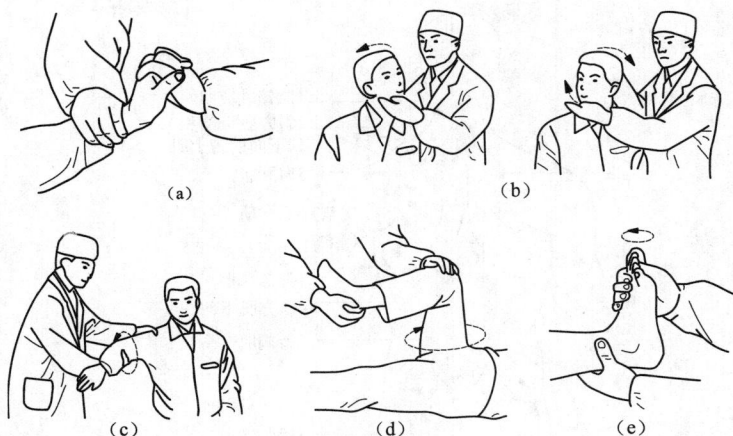

图 3-12　摇法的应用

（3）作用。松解粘连，活动关节，增加肌肉、韧带的柔韧性，预防和治疗各种关节活动功能障碍等。

9．掐法

用拇指、中指或食指的指端在身体某个部位或穴位上，进行深入并持续的掐压。

（1）手法。用力须由小到大，作用力由浅到深。一则，可用中指和食指做一排排轻巧而密集的掐压（见图 3-13（a））；二则，用于组织肿胀时，以一手或两手拇指，将其向前方推散（见图 3-13（b））。

（2）应用。多用于消除局部肿胀等。

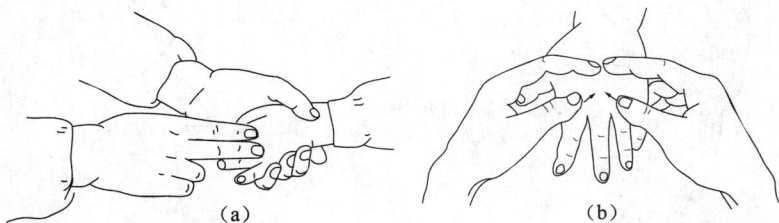

图 3-13　掐压的手法

（3）作用。刺激穴位，疏通经脉，消肿散瘀等。

三、运动按摩部位

全身运动按摩的顺序是先背部，再臂部，而后腿部，最后腹部。主要用力的肌肉群应重点按摩。

1．背部按摩

如图 3-14 所示，背部按摩可以遵循两条路线：从下往上或从上往下。

主要手法：推、擦、揉、按等。手掌应紧贴肌肉，从腰骶自下向上大面积推揉，拇指先沿棘突线垂直向上到最后一个胸椎，其余手指向腋后线的方向移动。按摩斜方肌也应按照上行、水平和下行三个方向进行。擦斜方肌上部和棘上肌时，按摩者一手顶住被按摩者的肩部，另一只手以手掌内侧自上而下地擦。最后双手重叠按压脊柱。

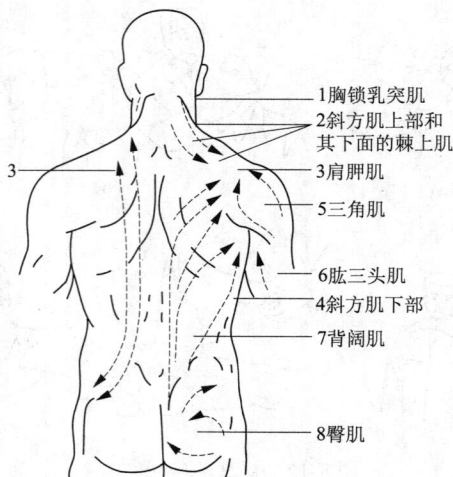

图 3-14　背部按摩

1胸锁乳突肌
2斜方肌上部和其下面的棘上肌
3肩胛肌
5三角肌
6肱三头肌
4斜方肌下部
7背阔肌
8臀肌

2．上肢按摩

如图 3-15、图 3-16 所示，上肢按摩时，应针对手部、腕关节、前臂、肘关节、上臂和肩关节分别进行。对肌群的按摩，要先按屈肌群，再按伸肌群。

按摩手部时，要按手指的肌腱纹理进行。腕关节可进行擦摩、推摩、按压等。按摩肘关节时，上肢必须弯曲，从屈侧进行，可采用圆形推进的按摩手法，重点在肘关节侧副韧带处做擦与揉。对于肩部，主要由肘至肩来回搓动，抖动肱二头肌和肱三头肌，并摇动肩关节。

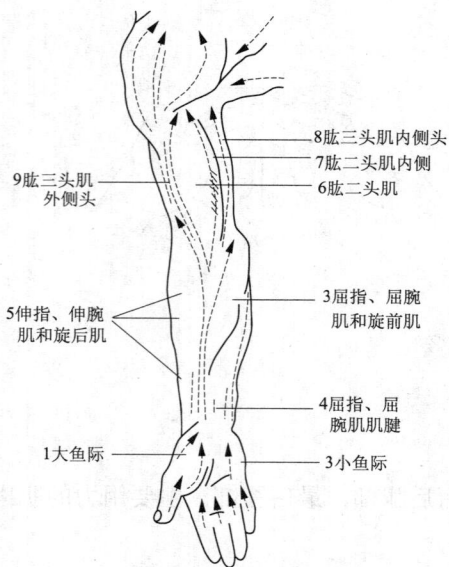

8肱三头肌内侧头
7肱二头肌内侧
6肱二头肌
9肱三头肌外侧头
5伸指、伸腕肌和旋后肌
3屈指、屈腕肌和旋前肌
4屈指、屈腕肌肌腱
1大鱼际
3小鱼际

图 3-15　上肢按摩 1

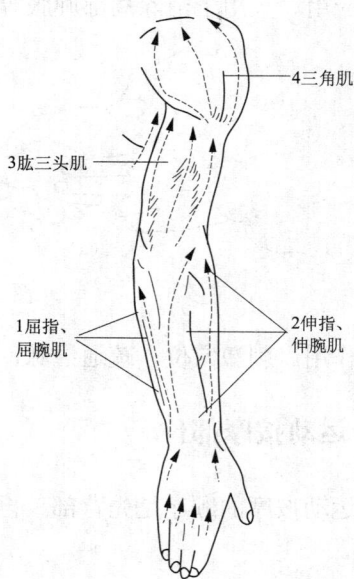

4三角肌
3肱三头肌
1屈指、屈腕肌
2伸指、伸腕肌

图 3-16　上肢按摩 2

3．下肢按摩

下肢按摩时，应沿肌肉纹理，自足趾、足背、足掌向踝部及小腿方向进行放松和疏理。

按摩者取卧位，略微伸直足部，用拇指指腹按摩每个脚趾和趾间隙，再从足至踝轻推，然后揉擦足背和踝关节周围，最后摇拉趾、踝。用五指指腹以圆圈旋转动作进行擦摩，自外踝下方向关节囊前部，再至内踝下方。还可以沿胫前肌和伸趾肌等肌群向上推至膝关节。最后应抖动肌肉或双手重叠按压，并摇拉髋关节（见图 3-17 和图 3-18）。

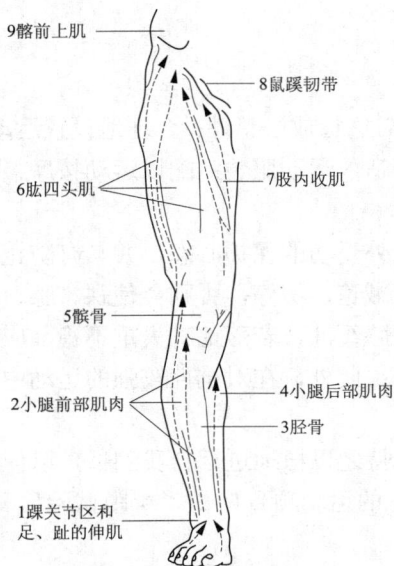

图中标注（图3-17）：
9髂前上肌
8鼠蹊韧带
6肱四头肌
7股内收肌
5髌骨
2小腿前部肌肉
4小腿后部肌肉
3胫骨
1踝关节区和足、趾的伸肌

图中标注（图3-18）：
7臀肌
8股内收肌
5半腱肌和半膜肌
6半腱肌和股二头肌
4腘窝
3足及足趾屈肌
2小腿三头肌（腓肠肌）
1跟腱

图 3-17　下肢按摩 1　　　　图 3-18　下肢按摩 2

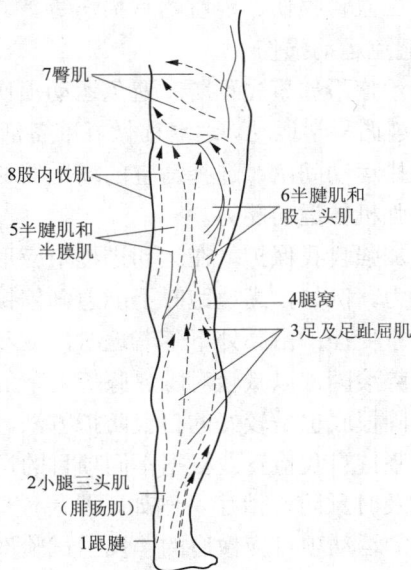

第四节　运 动 损 伤

本节概述了运动损伤产生的原因、种类和预防方法，讲解了擦伤、扭伤、挫伤、肌肉拉伤、脱臼、骨折等大学生常见的运动损伤及处理方法。

一、运动损伤概述

运动损伤，广义而言就是发生在体育活动过程中的机体伤害，由于外部或内部的力量或暴力而造成。其损伤部位与运动项目以及专项技术特点有关。

造成运动损伤的原因是多方面的，概而言之包括主观因素和客观因素。主观因素方面，诸如缺乏安全意识、体质水平较差、体育基础薄弱、运动情绪低落、准备活动不充分、身体状态不佳等。客观因素方面，诸如环境气候恶劣、运动负荷过大、运动技术较难、场地器材不当、违反规则等。

1. 运动损伤的分类

按照不同的标准，运动损伤的分类方法众多。

（1）按损伤病程分。急性损伤——多指一瞬间遭受直接或间接外力造成的损伤；慢性损伤——包括劳损伤和陈旧伤。

（2）按损伤性质分。开放性损伤——伤后皮肤和黏膜不再完整，受伤组织有裂口与体表相通；闭合性损伤——伤后皮肤或黏膜仍保持完整，无裂口与体表相通。

（3）按损伤程度分。轻伤——仍可正常锻炼，中等伤——需停止或减少伤部的体育活动，重伤——完全不能参加运动。

（4）按受伤组织分。皮肤损伤、肌肉与肌腱损伤、关节软骨损伤、滑囊损伤、骨损伤、神经损伤、血管损伤、内脏器官损伤等。

2．避免运动损伤

伤后治疗不如事先预防。避免运动损伤重在预防。

（1）遵循科学运动。运动前做好准备活动，运动后进行放松整理；合理地设置运动强度，恰当地安排运动间歇；选择适宜的场地器材，穿着舒适的运动服装；配以运动按摩，以缓解疲劳，增强机体运动能力。

（2）加强自我保护。在运动过程中应形成防止意外受伤的保护心态，并具有防止损伤的知识和能力。例如，高速跑时不能急刹停顿，应逐渐减速，缓停，否则会使踝、膝、髋、腰等关节严重受挫；由高处下落着地时，应双腿并拢屈膝缓冲，若落地时失重不稳，应低头屈肘团身顺势滚翻，以减轻对踝、膝等关节的剧烈撞击；此外，在对抗性较强的运动中，降低重心，加固根底也是较好的自我防护方法。

（3）坚持自我检查。根据不同项目的运动特点，持之以恒地进行自我测试，以便尽早发现端倪，及时预防、治疗。例如，易患髌骨软骨软化的运动项目应做"半蹲试验"，易出现肩袖损伤的运动项目应做肩的"反弓试验"。

（4）重视医务监督。除常规的健康检查外，应根据运动损伤的发生规律，补充针对性检查，如多参加体操、举重者需定期拍摄 X 线脊柱片，热爱篮球、铁饼者应注意是否有髌骨软骨软化等。

（5）强调重点部位。对于脚背外侧，拇指的根部等习惯性易伤部位，除要充分做好准备活动外，还要注意正确使用保护带，如护踝、护指、绷带等。

二、常见的运动损伤及处理方法

1．擦伤

擦伤：皮肤的表皮受到摩擦而导致的损伤。

处理：若创口较浅，面积较小，局部涂以红药水或紫药水即可，无需包扎；若创面较脏或渗血较多时，可先用生理盐水清洗伤口，周围以 75%的酒精消毒，出血比较严重者还应进行止血处理；若是关节附近擦伤，经消毒处理后，多采用消炎软膏或多种抗生素软膏涂抹，并用无菌敷料覆盖包扎。

2．扭伤

扭伤：关节部位突然过猛扭转，致使支撑关节的韧带发生损伤、撕裂等。

扭伤是运动中最常见的外伤，多发生在踝关节、膝关节、腕关节及腰部。扭伤后可发生多种伤情，包括韧带损伤或断裂、骨折脱位、关节软骨损伤、肌腱损伤或断裂等。扭伤会引起血液及滑液流向关节囊而引起关节肿大，严重时有淤血，有较强的疼痛感，活动受限。

处理：停止运动，抬高受伤部位、冷敷，使血管收缩，减轻局部充血，抑制感觉神经，缓解出血、疼痛等症状。然后在伤处垫上棉花，用绷带加压包扎。受伤 48 小时以后改用热敷，促进瘀血的吸收。

"冷敷"又称冷冻疗法，利用比人体温度低的冷水、冰块等刺激患处进行初期治疗，有止血、退热、镇痛、麻醉和消肿的作用。具体方法是将毛巾浸透冷水后放在伤部，两分钟左右换一次；或者将冰块装入塑料袋内进行外敷。冷敷法适用于急性闭合性软组织损伤，如挫伤、关节韧带扭伤、早期肌肉拉伤等。

"热敷"也称为热攻，就是通过热疗，促使局部血管扩张，改善血液和淋巴循环，促进淤血和渗出液的吸收，具有消肿、散淤、解疼、镇痛、减少粘连和促进损伤愈合的作用。具体方法是将毛巾浸透热水或热醋后放于伤部，每次敷 30 分钟左右。热敷法适用于急性闭合性软组织损伤的中期、后期和慢性损伤。

3．挫伤

挫伤：身体某部由于受到钝性暴力而引起的组织损伤。

处理：轻者仅是皮下组织（如肌肉，韧带等）损伤，无须特殊处理，经冷敷，24 小时后可服用活血化瘀、消肿止痛的中成药，辅以理疗。重者常因某些器官的严重损伤而合并休克，较常见的是股四头肌和小腿前部挫伤，应及时送往医院就诊。

4．肌肉拉伤

肌肉拉伤：指肌纤维撕裂而致的损伤。

处理：停止运动，并在痛点上进行冷敷，切忌搓揉及热敷。

5．脱臼

脱臼：即关节脱位，是指关节面间失去正常的连接。

关节脱位的同时，常常伴有关节囊、周围韧带及软组织损伤，甚至可能伤及神经、血管等。局部会出现疼痛、肿胀、无法活动等症状。

处理：停止活动，不可揉搓脱臼部位，用夹板和绷带临时固定受伤部位，尽快送医院治疗。

肩关节脱位的临时固定方法：使用两条长毛巾或布带，一条兜住伤肢前臂并挂在颈部，另一条将伤肢固定于胸壁。肘关节脱位的临时固定方法：将伤肢用布条、绷带等固定在夹板上，再将前臂挂起。如无夹板，也可用宽布带将伤肢悬挂在胸前。

6．骨折

若皮肤没有伤口，断骨不与外界相通，为闭合性骨折；若骨头尖端刺穿皮肤，有伤口与外界相通，为开放性骨折。

处理：对开放性骨折，不可用手回纳，以免引起骨髓炎。脊柱骨折者，不能抬其头部，以免损伤脊髓或导致截瘫。颈椎骨折者，则需扶持其头颈部。以板抬之，尽快送往医院。

思考与练习

1．人体运动时的三大供能系统及其特点是什么？

2．力量练习、速度练习、耐力练习、灵敏练习的营养需求分别有哪些？

3．运动按摩的常用手法有哪些？

4．常见的运动损伤及处理方法有哪些？

第四章
医疗体育

本章概述了中国古代运动养生理论，阐述了医疗体育的特点、原则和手段，针对心理性疾病、近视眼、扁平足和颈椎病等大学生中较为常见的健康问题提出了体育疗法。

第一节　医疗体育的机理

本节介绍了中国古代的运动养生理论，其核心是强调意守、调息、动形的统一。阐述了医疗体育的特点（是一种主动的、自然的、防治兼顾的、整体和局部相结合的疗法）、原则（持之以恒、循序渐进、个别对待、综合治疗、自我监控）和手段（医疗体操、医疗运动等）。

一、中国古代运动养生理论

运动养生是通过适量的运动来保养生命，古人称为"动形"，即运动形体（身体）。古人云：动则不衰。《吕氏春秋·古乐》中记载："昔陶唐氏之始，阴多滞伏而湛积，水道壅塞，不行其原，民气郁阏而滞着，筋骨瑟缩不达，故作为舞以宣导之。《吕氏春秋·尽数篇》曰："流水不腐，户枢不蠹，形气亦然，形不动则精不流，精不流则气郁。"《黄帝内经》中提出了："导引按跷"。《伤寒杂病论》言及："四肢才觉重滞，即导引吐纳……勿令九窍闭塞"。《昨非庵日纂·颐真》言："体欲常摇，谷气得清，血脉流通，疾不得生"。清，康有为《上清帝第二书》中说："体动则强健，久卧则委弱。"

中医有"久卧伤气，久坐伤肉"之说，意思是：如果人体缺乏必要的体力活动，气血在经络内的运行就会迟缓而不通畅，脾胃运化食物的功能也会减退，从而导致消化不良，营养吸收减弱。而脾胃功能的降低，进而又造成气血生成不足，最终正气虚弱，抵抗能力下降而出现一系列食欲不振，精神萎靡，头昏心悸，倦怠乏力，失眠多梦等症状。

传统的养生学认为：运动可以增气血，壮呼吸，强脾胃，畅百脉，壮骨活血，强肾生髓，固齿明目，聪耳健脑。适量的运动（包括日常活动、体力劳动、体育运动等）可以活动筋骨，调节气息，畅达经络，疏通气血，调和脏腑，增强体质，使人祛病延年、健康长寿。

传统养生学以中医学的阴阳学说、藏象学说、气血经络学说为理论基础，以调养"精气神"为运动要点，通过运动锻炼的形式，刚柔相济、动静得宜，力求形神统一，以达到强身健体的目的。其核心是强调意守、调息、动形的统一。

意守，是指意念专注，即把全部精力专注于某一件事物上，如在运动养生时将思想集中于调节呼吸或身体运动。调息，是指调节呼吸，即根据运动的节律快慢来调节呼吸的频率，使呼吸均匀，气道通畅。动形，是指形体的运动，即采用某种形式的身体运动进行锻炼。意守、调息及动形的统一是指以意领息、以息动形，形、神一致，意、气相随，形、气相感，使精足、气充、神全，以达到内炼精气神，外炼筋骨皮的目的。三者之中，意守是关键，只有精神专注，方可排除杂念，宁神静息，精神放松，呼吸均匀，导周身气血运行畅通。

传统的运动养生方法，种类繁多，归纳起来，大致有二。

（1）零散的自发健身法。这类运动养生法大多散见于民间，简便易行，形式多样，趣味性强，普及性广，多是寓运动于娱乐。如运动量较小的秋千、踢毽，运动量适中的跳绳、登高，轻松和缓的散步、郊游，激烈热情的跑马、摔跤，这些都是民间喜闻乐见的健身措施。

（2）系统的套路健身法。这类运动健身方法往往在一定的理论指导下，目的明确、要求具体，有一系列的连续动作，可以使人体各部分得到较为全面、系统的锻炼，例如，五禽戏、八段锦、太极拳、易筋经（见图4-1）、少林拳等。

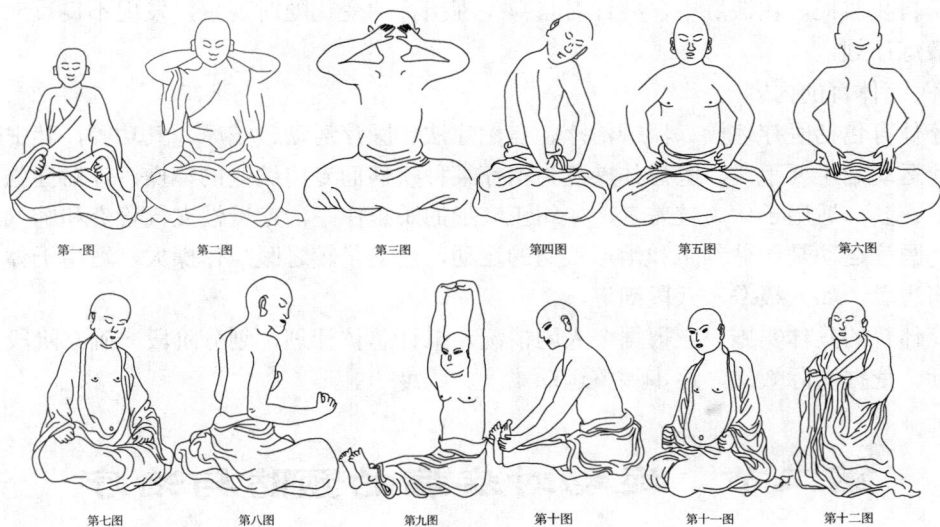

图 4-1　易筋经坐功十二段锦

二、医疗体育概述

医疗体育（Therapeutical Exercise）是一种以防病、治病，恢复和改善机体功能为目的的体育活动，也叫体育疗法（简称体疗）。

1. 医疗体育的特点

（1）医疗体育是一种主动疗法。治疗过程中要求患者增强自信心，主动、积极地进行运动，克服"命不由己"的消极情绪和单纯依赖药物的思想，用自己的意志和身体锻炼来治疗疾病。

（2）医疗体育是一种自然疗法。利用人类固有的自然功能（运动）作为治疗手段。重视人与自然的协调平衡，强调身体与心灵的和谐统一，既能达到锻炼身体的目的，又有康复医疗的作用。

（3）医疗体育是整体和局部相结合的疗法。医疗体育既能作用局部患处，又能通过改善各系统的功能来全面增强机体的抗病能力，防病祛病。

（4）医疗体育是防治兼顾的疗法。医疗体育在治疗伤病，恢复机能的过程中，也防止了病情进一步恶化及出现并发症、继发症等。

2．医疗体育遵循的原则

（1）持之以恒。医疗体育的疗效是逐步累积的，一般需要坚持数周、数月甚至数年，才能达到治疗的目的。

（2）循序渐进。医疗体育的运动量要由小到大，动作由易到难，身体在逐步适应的同时提高机能，促使疾病痊愈。

（3）个别对待。疾病的性质、程度不同，患者的体质、年龄、性别各异，运动的项目、方法、强度等也应有所区别。

（4）综合治疗。医疗体育与药物、手术或其他物理治疗方法等互为补充、相辅相成，以求更好的疗效。

（5）自我监控。在锻炼中，要针对自身生理指标的变化随时观察，发现不良反应，应及时修改锻炼计划。

3．医疗体育的内容

医疗体育包括医疗体操、器械治疗、自然疗法、医疗运动、按摩、气功等，其中医疗体操和医疗运动是主要手段。医疗体操是为治疗某种疾病而专门编制的体操，针对性强，内容在精而不在多，适用于体力较差者，如纠正畸形的矫正操，治疗慢性支气管炎和肺气肿的呼吸操等。医疗运动是一种预防和治疗疾病的运动，活动量较之医疗体操大，适用于体力较好的慢性病患者，如太极拳、八段锦等。

医疗体育的具体实施，应根据个人的情况，拟订总体计划，划分阶段，确立阶段目标和最终目标。依据实际效果，逐步调整运动难度、强度等。

第二节　运动对疾病的预防与治疗

本节针对心理性疾病（抑郁症、焦虑症、神经衰弱）、近视眼、扁平足和颈椎病等大学生中较为常见的健康问题，详细讲解了其体育疗法。

经常参加体育运动（特别是那些自己喜爱和擅长的运动项目），可以增强人的自信、自尊以及自豪感，舒缓身心的同时强健体魄，这是其他药物治疗所不可替代的。医疗体育的合理运用，可以调整大脑皮层的功能——兴奋与抑制过程，对人体的身心产生深刻的影响，对很多疾病特别是慢性病具有明显的预防和治疗作用。例如，耐力运动（有大肌群参加的持续性、周期性运动）能够改善心血管运动的能力，主要适应于高血压、冠心病、糖尿病、肥胖症等，如长跑、游泳、登山、郊游、跳绳等。放松运动，可以缓解大脑的紧张，适应于神经衰弱、抑郁症、过度训练等，如太极拳、气功、按摩、水浴等。

一、心理性疾病的体育疗法

1．抑郁症

抑郁症是一种以心境低落为主要表现，对挫折情景产生的一种自我保护或防御性反应。

生理方面表现为睡眠不安、呼吸不畅、易疲劳、身体突然感觉发冷或发热等，心理方面情感冷漠、情绪低落、意志消沉、缺乏自信、过于自责，行为方面思维迟钝、缺乏进取精神、随波逐流。

大学生在生活中遭遇不幸，学习上遇到困难，或恋爱时出现失意，尤其是在老师、同学面前自尊心受到打击或自我评价贬低时，易导致此症的发生。多数患者性格内向、多愁善感、依赖性强，被称为"世界上最消极悲伤的人"。

抑郁症的治疗，可选择技巧性的集体项目，并采用强度强弱交叉、速度快慢交替、幅度大小结合、内容变化多样的动作练习。应有意识地安排患者与他人共同完成任务，使其体验到合作成功的喜悦，提高练习者的兴奋性与团队精神。男生可安排足球、篮球、排球、乒乓球等，女生可安排健美操、集体舞等。对于症状较重的，最好采用较低强度较长时间的运动，每次运动时间为20～50分钟；对于症状较轻的，可以进行中等强度的运动，时间为30分钟至1小时。一般而言，最初开始运动，每周3～4次为宜，最好采用间歇安排。身体适应后，症状减轻或有所为好转时，可每日运动一次。活动时心率应达到165次/分钟。

2. 焦虑症

焦虑是一种持久性焦虑、恐慌、紧张的情绪反应，是个体对眼前或未来预感到的挫折的一种十分复杂的消极情绪状态。首先，它是与处境不相称的痛苦情绪体验，典型表现是无根据的、没有明确对象和内容的担心和恐惧；其次，它是指向未来，似乎某些威胁即将来临，但是患者自己也难以言明究竟存在何种威胁或危险；再次，它持续时间很长，如果不积极治疗，几周、几月甚至数年迁延难愈。最后，它呈现持续性或发作性惊恐状态，同时伴有多种躯体不适的症状，如心慌、头昏、头痛、胸闷等。

焦虑症主要表现为终日忐忑不安，心烦意乱，提心吊胆，缺乏安全感，似乎预感到灾难将至。常伴有睡眠障碍和植物神经紊乱现象，如入睡困难、做噩梦、易惊醒、心悸、口干、尿频、尿急、出汗等。例如，大学生面对新的学习氛围、生活环境以及人际关系，可能出现不合群、孤独、冲突等。临近毕业，又会对择业和未来前途忧虑担心。

对于焦虑症的治疗，可选择趣味性较强或者患者感兴趣的活动项目，并采用强度大、速度快、幅度适中的动作练习。让患者通过运动转移注意力，松弛紧张程度，发泄不良情绪，获得乐趣和愉快，如羽毛球、乒乓球、排球、篮球、游泳、爬山、跳绳等。活动时，心率可达到160次/分钟左右。活动后，放松练习是治疗的关键一环，可以通过慢跑，深呼吸，伴乐拍、敲、抖等方式让身心得以充分放松。

3. 神经衰弱

神经衰弱是由于某些精神因素使得大脑神经活动长期持续过度紧张，导致大脑兴奋和抑制功能失调而产生的。主要表现有两种：一种是患者兴奋性很高、情绪控制能力差，注意力不易集中，易激动、烦躁、紧张、精神疲乏；另一种是患者整日精神不振、孤僻寡言，不爱活动，头昏头痛，夜间失眠多梦，缺乏乐观精神等。

对前一种患者宜采用柔和、平静的或重意念的体疗方法，运动强度要小，速度和节奏要缓慢，活动时心率应控制在120次/分钟以内，如散步、气功、太极拳以及各种保健体操等。对后一种患者宜采用感兴趣的、生动活泼的体疗方法，运动强度适中、动作幅度较大，运动时心率在120～140次/分钟左右，如自行车、球类活动、游泳、长跑等。

二、近视眼的体育疗法

近视眼是由于眼的屈光不正而引起的眼功能低下的慢性疾病，其体育疗法主要有3类。

1. 全身性锻炼项目

全身性锻炼项目的目的在于改善和增强全身的功能，包括调节眼的功能，为提高视力奠定基础，如慢跑、跳绳、广播体操、步行登高、八段锦、太极拳等。

2. 眼功能锻炼项目

眼功能锻炼项目主要用于松解睫状肌的痉挛，锻炼眼的屈光能力和视神经、动眼神经的支配能力，如眼球操、眼保健操、乒乓球、羽毛球、排球、飞盘等运动。

新眼保健操的内容有5节（见图4-2）。

图4-2 新眼保健操

（1）第一节：按揉耳垂眼穴及脚趾抓地。通过对头部、脚趾等局部穴位的刺激，增加全身血液循环、疏通全身经络，使全身气血畅通，从而达到调节眼部的目的。

（2）第二节：按揉太阳穴，刮上眼眶。

（3）第三节：按揉四白穴。

（4）第四节：按揉风池穴。风池穴位置在后脑勺下方颈窝的两侧，由颈窝往外约两个拇指的左右即是。注意穴位无需移动，按揉面不要太大。

（5）第五节：按压头部督脉穴。督脉穴是从面部人中穴到脊椎，考虑操作方便，该节只按揉从前额到脑后发髻处的一段。

此外，还可以通过推拿按摩的方式疏通经络，调和气血，让病邪之气发散于体外，五脏六腑之精气皆上注于目、目得血而能视，如眼部保健按摩、点穴按摩、医疗按摩。主要按摩穴位有太阳穴、睛明穴、攒竹穴、鱼腰穴、丝竹空、瞳子髎、四白穴、印堂、风池穴、医明穴、目穴、肝俞穴、肾俞穴、合谷穴、足三里、光明穴、魂门穴等（见图4-3）。

图4-3 眼部主要按摩穴位

3. 调节性运动项目

调节性运动项目主要用于缓冲眼的过度紧张、巩固疗效，放松调节眼，如眨眨眼、望望远、揪揪耳垂（目穴）、观云、放鸽、放风筝等。平时一般体育锻炼和户外活动都有调节眼的作用，对预防近视的生产和阻止近视的发展均有作用。

参加体育运动时，眼睛经常追踪忽远忽近的目标，能有效地锻炼眼睛的调节能力和视神经的反射功能，防止近视的产生和发展。已经出现近视的患者可根据自己实际需要，结合条件环境及个人的体育爱好，选择一、二项适合自己又便于坚持的全身运动项目，配合针对性强的眼部功能锻炼，动静结合、内外俱练，持之以恒必见功效。

三、扁平足的体育疗法

扁平足是以足纵弓降低或消失为特征的畸形足（见图4-4）。该症主要在于预防，应锻炼小腿和足部肌肉，增强其肌力，同时减少负重过度或防止疲劳。

扁平足的体育疗法主要是医疗体操和按摩。其中医疗体操的方法简便易行，介绍如下。

1．坐式动作

踝关节（见图4-5）背屈、踢屈运动。背屈尽量使足背向上跷起，足趾用力向上伸展，趾屈尽量足尖下垂，足趾用力屈曲。

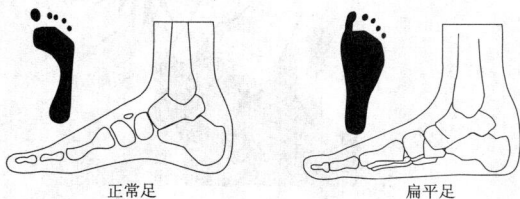

图4-4　正常足与扁平足

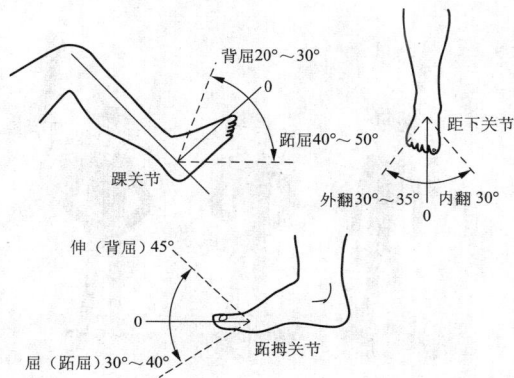

图4-5　踝关节及足部关节活动范围

踝关节内翻、外翻运动。内翻时两膝不移动，使两足足底相对；外翻时两膝不动，两足足底尽量向外，同时用力伸直足趾，作背屈动作。

踝关节旋转绕环运动。绕环弧度要大，由内向外和外向内各绕环4次。

用足趾夹物和写字运动。用足趾夹轻物，如小石子、豆子放于盘内或排成图案；用双脚夹2～4千克沙袋二人对抛；用足趾夹粉笔写字。

2．立式动作

（1）足尖步练习。足尖行：踮起足尖用前足掌站立，足跟离地越高越好。身体必须保持正直，挺胸收腹，臀部不要撅起；行走时步子要小，步伐要稳，腰部要多用力；足跟要保持一定高度，切勿走一步，落一步。足尖跑：用足尖轻轻跑，足部要有弹性，落地无声。足尖跳绳：用足尖轻轻无声地跳，要轮流跳双足、单足交替进行。

（2）足外侧边缘步行练习。不要用足跟先着地走，落地要轻，步子要小，身体正直，不要有声音。

（3）以足尖支持的下蹲和起立练习。两足尖并拢站立，两手扶物，深屈膝下蹲，足跟不着地，起立还原。

四、颈椎病的体育疗法

颈椎（见图4-6）病又称颈椎综合征，是由于人体椎间盘逐渐地发生退行性变，颈椎骨质增生或颈椎正常生理曲线改

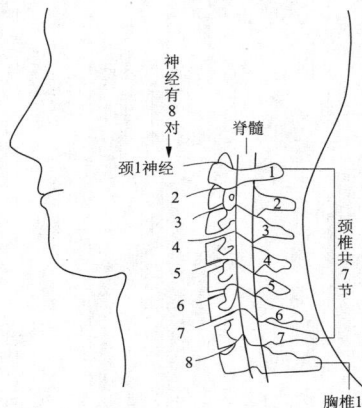

图4-6　颈椎

变后刺激或压迫颈神经根、颈部脊髓、椎动脉、颈部交感神经而引起的一组综合症状。

医疗体育康复颈椎病的简单 3 招介绍如下。

（1）左顾右盼。两脚分开与肩齐，双手叉腰，头部向左右充分旋转，双目扫视肩后某一个目标（见图 4-7）。

（2）彻上彻下。两脚分开，双手指相交叉置于胸前，人掌心向上。颈部充分前屈，下颌接触胸前，眼看掌心，然后缓慢抬头，两手翻掌向上伸展，眼看手背。

（3）前俯后仰。双手手指交叉置于枕部，完成颈部屈伸动作（见图 4-8）。每天练习 2～3 次，每次 5～10 分钟。

图 4-7　左顾右盼

图 4-8　前俯后仰

医疗体育采用的项目、运动量控制等，应根据患者的实际情况和条件，锻炼时应环境幽雅，空气清新，要多给予患者鼓励、表扬。

思考与练习

1. 医疗体育的特点是什么？
2. 医疗体育的原则包括哪些？

第五章

体育竞赛

本章介绍了奥运会、亚运会、世界大学生运动会、全运会等国内外重要体育赛事的基本概况。概述了体育竞赛的组织，包括赛前的准备工作、赛中的管理工作和赛后的汇总工作。具体阐述了田径竞赛和球类竞赛的编排。

第一节　国内外大型体育赛事

本节选取部分国内外体育赛事，奥运会、亚运会、世界大学生运动会、全运会等，对其概况进行了介绍。

一、国际体育竞赛

1. 奥林匹克运动会

奥林匹克运动会（Olympic Games）简称"奥运会"，有古代奥林匹克运动会和现代奥林匹克运动会之分。

公元前 776 年到公元 394 年，从第一届古代奥林匹克运动会在奥林匹亚（古希腊宗教圣地）举行到其退出历史舞台，古代奥运会历经兴起、繁荣，最终因为国家沦陷、宗教冲突、战争频繁、自身弊病等问题而衰落。

古代奥运会的仪式十分隆重，以祭祀竞技为主，各项目优胜者在宙斯神坛前被庄严地授予橄榄枝桂冠（传说橄榄枝是智慧女神雅典娜赐予人类的，意喻着生命和生活）；伴有丰富多彩的政治、经济和文化活动，哲学家能够交流辩论，文学家和艺术家可以展示作品，商人们在大肆推销，城邦使节积极缔结条约……其成为显示民族精神，促进和平进步的综合性文化盛会。

古代奥运会开创了综合性运动竞赛的形式，形成了体育与文化并重、力量与精神统一的独特体系，铸就了和平与友谊，公平和竞争、追求完梦想、奋勇拼搏的奥林匹克精神。

现代奥林匹克运动会是由国际奥林匹克委员会主办的规模最大、水平最高的世界性综合运动会，包括夏季奥林匹克运动会和冬季奥林匹克运动会。

1889 年，被后人尊称为"现代奥林匹克运动之父"的法国教育家皮埃尔·德·顾拜旦（Pierre de Coubertin）提出了恢复古代奥运会的建议。1894 年，巴黎国际体育会议决定：成立国际奥林匹克委员会（International Olympic Committee, IOC），简称奥委会；1896 年，在希腊雅典举办第一届现代奥运会；每四年举办一届，若因故未能举行，届数仍按顺序计算；定 6 月 23 日为"国际奥林匹克日"（International Olympic Day）。

夏季奥林匹克运动会即一般所称的奥运会，比赛项目不得少于 15 个运动大项，其中男子项目须至少已在 75 个国家和 4 个大洲广泛开展，女子项目至少已在 40 个国家和 3 个大洲广泛开展。会期不得超过 16 天，遇节假日可顺延。

1924 年，国际委会开始举办冬季奥林匹克运动会，届数按实际举行次数计算。项目包括滑雪、滑冰、冰球、雪橇、雪车和冰上舞蹈等。1994 年起，冬奥会与夏奥会以 2 年为相隔交叉举行。

奥林匹克旗帜是面白色无边旗，中间有五环标志，由顾拜旦先生于 1913 年构思设计。上面是蓝、黑、红三环，下面是黄绿两环。五环代表着奥林匹克大家庭的五大洲，蓝环代表欧洲，黄环代表亚洲，黑环代表非洲，绿环代表大洋洲，红环代表美洲。五环相扣象征着五大洲的团结以及全世界运动员以公正、坦率的比赛和友好的精神在奥运会上欢聚一堂，五大洲的人们能够友好相处。五色代表的是世界五大洲不同肤色的人民，朴素的白色背景意指所有国家——所有民族都能毫无例外地参加奥林匹克竞赛，寓意着和平。

奥林匹克格言（Olympic Motto）是：更快、更高、更强（Citius，Altius，Fortius）。奥林匹克精神是：相互了解、友谊、团结和公平竞争的精神。奥林匹克运动的宗旨是：通过没有任何歧视、具有奥林匹克精神——以友谊、团结和公平精神互相了解的体育活动来教育青年，从而为建立一个和平的、更美好的世界做出贡献。

2．世界大学生运动会

世界大学生运动会（World University Games 或 Universiade）素有"小奥运会"之称，是国际大学生体育联合会（International University Sports Federation）为促进各国大学生体育运动的开展和增进世界大学生之间的友谊而设立的一项国际综合性运动会。其每两年举办一届，参加者限于在校大学生和毕业不超过两年的大学生（年龄限制为 17～28 岁），前身为国际大学生运动会（International Universities' Games）。

1959 年，第一届世界大学生运动会在意大利都灵举行，来自 45 个国家和地区的 985 名运动员参加了比赛。比赛项目一般包括田径、游泳、跳水、水球、体操、击剑、网球、篮球和排球等，东道国有权再增加 1 项。

1960 年，参考奥运会赛制，世界大学生冬季运动会在法国夏蒙尼举办。比赛项目有速度滑冰、短道速滑、花样滑冰、高山滑雪、越野滑雪、跳台滑雪、冬季两项、冰球、北欧两项、滑板滑雪等。夏运会和冬运会分别在单数年和双数年举行，从 1981 年起改为在同一年举行。

1975 年，中国被接纳为国际大学生体育联合会正式会员。从 1977 年第九届起，中国代表队参加了迄今为止的历届世界大学生运动会。截至 2009 年 5 月，世界大学生运动会已举办过 24 届。2001 年，第二十一届世界大学生运动会在北京举行，中国体育代表团以 54 金、25 银、24 铜的战绩排名首位。2007 年，在泰国曼谷举行的第二十四届世界大学生运动会上，中国队以 33 金、30 银、27 铜的骄人战绩再次登顶大运会金牌榜。2011 年，第二十六届世界大学生运动会将在深圳举行。

3．亚洲运动会

亚洲运动会（Asian Games）简称亚运会，是亚洲地区规模最大的综合性运动会，每 4 年举办一届，与奥林匹克运动会相间举行。其前身是远东运动会，最初由亚洲运动会联合会主办，自 1982 年第十届起，改由亚洲奥林匹克理事会（Olympic Council of Asia）主办。

1948 年，参加第十四届奥运会的亚洲 13 国代表就举办亚洲运动会的问题进行了磋商，并起草了相关的文件和章程。1951年3月，第一届亚运会在印度首都新德里举行。

亚运会迄今共举办了15届，比赛项目的规定相对宽松，以亚洲地区普遍开展的运动项目为主，除田径、游泳、足球、篮球等广为开展的项目必须列入外，主办国可根据自身的条件和运动技术水平适当调整。比赛项目的增减与变换都必须得到亚奥理事会的同意和批准，东道国无权随意安排。

二、国内体育竞赛

中华人民共和国全国运动会简称"全运会"，由国家体委主办，各省、自治区、直辖市和解放军等组队参加，是我国水平最高、规模最大的综合性运动会。其比赛项目的设置除武术外基本与奥运会相同，每四年举办一次，一般在奥运会结束后一年举行（前三届的间隔时间未固定；第七届则间隔了6年之久）。

1959年9月13日至10月3日，首届全运会在北京举行。参赛运动员达1万多人，共设36个比赛项目和6个表演项目，有7人4次打破4项世界纪录。

前9届全运会由北京、上海、广东3地轮流举办。2001年初，国务院办公厅正式发函，取消了对全运会承办城市的限制。江苏省获得了十运会的举办权，而第十一届全运会开幕式则定于2009年10月11日在山东省举行。

历届全运会（第一届至第十一届）会徽均蕴含着丰富的时代寓意。

第一届全运会会徽由金色的跑道、饱满的麦穗和夸张的红"1"字组成，跑道代表运动会，麦穗代表新中国成立10年的丰硕成果，冲出跑道的"1"字恰似上升的箭头，锐不可挡，象征着人们建设新中国的冲天豪情和凌云壮志。

第二届全运会会徽由金色的跑道，醒目的"2"字和鲜艳的红旗构成，象征着社会主义伟大旗帜的高扬。

第三届全运会会徽由圆形的体育场和飘扬的红旗构成，寓意着继续高举马列主义毛泽东思想伟大旗帜，全国人民走向安定团结。

第四届全运会会徽由金色的跑道和燃烧的火炬组成，时值拨乱反正改革开放，蓬勃燃烧的火苗象征着继往开来，如火如荼地进行社会主义现代化建设。

第五届全运会会徽由跑道、国旗和字母"V"组成，立意新颖，首次运用了中西文结合的表现手法。横放的跑道与垂直的国旗形成"中"字，"V"是国际公认的"胜利"的代号，象征着在中国特色的社会主义建设中各条战线均取得了伟大胜利。

第六届全运会会徽由挺拔的数字"6"和抽象的跑道构成，"6"如同燃烧的火焰，跑道则形象地表达出"羊"的韵意，意味着第六届全运会在广州（羊城）热烈举行。

第七届全运会会徽由罗马字母Ⅶ型的火焰和两个相反的"7"字构成，整体形如火炬，手柄又代表着跑道。

第八届全运会会徽由数字"8"和拼音"S"组合而成，"8"代表八运会，"S"代表上海，图形外围是红色的"8"与中心白色的"S"，既如同火炬，又像是上海市花白玉兰。下半部分仍以"8"字为基础，意含上海八万人体育场。整个图案环环相套，象征着全国人民大团圆。

第九届全运会会徽简洁有力，是由粗细渐变的曲线和红、黄、蓝3色组成的数字"9"。

线条凸显奔腾飞跃之意，宛如一位矫健、洒脱、充满活力、奋发向上的运动员豪迈前行。

第十届全运会会徽由数字"10"变化而来，为红黄两色，既是中国最吉祥和欢乐的颜色，又是中国国旗的色彩组合。整体图案呈 S 形主线，S 既是英文"体育——sports"的首字母，也是江苏简称"苏"的拼音首字母。"10"字的首尾体现着虎踞龙盘的艺术形象，既表达了江苏丰厚的历史文化底蕴和浓郁的地域特征，又反映了竞技体育生龙活虎的鲜明特点。

第十一届全运会会徽的结构创意源于中国古代小篆中繁体的"华"字，造型语言借鉴了中国传统吉祥饰物"四喜人"的手法，以 11 个"竞技人形"为主要构成元素。整体图形既有"同心结"的象征意义，又寓意了团结、和谐、圆满的愿望。

第二节　体育竞赛的组织编排

本节阐述了体育竞赛的组织工作，包括赛前的准备、赛中的管理和赛后的汇总。具体讲解了田径竞赛和球类竞赛的编排。田径竞赛的编排含准备工作、竞赛日程编排、竞赛分组编排、编印秩序册、记录公告编排等。球类竞赛的编排方法有淘汰法、循环法、混合法等。

一、体育竞赛的组织

1．赛前准备工作

（1）确立组织方。组织方案既是各项筹备工作的依据，又是保证运动会高效、顺利运行的先决条件。一般包括：竞赛的名称、性质、目的、任务、意义、规模、组织机构、经费预算和工作步骤等。

（2）拟定竞赛规程。竞赛规程是竞赛工作的法规性文件，具体指导比赛有计划、有秩序、科学、合理地进行。其主要内容包括：竞赛名称、目的、时间、地点、项目、比赛方法（运动员资格要求，每人限报项数，每项限报人数等）、竞赛规则、参赛资格、名次录取、奖励办法、报名方式、注意事项等。竞赛规程应由主办单位提前下发到各参赛单位。

（3）构建组织机构。竞赛组织机构的设置既要符合竞赛规模，又要尽量精简，还要职能划分明确（见图 5-1）。竞赛组主要负责裁判、编排记录、成绩公布、运动员资格审核等工作。政宣组主要负责思想教育、宣传报道、安全保卫等工作。会务组主要负责经费计算、物质供应、公共关系、食宿交通、医疗救护等工作。

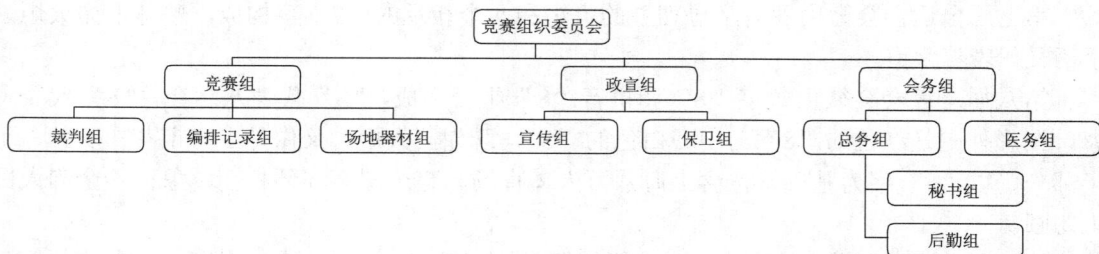

图 5-1　竞赛组织机构职能划分

（4）制订工作计划。根据组织方案和职能分工，各部门应制订具体详细的工作计划，包括阶段、时间、工作内容、要求、进度、负责人等。运动会的各项工作应按照计划流程有条不紊地推进。

（5）落实赛前工作。主要包括：组织裁判实习、检查场地器材、确保后勤服务等工作。

2．赛中管理工作

竞赛期间，组织与管理工作较为繁重：开幕式、闭幕式的安排，比赛时间的把握，赛场秩序的控制，突发事件的处理，竞赛成绩的公布，裁判队伍的管理，颁奖仪式的设计等，其成效直接影响着赛事的顺利进行。

3．赛后汇总工作

竞赛结束后，组织工作的主要任务有：编印、发放成绩册，财务结算，赛后总结，将相关文件、资料等整理归档等。

二、田径竞赛的编排

1．编排准备工作

田径竞赛编排前的准备工作包括：审校报名表，编排运动员名单和比赛号，统计各项目参赛人数、兼项人数、各代表队参加人数，选聘仲裁及裁判人员，编制竞赛相关表格（见表5-1、表5-2、表5-3、表5-4、表5-5）等。

表 5-1　　　　　　　　　　　田径运动会报名表

单位　　　　　　组别　　　　　　领队　　　　　　教练　　　　　　填表日期

运动员号码	姓名	出生年月	100 米	200 米	……	跳远	跳高	……	备注
	每项参加人数								

说明：运动员号码由大会统一填写；参加项目以"√"表示。

联系人：　　　　填表人：

表 5-2　　　　　　　　　　径赛检录表和终点记录表

男、女子组　　　　　米　　　赛　　　共　　　组第　　　组取　　　名

道次	1	2	3	4	5	6	7	8
号码								
姓名								
单位								
名次								
成绩								
备注								

记录员：　　检录长：　　终点裁判长：　　计时长：　　竞赛裁判长：　　年　月　日

表 5-3 　　　　　　　　　　　　　女子运动员兼项统计表

项目人数项目	100 米	……	跳远	……
100 米	—			
……		—		
跳远			—	
……				—

表 5-4 　　　　　　　　　　　　　田径运动会成绩记录表

名次记录项目		第一名			第二名			第三名			第四名			第五名			第六名			第七名			第八名			备注
		姓名	单位	成绩	姓名	单位	成绩	姓名	单位	成绩	姓名	单位	成绩	姓名	单位	成绩	姓名	单位	成绩	姓名	单位	成绩	姓名	单位	成绩	
径赛	100 米																									
	……																									
田赛	跳远																									
	……																									

编排记录公告主裁判：　　　　　　　　　　　　　　裁判员：

表 5-5 　　　　　　　　　　　　　田径运动会竞赛日程安排表

比赛日期					……
比赛单元	上午	下午	上午	下午	
100 米					
……					
跳远					
……					
每日比赛项次					
每日决赛项数					

2．竞赛日程编排

编排竞赛日程时，应准确把握田径竞赛规则，详细了解本次比赛的竞赛规程，如比赛时间（包括天数和每天的赛时）、项目、录取方法、场地器材、参赛人数等情况，在统筹全局的基础上，寻求最佳方案。

（1）合理控制赛次间隔和比赛时间。赛次间的时间间隔是为了保障运动员的适当休息和调整，其最低标准是：200 米及 200 米以下各项目为 45 分钟，200 米以上至 1 000 米各项目为 90 分钟，1 000 米以上各项目不在同一天举行，全能各单项为 30 分钟，田赛的及格赛和正式比赛之间应间隔一天，第一天的最后一项与第二天的第一项之间应间隔 10 小时。

各项目比赛时间的估算，如表 5-6 所示。

表 5-6		各项比赛时间估算	
径赛项目	每组用时（分）	田赛项目	每组用时（分）
100 / 200 / 400 米	4～6	跳高	总人数×8～10
800 米	6～8	撑杆跳高	总人数×13～15
1500 米	8～10	跳远	（总人数+8）×3～4
3 000 米、3 000 米障碍	15～20	三级跳远	（总人数+8）×3～4
5 000 米	20～25	铅球	（总人数+8）×3～4
10 000 米	40～50	铁饼	（总人数+8）×4～5
100 / 110 / 400 米栏	5～7	标枪	（总人数+8）×4～5
4 × 100 / 400 米接力	8～10	链球	（总人数+8）×5～6
5 000 米竞走	40～45		
10 000 米竞走	70～90		

注：不同项目换项或同项目换组时需增加 5～10 分钟；跨栏跑的每组用时不含摆撤栏时间，摆撤栏需增加 5～10 分钟；同一项目，女子组用时较长，男子组用时较短。

（2）科学减少兼项冲突和各类干扰。兼项的一般规律为：100 米和 200 米，200 米和 400 米，400 米和 800 米，400 米和 400 米栏，800 米和 1 500 米，3 000 米和 5 000 米，5 000 米和 10 000 米，100 米和跳远，跳远和三级跳远，100 米和 4 × 100 米接力，400 米和 4 × 400 米接力，推铅球和掷铁饼等。为减少兼项冲突，应尽量将相关项目分开编排。

此外，还应尽可能减少自然环境、场地器械等对比赛的干扰。例如，撑杆跳高要考虑阳光的照射方向且比赛时间较长，一般应在上午进行；同一时间，不要安排两个田赛长投项目（铁饼、标枪、链球），以免造成场地交叉，增加裁判工作的困难并易导致伤害事故。

（3）全面考虑整体赛程和实际需要。

① 某些性质相近的项目要注意先后顺序，距离应由短到长，例如，先 100 米后 200 米，先 800 米后 1 500 米，先 5 000 米后 10 000 米，先铅球后铁饼，先跳远后三级跳远。

② 径赛中不同组别、性别的同一径赛项目，最好衔接安排，以便于裁判工作和场地器材的布置。

③ 短距离竞赛项目，若赛次较少，应尽量安排在一单元或一天内结束。

④ 跨栏项目，一般安排在各单元之首尾，抑或长距离跑之后；不同项目的跨栏，不可连排。

⑤ 每个单元的比赛中，尽量安排径赛和田赛同时结束，还要尽可能地避免某些场地出现"冷场"。

⑥ 决赛项目和观赏性较强的项目应分开编排，使赛场气氛始终保持热烈活跃。

⑦ 全部比赛临近结束时，可安排长距离项目或适当减少比赛项目，以便于计算总成绩和举行闭幕仪式。

3．竞赛分组编排

（1）径赛项目。

① 径赛项目分组的方法。

蛇形法：若有报名成绩，可采用蛇形法分组。例如，有 6 条跑道，男子 100 米参赛 23 人，先按运动员成绩高低排序，然后按蛇形排列，把运动员分别编入各组。

一组	↓1		8 → 9		16 → 17	
二组	2	7	10	15	18	23
三组	3	6	11	14	19	22
四组	4 → 5		12 → 13		20 → 21↑	

斜线法：若无报名成绩，且人数较多，可采用斜线分组法。将参加该项的运动员卡片（或号码）按单位依次上下排列，再按斜线通过的卡片（或号码）分组。例如，男子100米预赛21人，按成绩取前8名参加决赛，6条跑道，分4组，如表5-7所示。

表5-7　　　　　　　　　　　　　　　斜线分组法

单位号码顺序	中文系	地理系	数学系	化学系	教育系	外语系	政治系
1	1001	2002	3001	4001	5002	6001	7005
2	1003	2004	3002	4003	5003	6002	7007
3	1006	2005	3008	4009	5007	6003	7008

第一组　　　1001　2004　3008　5002　6002　7008
第二组　　　2002　3002　4009　6001　7007
第三组　　　3001　4003　5007　7005　1006
第四组　　　4001　5003　6003　1003　2005

② 径赛项目分组的注意事项。应根据各项目的参赛人数、赛次、录取方法、跑道数（直道、弯道）以及裁判员的情况等，进行分组。

每组人数应尽量均衡，避免同一单位的运动员排在同一组里（尤其是预赛时）。

按名次录取分组时，应把成绩优秀的运动员分别编排在各组内；按成绩录取分组时，可将成绩较好与较差的运动员搭配分组，也可把成绩较好的运动员相对集中的编在一组内（一般排在第二组或第三组）。

不分道的径赛项目，按成绩相近的原则分组，每组人数不宜过多，一般在15人以内。通常把成绩较好的运动员集中在第一组。

初赛时，按照随机原则，进行组次和道次抽签（不分道的项目则是起跑位置抽签），排出各组比赛顺序和各组中每位运动员的比赛道次。复赛时，800米及以下距离的分道项目，每组运动员均分两次抽取比赛道次——列前4名的运动员抽取第3、4、5、6跑道；列后4名的运动员抽取第1、2、7、8跑道。只有6条分道时，成绩较好的前3名抽2、3、4道，后3名抽1、5、6道。

（2）田赛项目。田赛项目的比赛一般不分组，比赛的次序在裁判长监督下由大会随机抽签排定。

报名人数较多（≥18人）时，一则，可在正式比赛前举行及格赛，由大会根据参赛运动员的水平规定一定的标准，明确地写入秩序册，不达标者，没有资格参加正式比赛。二则，可分组进行比赛。各组的比赛场地、气象、风向等条件必须基本相同。若条件允许，远度项目，可分组在不同的场地同时进行前3轮比赛，取成绩最优的前8名运动员合并成一组再进行后3轮比赛。高度项目，分组在不同场地比赛时，每次横杆提升高度应相同，淘汰一定人数后，再合并为一组继续比赛。

（3）全能项目。如表5-8所示，男子十项和女子七项全能运动必须在连续的两天内按规定的顺序赛完。

表 5-8　　　　　　　　　　　　　　　全能比赛顺序表

第一天	男	100 米，跳远，推铅球，跳高，400 米
	女	100 米跨栏，跳高，推铅球，200 米
第二天	男	110 米跨栏，掷铁饼，撑杆跳高，掷标枪，1 500 米
	女	跳远，掷标枪，800 米

　　全能项目的分组、分道和排顺方法，与径赛、田赛各单项相同。但最后一项，应根据前几项积分进行分组，成绩最低的运动员为第一组，依次类推，成绩最高的一组运动员为最后一组。

　　全能的每一个单项，均应单独进行抽签。田赛项目的比赛顺序，除第一项由编排人员在监督之下抽签确定，其余各项均由运动员当场抽签排定。

　　4．编印秩序册

　　秩序册一般包括下列内容：封面（运动会名称、主办单位、竞赛日期），目录，竞赛规程、竞赛须知、补充通知，组织委员会人员名单，办事机构及工作人员名单，技术代表、技术官员、仲裁委员、裁判员名单，代表队名单（运动员姓名、号码对照表），竞赛日程，各项目参赛运动员名单及人数统计，分组名单，相关记录和等级标准，比赛场地平面图等。

　　5．记录公告编排

　　接收、审核各项比赛成绩，发布成绩公告和后继赛次录取名单，记录得分和奖牌数目、统计破记录的项目、人数和人次等。

三、球类竞赛的编排

　　球类竞赛的编排方法较多，基本有淘汰法、循环法和混合法。应根据参赛队（人）数、项目特点、比赛时间、裁判数量、场地设施等因素选取适宜的编排方法，以达到扬长避短、相得益彰的效果。

　　1．淘汰法

　　淘汰法是指参加比赛的队（人）在比赛过程中失败一次或两次之后，即失去比赛资格，连续获胜的队（人）继续参加比赛，直至最后决出优胜者。

　　淘汰法包括单淘汰和双淘汰，多用于参赛队（人）较多，赛期较短的情况。一般大球（篮球、排球、足球等）项目较少单独使用，小球（乒乓球、羽毛球等）项目采用较多。其优点是：比赛场数少，需用时间短，同时可使比赛逐步形成高潮。其缺点是：合理性差，机遇性强；除第一名外，不能准确地确定其余名次；参赛者锻炼机会较少，不利于互相交流和学习。

　　编排淘汰赛时，需计算比赛场数、比赛轮数和比赛轮空数。

　　单淘汰法比赛场数=参赛队（人）数-1

　　双淘汰法比赛场数=参赛队（人）数×2-2

　　若参赛队（人）数=2^X，则比赛轮数=X；若 2^X<参赛队（人）数<2^{X+1}，比赛轮数则按 2^{X+1}（号码位置数）计算。例如，13 个参赛队（人），则按 16（2^4）个队计算，比赛为 4 轮。

　　比赛轮空数=号码位置数-参赛队（人）数，例如，13 个参赛队（人），轮空场数=16-13=3。

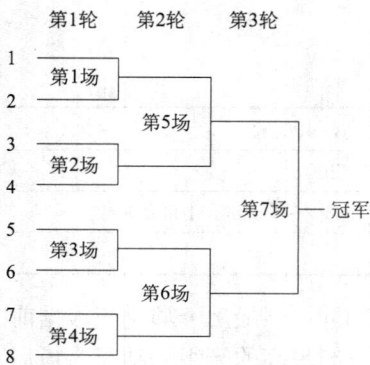

图 5-2　8个队单淘汰赛

（1）单淘汰。各参赛队（人）按编排的顺序进行比赛，失败一次就被淘汰，即为单淘汰。

例1：8个队的单淘汰赛可按图5-2所示编排。

第二轮为复赛，失败的两队（人）可补赛一场，决定第三、四名，也可并列第三名。

第三轮为决赛，产生第一名与第二名。

例2：13个队的单淘汰赛可按图5-3所示编排。

轮空位置均在第1轮，使第2轮的队（人）数正好是2的乘方数。

根据轮空位置表（见表5-9）得出2、15、10 3个号码为轮空位置，凡抽到1、16、9号的队（人）第一轮轮空，直接进入下一轮比赛。

表5-9　　　　　　　　轮空位置表（该表适用于128队以下）

2□127□66□63□34□95□98□31□18□111□82□47□50□79□114□15	
10 119□74□55□42□87□106 23□26□103□90□39□58□71□122□7	
6□123□70□59□38□91□102 27□22□107□86□43□54□75□118□11	
14 115□78□51□46□83□110 19□30□99□94□35□62□67□126□3	

注：轮空位置表的使用方法为：按比赛所需轮空数，逐行由左向右依次摘出小于或等于号码位置数的号码，这些号码即为轮空的位置号码。

例3：9个队的单淘汰赛可按图5-4所示编排。

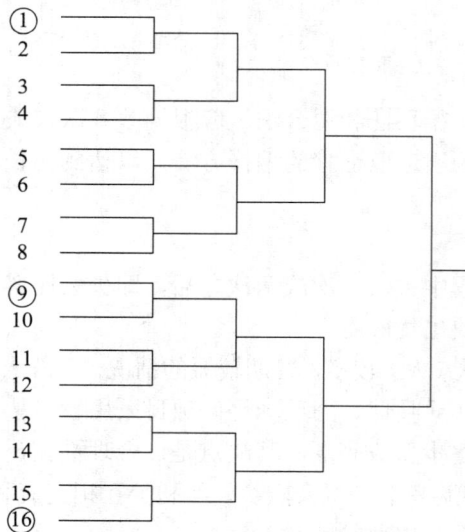

图 5-3　13个队的单淘汰赛

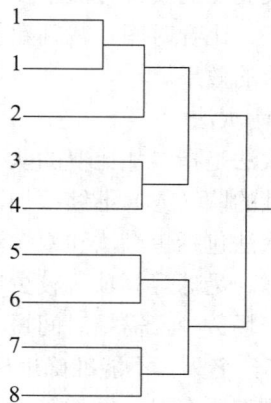

图 5-4　9个队的单淘汰赛

参加比赛的队（人）数稍大于2的乘方数时，若采用轮空，则空位太多，可以用"抢号"的方法解决。即以最接近的小于队（人）数的2的乘方数作为号码位置数。两个参赛队（人）争夺一个号码位置数，胜者继续参加比赛，负者淘汰。

为避免优秀队过早相遇，应采用"种子（队）"位置安排法。如果有轮空机会，则一般

"种子（队）"优先轮空。

确定"种子（队）"可以通过协商，也可以按照往届赛事的成绩和排名。选择"种子（队）"的数目一般是 2 的乘方数即 4、8 等，在编排中易于均匀分布。以技术水平的高低排列"种子（队）"序号，实力最强的为 1 号。"种子（队）"应在竞赛规程中作出明确规定，并经过一定会议的讨论认可。

如图 5-5 所示，第 1 号种子应在上半区的顶部，第 2 号种子应在下半区的底部，第 3 号种子在下半区的顶部，第 4 号种子在上半区的底部，第 5 号种子在第 2 个 1/4 区的顶部，第 6 号种子在 3 个 1/4 区的底部，第 7 号种子在第 3 个 1/4 区的顶部，第 8 号种子在第一个 1/4 区的底部。

单淘汰法只能确定冠军与亚军，增加附加赛则可以通过每轮胜者与胜者、负者与负者的比赛进一步排出前 8 名的顺序，具体编排如图 5-6 所示。

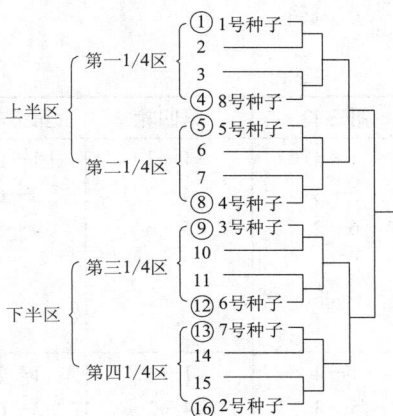

图 5-5　种子（队）位置

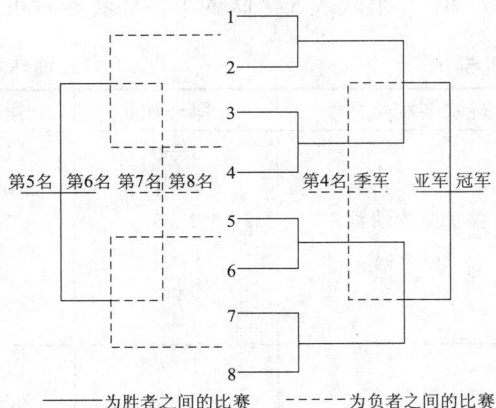

图 5-6　附加赛编排方法

（2）双淘汰。参赛队（人）在单淘汰赛失败后，另行编排进行比赛，再次失败的则被淘汰（失败两次）。最后，只失败一次的队可以参加决赛，并有可能获得冠军。

双淘汰的编排方法较之单淘汰大大减少了比赛胜负的偶然性。

例如，8 个队的双淘汰赛可按图 5-7 所示编排。

决赛时，如果 1 胜，则 1 为冠军，3 为亚军；如果 1 败，则 1 与 3 都只败一次，所以应举行补赛（如虚线所示），胜者名次在前。

2．循环法

循环法是指参赛队（人）按一定的顺序与其他队逐一对阵，按全部比赛的胜负场数计算各队得分，并确定名次。

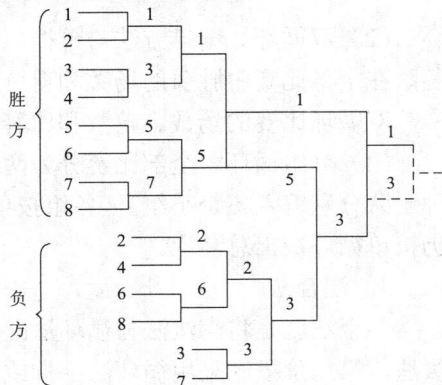

图 5-7　8 个队双淘汰赛编排方法

循环法包括单循环、双循环和分组循环 3 种方法，一般用于参赛队（人）数较少，比赛时间较长的情况。其优点是：能够较合理地确定各个名次；锻炼机会较多，有利于互相学习，共同提高。其缺点是：比赛场次多，所用时间长，并需要具备一定的场地器材设备条件。

（1）单循环。所有参加比赛的队（人）均能相互比赛一次，最后按各队积分和得失分率（得失分率=得分/失分）排列名次。

单循环赛时，需计算比赛场数和比赛轮数，并编排轮次表（赛程）。

比赛场数=参赛队（人）数×（参赛队（人）数-1）/2

循环赛中，每队（人）均出场比赛一次，称为"一轮"。若参赛队（人）数为偶数，则比赛轮数=参赛队（人）数-1；若参赛队（人）数为奇数，则比赛轮数=参赛队（人）数。

球类比赛轮次的编排通常采用固定轮转法。第一轮采用"U"形排除，之后每轮比赛均把1号位置固定不动，其余号码按逆时针方向移动一个位置。抑或末尾位置固定不动，其余号码按顺时针方向转动。

无论参赛队（人）数是偶数还是奇数，都应按偶数编排。若为奇数时，要将其配成偶数，可以在最后补一个"0"号。与"0"相遇的队（人），即轮空。

例如，6个队或5个队的单循环赛赛程可按表5-10所示编排。

表5-10　　　　　　　　　　　　　　单循环赛轮次表

轮次赛程类别	第一轮	第二轮	第三轮	第四轮	第五轮
参加队为偶数（如6队）	1—6 ↙ ↑ 2—5 ↓ ↑ 3—4 →	1—5 6—4 2—3	1—4 5—3 6—2	1—3 4—2 5—6	1—2 3—6 4—5
参加队为奇数（如5队）	1—0 ↙ ↑ 2—5 ↓ ↑ 3—4	1—5 0—4 2—3	1—4 5—3 0—2	1—3 4—2 5—0	1—2 3—0 4—5

（2）双循环。编排方法与单循环一样，但所有参赛队（人）均需相互比赛两次。最后按各队在全部比赛中胜负的场数和得分的多少排列名次。

双循环比赛的场数、轮数和比赛时间均是单循环的倍数。

（3）分组循环。全部比赛分为两个阶段，第一阶段将参赛队（人）分成若干组（注意将种子队分别编入各个小组），各组按单循环进行比赛。第二阶段按名次分组，同名次为一组，仍按单循环决出总名次。

3．混合法

混合法就是将淘汰法与循环法配合使用的方法。一般分成两个阶段，第一阶段为分组淘汰法，第二阶段则采用循环法；抑或相反，第一阶段为分组循环法，第二阶段采用淘汰法。

例如，12个队采用混合法比赛，取前8名。

先分组循环，后交叉淘汰。

第一阶段：先以蛇形法分组，将参赛队平均分为A、B两组（如下），各组分别进行循环赛决出名次。

A 组   ↓1   4 → 5   8 → 9   12
B 组   2 → 3   6 → 7   10 → 11↑

第二阶段：按小组名次进行交叉决赛（见图 5-8）。A1 与 B2，B1 与 A2 进行比赛，胜者决第 1、2 名，负者决第 3、4 名；A3 与 B4，B3 与 A4 进行比赛，胜者决第 5、6 名，负者决第 7、8 名（见图 5-9）。

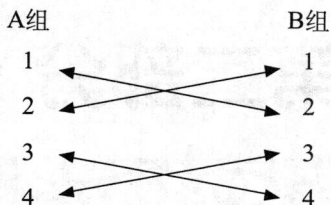

图 5-8　交叉决赛 1

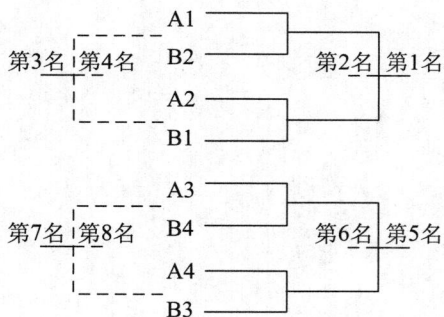

图 5-9　交叉决赛 2

思考与练习

1．体育竞赛的组织工作有哪些？
2．球类运动的编排方法有哪些？
3．田径运动的编排方法有哪些？

第二部分

现代竞技体育篇

本章介绍了田径运动的起源和发展历程，从田赛和径赛中选取了大学生喜闻乐见的跑、投、跳的部分项目：跳高、跳远、三级跳远、推铅球、短距离跑、中长距离跑、跨栏跑、接力跑，就其具体技术进行了详细阐述。

第一节　田径运动的简介

本节概述了田径运动的起源和现代田径的发展，对标准田径场进行了介绍。

一、田径运动的起源

田径是世界上最为普及的体育运动之一，也是历史上最悠久的运动项目，被誉为"运动之母"。其起源大致可以归纳为以下几种：生存并与自然界斗争的手段，古代祭祀中的一项活动，战争的需要，教育的内容等。

远在上古时代，田径运动在人类生活中便占据着极其重要的地位。快速的奔跑、敏捷的跳跃和准确的投掷是原始人获得生活资料的必需手段。劳动中这些动作不断重复，长久积累便形成了走、跑、跳、投的各种技能。在古希腊阿尔菲斯河岸的峭壁上，刻有这样一段至理名言。

如果你想聪明，跑步吧！

如果你想强壮，跑步吧！

如果你想健康，跑步吧！

据记载，田径比赛成为正式比赛项目，是在公元前 776 年在希腊奥林匹克村举行的第一届古代奥运会上，项目只有一个——短距离赛跑，跑道是一条直道，长 192.27 米。

二、现代田径运动的发展

田径运动（Track and Field/Athletics）是由田赛和径赛、公路赛、竞走和越野赛组成的运动项目。以高度和远度计算成绩的跳跃、投掷项目统称为田赛。以时间计算成绩的竞走和跑的项目统称为径赛。全能运动由跑、跳、投的部分项目组成，以各单项成绩按《田径全能运动评分表》换算分数计算成绩。

1896 年在希腊举行了第一届现代奥运会上，走、跑、跳跃、投掷等 12 个田径项目被列为主要比赛项目，这成为现代田径运动开始的标志。1912 年，国际业余田径联合会（I.A.A.F.）成立，确立了国际统一的田径竞赛项目和竞赛规则，开始组织国际田径比赛。

田径运动是比速度、比高度、比远度、比耐力的体能项目，很好地体现了"更高、更快、更强"的奥林匹克运动精神。奥运会中田径设有 47 枚金牌，是奥运金牌最多的项目，所以有"得田径者得天下"之说。

标准的田径场一般由外场、中场及内场 3 部分组成。

（1）外场，径赛跑道外侧，主要包括建筑看台或其他有关设施。一般而言，仅供教学和训练的田径场外场几米即可，而标准田径场四周则要留有几十米的空间。

（2）中场，径赛跑道所占有的空间，内圈周长 400 米，为椭圆形。弯道为半圆形，半径为 36.5 米。直道要沿南北方向，避免太阳位置低时的炫目影响。一般设 8～10 条分道，每条分道宽 1.22～1.25 米。跑道内侧安全区域不少于 1 米，起跑区不少于 3 米，冲刺缓冲段不少于 17 米。跑道左右倾斜度最大不得超过 1∶1 000，跑的方向上的向下倾斜度不得超过 1∶1 000。

（3）内场，供田赛或球类比赛使用的部分。

第二节 田 赛

本节介绍了跳高、跳远、三级跳远、推铅球的概况，详细阐述了其技术要领。

田赛包括跳跃项目和投掷项目。跳跃项目分为高度类和远度类，其中高度类有跳高（High jump）和撑杆跳高（Pole Vault），远度类有跳远（Long jump/Broad jump）和三级跳远（Triple Jump/Hop Step and Jump）。投掷项目包括推铅球（Putting the Shot/Shot Put）、掷铁饼（Throwing the discus）、掷标枪（Throwing the Javelin）和掷链球（Throwing the Hammer）。比赛时，人体或人投掷器械位移距离大者名次列前。

一、跳高

跳高要求运动员通过快速助跑，经单脚起跳，越过一定高度的横杆。它能有效地增强腿部肌肉力量，提高弹跳力、灵敏度和协调性，培养勇敢、果断的意志品质。

跳高起源于古代人类在生活和劳动中越过垂直障碍的活动。从生存的本能到战争的需要，再到健身的手段、娱乐的项目，跳高随着社会经济、文化的发展而演变。最初的跳高比赛是在草地上进行的。运动员面对两根木桩之间的绳子，通过助跑起跳双腿屈膝越过。现代跳高始于欧洲，19 世纪 60 年代开始流行于欧美国家。男、女跳高分别于 1896 年（第一届奥运会）、1928 年（第九届奥运会）被列为奥运会比赛项目。

跳高的技术动作先后出现过 5 次重大演变，即跨越式（见图 6-1）、剪式（见图 6-2）、滚式（见图 6-3）、俯卧式（见图 6-4）和背越式（见图 6-5）。当代跳高运动趋向于速度核心，即要求助跑速度快、起跳速度快、过杆速度快。

图 6-1 跨越式跳高   图 6-2 剪式跳高   图 6-3 滚式跳高

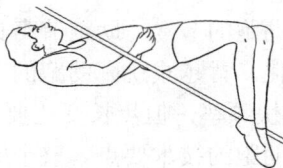

图 6-4　俯卧式跳高　　　　　　　　　　　图 6-5　背越式跳高

　　背越式跳高以特定的弧线助跑，起跳后背对横杆腾起，背越过杆（见图 6-6）。是现代最为常用的一种跳高技术，由助跑、起跳、过杆和落地几个不同的技术环节组成。

扫一扫

微课：背越式
跳高

图 6-6　背越式跳高连续动作

1．助跑技术

　　助跑的任务是获得必要的水平速度和蹬地力量，调整适宜的动作节奏，形成合理的身体内倾姿势，为起跳和顺利过杆创造有利条件。

　　（1）助跑的起动。助跑起动的方式有两种：原地起动（直接从助跑点上开始助跑的方式）和行进间起动（预先走动或跑动 3～5 步，然后踏上助跑点开始助跑的方式）。原地起动有利于助跑步点的准确性，步长相对固定，但动作较紧张，加速较慢。行进间起动则动作自然放松，加速较快，但助跑步点不易准确。

　　（2）助跑的路线。如图 6-7 所示，背越式跳高助跑的前段为直线或近似直线，后段 4～5 步跑弧线。如图 6-8 所示，直线助跑时，上体略前倾，步幅开阔，后蹬充分，身体重心平稳且保持高位；弧线助跑时，身体逐渐内倾，外侧的肩略高于内侧的肩，外侧臂和腿的摆动幅度较之内侧要大。

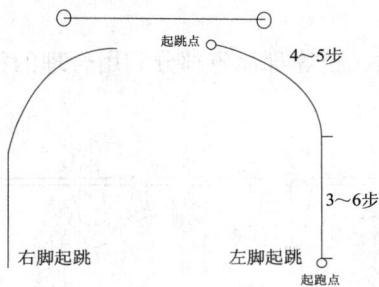

图 6-7　背越式跳高助跑路线

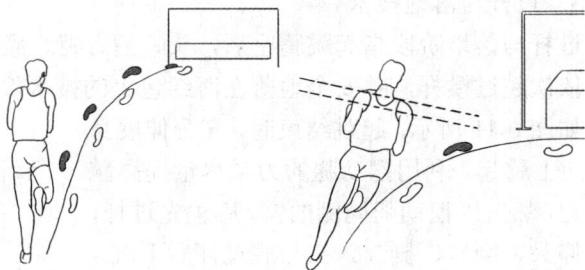

图 6-8　助跑动作要领

　　（3）助跑的距离。助跑距离指从助跑点到起跳点的距离。全程一般 8～12 步，距离最长可达 30 米左右。

（4）助跑的节奏。助跑节奏具体表现为步频（单位时间内两腿的交换次数）与步长在助跑中的变化。背越式跳高助跑的节奏要求从慢到快，前几步慢，后蹬充分，腾空较大。最后3～5步加快频率，但步长变化要小。最后1步，争取最快。

（5）助跑的技术要点。整个助跑过程的动作应该自然、放松、快速、连贯，全程节奏明确、逐渐加速。最后1步，摆动腿的动作极为关键。腿着地时，积极下压拨地，形成牢固支撑，身体重心迅速前移，进入起跳状态。

2．起跳技术

起跳是背越式跳高的关键技术。其任务是迅速改变人体运动方向，实现最大垂直速度和合理的腾空角度，为顺利过杆创造条件。

起跳阶段，起跳脚踏上起跳点，起跳腿经过支撑、缓冲、蹬伸，蹬离地面跳起，摆动腿蹬离地面和臂协调摆动，达到最高位置。起跳腿指用于蹬伸起跳的腿，多选择较有力的腿。摆动腿指起跳时用于协调配合起到摆动作用的腿。

如图6-9所示，在助跑最后一步身体内倾达到最大程度时，摆动腿有力后蹬，推动髋部迅速前移，使起跳腿快速踏上起跳点，形成肩轴与髋轴交叉扭紧姿势。接着，起跳脚以脚跟外侧着地并迅速过渡到全脚掌，脚尖朝向助跑弧线的切线方向，起跳腿自然屈膝并被压紧。随着身体由内倾转为垂直，起跳腿的髋、膝、踝3个关节依次迅猛发力，快速完成蹬伸起跳的动作。

如图6-10所示，蹬伸结束时，起跳腿的髋、膝、踝3个关节应该充分伸直，使身体垂直于地面，以保证身体向垂直方向充分腾起。

图 6-9　起跳阶段技术

图 6-10　蹬伸结束动作

3．过杆与落地技术

过杆与落地阶段指起跳腾空后，头、肩、背、腰、髋、腿等身体各部分利用合理的技术动作依次越过横杆，并安全地落在海绵包上的技术阶段。

如图6-11所示，起跳结束时，充分伸展身体，向上腾起。利用摆动腿的力量尽量提高髋部位置，然后以摆动腿同侧的臂，肩领先过杆，顺势仰头、倒肩、挺髋。头与肩过杆后下沉，髋部高过两膝，身体形成反弓型。当髋部越过横杆时，顺势收腹，带动小腿向上甩，整个身体越过横杆，保持屈髋、伸膝的姿势下落，以肩背先着垫。

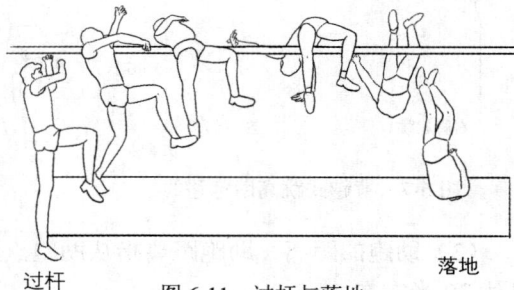

过杆　　　　　　　　　　　　　　　　　　落地

图 6-11　过杆与落地

二、跳远

跳远是通过快速的助跑和有力的起跳，采用合理的腾空姿势和动作，使人体腾跃尽可能远的水平距离的运动项目。它能有效地提高速度，发展弹跳力和协调性，增强神经系统、循环系统和运动器官的机能，培养勇敢、顽强的意志品质。

扫一扫

微课：跳远

跳远起源于远古人类猎取或逃避野兽时跨越河沟的活动，后成为军事训练的手段，为公元前 708 年古代奥运会五项全能项目之一。现代跳远运动始于英国。男、女跳远分别于 1896 年（第一届奥运会）和 1948 年（第十四届奥运会）被列为奥运会比赛项目。

如图 6-12 所示，跳远技术包括助跑、起跳、腾空和落地 4 个环节。

图 6-12 跳远技术包括的 4 个环节

1. 助跑技术

（1）助跑的任务是获得最大的水平速度，为准确踏板和迅速有力的起跳做好准备。

（2）助跑的起动方式有原地起动和行进间起动两种。前者更适合于初学者。

（3）助跑常用的加速方式有两种，即平稳加速（亦称为逐渐加速）和积极加速。平稳加速方式：开始步频较低，然后逐渐加大步长或在保持步长的基础上提高步频，加速过程均匀平稳，时间较长。其助跑动作比较轻松，起跳的准确性好，成绩比较稳定。积极加速方式：上体前倾较大，步频始终保持较高的水平。其助跑动作比较紧张，起跳的准确性差，适合于绝对速度较快的运动员。

（4）助跑距离指从助跑起点到起跳脚踏上踏跳板的距离。一般而言，技术水平越高，速度越快，助跑距离越长。男子助跑距离为 35～45 米，18～24 步；女子助跑距离为 30～35 米，16～18 步。助跑距离并非固定不变，可以根据环境条件的变化和个人身体情况进行相应的调整。

（5）助跑节奏表现为对步长、步频变化的控制，以利于最高速度的发挥及利用。跳远助跑的最后几步呈加速状态，身体重心适当下降，为快速起跳做好准备。

2. 起跳技术

起跳的任务是利用助跑所获得的最高速度，瞬间创造尽可能大的腾起初速度（由助跑、起跳所产生的水平速度与水平速度合成的）和适宜的腾起角度，使身体充分向前上方腾起。

起跳是跳远技术中最重要的环节。如图 6-13 所示，起跳的动作过程可分为起跳脚着地（上板）、缓冲和蹬伸 3 个阶段。着地要迅速且富有弹性，缓冲时及时地积极地前移身体，蹬伸是爆发式动作，要快而有力。

起跳时，抬头挺胸，上体正直，提肩、拔腰，髋、膝、踝 3 个关节要充分蹬直，蹬摆配合要协调，一致用力。

3．腾空技术

腾空阶段指起跳后人体在空中维持身体平衡，完成各种动作的阶段。如图 6-14 所示，跳远的腾空动作目前主要有 3 种姿势：蹲踞式、挺身式、走步式。

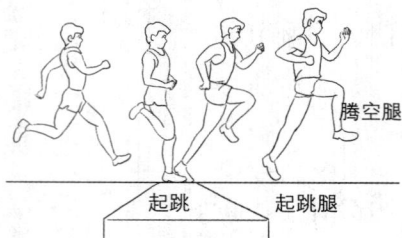

图 6-13　起跳动作

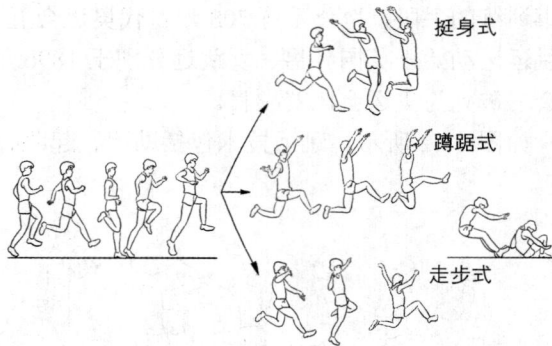

图 6-14　跳远腾空动作的 3 种姿势

（1）蹲踞式。起跳成腾空步（起跳结束时，身体姿势在空中的延续）后，上体保持正直，摆动腿继续向上摆动，起跳腿顺势屈膝前摆，逐渐靠近摆动腿，使两腿屈膝在空中成蹲踞姿势。然后收腹举腿并前伸小腿，两臂由后向前摆动，使身体重心前移，顺势落地。

（2）挺身式。起跳成腾空步后，摆动腿下落，膝关节伸展，小腿由前向下向后呈弧形摆动，两臂下垂经由体侧向后上方绕环摆动，起跳腿自然回摆与摆动腿靠拢，形成空中挺胸展髋的姿势。继而收腹举腿，大腿向胸部靠拢，小腿前伸，两臂上举或后摆，顺势落地。

（3）走步式。起跳成腾空步后，以髋关节为轴，摆动腿大腿带动小腿，由前向后下方摆动。同时起跳腿屈膝前摆，向上抬起大腿，前伸小腿，在空中自然地完成换步动作。两臂与下肢协调配合作大幅度直臂绕环摆动或自然前后摆动，然后摆动腿顺势前摆，两腿靠拢，收腹举腿，前伸小腿，顺势落地。在空中完成一次换步后落地的称为"两步半"走步式，完成两次换步后落地的称为"三步半"的走步式。

4．落地技术

落地阶段指腾空后落入沙坑的着地动作阶段。其任务是选择合理的技术，获得较大的跳跃距离，并防止伤害事故的发生。

完成腾空动作后，收腹举腿，小腿前伸，脚尖勾起，两臂向后摆动。脚跟触及沙面后，迅速屈膝缓冲，臀部顺势前移，两臂由后向前摆动，上体前倾，成团身姿势，平稳地落入沙坑。

此外，落地时，还可以采用侧倒式。脚跟着地后，一条腿保持稍紧张状态支撑沙地，另一条腿放松，上体顺势向放松腿的前侧方卧倒。

三、三级跳远

三级跳远是经过一定距离的直线助跑后，通过 3 次连续跳跃（单足跳、跨步跳、跳跃）

达到尽可能远的水平距离的运动项目，如图 6-15 所示。它能有效地发展速度和下肢力量，提升弹跳力、灵敏度和协调性，增强支撑器官（腿、足、膝、踝等）和内脏器官的功能，培养勇敢顽强、勇往直前的意志品质。

| 助跑 | 单脚跳 | 跨步跳 | 跳跃+落地 |

图 6-15　三级跳远

三级跳远起源于爱尔兰，当时的跳法是"单足跳＋单足跳＋跳跃"。后来，又出现了希腊式的"跨步跳＋跨步跳＋跳跃"和苏格兰式的"单足跳+跨步跳+跳跃"。1908 年，国际田径联合会确定苏格兰跳法为正式的三级跳远比赛技术。

比赛时，运动员助跑后应连续完成 3 次不同形式的跳跃，第一跳为单足跳，用起跳腿落地；第二跳为跨步跳，用摆动腿落地；第三跳为跳跃，必须用双脚落入沙坑。男、女三级跳远分别于 1896 年（第一届奥运会）和 1992 年（第二十五届奥运会）被列为奥运会比赛项目。

三级跳远技术可以分为助跑、第一跳（单足跳）、第二跳（跨步跳）、第三跳（跳跃）几个部分。每一跳均包括起跳、腾空和落地阶段。

1. 助跑技术

水平速度是决定三级跳远成绩的关键因素。助跑的目的就在于获得尽可能大的水平速度，为单足起跳做好准备。

三级跳远的助跑技术与跳远基本相同，但第一跳起跳的腾起角（是指人体离地时，身体重心腾起初速度方向与水平线构成的角度）较小，因此整个助跑过程身体重心较高，加速平稳，强调向前行。最后几步，大腿高抬，上体正直，保持步长或适当减少步长的情况下，加快步频，准备起跳。

助跑距离取决于个人的加速能力。加速能力强，助跑距离则短，反之助跑距离则长。助跑距离一般为 35～40 米，相当于 18～22 步。

2. 第一跳（单足跳）技术

如图 6-16 所示，三级跳远的起跳是以单足跳的形式完成起跳的。这一跳不仅要达到必要的远度，而且应尽可能减小水平速度的损失，为后两跳创造条件。

图 6-16　第一跳技术

第一跳以有力的腿做起跳腿。助跑最后一步，摆动腿积极蹬地向前送髋时，起跳腿大腿快速下压，小腿自然前伸，用全脚掌迅速积极踏板。起跳腿着地后，迅速屈膝屈踝缓冲，摆动腿快速向前上方大幅度摆出，两臂配合下肢动作有力摆动，起跳腿迅速、及时地进行爆发性蹬伸。

起跳离地后，身体保持腾空步姿势。摆动腿小腿随大腿下放自然地从前向下、向后摆动，同时髋部上提，体后的起跳腿屈膝前摆高抬，带动髋部前移，两臂配合经体前摆向身体侧后方，形成空中交换步的动作，幅度大且平稳。单足跳的腾空轨迹应尽量低而平，理想的起跳角为 12°～15°。

完成交换步的起跳腿前摆蹬伸，迅速有力地用全脚掌拔地式着地，两臂和摆动腿配合起跳腿动作向前摆动。落地点尽量接近身体重心投影点，上体保持正直。

3. 第二跳（跨步跳）技术

如图 6-17 所示，三级跳远的第二跳为跨步跳，在三跳中难度最大，距离最短，身体重心的抛物线最低。起跳角度与单足跳几乎相同，一般为 12°～14°。

图 6-17　第二跳技术

当单足跳落地时，起跳腿积极完成缓冲并快速有力地蹬离地面，髋、膝、踝关节充分伸展。摆动腿迅速屈膝向前上方摆动，足尖上挑，大小腿成 90°角，膝部应摆至身体重心的上方。同时，上体保持正直或稍前倾，两臂成弧形向侧后方摆动，完成跨步跳的腾空跨步动作。注意维持身体平衡，并达到必要的远度。

腾空跨步跳结束时，髋部前移，摆动腿大腿下压，膝关节伸展，小腿顺势由前向后用全脚掌落地并积极"后扒"，两臂由后向前上方摆动，完成第二跳的落地动作。

4. 第三跳（跳跃）技术

如图 6-18 所示，第三跳是以第二跳的摆动腿做起跳腿，起跳角应稍大，一般为 18°～20°。

图 6-18　第三跳技术

起跳腿着地后应适度屈膝屈踝积极缓冲，上体正直，髋部上提，迅速有力地蹬直离地。同时，摆动腿迅速屈膝向前上方高抬摆动，两臂则由体侧后方积极向前上方摆动，保持腾空步动作。

第三跳的空中和落地动作与跳远时一样，可以选择蹲踞式、挺身式或走步式。

四、推铅球

推铅球是一种速度力量型投掷项目，它协调利用人体全身力量，以最快的出手速度，将铅球从肩上锁骨窝处单手推出。它能有效地增强躯干及四肢尤其是腰背的肌肉力量，提高速度，发展协调性，培养坚韧、沉着的意志品质。

推铅球起源于古代人类用石块猎取禽兽或防御攻击的活动，大致经历了投掷石块，投掷炮弹和推铅球三个阶段。现代推铅球运动始于 14 世纪 40 年代欧洲炮兵闲暇期间推掷炮弹的游戏和比赛。铅球的制作经历了用铅、铁以及外铁内铅的过程。推铅球的技术大致了 4 个阶段的演变：原地推铅球、侧向滑步推铅球、背向滑步推铅球、旋转推铅球。

正式比赛时，男子铅球的重量为 7.26 千克，直径 11～13 厘米；女子铅球的重量为 4 千克，直径为 9.5～11 厘米。投掷圈直径为 2.135 米，前缘装有抵趾板。扇形有效落地区的角度为 34.92°。男、女铅球分别于 1896 年（第一届奥运会）和 1948 年（第十四届奥运会）被列为奥运会比赛项目。

扫一扫

微课：背向滑步
推铅球

如图 6-19 所示，背向滑步推铅球的技术要领包括（以右手为例）：握球和持球、预备姿势、滑步、最后用力、缓冲。

| 准备姿势 | 滑步 | 最后用力 | 缓冲 |

图 6-19　背向滑步推铅球技术要领

1. 握球和持球

如图 6-20 所示，五指自然分开，球体置于食指、中指和无名指的指根处，拇指和小指扶住球体两侧，手腕后屈，防治球体滑动并便于控制出球的方向。

手指力量较强者，可将球适当移向手指上方，有利于拨球和发挥手腕的力量。

握好球后，将球放在右肩锁骨窝处，紧贴颈部，掌心向前，右臂屈肘，肘部稍外展且略低于肩，上臂与身体的夹角约为 45°。

图 6-20　握球和持球

2. 预备姿势

预备姿势是滑步前的准备动作，目的是为协调、平稳地进入滑步创造条件。

（1）高姿势。如图 6-21 所示，持球后背对投掷方向，两脚前后开立，相距 20～30 厘米。右脚尖靠近投掷圈后端内沿（脚也可稍向内转），体重主要落在伸直的右腿上；左腿在后自然弯屈，以前脚掌或脚尖着地；上体放松，头部和躯干保持正直，左臂自然上举。

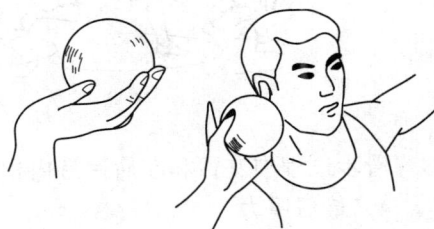

（2）低姿势。如图 6-22 所示，持球后背对投掷方向，两脚前后开立，相距 50～60 厘米（根据身高和下蹲的程度而定）。两腿弯曲（弯曲程度视个人力量而定），体重落于右腿。右脚尖贴近投掷圈后端内沿（脚也可稍向内转），左脚在后，以前脚掌或脚尖着地。左臂自然下垂，左肩稍向内扣，上体前屈与地面平行，两眼目视前下方。铅球的投影点在右脚的右侧前方。

3．滑步

滑步使铅球获得一定的水平方向的预先速度，并使身体形成最后用力的有利姿势。

滑步前可以先做一两次预摆（也可不做），以改变身体的静止状态。预摆时，左腿自然弯曲，大腿用力向后上方摆起，右腿伸直，同时上体前屈，左臂微屈前伸或下垂并稍向内，头与背保持一条直线。当左腿摆至与地面平行时，回收左腿，同时右腿弯曲，形成屈膝团身的姿势（见图 6-23）。

图 6-21　高姿势　　　　　图 6-22　低姿势　　　　　图 6-23　滑步

如图 6-24 所示，当左腿回收靠近右腿时，臀部后移。左腿向投掷方向快速摆出，同时右腿用力蹬伸。当右脚蹬离地面后，迅速拉收小腿并向内转动，用前脚掌着地，落于圆心附近。同时左脚积极下落，以前脚掌内侧落在圆圈直径的左侧。两脚着地时间相隔越短越好。此时肩轴与髋轴成扭紧状态，左脚尖与右脚跟约在一条直线上（对投掷方向而言）。

图 6-24　滑步技术要领

滑步过程中左臂和左肩保持内扣，头部保持向右后方的姿势，以保证上体处于扭紧状态。

4．最后用力

最后用力阶段为从左脚落地到铅球出手。

左脚落地瞬间，右腿继续向投掷方向转动并积极蹬伸，转髋转体。同时上体逐渐抬起，左臂向胸前左上方摆动，左肩高于右肩，大部分重心仍落在弯曲而压紧的右腿上，身体成"侧弓状"（见图 6-25）。

随着右腿蹬伸，右髋和右肩前送，身体重心由右腿快速移至左腿（见图 6-26）。随即两腿充分蹬伸，抬头（稍有后仰），屈腕且稍向内转，右臂迅速而有力地将球推出（见图 6-27）。

图 6-25　最后
用力阶段 1

图 6-26　最后
用力阶段 2

图 6-27　推出铅球动作

扫一扫

微课：田赛的主要
规则

5．缓冲

铅球出手后，右腿随势前摆，着地于左脚附近，左腿后摆，两腿交换并弯曲，以降低身体重心，缓冲向前的冲力，维持身体平衡，防止出圈犯规。

第三节　径　赛

本节介绍了短距离跑、中长距离跑、跨栏跑、接力跑的概况，详细阐述了其技术要领。

竞赛项目包括短跑（Sprint/Dash）、中跑（Middle-distance Race）、长跑（Long-distance Race）、接力跑（Relay Race）、跨栏跑（Hurdle Race）、障碍跑（Obstacle Race）等。位移相同距离，耗时少者名次列前。

一、短距离跑、中距离跑、长距离跑

1．短跑

短距离跑（简称短跑），包括 400 米及 400 米以下各种距离的赛跑和接力跑，是高速度的极限性运动项目。它能有效地提高大脑皮层的兴奋性、中枢神经的协调性和意志转换的灵活性，增强呼吸系统和循环系统的能力，发展速度、力量、灵敏性和协调性，培养拼搏、竞争、坚毅、顽强的意志品质。

扫一扫

微课：短跑

跑是人类与生俱来的基本能力，几乎每个国家的文献中都有对跑这种比赛形式的描述。现代短跑起源于欧洲，最早的正式比赛始于 1850 年牛津大学运动会。19 世纪末，赛跑距离由码制改为米制。初为职业选手的表演项目，后逐渐扩展到业余运动员。

短跑技术经历了从"踏步式"到"迈步式"再到"摆动式"的演变。起跑技术也从古希腊人的"站立式"起跑发展为"蹲踞式"起跑。

1896 年第一届现代奥运会，设有男子 100 米和 400 米比赛；1900 年第二届奥运会，增设了男子 200 米比赛项目；1928 年第九届奥运会，始设女子 100 米跑；1948 年第十四届奥运会，增设女子 200 米比赛；1964 年第十八届奥运会，女子 400 米被列为比赛项目。

短跑全程是由起跑、起跑后的加速跑、途中跑和终点跑 4 个紧密相连的阶段组成。

（1）起跑技术。起跑包括起跑前的准备姿势和起动动作。在短跑比赛中，必须用蹲踞式起跑，并使用起跑器。

如图 6-28 所示，起跑器的安装方法有普通式、接近式和拉长式 3 种。前起跑器抵足板与地面的夹角约为 45°，后起跑器为 60°～80°。安装起跑器的目的在于蹬离时能充分发挥腿部肌肉的最大力量，从而获得向前的最大初速度，起跑后使身体能保持较大的前倾。

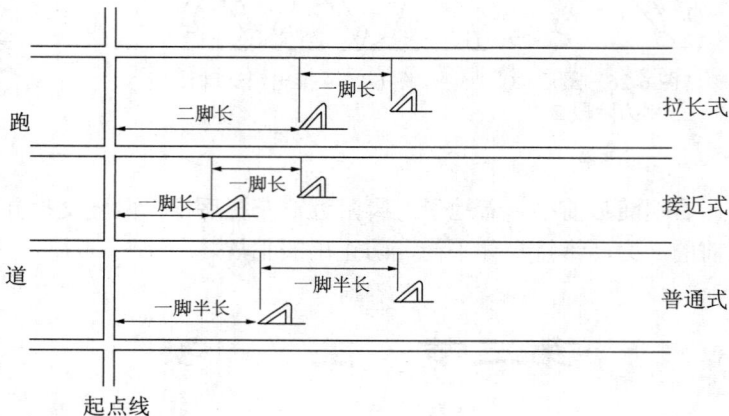

图 6-28　起跑器安装方法

起跑过程包括"各就位""预备""鸣枪"3 个环节。

如图 6-29 所示，听到"各就位"口令后，可稍做放松（如深呼吸），然后俯身两手于起跑线后撑地，两脚依次踏在前、后起跑器抵足板上，脚尖触地。将有力的腿放在前面，后膝跪地。两臂伸直约与肩同宽，四指并拢或稍分开和拇指成"八"字形，身体重心稍前移，肩约与起跑线平行。背微弓，颈部自然放松，注意听"预备"口令。

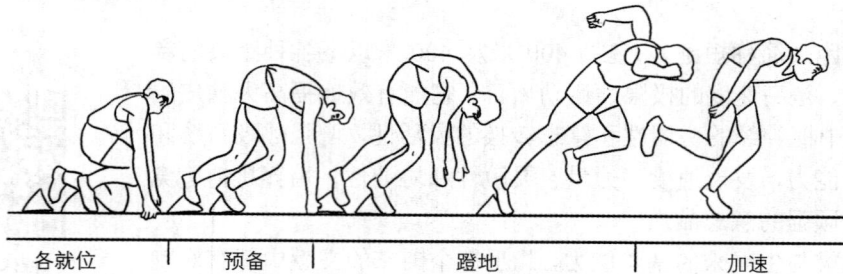

图 6-29　起跑过程

听到"预备"口令后，后膝离地，抬起臀部，使之稍高于肩。重心适当前移，体重主要落于两臂和前腿上。两小腿趋于平行，前腿膝角约为 90°，后腿膝角约为 120°，注意力高度集中等候发令枪声。

听到枪声后，两手迅速推离地面，屈肘做有力的前后摆臂，同时两脚用力蹬离起跑器，使身体以前倾姿势向前上方运动，躯干与地面成 15°～20°角。后腿迅速屈膝向前上方摆出，但不宜过高。后腿前摆并积极下压着地的同时，前腿快速蹬伸髋、膝、踝 3 个关节。躯干逐渐抬起，头部也随之上抬，视线逐渐向前移。

（2）起跑后的加速跑技术。加速跑的任务是充分利用起跑的初速度，在较短距离内尽快获得最高速度。

起跑后，第一步不宜过大，为 3.5~4 脚长，第二步为 4~4.5 脚长，以后逐渐增大。上体随着步长和速度的增加而逐渐抬起，两脚落点逐渐靠拢人体中线，形成一条直线（在起跑后 10~15 米处）。同时，两臂应积极摆动，上下肢协调配合。加速距离一般为 25~30 米。

（3）途中跑技术。一个跑的周期包括两个腾空时期和两个支撑时期（左支撑和右支撑）。单腿均要经历后蹬、摆动、着地缓冲等阶段。

途中跑指从完成加速跑开始，到距终点 10 米左右的一段距离，其任务是继续发挥和保持最高速度。进入途中跑时，应顺惯性放松跑 2~3 步，以消除肌肉的过分紧张。在百米跑中，途中跑的距离为 65~70 米。

摆臂动作：途中跑时上体稍前倾，两眼平视，颈肩放松，手半握拳，两臂屈肘，以肩关节为轴，用力前后摆动，如图 6-30 所示，前摆时，肘稍向内，肘关节角度变小；后摆时，肘稍向外，角度变大。手和小臂不能摆过身体胸前的中线形成两臂的交叉摆动。正确的摆臂动作能够维持平衡、调节节奏，有利于加快步频和步幅。

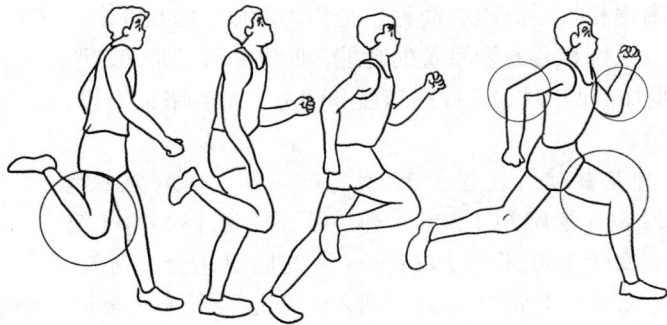

图 6-30　途中跑技术动作

摆腿动作：①后蹬伸展阶段，支撑腿从伸展髋关节开始，依次蹬伸膝、踝关节，直到脚掌蹬离地面。后蹬动作中速度极为重要。②折叠前摆阶段，后蹬结束后，摆动腿大小腿尽力折叠，快速积极地向前摆动。同侧髋部随之前移。③下压缓冲阶段，前摆至大腿高抬后，随即积极下压，前脚掌积极"扒地"。着地瞬间小腿与地面接近垂直，迅速屈膝、屈踝缓冲，摆动腿随惯性快速向前摆动与支撑腿靠拢，使身体重心迅速前移，膝踝关节屈曲角度达到最大，转入后蹬待发状态。

支撑腿与摆动腿的蹬摆协调配合是途中跑技术的关键。一般情况下，摆动腿前摆速度快，步频也快，前摆幅度大，步幅亦大。

（4）终点跑技术。终点跑包括终点冲刺和撞线，其任务是尽量保持途中跑的高速度跑过终点。在距离终点 15~20 米时，上体前倾，以增强后蹬力，同时加大摆臂的幅度和速度，在距离终点线最后一步时，上体达到最大前倾，用胸部或肩部撞线。通过终点后，要调整步频和步幅，逐渐减速。

（5）弯道跑技术。如图 6-31 所示，弯道起跑时，为了形成一段直线距离的加速跑，应将起跑器安装在跑道右侧、正对左侧弯道的切点方向。左手撑于起跑线后 5~10 厘米处，身体正对弯道的切点。加速跑距离较短，上体抬起较早，沿切线跑进。

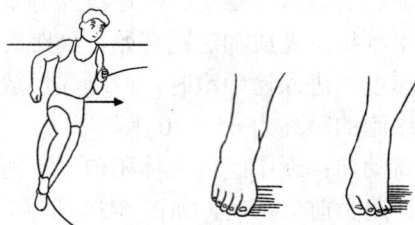

如图 6-32 所示，从直道进入弯道，身体应有意识地稍向圆心方向倾斜。后蹬时，右脚前脚掌内侧用力，左脚前脚掌外侧用力。摆动时，右腿膝关节稍向内，左腿膝关节稍向外。右臂的摆动幅度和力量略大于左臂。尽可能沿跑道内侧前进。

从弯道进入直道，最后几米，应逐渐减小身体内倾程度，惯性跑 2～3 步后转入正常途中跑。

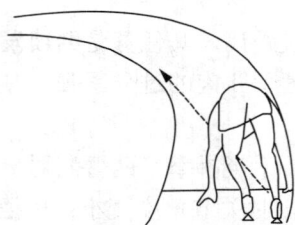

图 6-31　弯道起跑姿势　　　　　　图 6-32　直道进入弯道

2. 中长跑

中长跑是中距离跑和长距离跑的简称，全程为 800～10 000 米。它能有效地改善呼吸系统和心血管系统的功能，促进心肺功能（增强心肌，增厚心壁，增加心脏容积），提高速度和耐力，培养坚韧不拔、吃苦耐劳的意志品质。

扫一扫

微课：中长跑

中长跑作为一种竞赛项目起源于 18 世纪的英国。奥运会中跑比赛项目男、女均为 800 米跑和 1 500 米跑。男子项目 1896 年（第一届奥运会）列入；女子 800 米跑 1928 年（第九届奥运会）列入，1 500 米跑 1972 年（第二十届奥运会）列入。奥运会长跑比赛项目男、女均为 5 000 米跑和 10 000 米跑，男子项目 1912 年（第五届奥运会）列入；女子 5 000 米跑 1996 年（第二十六届奥运会）列入，10 000 米跑 1988 年（第二十四届奥运会）列入。

现代中长跑各项目因距离不同，在动作技术的速度、幅度等细节方面存在区别，但整体动作结构基本相同，均要求保持较高的速度、积极有效的伸髋和快速有力的蹬摆。

（1）起跑技术。中长跑的起跑按"各就位""鸣枪"两个口令进行，起跑姿势有"站立式"和"半蹲踞式"两种。

①"各就位"时，先做一两次深呼吸，"站立式"起跑的运动员两脚前后开立，有力的腿在前，前脚尖紧靠起跑线后沿，全脚掌着地，后脚以前脚掌着地，两脚前后间距约一脚，左右间距约半脚，两膝弯屈，上体前倾（跑的距离越短，腿的弯曲度越大，上体前倾也越大），颈部放松，两臂在体前自然下垂或一前一后，身体重心落于前脚，保持稳定姿势（见图 6-33）。

"半蹲踞式"起跑的动作与"站立式"基本相同，但其前腿的异侧臂的拇指和其他四指成"八"字形撑在起跑线后。两脚均用前脚掌支撑，前后相距约一小腿长，左右间隔约一脚宽，两膝弯屈角略小，体重主要落在前腿和支撑臂上。

② 鸣枪。听到枪声后，后腿用力蹬地后积极前摆，前腿用力蹬伸。两臂配合腿部动作做快而有力地前后摆动，身体向前冲出（见图 6-34）。

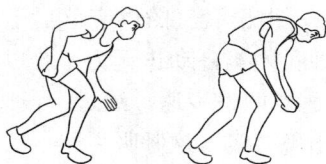

图 6-33　各就位时动作要领　　　　　　　　图 6-34　鸣枪时动作要领

（2）起跑后的加速跑技术。起跑后，上体保持一定的前倾，两臂的摆动和腿脚的蹬摆都应迅速有力，逐渐加速，同时，上体随之抬起，跑向对自己有利的战术位置，然后转入途中跑。加速跑的距离和速度，应根据个人特点、战术要求和临场情况而定。

（3）途中跑技术。途中跑是中长跑技术中的主要部分，其任务是保持速度，节省体力，讲求节奏，并充分运用战术为获取优异成绩奠定良好基础。

如图 6-35 所示，就途中跑的技术而言，中长跑与短跑实质相同，但由于距离和速度的不同，两者仍存在一定差异。

图 6-35　途中跑技术要领

① 上体姿势。中长跑的途中跑时上体自然伸直或稍向前倾，中跑上体前倾约 5°，长跑上体前倾 1°～2°。上体前倾的角度小于短跑。

② 腿部动作。后蹬时，角度较短跑稍大，用力程度和蹬伸幅度较短跑稍小。前摆时，大腿上摆的高度较短跑低，大小腿的折叠程度较短跑小。

此外，中长跑的途中跑中，特别强调动作与呼吸的配合，其身体重心的上下波动、弯道跑时摆臂幅度、跑的频率系数（腾空时间与支撑时间的比值）均小于短跑。

（4）终点跑技术。终点跑是临近终点前一段距离的加速跑。其任务是以顽强的意志，调动全部力量，克服高度疲劳，加大摆臂速度和幅度，加快步频，冲刺终点。

终点冲刺的距离应根据个人的体力情况、战术要求和临场情况而定，一般中跑为 200～400 米，长跑在 400 米以上。应注意观察对手情况，抢占有利位置，把握冲刺时机。速度占优势的运动员，宜紧跟且晚冲刺，一般在进入最后直道时开始冲刺；耐力占优势的运动员，宜早冲刺。

（5）中长跑的呼吸。中长跑途中，为了保证机体对氧气的需求，采用口鼻同时进行呼吸的方法。呼吸的节奏应和跑的节奏相配合，并注意加大呼吸地深度（特别是呼气，只有充分的呼出二氧化碳，才能吸入更多的氧气）。一般采用两步一呼，两步一吸（亦有一步一呼，一步一吸；三步一呼，三步一吸等）。

"极点"是一种正常的生理现象，是指中长跑途中，由于氧气的供应落后于机体活动的需要，代谢物质无法及时转移，而出现的胸部发闷，呼吸困难，动作无力、难以继续跑进等感觉。此时要以顽强的意志坚持跑下去，加强呼吸，适当调整步速。经过一段时间后，"极点"现象就会消失或减轻，身体运动能力逐渐提高，出现"第二次呼吸"。

二、跨栏跑

跨栏跑是在规定距离中，跑并跨越一定数量、一定间距和一定高度栏架的径赛项目，也是田径运动中技术较复杂，节奏性较强，锻炼价值较高的项目之一。它能有效地提高中枢神经系统对运动肌群的调控和支配能力，改善呼吸系统和循环系统的机能，各关节活动幅度增大，肌肉和韧带的伸展增强，骨骼增粗，使速度、力量、耐力、弹跳力、柔韧性、灵敏性、协调性、准确性、节奏感等身体素质得到全面发展，培养勇敢顽强、不屈不挠、坚定果断的意志品质。

现代跨栏跑起源于英国，是由牧羊人跨越羊圈栅栏的游戏演变而来。其技术经历了由"跳栏"到"跨栏"再到"跑栏"的演变过程。最初以埋在地下无法移动的木支架或栅栏为栏架，1900年出现了可移动的倒"T"字形栏架，1935年"L"形栏架诞生并沿用至今。

奥运会比赛项目设男子110米跨栏跑（1896年列入，当时为100米跨栏跑，1900年改为110米跨栏跑）、400米跨栏跑（1900年列入）；女子100米跨栏跑（1932年列入，当时为80米跨栏跑，1972年改为100米跨栏跑）、400米跨栏跑（1984年列入）（见表6-1）。

表6-1　　　　　　　　　　　奥运会跨栏跑比赛项目及要求

性别	项目	栏间距离（米）	起点到第一栏距离（米）	最后一栏到终点距离（米）	栏高（米）	栏数（个）
男	110米栏	9.14	13.72	14.02	1.067	
	400米栏	35	45	40	0.914	10
女					0.762	
	100米栏	8.50	13	10.50	0.84	

男子110米栏的栏架较高，过栏和栏间跑的速度较快，是跨栏跑中技术难度最大的项目。以此为例，讲解跨栏跑技术。

1．起跑至第一栏技术

起跑至第一栏的任务是在固定的距离内用固定的步数完成加速跑，为全程过栏奠定良好的速度和节奏。

其技术与短跑基本相同。起跑采用蹲踞式，一般跑7~8步，采用7步上栏，应将起跨腿置于后起跑器上；采用8步上栏，则应将起跨腿置于前起跑器上。

这一阶段，跨栏跑与短跑动作技术的差异主要表现为：①预备时，臀部抬起相对较高；②起跑后，身体前倾角度较小，上体抬起较早，大约在第6步时，基本达到短跑途中跑的姿势；③加速中，后蹬角度较大，步长增加较快。跨栏前倒数第二步达到最大步长，最后一步是短步（比前一步短 10~20 厘米），起跨腿以前脚掌迅速，准确地踏上起跨点。

2．跨栏步技术

如图 6-36 所示，跨栏步是指从起跨脚踏上起跨点到摆动腿过栏落地的过程，距离为 3.30~3.50 米。其技术分为起跨攻栏和腾空过栏两个动作阶段。

图 6-36　跨栏步技术

（1）起跨攻栏。起跨攻栏是指从起跨脚踏上起跨点开始至后蹬结束时止的整个支撑时期。起跨的动作质量直接决定过栏速度、下栏时间和栏间跑进，是跨栏步技术的关键。

起跨点距栏架的距离一般为 2.00~2.20 米。后蹬要求迅猛有力，起跨腿髋、膝、踝关节充分伸展，并与躯干、头部基本成一条直线，起跨角度（起跨离地时，身体重心与支撑点的连线同地面之间的夹角）约为 70°。同时，摆动腿在体后屈膝折叠，足跟靠近臀部，膝向下，并以髋为轴，膝领先，大腿带动小腿充分向前摆超过腰部高度。上体随之前倾，摆动腿异侧臂屈肘向前上方摆出，肘关节达到肩的高度，另一臂屈肘摆至体侧，整个身体集中向前用力，形成良好的"攻栏"姿势。

（2）腾空过栏。腾空过栏是指从蹬离地面身体转入无支撑阶段起，到摆动腿过栏后落地时止的动作阶段。

身体腾空后，摆动腿随惯性继续向前上方攻摆，膝关节高过栏架后，小腿向前伸展，脚尖勾起。其异侧臂前伸，与摆动腿基本平行，同侧臂屈肘后摆，上体达到最大前倾，角度为 45°~55°。同时，起跨腿屈膝提拉，小腿收紧抬平，约与地面平行或略高，两腿在栏前形成一个约 120° 以上夹角的大幅度劈叉动作。

如图 6-37 所示，摆动腿的脚掌移过栏架后，起跨腿屈膝外展，脚背屈并外翻，以膝领先，经腋下迅速向前上方提拉过栏。两腿在空中完成一个协调有力的以髋关节为轴的剪绞动作。同时，两臂配合积极摆动，起跨腿同侧臂由前伸位置向侧后方做较大幅度的划摆，另一臂屈肘前摆，以维持身体平衡。

图 6-37　腾空过栏

摆动腿膝关节过栏瞬间，大腿积极下压，膝、踝关节伸直，以脚前掌后扒着地，身体重心处于较高位置。上体保持适当前倾，起跨腿加速向前提拉，至身体正前方，大腿高抬，转入栏间跑。下栏着地点距栏架约 1.40 米。

3．栏间跑技术

栏间跑是从下栏着地点到下一栏起跨点之间的跑段。其任务是以正确的节奏，继续发挥和保持最快速度，为下一栏的顺利起跨创造有利条件。

栏间跑的技术同短跑的途中跑实质基本相同，但由于受栏间距离和跨栏步的限制，其节奏与短跑明显不同。栏间距离为 9.14 米，除去跨栏步余 5.30～5.50 米，需跑三步。三步步长各不相同，第一步最小为 1.50～1.60 米，第二步最大为 2.00～2.15 米，第三步中等为 1.85～1.95 米。

提高栏间跑的速度主要靠加快步频和改进跑的节奏，使三步步长比例合理，频率快、节奏稳、方向正、直线性强，身体重心稍高、起伏较小。

4．终点跑技术

类同于短跑的冲刺跑技术，撞线动作与短跑相同。

5．全程跑技术

全程跑中，要合理地将跨栏步技术与栏间跑技术紧密地结合起来。起跑后，首先跨好第一栏并在第二、三栏继续积极加速，充分发挥出最高速度。第四至第八栏尽量保持速度，并注意控制动作的准确性。第九、十栏保持跑的节奏并准备冲刺。跨过第十个栏架后，把跨栏节奏调整为短跑节奏，加快步频，加大上体前倾，加强蹬地和摆臂力度，全力以赴冲向终点。

其他跨栏跑项目基本技术结构与 110 米栏相同，但上体前倾和手臂摆动较小，摆动腿抬起较低，起跨腿前伸幅度稍小，下栏着地点较近，整体动作更接近于短跑。

女子 100 米跨栏跑的起跨点距栏架为 1.95～2.00 米，起跨角度为 62°～65°，下栏着地点距栏架为 1.00～1.20 米，栏间跑三步步长为 1.60～1.65 米，1.95 米，1.80～1.85 米。

400 米跨栏跑，起跑之第一栏的距离为 45 米，男子跑 21～23 步，女子跑 23～25 步。起跨点，男子为 2.10～2.15 米，女子为 1.9～2.0 米。栏间跑距离为 35m，男子一般跑 15～17 步（部分优秀选手跑 13 步），女子一般跑 17～19 步（部分优秀选手跑 15 步）。弯道过栏时，以右腿起跨较为有利。起跨时，右脚前脚掌内侧蹬地，左腿向左前方攻摆，右臂内侧倾斜向左前上方摆出，上体前倾时略向左转，右肩高于左肩。下栏时，用左腿前脚掌外侧在靠近左侧分道线处着地，右腿提拉过栏时向左前方用力。

三、接力跑

接力跑是田径运动中唯一的集体项目。以队为单位，每队 4 人，每人跑相同距离。它能有效地发展速度、灵敏等身体素质，培养团结协作的集体主义精神。

接力跑的起源众说纷纭，有古代奥运会祭祀仪式中火炬传递说，有非洲盛行的"搬运木料（搬运水坛）"游戏说，有传递信件文书的邮驿演变说。

目前，奥运会比赛项目分男、女 4×100 米接力跑和 4×400 米接力跑。接力棒为光滑、彩色的空心圆管，由整段木料、金属或其他适宜的坚固材料制成，长度为 20～30 厘米，周长为 12～13 厘米，重量不少于 50 克。

如图 6-38 所示，传棒人必须持棒跑完各自规定的距离，接棒者可以在接力区前 10 米内起跑，两人必须在 20 米的接力区内完成传、接棒。

接力跑技术包括短跑技术和传、接棒技术。要求各队员在快速跑进的同时，配合默契。接力跑的距离越短，传、接棒技术要求越高。以 4×100 米接力跑为例，讲解接力跑技术。

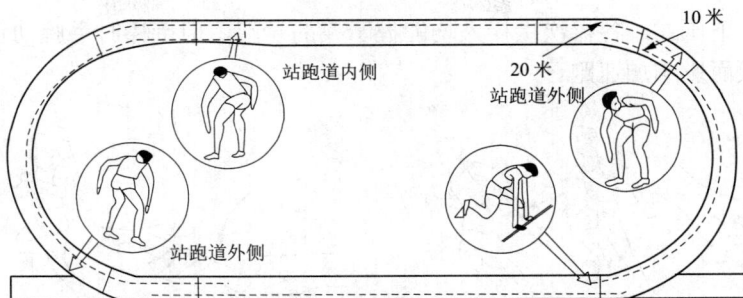

图 6-38　传、接棒位置

1．起跑技术

（1）持棒起跑。第一棒运动员通常采用蹲踞式起跑，其技术和短跑弯道起跑基本相同。如图 6-39 所示，用右手的中指、无名指和小指握住棒的末端，拇指和食指分开撑地，接力棒不得触及起跑线和起跑线前的地面。

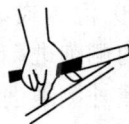

图 6-39　持棒起跑姿势

（2）接棒起跑。接棒人选择恰当的起跑姿势，标准有二：第一是否有利于快速起跑和加速跑；第二是否能清楚地看到传棒队员及设定的起跑标志线。

如图 6-40 所示，第二、三、四棒运动员可用站立式或一手撑地的半蹲踞式起跑姿势。第二、四棒运动员应站在跑道外侧，左腿在前（亦可右腿在前），右手撑地，身体重心稍向右偏，头转向左后方，目视传棒队员的跑进和自己的起跑标志线（见图 6-41）。第三棒运动员应站在跑道内侧，右脚在前（亦可左腿在前），左手撑地，身体重心稍向左偏，头转向右后方，目视传棒队员的跑进和自己的起跑标志线（见图 6-42）。

图 6-40　半蹲踞式起跑姿势　　图 6-41　第二、四棒运动员接棒动作　图 6-42　第三棒运动员接棒动作

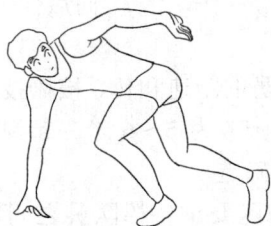

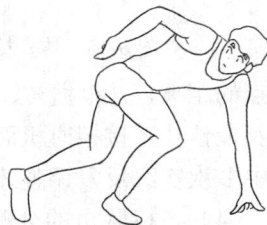

持棒运动员保持最快速度，接棒运动员根据持棒者的跑速有控制地进行加速，以便于顺利快速地接棒。

2．传、接棒技术

（1）传、接棒的方法。

① 上挑式。如图 6-43 所示，接棒人的手臂自然后伸，与躯干成 40°～45° 夹角，掌心向后，拇指与其他四指张开，虎口朝下，传棒人将棒由下向前上方"挑"送入接棒人手中。上挑式动作自然，容易掌握，但第二棒接棒人手握棒的中段，第三、四棒传接时由于棒的前端部分越来越少而易造成掉棒。

② 下压式。如图 6-44 所示，接棒人的手臂后伸，与躯干成 50°～60° 夹角，手腕内旋，掌心向上，虎口朝后，拇指向内，其余四指并拢向外，传棒人将棒的前端由上向前下方"压"

入接棒人手中。下压式，各棒次接棒人均能握于棒的一端，但接棒时手腕动作紧张，掌心上向引起身体前倾而影响加速跑。

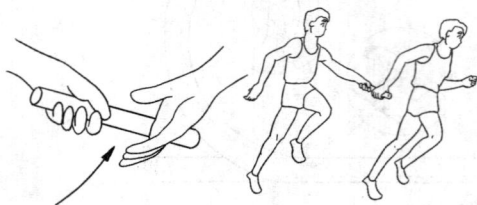

图 6-43　上挑式

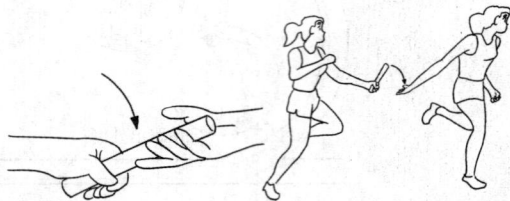

图 6-44　下压式

③ 混合式。这种方法综合了上述两种方法的优点。第一、三棒运动员以右手持棒，沿弯道内侧跑进，用"上挑式"将棒传入第二、四棒运动员左手中；第二棒运动员左手持棒，沿跑道外侧跑进，用"下压式"将棒传入第三棒运动员右手中。

4×400 米接力跑，多采用换手传、接棒技术。接棒人用左手接棒后，立即换到右手。也可以用右手接棒，跑至最后一个直道时再换到左手传棒（第四棒可免）。

（2）传、接棒的时机。为了集中精神保持高速度，4×100 米接力运动员均采用听传棒人信号而不看棒的接棒方式。传、接棒运动员在 20 米接力区内，双方均达到相对稳定的高速时，便是传、接棒的最佳时机。此时，一般距接力区前端 3～5 米。

图 6-45　传、接棒的时机

传棒人跑到标志线时，接棒人开始由预跑区内或接力区后端迅速起跑。传棒人跑至接力区内，距接棒人 1～1.5 米时，向其发出"嘿"或"接"等传、接棒信号，接棒人听到后迅速向后伸手接棒（见图 6-45）。

（3）起跑标志线的确定。起跑标志线与起跑点的距离，是根据传、接棒队员的跑速和传、接棒技术的熟练程度以及最佳传、接棒时机而定的，一般为 5～6 米。起跑标志线要在训练中多次实践反复调整才能准确确定。

（4）各棒队员的分配。接力跑要求各棒队员之间协调配合，并能够充分运用每个人的特长，保证在快速跑进中精确、默契、迅速地完成传、接棒动作。一般而言，第一棒应起跑好，并善于跑弯道；第二棒应速度快，耐力好，善于传、接棒；第三棒除应具备第二棒的长处外，还要善于跑弯道；第四棒通常是 100 米成绩最好、冲刺能力最强的。

扫一扫

微课：径赛的
主要规则

思考与练习

1. 标准田径场的组成部分有哪些？

2. 跳高、跳远、三级跳远、推铅球、短跑、中长跑、跨栏跑、接力跑的动作技术有哪些？

本章概述了篮球、排球、足球、乒乓球、羽毛球、网球的起源、发展、场地、器材、规则等，并详细讲解了各个项目的基本动作、战术技巧等。

第一节　篮　　球

本节介绍了篮球运动的起源；阐述了其进攻和防守技术，包括移动、投篮、传接球、运球、抢篮板球等；讲解了基础配合、快攻与防守快攻、攻防半场人盯人等篮球基本战术。

一、篮球运动简介

1891 年，在美国马萨诸塞州斯普林菲尔德基督教青年会国际训练学校（后为春田学院）任教的詹姆斯·奈史密斯（James Naismith）博士从当地儿童喜欢用球投向桃子筐的游戏中得到启发，创编了篮球（basketball）游戏。为了怀念这位篮球运动先驱，国际篮联于 1950 年将世界男子篮球锦标赛的金杯命名为"奈史密斯杯"。

1904 年，在第三届奥林匹克运动会上第一次进行了篮球表演赛。1932 年，国际业余篮球联合会宣告成立。1936 年第十一届奥运会上，男子篮球被列为正式比赛项目。1976 年第二十一届奥运会上，女子篮球被列为奥运会的正式比赛项目。自 1992 年第二十五届奥运会开始，职业篮球运动员被允许参加奥运会的篮球比赛。美国"梦之队"的参赛使世界篮坛更为精彩纷呈。

篮球运动以其特有的魅力，深受世界各国人民的喜爱，国际篮球联合会成为单项体育人口最多的国际单项运动协会。奥林匹克运动会篮球比赛、世界篮球锦标赛、美国 NBA 职业联赛，这三大赛事代表着世界篮球运动的最高水平。

二、篮球基本技术

篮球技术分为进攻和防守两大部分，进攻技术有传球、接球、运球、持球突破、投篮等，防守技术有防守对手、抢球、打球、断球、盖帽等。此外，移动、抢篮板等技术的攻防含义皆有。

1. 移动

进攻者运用急起、急停、转身、变速变向跑等动作，摆脱防守去完成进攻任务。防守者则运用跑、停、滑步、后撤步、交叉步等动作阻止进攻。这些争取比赛主动权的行动都离不开快速灵活的脚步动作。

扫一扫

微课：投篮基本技术

2．投篮

按照持球的方法不同，可分为双手投篮和单手投篮；依据投篮前球置于身体部位的不同，可分为胸前、肩上、头上等不同的投篮动作；就运动员投篮时移动形式而言，又可分为原地、行进间和跳起投篮。

（1）原地双手胸前投篮。如图 7-1 所示，两脚左右或前后站立，两膝微屈、两脚脚跟略离地面，上体稍向前倾，两手手指自然张开，握球两侧略后的部位，两拇指相对成"八"字形，掌心空出，持球于胸前、屈肘靠近身体。投篮时，两脚蹬地身体伸展，同时两臂向前上方伸出，拇指向前上方用力推送，手腕稍外翻，使球从拇指、食指、中指指尖投出，球向后旋转飞行。

（2）原地单手肩上投篮（以右手为例）。如图 7-2 所示，右手五指自然分开，手心空出，用指根以上部位持球，大拇指和小拇指控制球体，左手扶球的左侧，右手屈肘，肘关节自然弯曲，置球于右肩上方。投篮时，下肢蹬地发力，右臂向前上方伸直，手腕前屈，食、中指用力拨球，通过指端将球柔和地送出。球出手的同时，身体随投篮动作向前伸展。

图 7-1　原地双手胸前投篮

图 7-2　原地单手肩上投篮

（3）行进间单手低手投篮（以右手为例）。如图 7-3 所示，在跑动中接球或运球突破上篮时，应先跨右脚接球或拿球，接着第二步跨左脚起跳，左脚跨的步子稍小一些（已能掌握基本动作者，其左脚跨出的步子大小，可根据对方防守的情况和进攻的需要选择），右腿屈膝上抬，身体上升到最高点时，右臂向上伸或向前上方伸，掌心向上，用手指和手腕的力量，将球上拨。

（4）运球急停跳投（以右手为例）。如图 7-4 所示，在快速运球中，用一步或两步的方式接球停步，两膝微屈，身体重心下降，迅速蹬地起跳，同时两手迅速举球于右肩上。当身体接近最高点处于稳定的一刹那，迅速向上伸臂，用右手的手腕和手指的力量将球投出。

图 7-3　行进间单手低手投篮

图 7-4　运球急停跳投

3．传、接球

（1）传球基本技术。

① 双手胸前传球。如图 7-5 所示，两手五指自然分开，拇指相对成"八"字形，用指根以上部位握球的两侧后下方，掌心空出，两臂自然弯曲于体侧，将球置于胸前。肩、臂、腕肌肉放松，两眼注视传球目标，身体成基本姿势。传球时，后脚蹬地，身体重心前移，同时两臂前伸，手腕由下向上翻转，同时拇指用力下压，食、中指用力弹拨，将球传出。双手胸前传球是一种最基本、最常用的传球方法，具有准确性高、容易控制、便于变化的优点。

图 7-5　双手胸前传球

② 单手肩上传球（以右手为例）。如图 7-6 所示，原地右手肩上传球时，两脚前后开立，左脚在前，侧对传球方向，右手肩上托球于头侧，掌心空出，以转体、挥臂、甩腕以及手指拨球的力量将球传出。单手肩上传球是一种中远距离的传球方法。其特点是传球力量大、速度快、距离远，在长传快攻和突破起跳分球时经常采用。

③ 单手体侧传球（以右手为例）。如图 7-7 所示，两脚开立，两腿微屈，双手持球于胸前。传球时，左脚向左跨步的同时将球移至右手引到身体右侧，出球前一刹那，持球手的拇指在上，掌心向前，手腕后屈，出球前臂向前做弧线摆动，当球摆过身体右前方时，迅速收前臂，用手腕、手指的力量将球传出。特点是隐蔽、动作快而幅度小。

图 7-6　单手肩上传球

图 7-7　单手体侧传球

④ 反弹传球。反弹传球是一种近距离较隐蔽的传球方法，是小个队员对付高大防守者的有效传球手段。方法很多，如单、双手胸前，单手体侧，单手背后等反弹传球，都可通过地面反弹传球给同伴。所以动作方法与各种传球相同，但运用反弹传球时要掌握好球的击地点，一般应在传球者距离接球者 2/3 的地方。如防守自己的对手距离自己较远，而传球的距离又较近时，可向防守者的脚侧击地传出。球弹起的高度一般在接球人的腰部为宜。

（2）接球基本技术。接球时眼睛要注视来球，肩、臂都要放松，手臂应迎球伸出，手指自然分开。当手指触球时，屈肘，臂后引，缓冲来球的力量，两手握球，保持身体平衡，以便做下一个动作。

① 接反弹球。掌心要向着来球反弹的方向，屈膝弯腰并向前下方伸手迎球，五指自然分开成上、下手接球动作。在球刚刚离地弹起时，手指触球将球接住。接球后手腕迅速向上翻，持球于胸腹前保持身体平衡，成基本站立姿势。

② 接球后急停。安全接球后急停已成为进攻技术的基础。要点是正确运用转入下次进攻的衔接点，不要犯带球走违例的错误。

③ 摆脱接球。摆脱接球是抢先一步接球的动作。为了安全准确地接球，无球队员以切入、策应等配合创造接球机会。

4．运球

运球不仅是个人摆脱防守进攻的有利手段，而且还是组织全队进攻战术配合的重要桥梁。下面介绍几种主要运球技术。

扫一扫

（1）身前换手变换方向运球。如图7-8所示，右手运球向左侧做变向时，右手拍球的右侧上方，使球从右侧反弹向左侧，同时右脚向左侧前方跨步，侧右肩向前，并迅速用左手拍球的正后方继续运球前进。左手运球向右变向时，则与右手动作相反。特点是便于结合假动作，变化突然，易造成防守者错误判断，伺机运、传、从左至右、从右至左改变方向的运球。以娴熟的左、右假动作和反弹高运球突然降低至30～50厘米低运球来控制身体重心是诀窍。

微课：运球技术

（2）胯下运球。如图7-9所示，使球穿过两腿之间来改变运球方向的运球技术。近来有更多使用胯下运球技术的倾向。其理由是两腿可以保护球，且可以安全转换方向，防守者的手难以够着。

（3）后转身运球。如图7-10所示，身体左侧对防守者，左脚在前做中枢脚，右手左右后侧运球或向后运球，同时做后转身，换左手拍球的后上方运至左侧，右脚落地贴近防守者的右侧（脚尖向前），然后运球继续前进。特点是转身时便于保护球、改变球的路线幅度大、攻击力强、灵活多变。

图7-8　身前换手变换方向运球　　　　图7-9　胯下运球　　　　图7-10　后转身运球

（4）运球急停急起。如图7-11所示，可用两步急停，两腿屈膝前后开立，跨出第一步时，身体稍后仰。同时，按拍球的上方，降低球的反弹高度，使球在原地反弹，同时降低身体的重心，用腿和异侧臂护球。急起时，拍球的后上方。身体重心移至前脚掌，同时后脚迅速蹬地跨出超越防守者，迅速向前推进。特点是动作突然、起动快、线路多变、攻击力强、易摆脱防守。

5. 抢篮板球

抢篮板球分为抢进攻篮板球和防守篮板球两种。

（1）抢进攻篮板球。当同伴或自己投篮时，处在近篮的进攻队员首先应判断球的反弹方向，然后先向相反方向的侧前方跨步，利用身体虚晃的假动作，诱开身前的防守队员，绕跨挤到对手的前面或侧前方，抢占有利位置，借助跨步或助跑起跳，跳至最高点补篮或抢篮板球。

（2）抢防守篮板球。如图 7-12 所示，当对方投篮出手后，首先应注意对手的动向，并根据当时与进攻队员所处的位置和距离的远近，运用上步、撤步和转身抢占有利位置，把进攻队员挡在身后，与此同时还要判断球的落点准备起跳。

图 7-11　运球急停急起

图 7-12　抢防守篮板球

6. 防守

（1）防守无球队员。防守队员应站在对手与球篮之间的内侧，保持与对手有适当的距离和角度，做到以人为主，人球兼顾，使对手和球处于自己的视野之内，随对手的动作积极跟进移动，调整防守位置，堵截其移动和接球的路线，手臂配合做出伸出、挥摆、上举等动作，干扰对手接球，争取抢、断球。

① 防纵切。如图 7-13 所示，A 传球给 B，a 及时偏向球侧错位防守，当 A 向篮下纵切要球时，a 应抢前防守，合理运用身体堵住对方的切入路线，同时伸臂封锁接球，迫使对手向远离球的方向移动。

② 防横插。如图 7-14 所示，A 持球，C 欲横插过去要球，c 应上步挡住对手，并伸臂不让对手接球，用背贴着对手，随其移动到有球一侧。

③ 防溜底。如图 7-15 所示，A 持球，C 溜底的时候，c 要面向球滑步移动，至纵轴线时，迅速上右脚前转身，错位防守，右臂伸出不让对方接球。

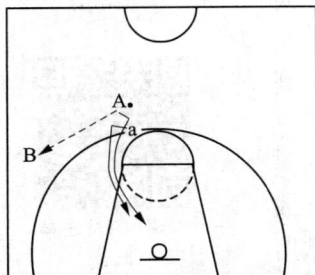

图 7-13　防纵切

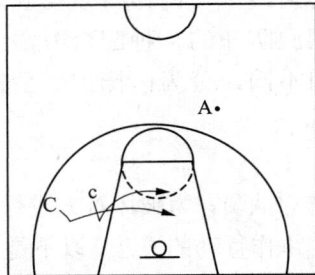

图 7-14　防横插

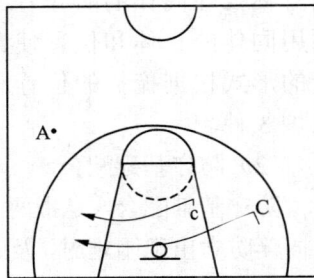

图 7-15　防溜底

（2）防守持球队员。当对手接球后，迅速调整防守位置和距离，占据对手与球篮之间的有利位置，还要与对手保持适当的距离（一臂左右）。一般来说，离球板远则远，近则近，并根据对手的特点（投篮或突破）而有所调整。防守持球队员在离球篮近时采用贴近的攻击步防守，离球远时则采用平步防守，无论采用哪一种防守，都要积极移动，阻截和干扰对方传球、投篮，同时伺机抢、断球。

三、篮球基本战术

1．基础配合

（1）进攻基础配合。进攻基础配合，是指两三名进攻队员，为了创造投篮机会，合理运用技术而组成的合作方法。

① 传切配合。传切配合有两种，分别为一传一切配合和空切配合。

一传一切配合。如图 7-16 所示，A 传球给 D 后，立刻摆脱对手 a 向篮下切入，接 D 的回传球投篮。

空切配合。如图 7-17 所示，A 传球给 D 时，C 突然切向篮下接 D 的传球投篮。

② 突分配合。有球队员持球突破后，主动地或应变地利用传球与同伴配合的方法。其要求是，突破动作要突然、快速，在突破过程中，要随时观察场上攻、守队员行动和位置的变化，既要做好投篮的准备，又要及时、准确地传球给同伴。其他进攻队员要掌握时机及时跑到有利于进攻的位置上接球。

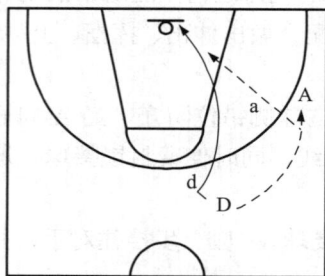

扫一扫

微课：进攻基础配合

图 7-16　一传一切配合

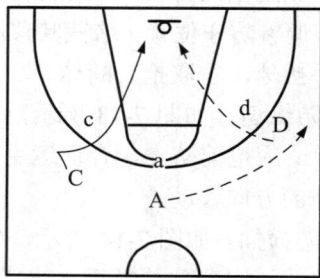

图 7-17　空切配合

③ 掩护配合。掩护配合是掩护队员采用合理的行动，用自己的身体挡住同伴的防守者的移动路线，使同伴得以摆脱防守，或利用同伴的身体和位置使自己摆脱防守的一种配合方法。掩护配合的形式根据掩护的位置和方向不同，分为前掩护、后掩护、侧掩护 3 种。

（2）防守基础配合。

防守基础配合，是指两三名防守队员，为破坏对方进行配合，或当同伴防守出现困难时，及时互相协作行动的方法。以下是几种常用的配合。

扫一扫

微课：防守基础配合

① 关门配合。"关门"是两个防守队员靠拢协同防守突破的配合方法。如图 7-18 所示，当 D 从正面突破时，a，d 与 d，c 进行"关门"配合。

关门配合的要求是，防守队员应积极堵住进攻者的突破路线；临近突破一侧的防守队员要及时向同伴靠拢进行"关门"，不给突破者留有通过的空隙。关门配合也运用于区域联防。

② 夹击配合。指两个防守队员积极防守一个进攻队员配合的方法。如图 7-19 所示，A 从底线突破，a 封堵底线，迫使 A 停球，d 同时向底线迅速跑去与 a 协同夹击 A，封堵其传球路线，迫使其违例或失误。

夹击配合要正确地掌握夹击的时机和区域。行动要果断，出其不意。在形成夹击时要用身体和腿部限制进攻队员的活动，用手臂封堵传球或接球，但要防止不必要的犯规。

③ 补防配合。指防守队员在同伴漏防时，立即放弃自己的对手，去补防那个威胁最大的进攻者，而与漏人的防守队员及时换防的一种协同防守方法。如图 7-20 所示，D 传球给 A，突然摆脱 d 的防守直插篮下，此时 c 放弃 C 的防守补防 D，d 去补防 C。

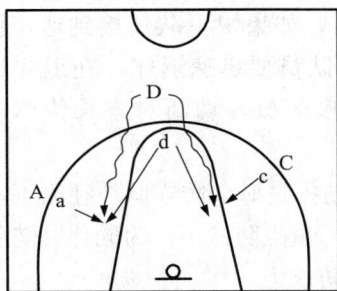

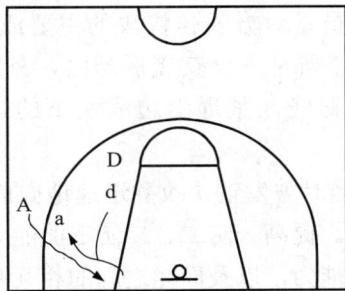

图 7-18　关门配合　　　　图 7-19　夹击配合　　　　图 7-20　补防配合

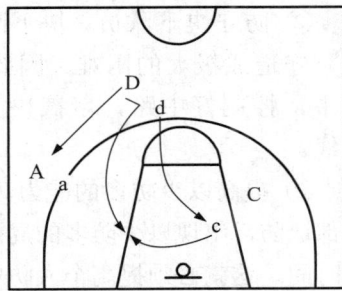

2. 快攻与防守快攻

（1）快攻。快攻是由防守转入进攻时，乘对方未站稳阵脚之前，抓住战机以最快的速度、最短的时间，果断而合理地发动攻击的一种速决性战术配合。发动快攻的时机是在抢获后场篮板球、抢球、断球和跳球获球后。快攻的形式有长传快攻、短传和运球快攻相结合等。

① 抢后场篮板球长传快攻。如图 7-21 所示，D 抢到后场篮板球后，首先观察场上的情况，寻找长传快攻机会。B 和 C 判断 D 有可能抢到篮板球时，便立即起动快下，争取超越防守队员接 D 的长传球投篮。

② 断球长传快攻。如图 7-22 所示，c 断球后，看到 b 已快下，可立即传球或运球后传球给 b 投篮。

③ 短传与运球结合快攻。指队员在后场获球后，利用快速的短传球和运球推进相结合的方法迅速推进到前场进行攻击的一种配合。其特点是参加人数多、机动灵活、层次清楚、容易成功，但对队员配合的技巧要求较高。

（2）防守快攻。篮板球是发动快攻的主要先决条件之一，积极地与对方争抢前场篮板球是防止发动快攻的重要步骤。

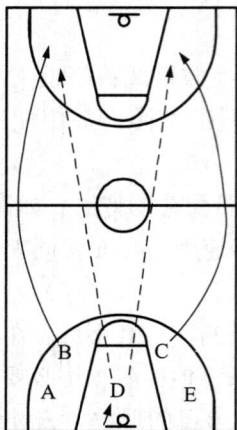

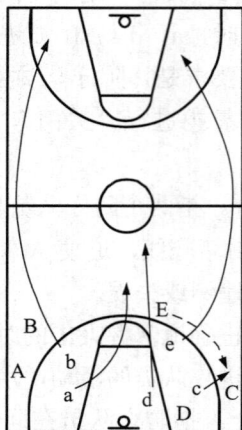

图 7-21　抢后场篮板球长传快攻 　　　　图 7-22　断球长传快攻

① 有组织积极地堵截对方发动快攻的第一传，是防守快攻的关键。

② 防守快下队员。快下队员是对方长传快攻的主要成员，如果快下队员接到球，将给防守造成极大的困难。因此，当对方抢获篮板球时，外线队员要迅速退守，在退守过程中，控制好中路，堵截快下路线，紧逼沿边线快下的进攻队员，切断对方长传球的路线。

③ 提高以少防多的能力。当对方发动快攻并迅速地向前场推进时，防守队往往来不及全部退防，出现以少防多的局面。提高一防二、二防三的能力，重点防篮下，为同伴回防赢得时间，这就必须提高个人防守能力，以及同伴之间的相互补防能力。

3. 攻防半场人盯人

（1）人盯人防守战术。该战术是在由攻转守时，放弃前场的防守，全队迅速退回后场，每人盯住自己对手的配合方法。它以个人防守为基础，综合运用挤过、穿过、交换、关门、夹击等几个人之间的防守基础配合所组成的全队战术。

防守要点：人盯人防守要从由攻转守时开始。此时，每个队员都要快速退向自己的后场，立即找到对手，形成集体防守；要根据对手、球、球篮选择有利位置，做到球、人、区兼顾，与同伴协同防守。

防守原则："以球为主，人球兼顾"，"有球紧，无球松"，"近球紧，远球松"，积极移动，抢占有利位置。

运用时机：半场扩大人盯人防守主要用于对付外围远投较难、突破与篮下进攻能力和后卫控制球能力相对较差的队，而本队需要扩大战果，争抢时间时；半场缩小人盯人防守用于对付中远距离投篮不准、突破和篮下攻击能力较强的队，本队得分已占优势，保持体力再扩大战果时。

（2）进攻人盯人防守战术。进攻人盯人防守是根据人盯人防守战术的特点，从每个队员的具体实际出发，综合运用传接球、投篮、运球、突破等个人技术动作和传切、掩护、策应等几个人之间的战术基础配合所组成的一种全队进攻战术。

进攻人盯人战术的要点为：由守转攻后，要迅速到位。

第二节 排 球

本节介绍排球运动的起源；阐述其基本技术：准备姿势、移动、发球、垫球、传球、扣球、拦网等；讲解阵容配备、进攻战术、防守战术等排球基本战术。

一、排球运动简介

排球（Volleyball）运动始于 1895 年，创始人是美国人威廉·摩根。第一部规则发表在 1896 年 7 月出版的美国《体育》杂志上。最初排球比赛没有人数规定，赛前由双方临时商定，只要双方人数相等即可。

在美国，排球很快受到教会、学校和社会的广泛重视，同时也被列为军事体育项目。1896 年美国开始举行排球比赛。1947 年国际排球联合会成立，1949 年第一届世界男子排球锦标赛举行，1964 年排球运动被列为第十八届奥运会正式比赛项目。世界级排球比赛主要包括世界锦标赛、世界杯赛、奥运会排球赛、世界沙滩排球锦标巡回赛、残疾人奥运会排球赛等。

排球运动 1905 年传入我国时，仅在广东等地开展。1914 年第二届全国运动会时排球正式被列为比赛项目。其后，经历了 16 人制、12 人制、9 人制和 6 人制的演变过程。

20 世纪 50 年代初，东欧各国主要依靠高点强攻和个人进攻战术的变化取胜，并一直处于世界领先地位。20 世纪 60 年代，日本女排在国际排坛崛起，创造了垫球、滚翻救球、勾手飘球等技术。1965 年，排球规则进行了重大修改，允许伸手过网拦网。

中华人民共和国成立后，我国排球运动有了较快的发展，形成了一套以快球为中心的快攻掩护战术，此后男排在掌握"盖帽"拦网技术的基础上，创造了"平拉开"扣球新技术，发展了我国排球快攻打法的特点。20 世纪 70 年代中期，我国首创了"时间差"打法。男排创造的前飞、背飞、拉三、拉四等技术，丰富了快中有变的自我掩护打法，在世界比赛中取得了良好的效果。1979 年，中国男、女排取得亚洲冠军的光荣称号，实现了冲出亚洲的愿望。1981—1986 年，中国女排五次连获世界冠军，在国际排坛上撰写下辉煌的纪录。

二、排球基本技术

发球、垫球、传球、扣球、拦网是排球的 5 项基本击球动作，这种直接触球的动作技术称为有球技术。而各种准备姿势、移动、助跑、起跳、倒地等没有直接触及球的配合动作，称为无球技术。

1. 准备姿势

如图 7-23 所示，按照身体重心的高低，准备姿势可分为半蹲准备姿势、低蹲准备姿势和稍蹲准备姿势 3 种。

（1）半蹲准备姿势。两脚开立略比肩宽，两膝弯曲，脚跟自然提起，上体前倾，重心靠前，膝部的垂直线应在脚尖前面，两臂放松，自然弯曲置于腹前，两眼平视，注意来球，两脚始终保持微动。

图 7-23　发球准备姿势

（2）低蹲准备姿势。身体重心比半蹲准备姿势更低更靠前，两脚左右、前后的距离更宽一些，膝部弯曲的程度大于半蹲准备姿势。身体重心要更靠前，肩部垂直线过膝，膝部垂直线超过脚尖。两手臂置于胸腹之间。

（3）稍蹲准备姿势。两脚左右开立与肩同宽，一脚在前，两膝微屈，身体重心位于两脚之间，并稍靠近前脚，后脚跟稍提起，上体稍前倾，两臂放松，自然弯曲置于腹前。两眼注视球并兼顾场上各种情况，两脚保持微动状态。

2．移动

移动由起动、移动步法和制动3个环节构成。

（1）起动。起动是移动发力的开始，它的快慢是移动的关键，起动的速度取决于正确的准备姿势，反应能力和腰腿部的速度力量。

（2）移动步法。起动后应根据临场技战术的需要，灵活地采用各种移动步法进行移动。

① 并步与滑步。并步如向前移动，则后腿蹬地，前脚向来球方向跨出一步，后腿迅速跟上做好击球准备。连续并步就是滑步。

② 跨步与跨跳步。跨步如向前移动，则后腿用力蹬地，前脚向来球方向跨出一大步，膝部弯曲，上体前倾，身体重心移至前腿上。跨步过程中有跳跃腾空即为跨跳步。

③ 交叉步。以向右交叉步为例，上体稍向右转，左脚从右脚前面向右交叉迈出一步，然后右脚再向右跨出一大步，同时身体转向来球方法，保持击球前的姿势。

④ 跑步。跑步时两臂要配合摆动，如球在侧方或后方时应边转身边跑。

⑤ 综合步。以上各种步法的综合运用。

（3）制动。在快速移动之后，为了保持稳定的击球姿势和克服身体惯性的冲力，必须运用制动技术。

① 一步制动法。一步制动时，最后跨出一大步，同时降低重心，膝和脚尖适当内转，全脚掌横向蹬地，抵住身体重心继续移动的趋势，并用腰腹力量控制上体，使身体重心的投影落在两脚所构成的支撑面内。

② 两步制动法。两步制动时，以倒数第二步做第一次制动，接着跨出最后一步做第二次制动，同时身体后仰，重心下降，双脚用力蹬地，使身休处于有利于做下个动作的姿势。

3．发球

发球是1号位队员在发球区内自己抛球后，用一只手将球直接击入对方场区的一种击球方法。发球是排球技术中唯一不受他人制约的技术。

（1）正面上手发球。如图7-24所示，队员面对球网，两脚前后自然开立，左脚在前，用手托球于身前，用抬臂和手掌的平托上送，将球平稳地垂直抛于右肩前上方，高度适中。在左手抛球的同时，右臂抬起，屈肘后引，肘与肩平，上体稍向右转。击球时，利用蹬地、转体和收腹带动手臂挥动，在右肩前上方伸直手臂的最高点，以全手掌击球的中下部。击球时，手指自然张开吻合球，手腕要迅速主动地做推压动作，使击出的球呈上旋飞行。为了加强发球的力量和攻击性，还可采用一步、两步或多步的助跑发球方法。

扫一扫

微课：发球

（2）正面上手发飘球。正面上手发飘球是采用正面上手的形式，发出球不旋转、不规则地飘晃飞行的一种发球方法。由于面对球网，便于观察对方接发球情况。

如图 7-25 所示，准备姿势同正面上手发球，但抛球比正面上手发球稍低、稍靠前。击球前，手臂自后向前做直线挥动。击球时，五指并拢，手腕稍后仰，用掌根平面击球的中下部，作用力通过球体重心。击球瞬间手指、手腕紧张，手型固定，不加推压动作，手臂并有突停动作。

图 7-24　正面上手发球　　　　　　　　　图 7-25　正面上手发飘球

（3）正面下手发球。正面下手发球是正面对网，手臂由后下方向前摆动，在腹前将球击入对方场区的发球方法。

如图 7-26 所示，面对球网，两脚前后开立，左脚在前，两膝微屈。上身稍前倾，重心偏后脚。左手持球于腹前，将球轻轻抛起在体前右侧，离手高约 20 厘米，在抛球的同时右臂伸直以肩为轴向后摆动，借右腿蹬地力量，身体重心随着右手向前摆动击球而移至前脚上。在腹前以全手掌、掌根或虎口击球后下方。

（4）勾手飘球。发勾手飘球采用侧面对网站位，可利用身体转动和腰部力量带动手臂的快速挥动去击球，比较省力。勾手飘球是目前排球比赛常用的一种主要发球方法，男女队员均可采用。

发球队员应左肩对网，左手将球平衡抛向左肩前上方，抛至相同于击球点的高度。在抛球同时，右臂伸直向身体右侧后下方摆动，身体重心移至右脚。当球开始上升到最高点

图 7-26　正面下手发球

时，右脚蹬地，身体向左侧转动，带动手臂沿弧线轨迹挥动，在右肩前上方以掌根或半握拳拇指根部坚硬平面击球后中下部，击球一瞬间，手腕稍后仰并保持紧张，用力集中，作用力要通过球体的重心。击球后，可作突停或下拖动作，但不能有推压的动作。

4．垫球

垫球在比赛中主要用于接发球、接扣球、接拦回球以及防守和处理各种困难球。现将几种常用的垫球技术做如下介绍。

（1）正面双手垫球。正面双手垫球是双手在腹前垫击来球的一种垫球方法，是各种垫球技术的基础，是最基本的垫球方法，适合于接各种发球、扣球和拦回球，在困难时也可以用来组织进攻。

如图 7-27 所示，正面双手垫球的基本手型有抱拳式、叠掌式和互靠式。

正面双手垫球在垫轻球、垫中等力量来球和垫重球时，其动作方法是有一定区别的。

① 垫轻球。如图 7-28 所示，采用半蹲准备姿势，当球飞来时，双手成垫球手型，手腕下压，两臂外翻形成一个平面，当球飞到腹前一臂距离时，两臂夹紧前伸，插到球下，向前上方蹬地抬臂，迎击来球，利用腕关节以上 10 厘米左右处的桡骨内侧平面击球的后下部，身体重心随击球动作前移。击球点保持在腹前一臂距离。

图 7-27　正面双手垫球基本手型　　　　　图 7-28　垫轻球

②　垫中等力量来球。动作方法与垫轻球相同，由于来球有一定力量，因此击球动作要小，速度要慢，手臂适当放松。

③　垫重球。根据来球的高低和角度，采用半蹲或低蹲准备姿势，击球时采用含胸、收腹的动作，帮助手臂随球屈肘后撤，适当放松，以缓冲来球力量。在撤臂缓冲的同时，用微小的小臂和手腕动作控制垫球方向和角度。

（2）体侧垫球。简称侧垫，是在身体侧面垫球的一种垫球方法。其特点是控制面宽，但较难把握垫击的方向、弧度和落点。

如图 7-29 所示，左侧垫球时，以右脚前脚掌内侧蹬地，左脚向左跨出一步，身体重心随即移至左脚，并保持左膝弯曲，两臂夹紧向侧伸出，左臂高于右臂，右肩向下倾斜，再用向右转腰和收腹的力量，配合两臂在体侧截击球的后下部。

（3）跨步垫球。队员向前或向侧跨出一步的垫球方法称为跨步垫球。当来球的速度较快，弧线低，距身体 1 米左右时，可采用跨步垫球的方法。如图 7-30 所示，跨步垫球时，当判断来球的落点后，迅速向来球方向跨出一大步，屈膝深蹲，臀部下降，两臂夹紧伸直插入球下，用两前臂的内侧平面击球的后下部，对准垫出方向，将球平稳垫起。

图 7-29　左侧垫球　　　　　图 7-30　跨步垫球

（4）单手垫球。当来球较远，速度快，来不及或不便用双手垫球时，可采用单手垫球。单手垫球动作快，垫击范围大，但触球面积小，不易控制。单手垫球可采用各种步法接近球，可采用虎口、半握拳、掌根、手背以及前臂内侧击球。

5．传球

传球是排球运动的一项重要技术，是组织进攻战术的基础。传球主要运用在第二传，用于衔接防守和进攻。

按照传球的方向基本上把传球动作分为正面传球、背传球和侧传球，上述三种传球技术是指在原地完成。跳起在空中完成传球动作的，称为跳传。

（1）正面传球。面对出球方向的传球动作，称为正面传球。正面传球是最基本的传球方法，是其他一切传球技术的基础。

如图 7-31 所示，采用稍蹲准备姿势，当来球接近额头时，开始蹬地、伸膝、伸臂，两手微张经脸前向前上方迎球。击球点在额头前上方约一球距离处。当手触球时，两手自然张开成半球形，手腕稍后仰，两拇指相对成"一"字形或"八"字形，两手间有一定距离，用拇指内侧，食指全部，中指的二、三指节触球的后下部，无名指和小指在球两侧辅助控制传球方向。两肘适当分开，两前臂之间约成90°夹角，传球时主要靠蹬地伸臂和手指、手腕力量，以及球的反弹力将球传出。

（2）背传。背对传球目标的传球动作叫背传。如图7-32所示，身体背面要对正传球目标，上体保持正直或稍后仰，身体重心在两脚之间，双手自然抬起，放松置于脸前。迎球时，抬上臂、挺胸、上体后仰。击球点保持在额上方，比正传稍高、稍后。触球时，手腕后仰并适当放松，掌心向上，击球的下部，手型与正面传球相同。背传用力要靠蹬地、展腹、抬臂、伸肘和手指、手腕的弹力，把球向后上方传出。

图7-31　正面传球　　　　　　　　　图7-32　背传

（3）跳传。跳传是当一传弧线较高而又接近球网时，所采用的跳起传球技术。目前在比赛中运用比较广泛，一般用于二传。跳传可起到加快进攻速度和迷惑对方的作用，并且可使进攻战术多样化，扩大进攻的范围，减少二传环节中的失误。

如图7-33所示，起跳时，首先选好起跳点和掌握好起跳时间。起跳后，两臂屈肘抬起，两手放置脸前，击球点保持在额上方，在身体跳至最高点时，用伸臂动作及手指、手腕的弹力将球传出。由于人在空中，无法用上伸腿蹬地的力量去传球，因此，要加大伸臂的幅度和速度。

图7-33　跳传

6．扣球

扣球是攻击性最强最有效的进攻手段，在比赛中占有非常重要的地位。

（1）正面扣球。正面扣球是扣球技术中一种重要的方法，是比赛中运用得最多的一项进攻性技术，适合于近网和远网扣球。

① 准备姿势。扣球助跑前采用稍蹲姿势，两臂自然下垂，站在离网3米左右处，身体转向来球方向，观察来球，做好向各个方向助跑起跳的准备。

② 助跑。助跑开始时，左脚先向前迈出一步，紧接着右脚再快速跨出一大步，左脚及时并上，踏在右脚之前，两脚尖稍向右转。两臂绕体侧向上引摆。

扫一扫

微课：扣球

③ 起跳。在助跑跨出最后一步（即第二步），左脚并上踏地制动的同时，两臂自后积极向前摆动，随着双腿蹬地向上起跳，两臂配合起跳有力地向上摆动。

④ 空中击球。起跳后，挺胸展腹，上体稍向右转，右臂向后上方抬起，身体成反弓形。

第七章　球类运动

挥臂时，以迅速转体、收腹动作发力，依次带动肩、肘、腕各部位关节向前上方成鞭甩动作挥动。击球时，五指微张，以掌心为主，全掌包满球，在手臂伸直的最高点的前上方击球的后中部，同时主动用力屈腕屈指向前推压，使扣出的球呈上旋。

⑤ 落地。落地时，以两脚前脚掌先着地再迅速过渡到全脚掌着地，同时顺势屈膝、收腹，以缓冲下落的力量，立即做好下一个动作的准备。

（2）调整扣球。调整扣球是指在接发球或后排防守垫球不到位时，二传队员从后场区将球传到网前所进行的扣球。调整扣球技术动作与正面扣球相同，但由于二传球来自后场区，有近网球，也有远网球，还有拉开球和集中球，与球网有一定的角度并且弧线不固定，扣球队员难以判断，所以扣这种球难度较大。因此，扣球队员要准确判断来球的方向、弧线、速度和落点。调整好人和球的关系，选择好起跳点，掌握好起跳时间。根据人和球网的距离，合理地采用不同的扣球方法，控制好扣球的力量、速度、方向、路线和落点。

（3）扣快球。扣快球是扣球队员在二传队员传球前或传球的同时起跳，并迅速将二传队员传出的球，击入对方场区的扣球。快球在时间上争取主动，起着攻其不备、突然袭击的作用，可使对方拦网和防守产生判断错误。这种扣球的特点是速度快、力量大、时间短、落点近、突然性强、牵制能力大。快球技术动作方法较多，有近体快球、半快球、短平快球、平拉开快球、背快球、背平快球、调整快球等。

（4）自我掩护扣球。

① 时间差扣球。扣球队员利用起跳时间的差异迷惑对方拦网的扣球，为时间差扣球。这种扣球可用在近体快、背快、短平快等扣球中。扣球时，按快球的助跑、摆臂节奏伴作起跳，以诱使对方起跳拦网。待对方拦网队员下落后，扣球队员立即原地起跳扣半高球。

② 位置差扣球。扣球队员按原来扣球的时间助跑，在助跑后伴作踏蹬动作逼真，下蹲与摆臂动作明显的起跳扣球，但助跑后不起跳，待对方队员拦网起跳时，突然变向侧跨出一步，动作幅度、挥臂幅度要小，速度要快，用双足或单足"错"开拦网人的位置起跳扣球，即为"位置差"扣球，或称错位扣球。

③ 空间差扣球。扣球队员利用助跑的冲力和专门的踏蹬技术，使身体向前上方跃出，把正面取位盯人拦网的对手甩开，使扣、拦在空中出现差误，即为"空间差"扣球，也叫冲飞扣球。常用的"空间差"扣球有：伴扣短平快球突然向前冲跳到二传手向前扣半高球的"前飞"，伴扣快球而冲跳向二传人背后小弧度球的"背飞"，伴扣前快球而侧身向左起跳追击扣球的"拉三"，以及伴扣短平快球而侧身向左起跳追击扣球的"拉四"。

7. 拦网

（1）单人拦网。单人拦网是集体拦网的基础。如图7-34所示，其动作结构分为准备姿势、移动、起跳、空中动作和落地5个互相衔接的部分。

① 准备姿势。队员面对球网，两脚左右开立，约与肩同宽，距网30～40厘米。两膝微屈，两臂屈肘置于胸前。

② 移动。常用步法有一步、并步、交叉步、跑步等。无论采用哪种移动步法，都要做好制动动作，以保证向上起跳，避免触网和冲撞同队队员。

③ 起跳。原地起跳时，两腿屈膝，重心降低，随即用力蹬地，两

扫一扫

微课：拦网

臂以肩发力，与体侧近身处，做画弧或前后摆动，帮助身体迅速跳起。移动后的起跳，其起跳动作与原地起跳一样，但要注意制动并使移动与起跳动作紧密衔接。

④ 空中动作。起跳时，两手从额前沿球网向上方伸出，两臂伸直并保持平行，两肩上提。拦网时，两臂应伸过网去接近球。两手自然张开，屈指屈腕成半球状。当手触球时，两手要突然收紧，手腕下压盖在球的前上方。

图 7-34　单人拦网

⑤ 落地。拦球后，要做含胸动作，以保持身体平衡。手臂要先后摆或上提，从网上收回至本方上空，再屈肘向下收臂，以保持身体平衡。与此同时屈膝缓冲，双脚落地，随即转身面向后场，准备接应来球或做下一个动作准备。

（2）双人拦网。由前排两个队员互相靠近，同时起跳组成的拦网，称双人拦网。双人拦网是集体拦网的一种，是比赛中最常用的一种拦网形式，主要在对方大力扣球时采用。

双人拦网时，应以一人为主拦队员，另一人为配合队员。但主拦队员不是固定的，一般情况下距对方扣球点近的队员应为主拦队员。主拦队员必须抢先移动到对正扣球点的位置，做好起跳准备，配合队员则迅速移动靠近主拦队员准备同时起跳。两队员之间的距离一定要合适，距离太远，跳起后将出现"空门"；距离太近，起跳时互相干扰，致使双方都跳不高。双人拦网起跳时，两人的手臂应该在体前画小弧向上摆伸，都要尽量垂直向上起跳，要防止互相碰撞或干扰。手臂在空中既不能重叠，造成拦击面缩小，又不能间隔太宽，造成中间漏球。扣球靠近边线时，靠边线近的拦网队员外侧的手应适当内转，以防打手出界。

（3）三人拦网。三人拦网也是集体拦网的一种形式。它是在对扣球进攻力强，路线变化多，但很少轻扣和吊球时采用。三人拦网的动作方法与双人拦网相同，关键在于移动迅速，取位恰当，配合密切。无论对方从哪个位置进行扣球，一般都以 3 号位队员为主拦队员，2号、4 号位队员为配合队员。由于三人拦网对配合的要求高，加之减弱了防守、保护的力量，故要在很有必要的情况下才采用。

拦网队员要在短短的瞬间从防守转为进攻，从被动转为主动，而完成这些都要在空中进行，所以难度较大，这就要求拦网应积极主动，判断准、起动快、跳得高、下手狠。

三、排球基本战术

排球运动是一项集体竞赛项目，因而不仅要求每名队员有比较熟练的基本技术，而且要求全队密切配合，运用得当的战术，发挥全队每个队员的特长，才能取得比赛的胜利。

1．阵容配备

（1）"三三"配备。由三名进攻队员和三名二传队员组成。站位时，一名进攻队员间隔一名二传队员。目前采用这种配备形式的队伍比较少。一般适用于初学者和水平较低的球队。

（2）"四二"配备。由四名进攻队员（主攻和副攻队员各两名）和两名二传队员组成，他们分别站在对角的位置上。目前，在水平一般的球队中采用这种配备形式的比较多。

"四二"配备的优点是每一轮次前排都有一个二传队员和两个进攻队员，便于组织"中

扫一扫

微课：阵容配备
与进攻战术

二三""边二三"进攻，战术配合有一定的稳定性。缺点是前排进攻点相对较少，隐蔽性差，不能适应高水平球队的要求。

（3）"五一"配备。由五名进攻队员和一名二传队员组成。位置的安排与"四二"配备基本相同，只是由一名进攻队员站在与二传对应的位置上作为接应二传，其目的是弥补在主二传来不及到位传球时所出现的被动局面，但主要还是承担进攻任务。这种阵容配备在水平较高的球队中普遍采用。

"五一"配备的优点是加强了拦网和前排进攻力量，使全队的进攻队员只需适应一名二传队员的技术特点，有利于统一指挥、相互配合，能够更好地控制比赛的进行，使进攻战术富于变化。缺点是当二传队员轮转到前排时，有三轮前排只有两名进攻队员，影响了前排整体进攻的威力。

2．进攻战术

进攻战术主要有以下三种形式："中一二"进攻阵形、"边一二"进攻阵形、"插上"进攻阵形。

（1）"中一二"战术形式特点。容易组织，但战术变化少，只能两点进攻，战术意图容易被识破，战术的突然性和攻击性小。其变化形式有：扣球队员通过二传队员传出集中、拉开、背传和平快等各种球，采用斜线助跑、直线助跑和跑动中变步起跳扣球等。

（2）"边一二"战术形式特点。形式简单，容易掌握，也是基本战术形式之一。其变化形式有：除"中一二"战术形式变化外，还可组织"快球掩护拉开""前交叉""围绕""快球掩护夹塞""梯次""短平快掩护拉开""掩护活点进攻"等战术变化。

（3）"插上"战术形式特点。保持前排 3 人进攻，能充分利用网的全长，发挥每个队员的特点，组成快速多变的各种战术变化。进攻的突破点多，突然性大，使对方难以有效地组织集体拦网和防守。

3．防守战术

主要介绍"心跟进"和"边跟进"两种防守战术。

（1）"心跟进"防守形式。在本方拦网能力强，对方采取打吊结合时采用。当甲方 4 号位队员进攻时，乙方 2 号、3 号位队员拦网，后排中心的 6 号位队员在本方拦网时跟在拦网队员之后进行保护，其余 3 名队员组成后排弧形防守。其优点是加强了前区的防守能力，缺点是后排防守队员之间的空档较大。

（2）"边跟进"防守形式。多在对方进攻较强，吊球较少时采用。当甲方 4 号位队员进攻时，乙方 2 号、3 号位队员拦网，其他 4 个队员组成半圆弧形防守。如遇甲方吊前区，由边上 1 号位队员跟进防守。其优点是加强了拦网，缺点是边上的队员既要防直线，又要跟进防前区，比较困难。

四、排球项目竞赛规则要点

排球是一项集体比赛项目，每队由 12 名队员组成，两队各派 6 名队员在由球网分开的场地上进行比赛。

比赛的目的是各队遵照规则，将球击过球网，使其落在对方场区的地面上，而防止球落在本方场区的地面上。每队可击球 3 次（拦网触球除外），将球击回对方场区。

比赛由发球开始，发球队员击球使其从网上飞至对方场区，比赛由此连续进行，直至球落地、出界或某一队不能合法地将球击回对方场区。

排球比赛采用五局三胜制，胜三局的队胜一场。比赛中，某队胜 1 球，即得 1 分（每球得分制）。接发球队胜 1 球时得 1 分，同时获得发球权，队员按顺时针方向轮转一个位置。每局比赛（决胜局第五局除外）先得 25 分并同时领先对手 2 分的队胜一局。当比分为 24∶24 时，比赛继续进行至某队领先 2 分（26∶24，27∶25…）为止。决胜局先得 15 分并同时领先对手 2 分的队获胜。当比分为 14∶14 时，比赛继续进行至某队领先 2 分（16∶14，17∶15…）为止。

1. 发球犯规

发球犯规包括发球击球时的犯规和发球击球后的犯规。

发球击球时的犯规：（1）发球次序错误；（2）发球队员在击球时或击球起跳时，踏及场区（包括端线）或发球区以外地面；（3）发球队员在第一裁判员鸣哨允许发球后 8 秒内未将球击出；（4）球未被抛起或持球手未清楚撤离就击球；（5）双手击球或单手将球抛出、推出；（6）将球抛起准备发球却未击球。

发球击球后的犯规：（1）球触及发球队其他队员或球的整体没有从过网区内通过球网的垂直平面；（2）界外球；（3）球越过发球掩护的个人或集体（在发球时，某一队员或两名以上队员密集站位或挥臂跳跃、移动遮挡接发球队员，且发出去的球从他或他们上空飞过，则构成个人或集体发球掩护犯规）。

2. 位置错误

排球规则规定，当发球队员击球时，如果场上队员不在其正确位置上，则构成位置错误犯规。下列情况之一者均为位置错误犯规：（1）发球队员击球时，场上其他队员未完全站在本场区内；（2）发球队员击球时，场上队员未按"每一名前排队员至少有一只脚的一部分比同列后排队员的双脚距中线更近"的规定站位；（3）发球队员击球时，场上队员未按"每一名左边（右边）队员至少有一只脚的一部分比同排中间队员的双脚距左（右）边线更近"的规定站位。

3. 击球时的犯规

（1）连击犯规。排球比赛时，运动员身体任何部分均可触球，但一名队员（拦网队员除外）连续击球两次或球连续触及其身体的不同部位即为连击犯规。但在第一次击球时，允许队员在同一击球动作中，球连续触及其身体的不同部位。

（2）持球犯规。排球运动员在比赛中，身体任何部分均可触球，但球必须被击出，不得接住或抛出，否则即为持球犯规。

（3）四次击球犯规。一个队连续触球四次（拦网除外）为四次击球犯规。队员不论是主动击球还是被动触及，均算该队击球一次。

（4）借助击球犯规。队员在比赛场地内借助同伴或任何物体的支持进行击球，皆为借助击球犯规。

（5）队员在球网附近的犯规。队员在球网附近的犯规包括过网击球犯规、过中线犯规、触网犯规和网下穿越进入对方空间妨碍对方比赛犯规等。对方进攻性击球前或击球时，在对方空间触及球为过网击球犯规。比赛进行中，队员整只脚、手或身体其他任何部分越过中线并接触对方场区，为过中线犯规。比赛过程中，队员触网或触标志杆不是犯规。但队员在击球时或干扰比赛情况下的触网或触标志杆为犯规。队员击球后可以触及网柱、全网长以外的网绳或其他任何物体，但不得影响比赛。比赛过程中，在不妨碍比赛的情况下，允许队员在网下穿越进入对方空间。若网下穿越进入对方空间的队员妨碍了对方比赛则为犯规。

（6）同时击球。双方队员或同队队员可以同时触球。同队的两名或两名以上队员同时触到球，被计为两次或两次以上击球（拦网除外）。双方队员在网上同时击球后，如果球落入场内，应继续比赛，获得球的一方仍可击球三次。

（7）拦网犯规。拦网犯规包括过网拦网犯规、后排队员拦网犯规、拦发球犯规和从标志杆外伸入对方空间拦网犯规几种情况。在对方进攻性击球前或击球时，在对方空间拦网触球为过网拦网犯规。判断过网拦网的依据是进攻队员与拦网队员触球时间的先后。后排队员或后排自由防守队员完成拦网或参加了完成拦网的集体，为后排队员拦网犯规。拦对方发过来的球为拦发球犯规。从标志杆外伸入对方空间拦网并触球为拦网犯规。

（8）后排队员进攻性击球犯规。后排队员在前场区内或踏及进攻线（或其延长线），将整体高于球网上沿的球，击过球网垂直面或触及对方拦网队员，则为后排队员进攻性击球犯规。

4．暂停和换人

在比赛中，每队最多可以请求2次暂停和6人次换人。暂停时间限制为30秒。第1～4局，每局另外有2次时间各为60秒钟的技术暂停，每当领先队达到8分和16分时自动执行。决胜局（第5局），没有技术暂停，每队在该局中可请求2次30秒的普通暂停。

自由防守队员的有关规定。排球比赛的各队可以在最后确认的12名队员中选择1名作为自由防守队员（Libero）。自由防守队员身着区别于其他队员颜色的服装。比赛前，自由防守队员必须登记在记分表上，并在旁边注明"L"字样，其号码必须登记在第一局上场阵容位置表上。自由防守队员仅作为特殊的后排队员参加比赛，在任何位置上（包括比赛场区和无障碍区）都不得将高于球网的球直接击入对方场区完成进攻性击球。自由防守队员不得发球、拦网或试图拦网。自由防守队员在前场区进行上手传球且所传球的整体高于球网上沿时，其同伴不得在高于球网处完成对该球的进攻性击球。

第三节　足　　球

本节介绍了足球运动的起源；阐述了其基本技术：踢球、接球、运球、头顶球、抢断、假动作等；讲解了比赛阵形、进攻战术、防守战术等足球基本战术。

一、足球运动简介

现代足球[Football（英）/Soccer（美）]运动诞生于英国。1863年10月26日，剑桥大学、牛津大学和凯尔波里特专科学校与伦敦周围地区11个最主要的俱乐部和学校，举行联席会议，创立了英格兰足球协会。这一天被称为现代足球的诞生日。两个月后，英格兰足球协会制定出世界上第一个统一的足球规则。

1872年，足球运动史上的第一次正式比赛在英格兰和苏格兰之间进行，即泛英足球比赛。在此后30年，足球运动逐渐风靡英国和欧美各国。1900年，足球首次在奥运会上露面。1908

年，足球被正式批准为奥运会比赛项目。1930 年，乌拉圭成功举办了第一届世界足球锦标赛。1904 年 5 月 21 日，国际足球联合会（FIFA）在法国巴黎成立，总部设在瑞士苏黎世。这标志着足球作为一项世界性的体育项目登上了国际体坛，足球运动在更加广泛的范围内开展起来，影响也越来越大。国际足联从最初的 7 个会员国，发展到现在的 190 多个，是世界上最大的国际单项体育组织。其举办的重大比赛包括：4 年一届的世界杯足球赛、奥运会足球赛、世界青年足球锦标赛和女子世界杯足球赛，此外还有许多洲际比赛。

二、足球基本技术

1. 踢球

踢球指运动员有目的地用脚把球击向预定目标的技术。踢球是足球技术中最重要的技术，主要用于传球和射门。

踢球的方法很多，主要有脚内侧踢球，脚背正面踢球，脚背内侧踢球，脚背外侧踢球，脚尖踢球和脚跟踢球。这些动作结构完全一致，均由助跑、支撑脚站位、踢球腿摆动、脚触球、踢球后的随前动作 5 个环节组成。

微课：踢球

（1）脚内侧踢球（又称脚弓踢球）。

① 脚内侧踢定位球。如图 7-35 所示，直线助跑，支撑前的最后一步稍大些，支撑脚站在球的侧面约 15 厘米处，脚尖正对出球方向，支撑腿膝关节微屈。在支撑脚着地时，踢球腿大腿带动小腿由后向前摆动，在前摆的过程中大腿外展，当膝关节摆动至接近球的正上方时，小腿做

图 7-35　脚内侧踢定位球

爆发式摆动，在触球前将脚跟送出使得脚内侧部位所形成的平面与出球方向垂直，踢球脚脚尖微微翘起，脚底与地面平行，踝关节功能性地紧张使脚型固定，触（击）球后身体跟随向前移动。

② 脚内侧踢空中球。如图 7-36 所示，根据来球速度和运行轨迹及时移动到位，踢球腿的大腿抬起并外展，小腿绕额状轴后摆，而后小腿由后向前摆动，当摆至额状面时与球接触，击球的中部。

（2）脚背正面踢球（又称正脚背踢球）。

① 脚背正面踢定位球。如图 7-37 所示，直线助跑，最后一步稍大些，支撑脚积极着地支撑，在球的侧面 10～12 厘米处，脚尖正对出球方向，膝关节微屈，踢球腿随跑动向后摆动，小腿弯曲，支撑的同时踢球腿以髋关节为轴，大腿带动小腿由后向前摆动。当膝关节摆至接近球的正上方时，小腿做爆发式的摆动，脚趾屈，以脚背正面部位击球的后中部。击球后身体及踢球腿随球前移。

② 脚背正面踢反弹球。根据来球的速度、运行轨迹、落点，支撑脚踏在球落点的侧面。在球落地时，踢球腿爆发式前摆，在球刚弹离地面时，用脚背正面击球的中部，并控制小腿的上摆（送髋、膝关节向前平移），出球则不会过高。

③ 凌空踢倒勾球。根据来球的速度、运行轨迹，选好击球点，及时移动到位，以踢球

腿为起跳腿蹬地起跳，同时另一腿上摆，身体后仰腾空，眼睛注视来球，蹬地腿在离地后迅速上摆的同时，另一腿则向下摆动，以脚背正面击球的后部。踢球后，两臂微屈，手掌向下，手指指向头部相反方向着地，屈肘，然后背、腰、臀部依此滚动式着地。

图 7-36　脚内侧踢空中球　　　　图 7-37　脚背正面踢定位球

（3）脚背内侧踢球（又称内脚背踢球）。

① 脚背内侧踢定位球。如图 7-38 所示，斜线助跑，助跑方向与出球方向约成 45°，最后一步稍大，以支撑脚底积极着地，脚尖指向出球方向，距球内侧后方 20～25 厘米，膝关节微屈。在支撑的同时，踢球腿已完成后摆，并开始以髋关节为轴大腿带动小腿由后向前摆动，

图 7-38　脚背内侧踢球

当大腿摆至与支撑腿接近同一平面时，小腿做爆发式摆动，此时脚尖外转、脚背绷直，以脚背内侧部位触击球。击球后踢球腿及身体继续随球向前。

② 脚背内侧转身踢球。助跑结束前倒数第二步应向球的侧前方跨出（即与出球方向在支撑脚一侧的侧前方），最后一步略跳动并伴随转身支撑，脚尖对准出球方向，膝关节微屈，身体向支撑脚一侧倾斜，其余各环节与踢定位球同。

③ 脚背内侧踢反弹。根据来球的落点及时移动到位，在球离地（反弹）的瞬间踢球，其他的动作要求与踢定位球相同。这种踢球方法多用于踢侧方或侧前方来的由空中下落的球。

（4）脚背外侧踢球（又称外脚背踢球）。由于踢这种球的脚踝灵活性较大，摆腿方向变化较多，且助跑时又是正常的跑动姿势，故其出球隐蔽性较强。足球比赛中各种距离的弧线球及非弧线球均可使用。

① 脚背外侧踢定位球。助跑、支撑脚站位及踢球腿摆动均与脚背正面踢球技术的 3 个环节相同，脚触球是用脚背外侧部位。此时要求膝关节和脚尖内转，脚背绷紧，触（击）球后身体随踢球腿的摆动前移。

② 脚背外侧踢地滚球。可用于踢正前方、侧前方及侧后方来的地滚球。踢球的动作、规格要求与踢定位球相同，但支撑脚站位时应考虑球的滚动速度，以保证在脚触球的瞬间支撑脚与球的相对位置符合规格要求。

③ 脚背外侧踢反弹球。与脚背正面踢反弹球的方法相同，只是接触球时用脚背外侧部位触（击）球。

（5）脚尖踢球（又称脚尖捅球）。由于脚尖踢球时出球异常迅速，雨天场地泥泞时多使用这种踢法。还可以借助踢球腿的最大长度，踢那些距离身体较远的球。具体方法是用支撑脚跳跃上步，踢球腿屈膝前跨，髋关节尽量前送，两臂上摆协助身体向前，小腿前伸，在踢球脚落地前用脚尖捅球的后中部。

（6）脚跟踢球。这是用脚跟（跟骨的后面）接触球的一种踢球方法。球在支撑脚外侧时，

踢球脚在支撑脚前面交叉摆到支撑脚外侧用脚跟击球。球在支撑脚内侧时，踢球脚后摆用脚跟踢球。虽然由于人体结构的特点，决定了这种踢球方法（大腿微伸小腿屈）产生的力量小，但其出球方向向后，故有隐蔽性和突然性。

2. 接球

接球是指运动员有目的地用身体的合理部位把运行中的球停下来，控制在所需要的范围内，以便更好地衔接下一个技术动作。接球的方法有多种，常用的有脚内侧、脚背正面、脚底、大腿、胸部、头部等部位的接球。

扫一扫

微课：接球

（1）脚内侧接球。由于脚触球面积大，动作简单，较易掌握，比赛中经常使用这种技术接各种地滚球、反弹球、空中球。

① 接地滚球。如图 7-39 所示，身体正对来球，判断来球的速度和方向，选好支撑脚位置，膝关节微屈。接球脚根据来球的状态相应提起，膝、踝关节旋外，脚趾稍翘，用脚内侧对准来球，触球刹那，接球部位做相应的引撤或变向接球动作，将球控在所需要的位置上。

② 接反弹球。如图 7-40 所示，接球腿小腿应与地面形成一定的夹角，向下做压推动作时，膝要领先，小腿留在后面。

③ 接空中球。如图 7-41 所示，接球腿要屈膝抬起，可根据需要采用引撤或切挡动作，接球落地后应随即将球在地面控制住。

（2）脚背正面接球。此方法多用于接有较大抛物线的来球。如图 7-42 所示，根据球的落点，及时移动到位，脚背正面上迎下落的球，当球与脚面接触的一瞬间，接球脚与球下落的速度同步下撤，此时接球腿膝关节、踝关节、脚趾均保持适度的紧张，脚尖微翘将球接到需要的地方。

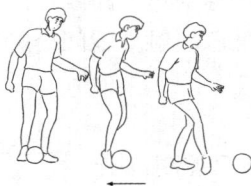

图 7-39　接地滚球

图 7-40　接反弹球

图 7-41　接空中球

图 7-42　脚背正面接球

（3）脚底接球。由于脚底接球技术便于掌握，易于将球接到位置，故常被用来接各种地滚球和反弹球。

① 脚底接地滚球。身体正对来球方向，移动前迎，支撑脚站在球的侧面（或前或后均

可），脚尖正对来球方向，膝关节微屈。同时接球腿提起，膝关节微屈，脚背略屈，使脚底与地面约小于 45°（且脚跟离开地面），一般以前脚掌接触球的上部为宜。在触球瞬间接球脚可轻微趾屈（前脚掌下点）将球停住，也可根据需要在接球同时将球推向前方或拉向身后。

② 脚底接反弹球。根据来球落点，及时前移迎球，支撑脚站在落点侧后方，脚尖正对来球方向，球落地瞬间，用前脚掌去触球的中上部，微伸膝，用脚掌将球接在体前。若需接球到身后则应在触球瞬间继续屈膝，将球回拉，并伴随支撑脚以前脚掌为轴旋转 90° 以上。

图 7-43　大腿接球

（4）大腿接球。大腿接球一般可以用来接抛物线较大的高空球和略高于膝的低平球。

① 接抛物线较大的下落球。如图 7-43 所示，面对来球方向，根据球的落点迅速移动到位，接球腿大腿抬起，当球与大腿接触的瞬间大腿下撤将球接到需要的位置上。

② 接低平球。面对来球方向，根据来球高度，接球腿大腿微屈，送髋前迎来球，当球与大腿接触瞬间收撤大腿，使球落在所需要的位置上。

（5）胸部接球。由于胸部接球部位较高，加之胸部面积大、肌肉较丰满等特点，动作易于掌握，故是接高球的一种好方法。胸部接球包括挺胸式、收胸式两种方法。

① 挺胸式接球。接球时，身体正对来球，两腿自然开立，膝微屈，两臂在体侧自然屈抬，上体稍后仰与来球形成一定的角度。触球刹那，胸部主动挺送，使球触胸后向前上方弹起落于体前。一般用于接有一定弧度的高球。

② 收胸式接球。面对来球，两脚左右或前后开立，两臂自然张开，挺胸迎球，触球瞬间收胸、收腹、臀部后移将球接在体前。若需将球接在体侧时，则触球瞬间转体将球接在转体后相应的一侧。多用于接齐胸高的平直球。

（6）头部接球。高于胸部的来球可用头部接球。根据球的运行路线，面对来球，用前额正面接触球的中下部。下颌微抬，两臂自然张开，提踵伸膝。触球瞬间全脚掌着地，屈膝、塌腰、缩颈，全身保持上述姿势下撤将球接在附近。

3．运球

运球是运动员在跑动中用脚连续推拨球，使球处于自己控制范围内的动作。常用的运球技术有脚内侧、脚背正面、脚背外侧、脚背内侧运球。

（1）脚内侧运球。运球前进时支撑脚位于球的侧前方，肩部指向运球方向，支撑腿膝关节微屈，重心放在支撑腿上，另一条腿提起屈膝，用脚内侧推球前进，然后运球脚着地。由于肩部指向运球方向，身体侧转，虽然移动速度较慢，但身体前倾有利于将对方与球隔开，因而这种技术多用在运球中做配合传球，或有对方阻拦需用身体做掩护时。

扫一扫

微课：运球

（2）脚背正面运球。运球时身体持正常跑动姿势，上体稍前倾，步幅不宜过大，运球腿提起，膝关节稍屈，髋关节前送，提踵，脚尖下指，在着地前用脚背正面部位触球后中部将球推送前进。

由于脚背正面运球时身体持正常跑动姿势，故可以发挥出较快的速度，因而这种技术多用在运球前方一定距离内无对手阻拦时。

（3）脚背外侧运球。如图 7-44 所示，运球时身体持正常跑动姿势，上体稍前倾，步幅不宜过大，运球腿提起，膝关节稍屈，髋关节前送，提踵，脚尖绕矢状轴向内旋转，使脚背外侧诇对运球方向，在运球脚落地前用脚背外侧推拨球的后中部。

图 7-44　脚背外侧运球

脚背外侧运球时，身体姿势与正常跑动时相同，因而可以发挥出较快的速度，故与脚背正面运球有相同的用途。另外，利用脚踝关节的动作可以很快改变脚背外侧面所正对的方向，故在运球脚一侧改变方向时也多采用这种运球方法。这种方法能用身体将对手与球隔开，故掩护时也常使用。

（4）脚背内侧运球。身体稍侧转并协调放松，步幅小，上体前倾，运球腿提起外展，膝微屈外转，提踵，脚尖外转，使脚背内侧正对运球方向，在运球脚落地前用脚背内侧推拨球，使球随身体前进。

脚背内侧运球由于身体稍侧转，不能采用正常跑动姿势，因而不适用于高速运球。但由于接触部位和支撑位置的特点易于完成向支撑脚一侧的转动，故多用于向支撑脚一侧的变向运球。

4．头顶球

头顶球技术是传球、射门、抢断的有效手段，特别是争高空球时头顶球技术更为重要。顶球技术的特点是争取时间，不需要等球落地就可以在空中直接处理来球。因此，它可以争取时间上的优势和主动。

顶球一般分为正额顶球和额侧顶球两种。具体方法有原地、助跑跳起（单脚和双脚）和鱼跃式顶球等。

（1）正额原地顶球。面对来球，两脚前后开立，膝微屈，重心放在两脚上。顶球前，上体先后仰，重心移到后脚上，两臂自然摆动，维持身体平衡，两眼注视来球。顶球时，两腿用力蹬地，迅速伸直，上体由后向前快速摆动，借助腰、腹和颈部力量，用前额正面将球顶出。顶球过程中，身体重心从后脚移到前脚，然后再单脚跳起顶球。

（2）助跑单脚跳起顶球。起跳前要有 3～5 步的助跑。最后一步踏跳时要用力，步幅要稍大些，踏跳脚以脚跟先着地再迅速移到脚掌，同时另一腿屈膝上提，两臂向上摆动。身体腾起后上体随之后仰。顶球时，上体由后向前摆动，借助腰、腹和颈部力量将球顶出。然后两脚自然落地。

（3）鱼跃头顶球。对于离身体较远的低空球来不及移动到位处理，必须抢点击球时（如抢救险球、射门等）可使用鱼跃头顶球技术。当判断好来球的路线和选择好顶球点后，以单脚或双脚用力向前蹬地，身体接近水平态向前跃出，同时两臂微屈前伸，手掌向下，眼睛注视来球，利用身体向前跃出的冲力，以额头正面顶球。顶球后，两手先着地，手指向前，接着以胸部、腹部和大腿依此着地。

扫一扫

微课：抢断球

5．抢断

抢断技术是一种积极有效的防守手段。抢断是防守技术的综合体现，是用争夺、堵截、破坏等方式的延续或阻拦对方进攻的一种技术。

一旦把球争夺过来，这就意味着组织进攻的开始。

（1）正面抢断。在对方带球队员迎面而来时，便可采用这种抢断方式。

两脚前后稍开立，两膝稍屈，身体重心下降，并均匀落在两脚上，面向对手。当对方带球或触球即将着地或刚刚着地时，立即抢球。抢球脚的脚弓正对球，并跨出一步，膝关节弯曲，上体前倾，身体重心移至抢球脚上。如对方已有准备，在双方脚同时触球时，脚触球后要顺势向上提拉，使球从对方脚背滚过，身体迅速跟上，把球控制住。双方上体接触时，抢球人可用合理部位冲撞对方，使之失去平衡，从而将球控制在自己脚下。

（2）侧面抢断。当防守队员与带球进攻的队员并肩跑动，或两人争夺迎面来球时，双方都可采用这种抢断方式。

当与对方平行跑动争球时，身体重心要降低，两臂贴紧身体。在对方靠近自己的脚离地时，可用肩和上臂做合理的冲撞动作，使对方身体失去平衡，从而把球抢过来。

（3）后面抢断（铲球）。这是抢断技术中较困难的一种，一般是在用其他方法抢不到球时才采用铲球方式。

铲球有两种方法：一种是脚掌铲球，另一种是脚尖或是脚背铲球。

当防守人追至离运球人右后方1米左右时，可用右脚掌或左脚尖（脚背）进行铲球。在运球人的左侧时，则用左脚掌或是右脚尖（脚背）进行铲球。如用右（左）脚掌铲球，可在运球人刚刚将球拨出时，先蹬左（右）腿，跨右（左）腿，膝关节弯曲，以脚外侧从地面滑出，用脚掌将球踢出。然后小腿、臀部、上体依次着地，身体随铲球动作向前滚动。

6．假动作

假动作是指运动员在比赛中，为了隐蔽自己真实动作意图，利用各种动作的假象，来调动迷惑对方；使对方对其动作产生错误的判断或失去身体重心，造成对自己有利的形势，从而取得时间、空间位置的优势，达到自己真实动作的意图。

（1）踢球假动作技术。如图7-45所示，运动员已控制球或正准备控制球，准备与同伴配合及接球时，对手前来堵抢，挡住其路线时，先可向一方做假动作，当对手以假当真去封堵假动作路线时，应突然改变踢球脚法将球传或接向另一方面。

微课：假动作

图7-45　踢球假动作技术

（2）头顶球与胸接球假动作技术。当队员面对胸部以上的高空来球，准备接时，对手迎面逼近准备抢截，此时接球的队员做出胸或头、接或顶的假动作诱使对手立定，以假当真，在其封堵接、传路线时，突然改变动作，用头或胸将球顶出或接住。

（3）运球假动作技术。运球假动作技术在比赛中是最常见的，它不仅用来突破正面对手，而且可以用来摆脱来自侧面和后面的对手。

如图7-46所示，对手迎面跑来抢截球时，可用左（右）脚的脚背内侧扣拨球动作结合身体的虚晃动作，诱使对手的重心发生偏移，然后用左（右）脚的脚背外侧向同侧方向拨运球越过对手。

对手从侧面来抢截球时，先做快速向前运球动作，诱使对手紧追，这时突然减速伴做停球假动作，当对手上当时，再突然起动加速推球向前甩掉对手。

图 7-46　运球假动作技术

当对手从身后来抢截球时，运球者用左（右）脚掌从球的上方擦过，做大交叉步，身体也随动作前移，诱使对手向运球者的移动方向堵截，然后以运球脚后前脚掌为轴，突然向右（左）后方转身，再用右（左）脚脚背内侧将球扣回，把对手甩掉。

三、足球基本战术

根据攻防的基本特点，足球战术可分为比赛阵形、进攻战术、防守战术 3 部分。

1. 比赛阵形

为了适应攻守战术的需要，全队队员在场上的位置排列和职责分工称为比赛阵形。比赛阵形是本队攻守力量搭配和分工的形式。

根据队员的职责和排列的层次分为后卫线、前卫线和前锋线。阵形的人数排列原则是从后卫数向前锋的，守门员不计算。

目前，世界上普遍采用的阵形有"4-3-3""4-4-2""4-1-2-3""3-5-2"等。在以上阵形中，除"4-4-2"阵形以防守为主，反击为辅外，其他阵形均以进攻为主。尤以"3-5-2"阵形更为突出。

选择阵形要以本队队员的特长、技能、技术水平与赛队的特点为依据。此外，阵形绝不是僵化的规定，每个队员都应在明确基本位置和主要职责前提下，进行创造性的活动。

扫一扫

微课：比赛阵型

2. 局部配合进攻战术

（1）"二过一"战术配合。"二过一"战术配合是指两个进攻队员在局部地区通过两次或两次以上的连续传球配合，越过一个防守队员的战术行动。"二过一"是集体配合的基础，可以在任何场区、任何位置上运用这种方法来摆脱对方的抢断或突破防线。"二过一"是进攻的两个队员之间相距 10 米左右，进行一传一切的配合。要求传球平稳及时，一般多用"脚内侧""脚外侧"等脚法，以传地平球为主。球传的位置，尽可能是接球人脚下或前面二三步远的地方。

（2）"三过二"战术配合。"三过二"是在比赛场地中的局部地区，通过 3 个进攻队员的连续配合突破两个防守队员的防守。由于这种配合有两个同队队员可以同时接应传球，因此使持球人传球路线更多，且进攻面也更大。

3. 整体进攻战术

整体进攻战术是指在比赛中一方获得球后，通过队员之间的传递配合达到射门的目的而采用的配合方法。与局部进攻战术相比较，整体进攻战术具有进攻面更加扩大、进攻和反击速度更加快速等特点。

（1）边路进攻。边路进攻一般是围绕边锋进行的配合方法，因此边锋的速度要快，个人突破能力要强，传中技术要突出。其方法是由守转攻时，获球队员将球传给边锋或其他边路上的队员，从边路发起进攻，经过局部配合突破后，一般采用下底和回扣传中方式，将球传到中央，由其他队员包抄射门。

（2）中路进攻。中路进攻时，必须要求边锋拉开，借以牵制对方的后卫，诱使对方中间区域出现较大的空隙，为中路进攻创造有利条件。前场和中场队员要机动灵活地跑位，以有效调动来拉开对方的防线。进攻的推进应有层次和梯队。传球要准确，技术动作应在跑动中准确简练地完成。

（3）快速反击。比赛中当攻方进攻时，后卫线往往压至中场附近，防守人数也由于插上进攻和助攻而相对减少，此时如防守方能抓住对方防区空隙较大和回防速度较慢的机会，乘攻方失球之机发动快速反击，往往能取得良好的效果。但其难度较大，既要冒险，又要有准确、快速的传切配合技能。

4．局部配合防守战术

（1）补位。补位是足球比赛中在局部地区队员集体进行配合的一种方法。当防守过程中，一名防守队员被对手突破时，另一名队员应立即上前进行封堵。

（2）围抢。围抢是足球比赛中在某局部位置上，防守一方利用人数上的相对优势（通常是两三名队员）同时围堵对方的持球队员，以求在短暂时间内达到抢断球或破坏对方进攻（防守）的目的。

（3）造越位战术。造越位战术是利用规则而设计的一种防守战术，是一种以巧制胜的省力打法，因而成为一种重要的防守手段。由于该战术配合难度较大，搞不好会适得其反，让对手钻空子，因此，往往为水平较高的球队所采纳，但也不宜过多运用。

5．整体防守战术

整体防守战术主要有盯人防守、区域防守和综合防守3种。

（1）盯人防守。盯人防守是指被盯防的对手不管跑到哪个位置就盯防到哪里。盯人防守分为全场盯人和半场盯人。这种防守方法是对口盯人，分工明确，但体力消耗大，一旦被突破，很难补位，会使整个防线出现很大的漏洞。因此，在比赛中，单纯采用人盯人防守方法是不利的。

（2）区域防守。由攻转守时，根据场上位置的分布，每个防守队员负责防守一定的区域，当对方队员跑到本区域时，就负责盯防，离开这个区域，就不再跟踪盯防。这种战术较为省力。但是，对方可以任意交叉换位，容易造成局部以少防多的被动局面。因此，目前在比赛中已很少采用这种防守方法。

（3）综合防守：综合防守是指盯人防守与区域防守相结合的防守方法。综合防守是目前在比赛中普遍采用的一种防守方法，它集中了盯人防守和区域防守的优点，从而在防守中能根据场上情况进行逼抢，盯人、保护与补位，以达到防守的目的。

扫一扫

微课：足球运动
的竞赛规则

第四节 乒 乓 球

本节介绍了乒乓球运动的起源；阐述了其基本技术：握拍、基本站位、基本姿势、基本步法、发球、接发球、推挡、攻球、搓球等；讲解了发球抢攻战术、接发球战术、对攻战术、推攻战术、搓攻战术、削攻战术等乒乓球基本战术。

一、乒乓球运动简介

乒乓球（Table Tennis）起源于英国，由网球发展而来，欧洲人把其称为"桌上的网球"。19世纪末，欧洲盛行网球运动，但极其受到场地和天气的限制，英国大学生便把网球移到室内，以餐桌为球台，书作球网，用羊皮纸做球拍，在餐桌上打来打去。球台和球网的大小、高度及记分方法均无统一规定，发球的方法也无严格限制。最初，这种游戏叫做"弗利姆—弗拉姆"（Flim-Flam），又称"高西马"（Goossime）。

约1890年，英格兰运动员詹姆斯·吉布从美国带回了赛璐珞空心玩具球，将其稍加改进，逐步在英国和世界各地推广运用。后有人根据球触拍、触桌时发出"乒""乓"的声音，又称这项运动为"乒乓球"。

1926年12月，国际乒乓球联合会在英国伦敦成立，举行了第一届世界乒乓球锦标赛。世界乒乓球运动的发展主要经历了5个阶段：第一阶段欧洲全盛期（1926—1951年），第二阶段日本称雄世界乒坛（1952—1959年），第三阶段中国乒乓球运动的崛起（1960—1965年），第四阶段欧洲的复兴和欧亚对抗（1971—1987年），第五阶段进入奥运时代（1988年至今）。

1904年，乒乓球运动由日本传入上海。由于器材均从国外进口，故仅限于上层社会人士参加，运动水平极低。1930年，中国队首次参加了第九届远东运动会的乒乓球赛。1935年，中华全国乒乓球协进会在上海成立。新中国成立后，乒乓球运动得到迅速的普及与发展。20世纪50年代，我国在全国范围内开展了群众性的乒乓球运动，使其技术水平得以飞速提高。1952年10月，在北京举行了第1次全国乒乓球比赛。1959年，我国优秀运动员容国团在第二十五届世乒赛中获得第1个男子单打世界冠军，这标志着我国乒乓球运动在世界乒坛的崛起。自此，我国乒乓球技术水平进入了世界最先进的行列，并长盛不衰。

二、乒乓球基本技术

乒乓球技术主要由握拍法、基本站位、基本姿势、基本步法、发球和接发球，以及各种击球方法组成。

1. 握拍

当前世界上流行的握拍法有两种：一是直握拍；二是横握拍。

（1）直拍握法。此握法正反手都用球拍的同一拍面击球，一般情况下不需要两面转换，出手较快；正手攻球快速有力，攻斜、直线球时拍形变化不大，对手不易判断，便于从速度、球路和力量上取得主动；手腕动作灵活，发球可作较多变化；但反手攻球时，因受身体阻碍较难掌握，不易起重板；攻削交替时手法变化大，影响击球速度和准确性；防守时照顾面积较小。

基本握法：如图7-47所示，用拇指和食指握住球拍拍柄与拍面的结合部位。拍柄右侧贴在食指的第三关节内侧。食指的第二关节压住球拍的右肩，其第一关节自然向内弯曲，拇指的第一关节压住球拍的左肩，其他三指自然弯曲斜形重叠，以中指第一关节贴于球拍的1/3上端。

（2）横拍握法。此握法照顾面比直拍大，攻球和削球时握拍的手法变化不大；反手攻球不受身体阻碍，便于发力；削球时用力方便，易于发挥手臂的力量和掌握旋转变化。但在还击左右两面来球时，需变换击球拍面；攻斜、直线球时调节拍形的幅度大、动作明显，易被对方识破；台内正手攻球也较难掌握。

基本握法：如图7-48所示，以中指、无名指、小指自然地握住拍柄，拇指在球拍正面轻贴在中指旁边，食指自然伸直斜于球拍的背面，虎口轻微贴拍。

图7-47　直拍握法　　　　　　　　图7-48　横拍握法

在准备击球时或将球击出后，握拍都不宜过紧或过松。过紧会使手腕僵硬，影响球的飞行弧线；过松会因拍面不稳，影响发力和击球的准确性。

2．基本站位

乒乓球运动员的基本站位应根据不同类型的打法、个人技术特点和身体特点来选定。一般情形如下（以右手持拍为例）。

（1）左推右攻打法的运动员，其站位在近台偏左，距球台30～40厘米。

（2）两面攻打法的运动员，基本站位也在近台中间偏左，距球台40～50厘米。

（3）弧圈球打法的运动员，基本站位在中台偏左，距球台约50厘米。两面拉弧圈球的运动员，其站位中间略偏左。

（4）横板攻削结合打法的运动员，基本站位在中台附近；削球打法的运动员，基本站位则在中远台附近。

3．基本姿势

击球前身体的基本姿势应做到（见图7-49）：①两脚平行站立，距离略比肩宽，保持身体平稳，重心置于两脚之间；②两脚稍微提踵，前掌内侧着地，两膝微屈内扣，上体含胸略前倾；③右手握拍腹前，手臂自然弯曲，持拍手腕放松，左手协调平衡；④下颌稍向下收，两眼注视来球；形如箭在弦上，视球以外无物。

图7-49　基本姿势

关键是要做到重心低，起动快。两脚略比肩宽和屈膝内扣是为了保持身体重心的稳定性；脚掌内侧着地和稍微提踵是为了保证快速的起动。横握球拍时肘部向下，前臂自然平举即可，其余与直握拍相同。

4．基本步法

乒乓球运动常用的基本步法有单步、跨步、跳步、并步、交叉步等。

（1）单步。以一脚为轴心，另一脚向前或向后、左、右移动一步，身体重心随之落到移动脚上，挥拍击球。其特点是移动简单，范围小，身体重心平稳。当来球离身体较近时采用。

（2）跨步。从来球方向的异侧脚蹬地，同侧脚向来球方向跨出一大步，身体重心随即移到同侧脚，异侧脚迅速跟上。特点是移动范围比单步大。当来球离身体较远时采用。移动速度快，多用于借力回击。

（3）跳步。以来球方向的异侧脚蹬地为主，两脚发力同时离地，异侧脚先落地，另一只脚随即着地即挥拍击球。跳移过程中，身体重心起伏不宜过大，落地要稳。特点是移动范围比单步和跨步大，移动速度快，一般在来球离身体较远较急时采用。

（4）并步。由来球方向的异侧脚向同侧脚并一步，然后同侧脚再向来球方向迈一步，挥拍击球。特点是移动时脚步不腾空，身体重心平稳，移动范围不如跳步大。

（5）交叉步。来球方向的同侧脚发力，异侧脚迅速从体前做平行交叉横跨一大步，同侧脚迅速跟上落地还原，挥拍击球。特点是移动范围比其他步法大，适用于主动发力进攻，一般在来球距身体较远时采用。

5. 发球

乒乓球比赛是从发球开始的，其技术的好坏将直接影响到得分和失分，发球是力争主动、先发制人的第一个环节。现介绍几种常用的发球技术。

（1）平击发球。平击发球速度慢，力量轻，几乎不带旋转，易掌握，是初学者的入门技术，也是掌握其他发球技术的基础。它分为正手平击发球和反手平击发球两种。

正、反手平击发球时，站位近台，抛球的同时，向右（左）侧后方引拍。当球下降至稍高于网时，上臂带动前臂向前平行挥动，拍形稍前倾，或接近垂直，击球的中上部。击球后，手臂继续向左（右）前上方顺势挥动，并迅速还原。

（2）正手发转和不转的球。正手发转与不转球是用相似的动作迷惑对方，发出旋转差异较大的球，往往能够取得主动。它是中国队 1959 年发明的一种技术。

其准备姿势与正手平击发球相似。发加转球时，拍面后仰，用球拍下半部靠左的一侧去摩擦球的底部。发不转球时，拍面的后仰角度小一些，用球拍上半部偏右的一侧碰击球的中下部。

（3）发短球。指发至对方距球网约 40 厘米范围内的球，且第二跳不出台。具有动作小、出手快、落点短的特点。正反手均可发短球。

在抛球时，向身体右后方引拍，手腕放松。当球从高点下降至稍高于网时，前臂向前下方稍用力，拍面后仰，击球瞬间主要以手腕发力为主，触球中上部并向底部摩擦。

（4）正手发左侧上、下旋球。用近似的发球方法发出两种旋转方向完全不同的球，极易迷惑对方，并具有较大的威胁性，是极常用的发球技术。所发出的球均具有较强烈的左侧旋。

方法：如图 7-50 所示，右脚在后，抛球时，持拍手向右上方引拍，手腕略向外展。当球下落时，手臂迅速向左下方挥动，在与网同高时触球，触球瞬间手腕快速向左上方挥动，使球拍从球的中部略偏下向左上方摩擦。发左侧下旋球时，手腕快速向左下方转动，使球拍从球的中下部向左下方摩擦。

（5）侧身正、反手发高抛球。如图 7-51 所示，由于将球高抛至 2～3 米，故下降的球获得加速度，从而增大球与拍的合力，增强了发球的旋转；也因高抛球下落时间长，改变了击球节奏，可影响对手的注意力和心理状态，从而增大发球的威胁性。

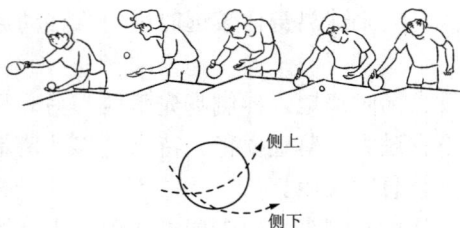

图 7-50 正手发左侧上、下旋球

图 7-51 侧身正、反手发高抛球

6. 接发球

接发球的基本方法由点、拨、带、拉、攻、推、搓、削、摆短等技术综合组成。运用这些方法接发球时，存在着一般的规律，即用某单一接发球方法可以接稳对方某种性能的发球。下面介绍一般接发球的规律和最基本的接发球方法。

（1）接上旋球。一般采用推、拨、攻、拉等技术回接。

（2）接下旋球。发过来的球速度较慢，触拍后向下反弹，用搓球回接时，注意拍面后仰以增加向前上方的发力。用拉攻或弧圈球回接时，一定要增加向上提拉的力量。

（3）接左侧上、下旋球。接左侧上旋球一般采用推、攻为宜。回接时，拍面角度要稍前倾，拍面向左偏斜以抵消来球的左侧旋，向前下方用力要相对加大，防止球触拍时向自己右上方反弹。接左侧下旋球一般采用搓、削为宜。回接时，拍面角度要稍后仰，拍面所朝方向向左偏斜以抵消来球的左侧旋，稍向上用力，防止球触拍时向自己左下方反弹。

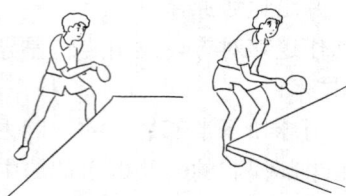

图 7-52 接旋转不明发球

（4）接旋转不明发球。如图 7-52 所示，当旋转判断不明时，站位应稍远，运用慢搓，击球下降中期，这样有利于增加判断时间，降低来球旋转强度和赢得接球的技术选择时间。

（5）接短球。由于对方发来的球是台内近网短球，回接时最主要的是注意及时上前，以获得最适合的击球位置。同时要控制好身体的前冲力量。接发球后要迅速还原，准备下一拍来球。无论采用搓、削、挑、带哪一种方法回接短球，都应特别注意，来球是在台内，台面会影响引拍，因此要充分依靠前臂和手腕发力，同时要根据来球的旋转性能调节拍面角度、击球部位、击球时间和用力方向。

7. 推挡

推挡，顾名思义具有推和挡两种功能。"挡"着重防守，强调借力，如在接重板或速度较快的球时，多采用"挡"，其主要有平挡、减力挡、侧挡等技术；"推"力主进攻，强调主动加力，加快球速，主要技术有快推、加力推、推挤、下旋推挡等。这里着重介绍平挡、快推和加力推 3 种技术。

（1）平挡（挡球）。两脚平行站位，身体靠近球台。击球前，上臂贴近身体，前臂约与台面平行，球拍置于腹前，略高于台面呈半横状，拍面近乎垂直。击球时，调整好拍形，在来球上升前期触球中部或中上部，借来球的反弹力将球挡回。平挡具有速度慢、发力均匀柔和，力量小等特点。

扫一扫

微课：推挡

（2）快推。近台中偏左站位，右脚稍前，上臂和肘关节靠近右侧身旁。拍面垂直，当球弹起至上升前或中期时，拍面略前倾，大臂带动前臂向前或前上方加速推出，击球中上部。

（3）加力推。动作较大，回球力量重，球速快，主要用于对付反手位速度较慢、反弹偏高的球。当来球弹至上升后期或高点期时，拍面前倾，大臂带动前臂，前臂带动手腕向前或前下方加速发力推出，击球中上部或上中部。加力推时，可以配合髋、腰以及身体前移共同发力。

8．攻球

攻球可分为正手攻球和反手攻球两种。每种又可包括许多不同的攻球方法。下面我们主要介绍几种常用的攻球技术。

（1）正手快攻。正手快攻具有站位近、动作小、速度快、攻击性强的特点。动作时左脚稍前，身体离球台 40～50 厘米，呈基本姿势站立。以前臂为主引拍至身体右侧方。球拍呈半横状。击球时，在上臂带动下前臂和手腕由右侧方向左前上方挥动，拇指压拍，食指放松，拍面稍前倾，在来球弹起上升期，击球的中上部。击球后，手臂随势向前挥摆，迅速还原成击球前的准备姿势。

微课：攻球

（2）正手台内攻。正手台内攻具有站位近、动作小、速度快、突然性强等特点，动作时站位近台，右方大角度来球时右脚上步，中间或偏左方向来球时左脚上步。上步同时上臂和肘部前移，前臂伸进台内迎球。当来球跳至高点期，下旋强时，拍面稍后仰，前臂和手腕向前上方发力，击球的中下部；下旋弱时，拍面接近垂直，前臂和手腕以向前发力为主击球的中部；上旋球时，拍面稍前倾，前臂和手腕向前发力击球的中上部。

（3）正手中远台攻。正手中远台攻具有站位远、动作大、力量重的特点。动作时，左脚稍前，身体离球台 1 米左右。持拍手臂较大幅度向右后方引拍，拍面接近垂直。击球时，右脚蹬地、向左转体的同时，上臂带动前臂由右后方加速向左前上方发力挥动，手腕边挥边转使拍形逐渐前倾，在来球弹起至下降前期，击球中部或中上部。

（4）正手扣杀。正手扣杀具有力量重、速度快、攻击性强的特点。动作时前臂内旋使拍面稍前倾，随着身体向右转动的同时，持拍手臂引拍于身体右后方。随着右脚蹬地，身体左转的同时，持拍手上臂带动前臂加速向左前上方发力挥动，拍面稍前倾，在来球弹起至高点期，击球的中上部。一般击球点在胸前 50 厘米为宜。

（5）反手快攻。左脚稍后，身体离球台 40～50 厘米。持拍手臂自然弯曲并外旋使拍面前倾，上臂与肘关节自然靠近身体，引拍至腹前偏左的位置。击球时，在上臂带动下前臂和手腕向右前上方挥动，同时配合外旋转腕动作，使拍面稍前倾，在来球弹起上升期，击球中上部。

（6）反手中远台攻。右脚稍前，身体离球台 0.7～1 米。身体左转的同时，持拍手的上臂和肘关节靠近身体，前臂向左下方移动，引拍至身体左侧下方，拍面稍前倾。击球时，身体右转的同时，手臂由左后向前挥动，前臂在上臂带动下，向前上方用力，并配合向外转腕，使拍面稍倾，在来球弹起下降期，击球中下部。

9．搓球

对于初学者来说，首先应学反手搓球，再学正手搓球。先练习慢搓，再练习快搓。在基本熟悉以上技术之后，再练习搓转与不转的球。

（1）快搓。动作幅度较小，回球速度较快，能借助来球的前进力去回击。它是对付削球和搓球的一种方法。

右脚稍前，身体靠近球台。来球在身体左侧时，可运用反手搓球。击球时，上臂迅速前伸，前臂跟随向前，拍形稍后仰，利用上臂前送力量，在上升期击球中下部。来球在身体右侧，可以运用正手搓球。搓球时，身体稍向右转，手臂向右前上引拍，然后前臂和手腕向前下方用力，在上升期击球中下部。

（2）慢搓。慢搓的动作幅度较大，回球速度较慢，靠主动发力回击，回球有一定旋转强度。

如图 7-53 所示，反手搓球时，向左上方引拍，前臂以肘关节为轴，快速向前下方用力挥摆，伸手腕辅助用力，手指配合使拍面后仰，在球的下降前期切击球的中下部。

如图 7-54 所示，正手搓球时，手臂外旋使拍面后仰，前臂提起，向右上方引拍至右肩高度。当来球至下降前期，手臂快速向左前下方挥摆，屈手腕辅助用力，切击球的中下部。

图 7-53　反手搓球　　　　　　　　　图 7-54　正手搓球

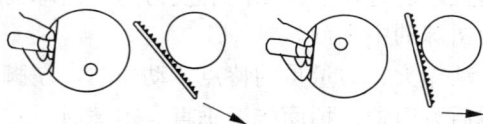

反手搓转球　　　　　反手搓不转球

图 7-55　搓转与不转

（3）搓转与不转（见图 7-55）。其特点是用近似手法搓出转与不转两种性质不同的球，使对方难以判断，增加其回球难度或直接导致接球失误。

动作方法：搓转与不转球的动作方法与快搓技术的动作相同。决定转与不转要看击球作用力是偏离球心还是通过球心。搓转球时，除击球速度、击球力量和拍面后仰角度要加大以外，还要在球拍切击球时切薄一些，使其作用力远离球心，形成较旋转的下旋球。而搓不转球时，减小拍面后仰角度，击球中下部并向前上推，使击球力量接近或通过球心，这样就形成相对的不转球。搓转与不转球时，一定要在相似的动作上下工夫，如若搓不转球的动作意图很明显，则会弄巧成拙，送给对方进攻机会。

三、乒乓球基本战术

乒乓球的基本战术包括发球抢攻战术、接发球战术、对攻战术、推攻战术、搓攻战术、削攻战术等。

1. 发球抢攻战术

发球抢攻战术是乒乓球所有打法特别是进攻型打法的主要战术和得分手段。发球抢攻战术以发球的旋转、速度、落点灵活变化为主要技术特征，常用的有以下几种。

- 发下旋转与"不转"球抢攻。

扫一扫

微课：发球抢攻
战术

- 发正、反手奔球抢攻。
- 发正、反手侧上、下旋球抢攻。

发球抢攻要注意：①发球要有线路和落点变化，以便使对方在前、后、左、右走动中接发球；②发球后要有抢攻准备，以便不失抢攻的机会；③自己发什么球，对方可能以什么技术回击，这些要在发球前做到心中有数。这样，才能较好地做好抢攻的准备。

2．接发球战术

接发球战术是发球抢攻战术的直接对立面。接发球战术一方面要抑制、扰乱或破坏对方运用发球抢攻的战术，降低发球抢攻的质量，形成相持状态；另一方面要从被动中求主动，通过过渡性接发球技术力争在第四板抢先上手，转入对己方有利的战局，同时抓住机会采用接发球抢攻直接得分或设法取得明显的战术优势。接发球战术是各类型打法的选手都必须掌握的战术，主要有主动法、稳健法和相持法。

3．对攻战术

对攻战术是进攻型选手经常采用的战术。运用正、反手攻球、反手推挡等技术，采用攻击对方两角、追身攻、轻重结合来达到目的。常用的有以下几种：压反手，伺机正手侧身攻；调右压左，转攻两角或追身；连压中路，突变攻两角。

4．推攻战术

推攻战术主要运用正手攻球和反手推挡的速度和力量，并结合落点变化和节奏变化来压制和调动对方，以争取主动或得分。推攻战术是用左推右攻打法对付攻击型打法的主要战术，具有反手推挡能力的两面攻的运动员和攻削结合的运动员也时常使用它。其方法如下：①左推右攻；②推挡侧身攻；③推挡、侧身攻后，扑正手；④左推结合反手攻；⑤左推、反手攻后，侧身攻；⑥左推、反手攻、侧身攻后，扑正手。

5．搓攻战术

搓攻战术主要运用"转、低、快、变"的搓球控制对方，以寻找战机，然后采用低突、快点或快拉等技术展开攻势并进入连续攻；在搓球中遇到机会球时进行扣杀，常常带有突然性，往往可以直接得分。搓攻战术是乒乓球各种打法都不可缺少的辅助战术。其方法如下：①正、反手搓球结合正手快拉、快点、突击或扣杀；②正、反手搓球结合反手快拉、快点、突击或扣杀。

扫一扫

6．削攻战术

削攻是利用削球的旋转、节奏、落点变化来控制对方的攻势，并为进攻创造机会，达到反击对方目的的一种手段。削攻战术是削攻型打法对付进攻型、弧圈型打法的重要战术，常用的有以下几种：削转与不转球，伺机反攻；削长、短球反攻；削逼两角，伺机反攻；逢直变斜，逢斜变直，伺机反攻。

微课：乒乓球运动的竞赛规则

第五节 羽 毛 球

本节介绍了羽毛球运动的起源；阐述了其基本技术：握拍、发球、接发球、后场击球、前场击球、中场击球、基本步法等；讲解了羽毛球的单打战术和双打战术。

一、羽毛球运动简介

现代羽毛球运动一般认为源于英国。相传，1873 年，英格兰格拉斯哥郡的伯明顿镇，鲍费特公爵举办的社交聚会上，有位从印度退役的军官向大家介绍了一种用拍隔网来回往打毽球的游戏。游戏趣味横生，引人入胜，此后，这项游戏活动便不胫而走，并逐步发展成为当今人们所熟悉和喜爱的羽毛球运动。伯明顿庄园的英文名称 Badminton 也成了羽毛球的英文名称。

1893 年，世界上最早的羽毛球协会——英国羽毛球协会成立，并于 1899 年举办了全英羽毛球锦标赛。1934 年，国际羽毛球联合会成立，通过了第一部国际公认的羽毛球竞赛规则。1978 年 2 月，世界羽毛球联合会于香港成立。1981 年 5 月，国际羽毛球联合会和世界羽毛球联合会正式合并。

1988 年，在第二十四届汉城奥运会上，羽毛球运动被国际奥委会列为表演项目。1989 年5 月，在印度尼西亚雅加达举办了首届苏迪曼杯羽毛球大赛。1992 年，在第二十五届巴塞罗那奥运会上，羽毛球运动被正式列为比赛项目，设男、女单打和男、女双打 4 个项目。1996 年，第二十六届亚特兰大奥运会又增设了男女混合双打。从此，羽毛球运动进入了新的发展阶段。

二、羽毛球基本技术

1. 握拍

羽毛球的握拍一般分为正手握拍方法和反手握拍方法。

（1）正手握拍法。右手虎口对准拍柄窄面内侧斜棱，小指、无名指、中指自然并拢，食指和中指稍分开，大拇指的内侧和食指贴在拍柄的两个宽面上将球拍柄握住。握拍时掌心不要贴紧拍柄，要使掌心与拍柄保持一定的空隙。

（2）反手握拍法。在正手握拍的基础上，将大拇指伸直用其第一指节内侧顶贴在拍柄内侧的宽面上，食指收回，与拇指同（或略）高，用大拇指和食指将球拍稍向外转，中指、无名指、小指紧握拍柄，拍柄端近靠小指根部。握拍手心与拍柄之间留有空隙，以便能充分利用手腕力量和大拇指的内侧压力击球。

2. 发球

羽毛球运动的发球技术，按其动作分为正手发球和反手发球两种。按球在空中飞行的弧线可分为发高远球、平高球、平快球和网前短球等 4 种（见图 7-56：1 网前球，2 平快球，3 平高球，4 高远球）。

（1）正手发高远球。所谓高远球，主要是把球发得又高又远，使球飞行到对方底线上空时，几乎垂直下落。

如图 7-57 所示，发球时，重心由后脚前移至前脚，带动转腰，同时右手持拍沿着向下而上的弧线自然地沿着身体向前上方挥摆。球拍触球前刹那，小臂带动手腕向前上方闪动发力，手紧握拍柄，利用手腕、手指爆发力以及拍面的前半部击球。击球瞬间，拍面正对出球方向，击球点在发球员的右前下方。出球飞行弧度与地面仰角一般大于 45°。

扫一扫

微课：发球

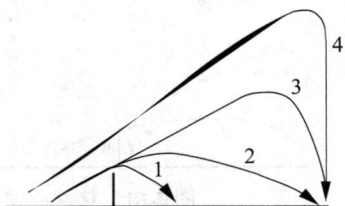

图 7-56　发球技术

图 7-57　正手发高远球

（2）正手发网前球（见图 7-58）发网前短球是把球发至对方发球区内前发球线附近。球的飞行速度较慢，飞行弧度较低，使球"贴网"而过。它是双打比赛最常用的发球方法，在单打比赛，用于对付接网前球较差的对手，有时也可以作为过渡性的发球，或发球抢攻战术的手段。在发球时，挥拍幅度较小，击球瞬间不需紧握拍柄，而是利用手腕和手指的力量从右向左横切推送，将球轻轻发出，使球贴网而过。

（3）正手发平快球。又称发平球，是把球发得又平又快，使球快速落在对方场内端线附近。平快球突袭性强，往往能使对手措手不及而造成被动或失误。准备姿势同发高远球，站位稍靠后些。击球瞬间紧握球拍柄，利用小臂挥动力量带动手腕、手指力量快速向前击球，球的飞行的路线与地面形成的仰角小于 30°。

（4）反手发网前球。如图 7-59 所示，准备击球时手腕内屈，击球瞬间利用小臂带动手腕、手指力量向前横切推送，将球击出。发球时，挥拍较慢，力量较轻，球的落点近网，当球"贴"网而过后即往下坠落在对方发球区内前发球线附近。

图 7-58　正手发网前球

图 7-59　反手发网前球

3．接发球

单打站位一般是在离发球线 1.5 米处，站在右发球区靠近中线的位置；在左发球区则站在中间的位置。双打发球多以发网前球为主，所以双打的接发球站位要在靠近前发球线的地方。

（1）接平高/高远球。可以用平高球、吊球或扣杀球进行回击（见图 7-60：1 平高球，2 吊球，3 杀球）。一般来说，接高远球是一次进攻的机会，回击得好就能掌握主动权。因此，初学羽毛球者必须努力提高后场进攻的能力。

（2）接网前球。可以用平高球、高远球、放网前球或平球进行回击（见图 7-61：1 虚线为发网前球，2 平球，3 平高/高远球，4 网前球）。如果对方发球的质量不高，或球离网顶较高过网，则可采用扑球进攻。若对方企图发球抢攻，而自己防守能力较差，则以放网前球或平推球为宜，落点要远离对方站位，控制住球，不让对方进攻。

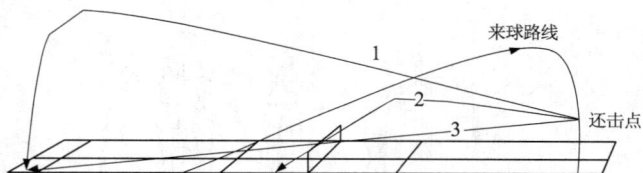

图 7-60　接平高/高远球

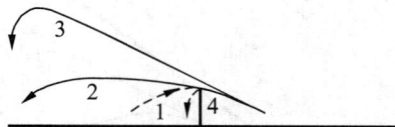

图 7-61　接网前球

4. 后场击球

后场击球主要由高远球、平高球、扣杀球和吊球等几项技术及相应的后退步法组成。其特点是击球点高、力量大、速度快、威力大。

（1）高远球。高远球飞行弧度高、速度慢，主要是迫使对方离开中心部位去击球；或者是当自己位置错乱时，击这种球来争取回位时间，所以比赛中在被动情况下常采用这种球进行过渡。

① 正手击高远球。如图 7-62 所示，用后场退步法迅速向来球方向移动，调整好身体与来球间的位置，使球恰好在右肩稍前方上空。当球落到一定的高度时，右手肘上抬，手臂后倒引拍，以肩为轴做回环动作，同时身体左转，前臂充分向后下方摆动并外旋，手腕充分伸展。击球时，前臂迅速内旋带动手腕加速向前方挥动，手腕屈，收手指屈指发力，将球击出。

扫一扫

微课：后场高空击球技术

图 7-62　正手击高远球

② 反手击高远球。准备击球前，右脚在前（先不着地，与击球动作完成的瞬间同时着地），身体背向球网，持拍臂向上抬举，身体稍向左转，含胸收腹，左腿微屈，同时手臂回环内旋引拍，握拍手尽量放松，手腕稍向外展。当球下落至右肩前上方一定高度时，以上臂、前臂迅速外旋带动手腕加速，由左下方经胸前向右前上挥动。击球时手腕由伸展至屈收快速屈指发力，用反拍面将球击出。

（2）平高球。平高球与击高远球一样，也可分为正手、头顶和反手三种击球技术，是一种进攻性的击球技术。其技术动作与击高远球基本相同，所不同的是引拍、击球动作较高远球小而快，击球的瞬间运用前臂内旋带动手腕，向前快速发力击球。

（3）扣杀球。扣杀球从动作结构上可分为重杀、点杀、劈杀；从击球点距身体的位置可分为正手扣杀、头顶扣杀和反手扣杀三种。而正手扣杀球是各种扣杀球的基础，初学者必须首先掌握好这一扣杀技术。

正手扣杀球如图 7-63 所示，准备姿势、击球动作与正手击高球大致相同，不同的是在击球瞬间需用全力，充分利用右腿的蹬力、腰腹力、手臂腕力及重心的转移，快速将球向前下方击出。球拍触球时拍面前倾向前下方用力，手握紧球拍，击球点在右肩稍前上方。

图 7-63 正手扣杀球

（4）吊球。吊球技术按球的飞行弧线和击球动作的不同分为劈吊、轻吊和拦截吊。其准备姿势与击高球、扣杀球相似，只是击球时用力不同。击球瞬间前臂突然减速，快速"闪"动手腕击球托的偏右侧（头顶吊球及反手吊球击球托的偏左侧）。打对角吊球时，当对方来球较高，手腕向下切削的角度要大些，力量稍大些；当对方来球较平时，手腕向前推的动作要大些，向下切削的力量要小一些。吊直线球时，拍面正对前方，向前下压。

不论劈吊还是轻吊，都要注意手腕灵活闪动，即注意爆发力的运用，同时还要注意掌握好击球点和控制好击球力量，将球吊准。拦截吊球和假动作配合运用便具有一定的威力。拦截对方击来的半场球或弧线较低的平高球能出其不意地达到进攻的效果。

5. 前场击球

前场击球包括网前的放、搓、推、勾、扑、挑球等。因球飞行距离较短，落地快，常使对手措手不及而直接得分。即使不能直接得分，也能迫使对方被动回球，创造下一拍的机会。现介绍几种常用的前场击球技术。

扫一扫

微课：前场网上
击球技术

（1）放网前球。

① 正手放网前球。如图 7-64 所示，准确判断来球路线和落点，快速上网，最后一步右脚在前左脚在后成弓箭步，上体前倾重心在右脚，侧身对网。右手正手握拍向前下方伸臂，小臂外旋展腕，左臂自然后伸，起平衡作用，拍面几乎朝上迎击来球。击球瞬间，手腕稍内屈轻轻闪动，

图 7-64 正手放网前球

食指和大拇指控制拍面角度和用力大小，球拍向前上方轻轻一托，把球轻击送过球网。

② 反手放网前球。快速向前左侧上网，右脚前跨成弓箭步，侧背对网，上体前倾重心在右脚。右手反手握拍向前下方伸臂，小臂内旋展腕，左臂自然后伸，起平衡作用，拍面几乎朝上迎击来球。击球瞬间，伸腕轻闪动，食指和拇指控制拍面角度和用力大小，球拍向前上方轻轻一托，把球轻击送过球网。

（2）搓球。网前搓球是羽毛球技术中动作较细腻的一种，是网前技术中的高难击球动作。

① 正手搓球。用正手上网步法迅速向来球方向移动，当右脚向前跨出时，持拍手向来球方向伸出，争取高的击球点。左手于身后拉举与右手对称，以保持身体的平衡。挥拍时，手

腕动作由展腕至收腕发力，由右向左以斜拍面切击球托的右后侧部位，此时球呈下旋翻滚过网；或者手腕动作由收腕至展腕发力，由左向右以斜拍面切击球托的左后侧部位，球则呈上旋翻滚过网。

② 反手搓球（见图 7-65）。用反手上网步法迅速向来球方向移动，其余动作与正手网前搓球相同。反手网前搓也有两种击球方式。一种是手腕动作由展腕至收腕发力，由左至右切击球托左后侧部位。另一种是手腕动作由收腕至展腕发力，由右向左切击球托的右后侧部位。

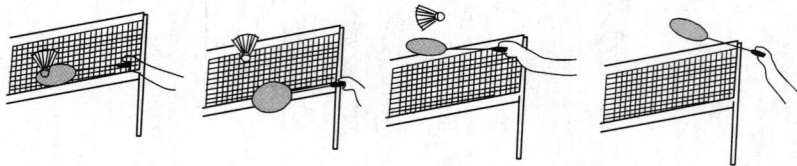

图 7-65　反手搓球

图 7-66　正手扑球

（3）扑球。扑球是在对方回球刚越过网顶上空时，运用跨步或蹬跳步迅速上前，利用前臂、手腕和手指的力量，快速地由高向下将球击回对方场区的击球方法。

① 正手扑球。如图 7-66 所示，对方来球距网较高时，快速蹬步上网，身体向右前倾，手臂充分伸展，同时迅速变换握拍手法，使拍面与球网平行正对来球。击球时，主要利用中指、无名指、小指突然紧握拍柄和手腕闪动，将球向前下方击出。击球后，随前动作甚微，右脚落地制动。

② 反手扑球。反手握拍于左侧前，当身体向左侧前方跃起时，持拍手小臂前伸上举，手腕外展，拍面正对来球。击球时，手臂伸直，手腕由外展到内收闪动，手握紧拍柄，拇指顶压，加速挥拍扑击球。击球后即刻屈肘，球拍回收，以免球拍触网违例。

（4）挑球。挑球是指将对方击来的网前区域低手位的球以较高的弧线向上击至对方端线附近上空。它是在被动情况下运用的一种过渡球。

① 正手挑球。如图 7-67 所示，右脚向网前跨出一大步，左脚在后，侧身向网，重心在右脚上。同时右臂向后摆，自然伸腕，使球拍后引。以肘关节为轴，屈臂内旋，并捏紧球拍。用食指及手腕的力量，从右下向右前方至左上方挥拍击球，将球向前上方击出。

② 反手挑球。如图 7-68 所示，右脚跨步向前成弓箭步，重心在右脚，侧身背对网。反手握拍，手臂向左前方伸出，小臂内旋屈肘屈腕，左臂自然后伸起平衡作用。击球时，以肘关节为轴，小臂带动手腕、手指快速由左下方向前上方成半圆形挥拍击球。

图 7-67　正手挑球

图 7-68　反手挑球

6. 中场击球

中场击球技术主要包括接杀球、平抽、平挡技术。它要求判断反应快，出手击球快，引拍预摆动作弧度小和由防转攻或由攻转防的意识要强。

（1）接杀球。把对方扣杀过来的球还击回去，称为接杀球。接杀球主要由挡网前、挑后场和平抽球 3 种技术组成。

接杀球的站位一般在中场，两脚屈膝平行站立。右侧来球用正手挡，身体重心移向右脚。右手向右侧伸出，放松握拍，拍面略后仰对准来球。左侧来球用反手挡，身体重心移向左脚，右脚向左前方跨出一步，换成反手握拍，拍面略向后仰对准来球回击。

（2）平抽。平抽球是指击球点在肩以下，以较平的弧度、较快的球速、接近球网的高度，还击到对方场区的一种进攻性技术。击球时，应借助腰部的转体带动前臂、手腕和手指的力量快速协调地发力。击球点尽可能地在身体的侧前方，这样有利于转动腰部和前臂旋内、旋外地发力。如果来球正对自己而又来不及闪让时，一般不要用正手击球。因为当来球靠近自己身体时，即使击球点在自己右侧腋下，反手也比正手容易发力还击。

（3）平挡。平挡和平抽的动作结构基本相同，其区别主要在于：发力较小，通常无需身体部位发力，当对方来球力量较大时，还应有所缓冲；由于发力较小，通常击球时不要握紧球拍，以免影响击球时对力量和出球方向的精确控制；羽毛球的飞行路线较短，一般落在对方前半场。

7. 基本步法

羽毛球步法一般分为起动、移动、到位配合击球和回位四个环节。根据场上移动的方向和场区的位置，可以将羽毛球步法划分为：上网步法、后退步法和两侧移动步法。

（1）上网步法。从中心位置移动到网前击球的步法，称为上网步法。上网步法可根据各人习惯采用交叉步、并步、垫步或蹬跨步。不论正手或反手，根据来球远近，上网步法可采用三步、两步或一步上网击球。

① 右边上网步法。可采用两步或三步交叉步加蹬跨步移动的方法；也可采用垫一步再跨一大步移动的方法上网（见图 7-69）。

② 左边上网步法。同右边上网步法，只是移动方网是朝左边网前，如两步跨步上网（见图 7-70）。

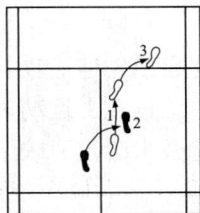

图 7-69　右边上网步法　　　　图 7-70　左边上网步法

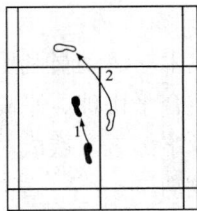

（2）后退步法。从中心移动到后场各个击球点的位置上击球的步法，称为后退步法。

① 正手击球后退步法（见图 7-71：（a）三步并步后退，（b）三步交叉步后退）。分为侧身并步后退和交叉步后退两种。主要动作方法：在对方击球刹那间，判断来球，迅速调整重心至右脚。接着右脚蹬地快速向右后撤一小步，上体右转侧身对网，以交叉步或并步移动到接近击球点的位置。在移动的同时必须完成举拍准备动作，最后一步利用右脚（或双脚）蹬

地起跳并在空中转体，击球后左脚后撤落地缓冲，右脚前跨以利于迅速回动。

② 反手击球后退步法（见图7-72：（a）三步后交叉后退，（b）两步后退）。调整重心后，右脚后撤一步，接着上体左转，左脚随即向左后退一步，右脚再跨出一步，背对网，作底线反手击球。反手击球后退步法应根据来球距离的远近调整步法。如离来球较近，可采用两步后退步法，上体向左后转，左脚同时后撤一步，右脚再向左后跨一步，作底线反手击球。如距来球较远，则采用三步或五步后退步法：右脚先垫一步，而后左脚向后方跨一步，再按右、左、右向后退。但无论是几步，反手击球后退步法最后一步应右脚在后，重心在右脚上。

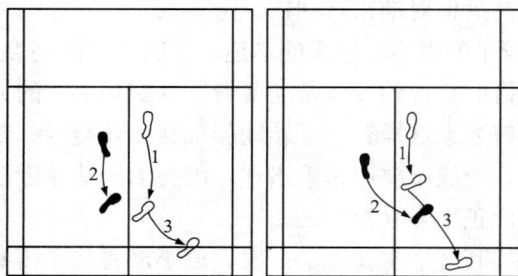

（a）三步并步后退　　　　　（b）三步交叉步后退　　　　　（a）三步后交叉后退　　　　　（b）两步后退

图7-71　正手击球后退步法　　　　　　　图7-72　反手击球后退步法

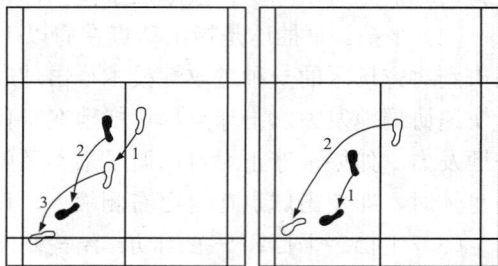

（3）两侧移动步法。两侧移动步法多用于接对方的杀球和击来的半场低平球。其站位和准备姿势与上网步法基本相同。

① 向右侧移动步法。两脚左右开立脚跟稍提起，根据来球，调整重心，上体稍倒向左侧，左脚掌内侧用力起蹬，右脚同时向右侧转跨大步。如距来球较远，左脚向右垫一小步再起蹬，右脚同时向右侧转跨大步。

② 向左侧移动步法。根据来球，调整重心，上体稍倒向右侧，右脚掌内侧用力起蹬，左脚同时向左侧转跨大步。来球较远时，左脚先向左侧移半步，上体向左转身的同时右脚向左前交叉跨大步。

三、羽毛球基本战术

1. 单打战术

（1）发球抢攻战术。运动员利用发球使对方被动，为自己创造进攻的一种战术。这种战术一般用发网前球结合平快球、平高球，争取第三拍的主动进攻。运动员使用这一战术，可以打乱对方的整个战略部署，造成对方措手不及。运用此战术时，要求运动员应具有高质量的发球，否则难以成功。

（2）攻前击后战术。这种战术是先以吊球、放网前球、搓球吸引对方到网前，然后用推球、平高球或杀球突击对方的后场底线。它一般用于对付上网步法较慢或网前球技术较差的对手。采用此战术，要求运动员首先具有较好的网前击球技术。

（3）打四方球战术。这种战术是以快速、准确的落点攻击对方场区的4个角落，逼迫对方前后奔跑、被动应付，并在其回球质量下降或露出破绽时乘虚而攻之。它用于对付体力差，反应和步法移动慢的对手。

（4）打对角线战术。这种战术无论是进攻还是防守均以打对角线为主。从而迫使对方在移动中多做转体，多走曲线。它用于对付身体灵活性差、转体较慢的对手。

2．双打战术

（1）攻人战术。攻人战术是双打比赛常用的一种战术。攻人战术，即"二打一"或避强击弱战术。对方两个队员的技术水平一般是不均衡的，集中力量攻击对方较弱的队员，尽量使对方的特长得不到发挥，充分暴露对方的弱点，是此战术的目的。两个人对付对方的强者，消耗其体力，减弱其进攻威力，伺机突击空当，这也是"二打一"。

（2）攻中路战术。当对方队员分边站位时，要尽可能将球攻到对方两人之间的空隙区，以造成对方争夺回击或相互让球而出现失误。这对于一些配合较差的对手，比较行之有效。当对方成前后站位时，将球还击到两人之间靠边线的位置上。

（3）软硬兼施战术。软硬兼施战术先用吊网前球或推半场球迫使对方被动防守，而后大力扣杀进攻。若硬攻不下，则重吊网前球，待对方挑球欠佳时，再度强攻。此时，攻击对象最好是选择对方刚后退而立足未稳者。

（4）后压前封战术。当本方取得主动欲采取攻势时，站在后场者见高球则强攻杀球或吊网前球，迫使对方被动还击；站在前场者则应立即积极移位，准备封网扑杀。这种战术要求打法比较积极，前半场技术要好，步法移动要快，配合要默契。

第六节 网 球

本节介绍了网球运动的起源；阐述了其基本技术：握拍、基本步法、发球、接发球、底线正手击球、底线反手击球、截击球等；讲解了网球单打战术和双打战术。

一、网球运动简介

网球（Tennis）运动历史悠久，起源于 12—13 世纪的法国传教士的手掌击球游戏，14世纪中叶，网球游戏进入法国宫廷作为皇室贵族男女消遣运动，在 1358—1360 年流传入英国，从此网球开始在英国盛行，成为英国上层社会的一种娱乐活动，所以有"贵族运动"之称号。1873 年，英国人温菲尔德改进了早期的网球打法，使之成为能在草坪上进行的一项运动，取名为"草地网球"，并出版了《草地网球》手册，制定了最早的网球运动规则。温菲尔德因此被人们称为近代网球运动的创始人。1877 年 7 月，在英国的温布尔登举行了第 1 届草地网球比赛，这标志着近代网球运动的开始。现在，网球运动已风靡全世界，并被称为世界上第二大球类运动。

网球比赛分男子单打、女子单打、男子双打、女子双打、混合双打、男子团体和女子团体 7 个项目。温布尔顿网球锦标赛、美国网球公开赛、法国网球公开赛、澳大利亚网球公开赛，被称为世界四大网球公开赛。凡参加"四大赛"的选手，如有一名（单打）或两名（双打）运动员能在一个年度内赢得这 4 个锦标赛的单打或双打冠军，便被誉为"大满贯得主"。若获得四大公开赛其中之一冠军者称"大满贯赛冠军"。

二、网球基本技术

1．握拍

目前，网球基本的握拍法可分为4种：东方式握拍法、西方式握拍法、大陆式握拍法和半西方式握拍法。

（1）东方式握拍法。东方式握拍法分为正手握拍法和反手握拍法。

① 正手握拍法。如图7-73所示，握拍手的虎口对正拍柄右上侧棱，手掌根与拍柄右上斜面紧贴，拇指垫握住拍柄的左垂直面，食指稍离中指，食指下关节压住拍柄右垂直面，五指紧握拍柄。拍面与地面垂直，手握拍柄好像与人握手一样。亦称"握手式"握拍法。

② 反手握拍法。正手握拍法的基础上把手向左转动1/4（即转动90°）或拍柄向右转动1/4（即转动90°），虎口对正拍柄左侧棱面。即用手掌根压住拍柄的左上斜面，拇指直贴在拍柄的左垂直面上，食指下关节压住右上斜面。

（2）西方式握拍法。如图7-74所示，握拍时，球拍面与地面平行，拇指与食指几乎成直角，拇指直伸压住拍上平面，食指下关节握住右上斜面，与拍底平面对齐，手掌从上面握住拍柄。这是底线上旋攻击型打法的首选握拍方法。这种握拍法的优点在于能击出强有力的上旋球，且稳定性强。但是其技术难度相对较大，初学者在开始学习时较难掌握。

图7-73 东方式握拍法

图7-74 西方式握拍法

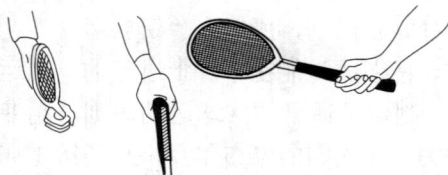

图7-75 大陆式握拍法

（3）大陆式握拍法。如图7-75所示，由于其形状像握着锤子的样子，所以又称为握锤式握拍法。由拇指与食指形成的"V"字形虎口放在拍柄的上平面与左上斜面的交界线上，手掌根部贴住上平面，与拍柄底部平齐，大拇指与食指不分开，食指与其余3个手指稍分开，食指下关节紧贴在右上斜面上。这种握拍法的优点在于无论是正、反手击球时都不需要转换握拍，简单灵活。但是底线击球时不容易发力，因此是底线的攻击性打法所不适宜采用的握拍方法。

（4）半西方式握拍法。它是介于西方式和东方式之间的一种握拍方法，手掌比东方式正手向拍柄后移动得多，此握拍法易于击打腰部以上高度的球，它具备西方式握拍的旋转和东方式握拍的力量。倾向于正手主动进攻，是目前主流的握拍法。

2．基本步法

网球击球时，其脚步主要采用"开放式"和"关闭式"两种方法。

（1）"关闭式"步法。如图 7-76 所示，左脚向来球的方向迈出一步，两脚的假想连线与来球的方向平行。这种步法在底线正反手击球和网前截击中大量运用。初学者应首先学习这种步法。

（2）"开放式"步法。如图 7-77 所示，击球时，两脚平行站立，以前脚掌为轴，转胯转体形成击球步法。通常在有一定技术基础的前提下运用这种步法。

图 7-76 "关闭式"步法　　　　图 7-77 "开放式"步法

3．发球

发球动作由准备姿势和站位、抛球与后摆动作、挥拍击球和随挥动作 4 个技术环节组成。下面介绍几种常见的几种发球方法。

（1）平击发球（见图 7-78）。平击发球的击球点应在身体的右前上方，击球的后上部，挥拍时"鞭击"动作发力要集中，充分向上伸展身体以获得最高的击球点来提高命中率。这种发球几乎没有旋转，球差不多笔直地下去，力量大，往往贴着网才能进入场内，在绝大多数场地上球反弹较低，一般用于第一发球，发球成功时有时能直接得分，但平击发球失误率较高。

扫一扫

微课：发球

（2）切削发球。这种发球实用且易掌握，对初学者最适宜。它是一种以右侧旋转（稍带上旋）为主的发球法，球抛在右侧前上方，球拍击球部位在球的右侧偏上方，整个挥拍动作是从右侧上方至左下方，使球产生右侧旋转。球的飞行路线是一条从右向左的弧线，可以提高命中率并把对方拉出场外回击，尤其在右区发球。削击发球的准确率高，常用于第二发球。

（3）上旋发球。如图 7-79 所示，上旋发球时，抛出球的位置在头后偏左的头上方；拍面的触球点在球的中部偏下方；击球时身体成弓形，利用杠杆力量对球施加旋转，球拍快速从左向右上方挥动，并从下向上擦击球的背面，使球产生右侧上旋。球的过网点较高，落地急速，球落地后反弹很高，但这种发球难度较大。

图 7-78 平击发球　　　　　　图 7-79 上旋发球

4．接发球

接发球在态势上是被动的，受发球方的制约，并且发球在瞬间千变万化，多数发球都指向接球方软弱的地方，因此，接发球技术是最难掌握的技术之一。

接发球的站位，一般位于端线附近，力求在接发球时向前移动击球。同时，保持着两脚平行站位，比肩略宽，右手持拍者一般右脚稍前，两膝微屈，上体稍前倾，脚跟提起，将球拍置于体前。

在接发球的全过程中眼睛始终要注视来球，一直到完成还击动作。要观察对手的抛球，这样有利于判断发球的方向和旋转。对方第一次发球时多采用大力发球，站位应偏后一些；如果对方是第二次发球，站位可略向前移，这样有利于采取攻击性的还击。

接大力发球时不要做大幅度的后摆动作，主要是控制好拍面角度，并握紧球拍，以免拍面被震转动。还击来球之前要观察对方行动，对自己的回球路线和落点要有所考虑。选择好接发球落点，对控制对手发球后抢攻有重要意义。

5．底线正手击球

（1）正手平击球。如图7-80所示，后摆引拍时，手腕稍上翘使拍头高于手腕，并引拍至头部同高。挥拍时手腕相对固定握拍，以减少拍面挥动过程中的变化。击球时拍面与地面保持垂直并以同样拍面继续前挥。击球后，球拍向前挥动于左肩上方自然收拍。这种击球方法简单易学，适合初学者使用。

扫一扫

微课：底线正手
击球

（2）正手上旋击球（见图7-81）。正手上旋球是从网球的后下方向前上方挥拍，整个球体受摩擦，产生一种从后下方朝前上方的旋转。其特点是飞行弧线高，落地迅速，落地后弹起的反射角度较小，产生较大的前冲力。这种击球方法适合于有一定技术基础，能发力击球的人使用。

图7-80　正手平击球

图7-81　正手上旋击球

（3）正手削球。如图7-82所示，是指以底线正手切削方法击出下旋球的技术动作。后摆引拍时，直线将球拍引至身体后侧，动作较小。挥拍时手腕固定握拍，使拍面斜向地面稳定前挥。击球时用斜向地面的拍面以切削动作在身体侧前方击球。击球后球拍随球前送，并在身体前方以左手扶拍结束动作。正手削球的底线正手击球是主要技术方法的补充，在比赛中较少使用。

图7-82　正手削球

6．底线反手击球

（1）反手平击球。特点是球速快，球的飞行路线比较平直，球落地后的前冲力量大。其动作方法：后摆引拍时右脚向左侧前方跨出并用力踏地，屈膝降低重心。击球时手腕绷紧，使球拍与地面垂直。挥拍击球的路线是从后向前上方比较平缓的挥击，同时左臂自然展开留在身后，保持身体的平衡。击球后，球拍应随着惯性挥至右肩上方，持拍手臂挥直。

（2）反手下旋球 （见图 7-83）。反手下旋球一般是防御性的，反手下旋球又称为反手削球。削球时挥拍不要过于用力，击球后拍面向上做托盘状运动。击球后，不要急于把球拍提拉起来，应该让球拍平稳向前运动一段距离。下旋球的好处是击出的球向下旋转，飘向对方场区后回弹高度较低，落地后还可向前滑行。这种击球方法较为简单易学，且比较安全，适合于初学者使用。

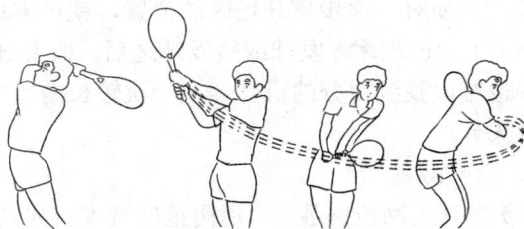

（3）双手反手击球。这种击球方法由于双手握拍，拍面容易稳定，初学者易于学习和掌握。如图 7-84 所示，双手反手击球的准备姿势与单手反手击球相同，左手在转肩引拍的同时，顺着拍柄下滑至双手相接成双手反手握拍，引拍尽量向后，转动上体，使右肩前探侧身对网，手腕固定球拍稍稍低于击球点，右脚向左前方跨一步，重心落在左脚上，球拍从低向高向前挥出，击球点同腰高，比单手反手击球点略靠后，重心前移，随上体移动将球拍充分挥向右前上方，拍头朝上。然后迅速回到准备姿势。

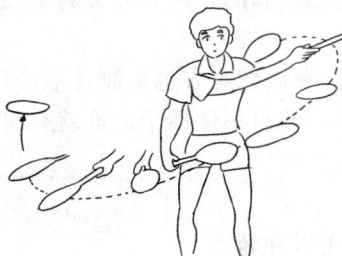

图 7-83　反手下旋球　　　　　　　　　　图 7-84　双手反手击球

7. 截击球

截击球是指凌空击对方来球的技术动作，即当球在落地之前将来球击回对方场区，可以在网前截击，也可以在场内任何地方截击空中球。截击球以网前截击为主。截击球的特点是缩短击球距离，扩大击球的角度，加快回球速度，在网球比赛中成为中、前场的一种主要打法和进攻手段。

（1）正手截击球。如图 7-85 所示，后摆引拍时，左脚立即向右前方跨出，同时转肩，带动球拍向后引，拍头要高于握拍手，绷紧手腕，握紧球拍。截击球的动作有点像挡击或撞击，在拍面短促向前撞击的同时微微向下做切削球的动作，击球时保持拍头上翘，拍面稍向后仰。击球后有一个小幅度向前的随挥动作，随挥过程仍紧握拍。

（2）反手截击球。对大多数人来说，反拍截击比正拍截击更容易，因为它更符合人体解剖学肌肉用力结构特点。其技术要点是：如图 7-86 所示，后摆引拍时，右脚立即向左前方跨出，左手扶拍手向后拉拍，同时转肩，做短距离后摆引拍动作，拍头高于握拍手，眼睛注视来球。挥拍击球时，左手松开稍后伸，右手握紧球拍前挥并在身体前方切削来球。向前挥拍时，两只手的动作好像在拉长一根橡皮筋，以保持身体平衡。

图 7-85　正手截击球　　　　　　　　　图 7-86　反手截击球

三、网球基本战术

1. 单打战术

（1）变换发球的位置。一个聪明的队员要知道通过改变发球的位置来取得优势。因为这种战术迫使对手必须从不同角度来判断不同旋转的球，回球的难度会大很多。

（2）发球上网战术。发球上网是利用发球的力量进行主动进攻，先发制人，然后上网抢攻的一项主要战术。它是上网型选手在比赛中的主要得分手段。

（3）接发球破网战术。对付发球后直接冲到网前的对手，挑出有深度的高球是相当有效的破网方法。

（4）攻击对方反手。众所周知，绝大部分球员的反手是比较弱的，只要加大力量攻击对方反手，迫使对方逐步离开场区的位置，就可掌握主动权。

（5）不上网战术。发球或接发球之后，如果自己不上网，应该把对方也控制在端线后面，使对手也难以找到得分的机会。在一次较长的端线来回球中，谁耐不住性子，谁就有可能因失误而失分。

2. 双打战术

（1）发球上网抢网战术。运用抢网战术首先是网前同伴可以在背后做手势，告诉发球员应发什么落点，抢与不抢；采取此战术可以干扰对方接发球，为发上网前得分及抢网得分创造条件。其次要强调发球员的发球质量、成功率和落点的变化。

（2）澳大利亚网前战术。澳大利亚网前战术的特别之处是发球方的一名同伴以低姿势在网前的中央准备截击。这样能给接发方造成很大的压力，起到破坏对方接发球节奏，为发球上网截击和抢网创造有利条件。运用这一战术时，要求同伴告知发球落点和抢与不抢，另外第一发球成功率要高，这样才能有良好的战术效果。

扫一扫

微课：网球基本
规则

思考与练习

1. 篮球运动的基本技术和基本战术有哪些？
2. 排球运动的基本技术和基本战术有哪些？
3. 足球运动的基本技术和基本战术有哪些？
4. 乒乓球运动的基本技术和基本战术有哪些？
5. 羽毛球运动的基本技术和基本战术有哪些？
6. 网球运动的基本技术和基本战术有哪些？

第八章

搏 击 运 动

本章概述了散打、跆拳道、女子防身术的起源与发展，并具体介绍了这 3 项运动的基本技术。

第一节　散　　打

本节介绍了散打的渊源，详细讲解了实战姿势、步法、腿法、拳法、摔法等散打的基本技术。

一、散打运动简介

散打（Free Boxing）亦称散手，是一项互以对方为攻击目标，依技击动作而转移的斗力、斗勇、较智、较技的对抗性项目。讲求远踢、近打、贴身摔。其能有效地增强体质，提高力量、速度、灵敏性、柔韧性、自我保护能力和抗击打能力，培养机智、顽强、勇敢、果断的意志品质。

散打缘起生存斗争，是中华武术的精粹，是我国劳动人民在长期的劳动生产中创造和发展起来的具有独特风格的民族传统体育项目。其古时称之为相搏、手搏、卞、拍张、技击等，有"拳打南山猛虎，脚踢北海蛟龙"之豪言，在历史上多用徒手相搏的形式在台上进行，又名"打擂台"。

1979 年，散打在我国成为竞技的比赛项目。1987 年，散打被国家体委批准为正式比赛项目，并设"团体锦标赛"和"个人锦标赛"赛制。2000 年，首届中国武术散打王争霸赛在湖南长沙举行，这成为中国武术散打发展史上的里程碑，自此中国武术散打进入了专业赛制的时期。

二、散打基本技术

1. 基本姿势

基本姿势（实战姿势）如图 8-1 所示，身体侧立，两脚前后开立（左脚在前为正架，右脚在前为反架），略比肩宽，两脚尖内扣，两膝微屈。两手握拳，左前右后，拳眼朝斜内上方自然为度，左臂屈肘成 90°～110°，左拳与鼻同高，右臂弯曲，肘关节夹角小于 90°，右拳置于右侧腮帮下缘，双肘内夹护于两侧软肋部。下颌微收，闭嘴合齿，含胸、拔背、收腹，左拳正对对手。

双方对峙时，一方成正架，另一方成反架，所构成的对峙姿势称为开放势（见图 8-2）；

双方预备势均是正架或反架，所构成的对峙姿势称闭合势（见图8-3）。

图8-1　基本姿势　　　　　图8-2　闭合势　　　　　图8-3　开放势

躯干：保持中正，含胸，拔背，两肩略内扣，重心稳固，暴露给对手的有效部位越少越好。

下肢：脚——前脚跟与后脚趾间距约为本人两脚，身体重心落于两脚间。踝——放松，自然，保持弹性随机变向。膝——两膝略弯并微内扣，保持待发状态。胯——收胯敛臀。

上肢：手强调灵活多变，肘注意保护肋部。

头部：目视对手，目光盯住对方两眼与两肩的范围，余光涵盖其全身。明确眼光的主、次分布。

2．步法

武术谚语曰："练拳容易走步难"，"步慢则拳（脚）慢，手到步到方为之动"。步法直接影响着攻防效果，是散打技术的重要内容。

（1）进步。后脚蹬地，前脚上半步，后脚紧跟半步，动作平稳自然。

（2）退步。后脚后退半步，前脚紧跟至回收半步。整个过程应快速平稳，衔接自然。

（3）换步。左脚与右脚同时蹬地并前后交换，同时两拳也前后交换成反架姿势。应以髋关节带动两脚，身体不可明显腾空。

（4）盖步。如图8-4所示，右脚向左脚前迈步，脚尖外展，左脚跟离地，两膝微屈，重心偏于右脚。之后快速转化为实战基本姿势，重心平稳。

（5）插步。如图8-5所示，右脚经左脚跟左横移一步，两脚呈交叉。后插脚时要贴近地面，不可上抬，落地。插步后，左脚要及时上步还原成实战姿势。

图8-4　盖步　　　　　　　　图8-5　插步

（6）上步。后脚前蹬向前迈进一步，原前脚迅速跟进半步，同时左右拳前后交换成反架势。整个过程重心要保持平稳。

（7）撤步。前脚向内后回收一步，成右前左后。左脚跟离地，右脚尖内扣。

3．腿法

古谚道："手似两扇门，全靠腿打人。"腿较粗壮有力，攻之威力大，防之有效。所谓三分拳七分腿，腿法技术在散打中具有重要地位。

（1）蹬腿。支撑腿略屈，另一腿提膝上抬，含胸，收腹，脚尖勾起，以向前上方蹬出，力达腿跟。也可送髋，脚掌下压，力达前脚掌。如图 8-6 所示，为左蹬腿；如图 8-7 所示，为右蹬腿。

图 8-6　左蹬腿

图 8-7　右蹬腿

动作要点：屈膝蹬脚，爆发用力，快速连贯；蹬腿路线为直线，根据目标调节高低；注意保持身体平衡。

（2）踹腿。支撑腿略屈，脚尖外展，另一腿屈膝上抬过腰靠近胸部，大小腿夹紧，小腿外翻，脚掌正对攻击目标，展髋，挺胸向前用力踹出，力达脚掌，同时支撑腿挺直，上体适当侧倾。左踹腿如图 8-8 所示；右踹腿如图 8-9 所示。

图 8-8　左踹腿

图 8-9　右踹腿

动作要点：上体正直，以大腿推动小腿，大腿，小腿，脚掌成直线向前发力；踹出时，上体侧倾的斜度随攻击点的高度变化，越高倾斜度越大；支撑腿以脚前掌为轴碾地，脚跟内收。

（3）转身后扫腿。左转身后扫腿。如图 8-10 所示，右脚向左脚前上步，脚尖内扣，膝微屈，左后转身 360°，随转体上体稍侧倾，左腿经左后向前横扫，脚面绷平，力达脚掌，目视击点。

右转身后扫腿。如图 8-11 所示，身体右后转 360°，右腿横扫，其余动作要领同左转身后扫腿。

图 8-10　左转身后扫腿

图 8-11　右转身后扫腿

动作要领：转体时，以头领先，腰背发力，展髋，挺膝，绷脚背；动作应果断、敏捷、迅速。

（4）扶地后扫腿。如图 8-12 所示，左腿屈膝全蹲，以脚前掌为轴，两手扶地，上体向右后方转体一周，展髋，带动右腿直腿后扫，脚掌勾紧内扣，力达脚跟至小腿下端背面。

动作要点：以转体带动扫腿，扫腿动作要迅速有力。

4．拳法

（1）冲拳。基本姿势站立，拳向前鼻尖方向直线出击，同时左（右）拳由拳心向右（左）内旋成拳心向下，臂伸直，同侧肩前顺，力达拳峰。然后，拳按原路直线回收，恢复预备姿势。如图 8-13 所示，为左冲拳；如图 8-14 所示，为右冲拳。

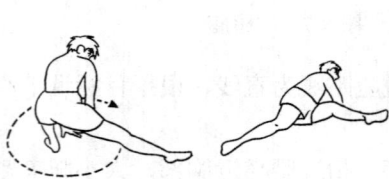

图 8-12　扶地后扫腿　　　　图 8-13　左冲拳　　　　图 8-14　右冲拳

动作要点：速度要快，力量要强，姿势要灵活；上体保持中正；发力顺序为脚、腿、腰、肩、臂，力直达拳面。

（2）掼拳。左掼拳，如图 8-15 所示，左脚蹬地，上体微向右转，左拳向左前摆出，高与肩平，肘微屈，翻至水平；然后左前臂内绕划弧平击，左拳向右横击，拳心朝下，力达拳面或拳心，也可力达掌根（以适应较远距离和增加杀伤力），右拳护于腮旁。

右掼拳，如图 8-16 所示，出右拳，动作要领与左掼拳相同，唯左右相反。

动作要点：合胯转腰与掼拳发力要协调一致；出拳时，肘尖微抬，肩、肘、腕基本水平；收拳时，肘部应迅速回防肋部。

（3）抄拳。重心略下沉，脚蹬地拧转，上体左（右）转，拳由下向前上方猛力勾起，肘部夹角 90°～110°（根据与对手的距离而定），拳心朝里，力达拳峰。左抄拳如图 8-17 所示；右抄拳如图 8-18 所示。

图 8-15　左掼拳　　　图 8-16　右掼拳　　　图 8-17　左抄拳　　图 8-18　右抄拳

动作要点：蹬脚、扣膝、合胯、转腰的合力由下至上，协调顺达；抄拳时，臂应先微内旋再外旋，拳呈螺旋形运行。

5．摔法

（1）夹颈过背摔。双方由预备势开始，甲方为白腰带，乙方为黑腰带（以下均同）。

甲以左冲拳击乙头部，乙用前臂格挡甲左前臂，左臂由甲右肩上穿过，屈臂夹甲颈部（见图 8-19）。同时，右脚背步至与左脚平行，两腿屈膝，身体右转，以左髋顶住甲；继而两腿蹬伸，向下弓腰，低头，将甲背起摔倒（见图 8-20）。

图 8-19　夹颈过背摔 1　　　　　　　　　　图 8-20　夹颈过背摔 2

　　（2）抱腿过胸。甲用右冲拳击乙头部（见图 8-21），乙上左步，屈膝弓腰，两手抱甲双腿或单腿（见图 8-22），同时跟上右步，蹬腿前冲并挺身将甲抱起后向后弓腰，仰头左转体抛出甲（见图 8-23），亦可仰头后倒。

图 8-21　抱腿过胸 1　　　　图 8-22　抱腿过胸 2　　　　图 8-23　抱腿过胸 3

　　（3）抱腿别腿。如图 8-24 所示，甲以左腿击打乙胸腹部，乙左手里抄接腿，右手夹抱，同时向甲右腿后上左步。上体转体，呈右弓步，以左腿别甲左腿，同时用胸下压甲左腿，将甲摔倒。

　　（4）穿腿靠摔。如图 8-25 所示，甲乙开放式对峙，乙近身上步至甲右腿外侧，同时沉身，以左臂从正面向甲两腿间插入，从甲左腿膝后勾搂，随即上体左倾并后仰，屈膝前顶，将甲靠倒。

图 8-24　抱腿别腿　　　　　　　　　　图 8-25　穿腿靠摔

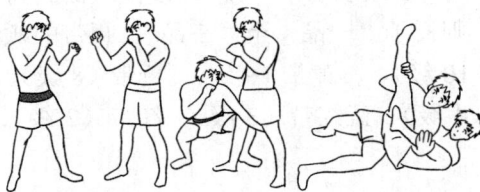

　　（5）接腿勾踢。甲侧踹，乙左手抄接腿，同时右手横臂下压与左手形成夹状，上左步压重心（见图 8-26）。随后右手臂上提甲大腿或前推甲，右脚向甲支撑腿踝关节处勾踢（见图 8-27）。

图 8-26　接腿勾踢 1

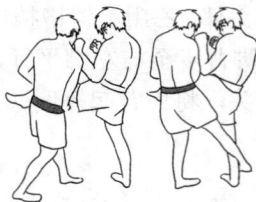

图 8-27　接腿勾踢 2

第二节　跆　拳　道

本节概述了跆拳道的渊源与礼仪，详细介绍了其实战姿势、进攻拳法和进攻腿法等基本技术。

一、跆拳道运动简介

跆拳道（Taekwondo，TKD），是一项运用手脚技术进行搏击格斗的体育项目。跆意为以脚蹬踢、腾跃，拳意为以拳头击打、防御，道意为人生的正确道路，是技术方法和精神的修炼。它是在吸收中国传统武术和日本空手道的基础上，创新与发展起来的一门独特技击术。由品势（拳套）、搏击、功力检验 3 部分内容组成。跆拳道最为注重的并非格斗，而是提高技艺和磨炼品质，使练习者在艰难的练习中培养出理想的人格和体魄。

跆拳道古称跆跟、花郎道，是起源于古代朝鲜的民间武艺。早在公元 688 年，新罗王国统一朝鲜后，便建立了"花郎制度"。到真兴王时，创立了"花郎道"，即将年轻人组织到一起进行武艺锻炼，其宗旨是"事君以忠，事亲以孝，事友以信，临阵无退，杀身有择"。

1973 年，世界跆拳道联合会（WTF）在汉城成立，同年，跆拳道第一届世界锦标赛举行。1974 年，第一届亚洲锦标赛举行。1980 年，其被国际奥委会正式承认。1986 年，跆拳道被列为第十届亚运会正式比赛项目。1988 年，其成为第二十四届汉城奥运会表演项目。2000 年，其被列入第二十七届悉尼奥运会正式比赛项目。每年的 9 月 4 日为世界跆拳道日。

跆拳道有"十级""三品""九段"的划分。"级"分为 10 级至 1 级，10 级水平最低，1 级较高。1 级以后入"段"，段位从低到高分为一段至九段。未成年选手达到一段至三段水平，则授予"一品"至"三品"。腰带的颜色则代表着选手的技术水平，从低到高依次为白带（10 级）、白黄带（9 级）、黄带（8 级）、黄绿带（7 级）、绿带（6 级）、绿蓝带（5 级）、蓝带（4 级）、蓝红带（3 级）、红带（2 级）、红黑带（1 级、一品至三品）、黑带（一段至九段）。

二、跆拳道基本技术

跆拳道运动以腿为主，拳脚并用，以刚制刚，内外兼修。

1. 实战姿势

实战姿势即预备姿势。如图 8-28 所示，两脚前后开立（左脚在前为右势，右脚在前称为左势），与肩同宽，前脚脚尖右摆 15°～45°，后脚尖为 90°～110°，后脚跟稍提起，膝微屈，身体重心落于两脚之间。上体直立，斜向右前方，双手握拳，两臂微屈肘，自然垂放，目视前方。

15°~20°

90°~110°

2．进攻拳法

进攻拳法（直拳）如图 8-29 所示，左脚蹬地，上体快速有力的向左前方扭转。同时，右臂内旋，拳心向下方转动，拳面、前臂、肘关节与肩成一条直线，快速弹伸。

图 8-28　实战姿势

动作要点：蹬地、转髋，转腰、顺肩一气呵成，力达拳面；击打时，全身关节应富有弹性。

3．进攻腿法

（1）前踢。如图 8-30 所示，从右实战姿势开始，右脚蹬地，髋关节向左旋转，双手握拳置于胸前；右腿屈膝上提，脚面稍绷直，当大腿抬至水平或稍高时，小腿快速向前上方弹出，右腿踹直，用脚面或前脚掌击打目标；踢击后快速右转髋，使小腿沿原路折叠返回，右脚落于左脚前，仍呈实战姿势。前踢发力部位由脚尖改为脚跟时，前踢动作即变为前蹬动作。

图 8-29　进攻拳法　　　　　　　　　图 8-30　前踢

主要攻击部位有面部、下鄂、腹部等，亦可用于防守。

动作要点：抬腿时，膝关节夹紧，小腿放松；高踢时，髋关节往前送，膝关节抬高；小腿前踢与回收速度一样迅速。

（2）横踢。如图 8-31 所示，从右实战姿势开始，右脚蹬地，重心前移至左腿，右腿屈膝提起，双手握拳置于胸前；左脚以前脚掌为轴内旋 180°，髋关节左转，右膝内扣，同时小腿迅速有力地向左前方横向踢出，力达脚背；顺鞭打之势上体右转，右腿屈膝回收，右脚落回原处，成实战姿势。

图 8-31　横踢

主要攻击部位有头部、胸部、腹部、肋部等。

动作要点：转身、踢腿要一气呵成；踢腿时，腰、髋、膝、腿、踝成一直线，踝关节下扣。

（3）侧踢。如图 8-32 所示，从右实战姿势开始，右脚蹬地屈膝提起，左脚以前脚掌为轴

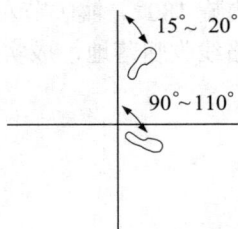

内旋180°，髋关节左转；同时右脚向右前方直线踢出，力点在于脚刃与脚跟。发力后沿起腿路线收腿落地，成实战姿势。

图8-32 侧踢

主要攻击部位有头部、胸部、腹部、肋部、膝部等。

动作要点：起腿时，大小腿、膝关节夹紧；提膝、转体、展髋，一气呵成；踢击时，头、肩、髋、腰、膝、腿、踝在同一直线上。

（4）后旋踢。以右势开始，左脚以前脚掌为轴内旋180°，身体随之右转约90°，上体持续右转，与双腿拧成一定角度，右脚蹬地，以髋关节为轴提膝摆起，右腿继续向右旋摆鞭打，呈弧形摆至身体右侧后，右腿屈膝回收，顺势放松，仍成右势实战姿势。

主要攻击部位有头部、胸部等。

动作要点：转身、旋转、踢腿一气呵成，无停顿；重心在原地旋转360°，屈膝抬腿的速度要快；蹬地、转腰、转上体、摆腿顺序发力，击打点在正前方，呈水平弧线。

（5）下劈。如图8-33所示，从右势实战姿势开始，右脚向后蹬地，身体重心前移至左腿，双手握拳置于胸前；右腿以髋关节为轴屈膝上提，左脚跟提起，左腿伸直；膝关节至胸部时，小腿迅速向上伸直，右脚尽量上举至头部上方。然后放松、快速下落，以右脚掌与脚跟为力点劈击目标，右脚落地，成左势实战姿势。

主要攻击部位有头顶、面部等。

动作要点：身体重心往高起，向上送髋，脚尽量高抬、往头后举。起腿要快速、果断；脚、踝关节放松往下劈落，落地应有控制。

（6）推踢。如图8-34所示，从右实战姿势开始，右脚蹬地，身体重心前移至左脚，右腿屈膝提起，左脚以前脚掌为轴内旋约90°，重心向前压，同时右脚迅速向正前方水平推踢，力达脚掌，推踢后迅速屈膝，身体重心前落成左势。

图8-33 下劈

图8-34 推踢

主要攻击部位为腹部。

动作要点：提膝时尽量收紧膝关节；身体重心往前移，增加前推力度。

（7）后踢。如图 8-35 所示，从右实战姿势开始，转身，背对对方，右脚前蹬后屈膝提起，髋关节收紧，右脚贴近左大腿；随即左腿蹬地伸直，右脚向右后方随展髋伸膝向后方直线踢出，上体侧倾，力达脚跟；踢击后，右腿按原路线迅速收回，呈实战姿势。

图 8-35　后踢

主要攻击部位有头部、胸部、腹部、裆部、膝部等。

动作要点：起腿后上体和大小腿应折叠收紧，蓄势待发；转身、提腿、出脚、发力一气呵成。

思考与练习

1．散打的基本技术有哪些？
2．跆拳道的基本技术有哪些？

第九章
塑 身 体 育

本章概述了健美操、体育舞蹈和健美运动的起源与发展，详细讲解了其基本动作、技巧等。

第一节 健 美 操

本节概述了健美操运动的渊源与特点，具体介绍了基本的下肢动作、上肢动作和躯干动作。

一、健美操运动概述

健美操（Aerobics）是一项以有氧运动为基础，融体操、舞蹈、音乐为一体的体育运动。其寓健身于娱乐之中，能有效地增进心肺功能，塑造优美的形体，陶冶艺术的情操。

自古以来，人类对自身的"美"，就有着执着的追求。孔子主张"尽善尽美"，讲究身体姿态端正。古希腊人采用跑跳、投掷、柔软体操和健美舞蹈等各种体育项目进行人体美的锻炼。而古印度的瑜伽术中，许多姿势与现代健美操的动作相一致。

1990年，世界际健美操冠军联合会（ANAC）成立。1983年，国际健美操联合会（IAF）成立。20世纪80年代起，健美操运动在世界各地蓬勃发展。美国健身、影视明星简·方达编写了《简·方达健美术》，对健美操运动在世界范围的推广起到了积极作用。在法国，仅巴黎就有1 000多个健美操中心。在苏联、波兰、保加利亚等国，健美操已列入大、中小学的体育教学大纲。在日本不仅有青年、妇女喜爱的健美操，还创编了孕妇健美操、婴儿健美操等。健美操以其鲜明的韵律感、全面的协调性、广泛的适用性、显著的实效性风靡全球。

健美操的分类方法众多，根据练习的主要目的和任务，可分为竞技健美操和健身健美操；根据练习形式，可分为徒手健美操、器械健美操和特殊场地健美操；根据性别特征，可分为女子健美操和男子健美操；根据年龄特征，可分为幼儿健美操、儿童健美操、少年健美操、青年健美操、中年健美操和老年健美操；根据锻炼部位，可分为颈部健美操、肩部健美操、手臂健美操、胸部健美操、腹健美操、腰部健美操、髋部健美操、腿部健美操等。

二、健美操基本动作

1. 下肢动作

健美操的基本步伐有5类：踏步类、迈步类、点地类、抬腿类和双腿类。

（1）踏步类。运动强度较低，两脚始终依次交替落地。

① 踏步。如图 9-1 所示，两腿原地依次抬起，依次落地，两臂自然前后摆动。落地时，由脚尖过渡到脚跟，踝、膝、髋关节依次有弹性地缓冲。

② 走步。如图 9-2 所示，迈步向前走时，脚跟先落地，过渡到全脚掌；向后走时则相反。其技术要点基本与踏步相同。

图 9-1　踏步

图 9-2　走步

③ 一字步。如图 9-3 所示，一脚向前一步，另一脚并于前脚，然后依次还原。前后均要有并脚过程；每一拍动作膝关节始终有弹性地缓冲。

④ V 字步。如图 9-4 所示，一脚向前侧方迈一步，另一脚随之向另一侧方迈一步，成两脚开立，屈膝，然后依次退回原位。两脚间距离略比肩宽，重心落于两腿之间。

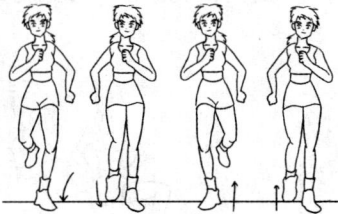

图 9-3　一字步

图 9-4　V 字步

⑤ 漫步。如图 9-5 所示，一脚向前迈出，屈膝，重心随之前移，另一脚稍抬起，然后原地落下；或向后撤一步，重心后移，另一脚稍抬起，然后原地落下。动作富有弹性，身体重心随之前后移动。

⑥ 跑步。如图 9-6 所示，两腿经过腾空，依次屈膝落地缓冲，脚跟要着地，两臂屈肘摆臂。

图 9-5　漫步

图 9-6　跑步

（2）迈步类。一条腿先迈出一步，重心移至该腿，另一条腿用脚跟、脚尖点地或吸腿、屈腿、踢腿后向另一个方向迈步。

① 并步。如图 9-7 所示，一脚迈出，另一脚随之并拢屈膝点地；再向反方向迈步。两膝

保持弹动，重心随之移动，动作幅度和力度可随风格而定。

②　侧交叉步。如图 9-8 所示，一脚向侧迈一步，另一脚在其后交叉，随之再向侧迈一步，另一脚并拢，屈膝点地。第一步脚跟先落地，屈膝缓冲，身体重心随脚步快速移动。

图 9-7　并步　　　　　　　　　　　　图 9-8　侧交叉步

（3）点地类。一腿屈膝站立，另一腿伸出，用脚尖或脚跟点地后还原到并腿位置。

①　脚尖点地。如图 9-9 所示，一腿稍屈膝站立，另一腿伸出（向前、向后、向一侧），脚尖点地，然后还原到并腿姿势。支撑腿始终保持屈膝站立，并随动作有弹性的屈伸。

②　脚跟点地。如图 9-10 所示，一腿稍屈膝站立，另一腿伸出，脚跟点地，然后还原到并腿姿势。只可做向前和向侧的脚跟点地。

（4）抬腿类。一腿站立，另一腿抬起。

①　吸腿。如图 9-11 所示，一腿屈膝抬起，落地还原。上体保持正直，大腿用力上提超过水平，小腿自然下垂。

图 9-9　脚尖点地　　　　　　图 9-10　脚跟点地　　　　　图 9-11　吸腿

②　摆腿。如图 9-12 所示，一腿稍屈膝站立，另一腿做摆动。摆腿时，上体顺势前倾、后倾或侧倾。

③　踢腿。如图 9-13 所示，一腿稍屈膝站立，另一腿抬起，然后还原。踢腿时，加速用力且有控制，上体保持正直。

图 9-12　摆腿　　　　　　　　　　图 9-13　踢腿

④ 弹踢腿（跳）。如图 9-14 所示，一腿站立（蹬跳），另一腿先向后屈，再向前下方弹踢，还原。腿弹出时要有控制，无需太高，上体保持正直。

⑤ 后屈腿（跳）。如图 9-15 所示，一腿站立（蹬跳），另一腿向后屈膝折叠，放下腿还原。后屈腿脚跟靠近臀部，支撑腿有弹性地缓冲落地，两膝并拢。

图 9-14　弹踢腿（跳）

图 9-15　后屈腿（跳）

（5）双腿类。双腿站立或跳跃，身体重心在两腿之间。

① 并腿跳。如图 9-16 所示，两腿并拢跳起。落地缓冲且有控制。

② 分腿跳。如图 9-17 所示，分腿分立，屈膝半蹲（大、小腿夹角不小于 90°），向上跳起，分腿落地屈膝缓冲。

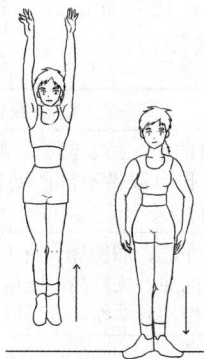
图 9-16　并腿跳

图 9-17　分腿跳

③ 开合跳。由并腿跳起，分腿落地，再由分腿跳起，并腿落地。分腿屈膝蹲时，两脚自然外开，膝关节沿脚尖方向弯屈。落地时，屈膝缓冲，脚跟着地。

④ 半蹲。分为并腿半蹲和分腿半蹲，两腿有控制的同时屈和伸。如图 9-18 所示，分腿半蹲时，两腿左右分开稍大于肩，脚尖稍外展，膝关节角度不小于 90°，与脚尖方向一致，上体保持直立。

⑤ 弓步。两脚前后分开，平行站立，一腿屈膝，脚尖与膝垂直，另一腿伸直，重心落于两脚之间。亦可两膝皆屈，后腿的大腿垂直于地面（见图 9-19）。

2．上肢动作

（1）手形。健美操中，手掌随臂的姿态而灵活变化，一般而言，手臂伸展时，手指和手腕随之伸展，手背呈反弓形；手臂弯曲时，手指、手腕放松，从肩至手指成一柔和弧线。恰当地运用各种手形，能使手臂动作更加丰富多彩、生动活泼。健美操常见手形如下所述。

图 9-18　半蹲

图 9-19　弓步

① 并拢式——五指伸直并拢，大拇指微屈，指关节贴于食指旁。

② 分开式——五指用力伸直，充分张开，手腕保持一定的紧张程度。

③ 一指式——握拳，食指或拇指伸直。

④ 芭蕾手式——五指微屈，后三指并拢、稍内收，拇指内扣。

⑤ 拳式——握拳，拇指在外，指关节弯曲，紧贴于食指和中指。

⑥ 立掌式——五指伸直，手掌用力上翘。

⑦ 西班牙舞手式——五指用力，小指、无名指、中指自掌指关节处依次屈，拇指稍内扣。

⑧ 花式——在分开式的基础上小指伸直向掌心回弯到最大限度，无名指会随小指回弯。

⑨ 剑指——拇指与无名指、小指相叠，中指、食指并拢伸直。

（2）臂部动作。健美操的手臂动作包括举、摆、提、拉、屈、绕、绕环等（见表 9-1）。

表 9-1　　　　　　　　　　　　　　健美操手臂基本动作

动作分类	动作界定	动作变化
举（摆/提/拉）	以肩为轴，臂伸直向某方向抬起并停止在某一部位，活动范围不超过180°	单或双臂的前、后、侧举。其中双臂既可以做相同的动作，也可以做不同的动作；既可同时，又可依次，还可交叉
屈	肘关节产生一定的弯曲角度	包括胸前平屈、肩侧屈、肩上侧屈、肩下侧屈、肩上前屈、腰间屈、头后屈。既可以一臂做动作，又可以两臂同时做相同动作，亦可以两臂依次做相同动作
绕（绕环）	以肩关节为轴，手臂在180°~360°之间的运动为绕；大于360°以上的圆周运动为绕环	单或双臂的前、后、内、外绕（环绕），小绕、中绕、大绕。两臂动作既可以同时，又可以依次

（3）肩部动作。单肩或双肩提肩、沉肩、收肩、展肩、绕肩、振肩等。

3．躯干动作

躯干的波浪动作可向前、后、左、右，依靠身体各部位依次完成，动作要协调、连贯。例如，前波浪是从下而上，后波浪从上而下等。

第二节　体　育　舞　蹈

本节概述了体育舞蹈的渊源，介绍了其基本知识：舞种、舞程线、角度、方位等；讲解了其基本技术：标准握持、舞姿、舞步等。

一、体育舞蹈概述

体育舞蹈也称"国际标准交谊舞"（以下简称"国标舞"），集娱乐、运动、艺术于一体，是以男女为伴的一种步行式双人舞。

体育舞蹈的发展经历了原始舞、公众舞、民间舞、宫廷舞、交际舞、新旧国际标准交谊舞等演变过程。早在殷商乐舞"韶"中，便有"相与连臂踏歌行"的集体舞之说。18 世纪 20 年代后，英国皇家舞蹈教师协会对原"舞种""舞步""舞姿"等进行了规范整理，制定了比赛方法，形成了国际标准交谊舞。1947 年，在德国柏林举行了第一届世界标准交谊舞锦标赛。1992 年，国标舞曾被列为奥运会表演项目。

二、体育舞蹈的基础知识

1. 舞种

国标舞按舞蹈的风格和技术结构，分为摩登舞（现代舞）和拉丁舞两大类。摩登舞包括华尔兹、维也纳华尔兹、探戈、狐步和快步舞 5 种，拉丁舞包括伦巴、恰恰、桑巴、牛仔和斗牛舞 5 种。每个舞种均有各自的舞曲、舞步及风格，根据各舞种的乐曲和动作要求，编排成各自的成套动作。

（1）摩登舞。

① 华尔兹。华尔兹（Waltz）也称圆舞，是体育舞蹈中历史最悠久，生命力最强的舞蹈形式，有"舞中之后"的美誉。其动作风格庄重典雅、舒展大方、华丽多姿、飘逸优美。音乐 3/4 拍，每分钟 30～32 小节，舞步为一拍一步，每音乐小节跳三步。但前进并合步（追步）、前进锁步、后退锁步等步伐中每小节跳 4 步。

② 探戈。探戈（Tango）起源于非洲中西部的民间舞蹈"探戈诺"舞，据传为情人之间的秘密舞蹈，有"舞中之王"的美誉。其动作风格刚劲挺拔、热烈狂放且变化无穷，沉稳中见激越，奔放中显顿挫，在"情绪抑制"的内向中具有丰富的"引诱性"。其伴奏音乐为 4/4 拍，每分钟 28～34 小节。

③ 狐步舞。狐步舞（Slow Foxtrot）起源于美国，20 世纪初从美国逐渐流行于世界。其动作风格流动感强，轻盈恬适，舒展流畅，平稳大方，悠闲从容。其伴奏音乐为 4/4 拍，每分钟 28～30 小节。

④ 快步舞。快步舞（Quick Step）是一种快速四拍子舞蹈，由美国民间舞演变而来，早期吸收了狐步舞动作，后又引入了芭蕾舞的小动作。其动作风格轻快活泼，圆滑流利，富于激情、洒脱自由，奔放灵活，快速多变饱，含动力感和表现力。其伴奏音乐为 4/4 拍，每分钟 50～52 小节，基本节奏是慢慢快快（SSQQ），慢快快慢（SQQS）。

⑤ 维也纳华尔兹。维也纳华尔兹（Viennese Waltz）俗称快三步，起源于奥地利地区的农民舞蹈，又称"快乐尔兹"。其动作风格流畅华丽，轻松明快，翩跹回旋，活泼奔放。其伴奏音乐称为圆舞曲，3/4 拍，每分钟 58～60 小节，第 1 拍为重拍，第 4 拍为次重拍。基本步伐是 6 拍走 6 步，2 小节为 1 循环，第 1 小节为 1 次起伏。

（2）拉丁舞。

① 伦巴。伦巴（Ruba）起源于古巴，最初是表现男女爱情的哑剧舞蹈。其动作风格浪

漫奔放，性感热情，曼妙婀娜，被称为拉丁美洲音乐和舞蹈的精神与灵魂。其伴奏音乐是 4/4 拍，每分钟 27～31 小节。舞步从第 4 拍起跳，由一个慢步和两个快步组成。4 拍走 3 步，慢步占 2 拍（第 4 拍和下一小节的第 1 拍），快步各占 1 拍（第 2 拍和第 3 拍）。胯部摆动 3 次。

② 桑巴。桑巴（Samba）被称为巴西的"国舞"，是一种集体性的交谊舞蹈，源自非洲的黑人舞蹈，原指一种激昂的肚皮舞。男舞者钟情于脚下各种灵巧的动作，两脚飞速移动或旋转。女舞者则以上身的抖动以及腹部与臀部扭动为主。其动作风格狂放不羁，动作幅度很大，节奏强烈，给人以激情似火的感觉。桑巴舞沿舞程线方向绕场移动，是一种行进性舞蹈，伴奏音乐是 2/4 拍或 4/4 拍，每分钟 40～56 小节。

③ 恰恰恰。恰恰恰（Cha-Cha-Cha）是模仿企鹅的动作创编而成的舞蹈，借以表达青年男女之间追逐嫁戏的情景。其起源于非洲，传入拉丁美洲后，在古巴获得了很大发展。其动作风格风趣诙谐，热烈俏美，步法利落，花哨紧凑。伴奏音乐是 4/4 拍，每拍跳 5 步，每分钟 29～32 小节。

④ 斗牛舞。斗牛舞（Psao Doble）即帕索多布累，也称西班牙一步舞，起源于西班牙，是模仿西班牙斗牛士的动作创编而成的舞蹈，主要表现斗牛士的强壮和豪迈气概。其动作风格澎湃激昂，雄壮强悍，动静鲜明，敏捷顿挫。伴奏音乐是 2/4 拍，每分钟 60～62 小节，一拍一步，八拍一循环。

⑤ 牛仔舞。牛仔舞又称为捷舞（Jive）、摆舞，吉特巴、水兵舞，源于美国西部，原是美国西部牛仔跳的踢踏舞。其动作风格快速粗犷，自由奔放，热情欢快。伴奏音乐是 4/4 拍，每分钟 40～46 小节，每小节有 2 拍或 4 拍，6 拍为一个舞步。

2. 舞程线

如图 9-20 所示，跳舞中为避免互相碰撞，规定跳舞者必须按逆时针方向前进，这个行进线路被称为舞程线。其中，长的两条为 A 线，短的两条为 B 线。

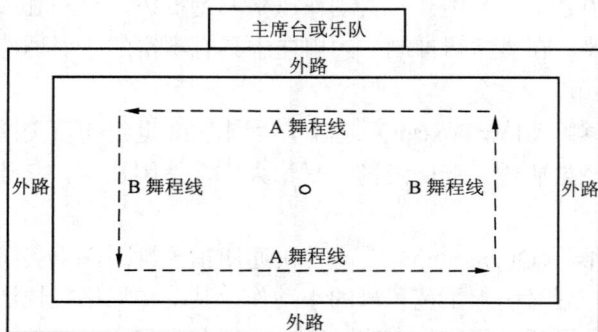

图 9-20　舞程线

3. 方位

如图 9-21 所示，以舞场正前方（多为乐队演奏台）为基点，定为"1 点"，每顺时针移动 45°则变动一个方位，依此类推，分别称为 2～8 号位。

4. 角度

如图 9-22 所示，交谊舞中，舞者旋转的方向有左转和右转，旋转的角度一般分为 45°、90°、135°、180°、225°、270°、315°、360°。

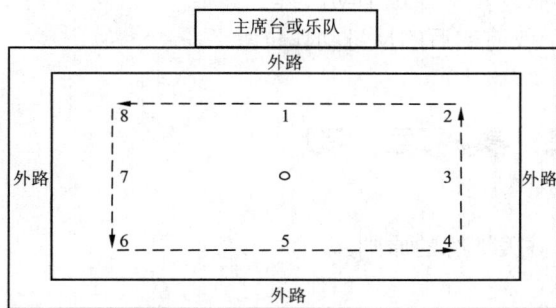

图 9-21　方位

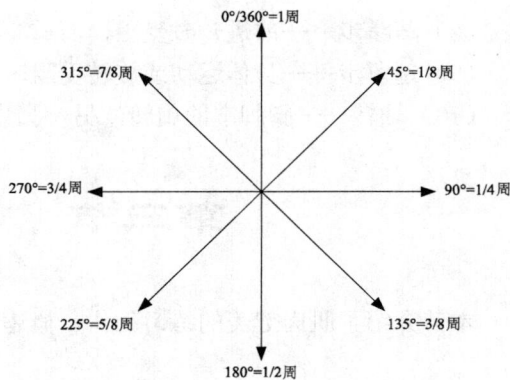

图 9-22　角度

三、体育舞蹈的基本技术

1．标准握持

标准握持，应当使共舞双方形成整体性结构，融为一体。它不仅关系到造型的优美，而且影响着信息的传递、重心的稳定、用力方法的正确与统一，以及特殊技巧的运用等一系列问题。在现代交谊舞蹈中，除探戈之外，所有舞种的标准握持都是一样的。其要点如下。

① 脚。双脚平行并拢，切忌不可"八"字形张开；右脚尖对准舞伴的两脚之间；重心集中于前脚掌且不能抬起脚跟。

② 手。男舞者的右手掌心向里，扶在女舞者左侧腰部的上方，五指并拢，肘与指尖形成一条直线，大臂与肩膀呈椭圆形展开；女舞者左手轻放在男舞者右大臂三角肌处，四指并拢，用虎口定位；男舞者左手和女舞者右手相握。

③ 躯干。在保持双方肩横线平行的前提下，各自的头部向左侧转动45°，双眼平视前方。女舞者上体后展约15°，成挺拔式弯曲，表现出女性特有的曲线美。

2．舞姿

舞姿泛指舞者跳舞的姿态，是舞步变化的基础。

合对位舞姿（闭式舞姿）：C.P.（closed position），"合"指两舞者交手握抱，"对"指面对面，泛指男女面对双手扶握的身体位，女舞者应偏向男舞者右侧约 1/3。

散式舞姿：P.P.（promenade position），指男士的右侧与女士的左侧身体紧密贴靠，身体的另一侧略向外展开成"V"形的站立或行进的身体位置。双方的视点集中在握手的延伸方向。

3．舞步

（1）直步——面向舞程线，双脚并拢，脚尖正对正前方，脚跟正对正后方，前进或后退。

（2）横步——以直步为参考点，向脚外侧方向平移。

（3）切步——以直步为参考点，运步时，动作脚内侧朝向前进方向。

（4）扣步——以直步为参考点，运步时，动作脚外侧朝向前进方向。

（5）擦步——当动力脚从一个开位向另一个开位移动时，必须先与主力脚靠拢，且重心不变。

（6）滑步——舞步由三步组成，在第二步双脚并拢。

（7）锁步——两脚前后交叉。

第九章　塑身体育

（8）踌躇步——前进暂时受阻，而重心停留于一脚后时间超过一拍的舞步。

（9）逗留步——身体运动或旋转受阻时，双脚几乎静止不动的舞步。

（10）轴转——脚脚掌的旋转，另一脚处于或前或后的反身动作位置。

第三节 健美运动

本节介绍了肌肉健美的练习动作，概述了健美训练的原则。

一、肌肉健美的练习动作

1．颈部肌肉练习动作

（1）前后颈屈伸。两手交叉放脑后，头稍后仰，两手用力将头向前压，同时，头部紧张对抗，至下颌贴近胸前为止。稍停，头向上抬起，两手施以适当的反抗力，至头稍后仰为止。

（2）侧向颈屈伸。用右手紧靠头部右侧，用力将头部推向左侧肩方向，同时头部对左手施以一定的反抗力。稍停后，头部向中间还原，同时，右手对头部施以一定的反抗力。头部向右侧屈伸，动作与此相同，方向相反。

（3）颈绕环。两脚自然分开站立，上体保持挺胸、收腹的姿势，两臂自然下垂。头部缓慢、用力、均匀、充分地向四周转动。每绕环一周后再向反方向绕环。

2．胸部肌肉练习动作

（1）卧推。卧推因体姿不同，分为平卧推、上斜卧推和下斜卧推。

如图9-23所示，平卧推时，练习者仰卧在长凳上，两手持杠铃，将横杠放在胸部乳头以上（女子触胸即可）。两手握杠，初练习时可采用中握距，以后逐渐加宽至宽握距。如使用较重的重量，可请两人协助把杠铃抬起，或者把杠铃预先放在卧推架上来练习，垂直向上推起，至两臂伸直，稍停，再放下至胸上。将杠铃放置胸部时，胸要挺起，用力上推时，要胸肌发力，头、背不得离开架子。

（2）仰卧飞鸟。身体仰卧，两臂开合，状如飞鸟，故称为"仰卧飞鸟"。根据仰卧体姿，可分为平卧飞鸟、上斜飞鸟和下斜飞鸟。

如图9-24所示，平卧飞鸟时，练习者仰卧于长凳上，两脚分开，平踏在地上，两手持哑铃，掌心相对，然后两臂向上伸直与身体垂直，肘微屈，用胸肌伸展力将哑铃向两侧尽可能外展下放，到达最低点后稍停；然后再用胸肌收缩力沿原路线将哑铃内收上举成起始姿势。向两侧分臂时，肘关节可微屈，但必须缓缓下落至体侧之下。做此练习时，要缓慢下降，尤其在接近最低点时，更要慢一点，避免造成肩带扭伤；上举或下降时，两臂要在肩关节的垂直面上移动，不可偏前或偏后。

（3）双杠臂屈伸。如图9-25所示，练习者直臂支撑在双杠上，身体自然下垂，然后屈双臂缓慢降下身体至不能再降低为止，稍停后以胸大肌和肱三头肌收缩用力撑起身体至两臂伸直，稍停再重复练习。撑起身体时，应挺腰、收腹、抬头、下颌前伸，胸大肌极力绷紧。动作要慢，即慢慢屈臂下降和缓缓伸臂撑起。如果徒手能做15次以上，可在双足或腰部勾挂重物，以增强锻炼的效果。

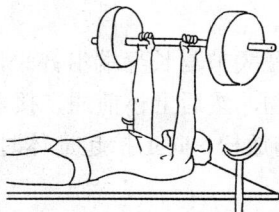

图 9-23　卧推

图 9-24　仰卧飞鸟

（4）俯卧撑。如图 9-26 所示，两手掌支撑在地上，手指向前，两臂伸直略向前倾，与肩成 10°～15° 夹角，两脚踝靠拢两腿向后伸直，以脚尖支地，全身挺起，头稍仰起，目视前方，屈臂使身体下降至两臂完全弯曲，随即以胸大肌的收缩力量，使两臂伸直还原。若肘部贴近体侧，对胸大肌的内侧部和下胸部刺激较大；若两肘外展，则有助于发达上胸部。如果感觉轻松易做，可加高放脚的位置，使身体重心前倾，或背上放置重物，以此增加难度。

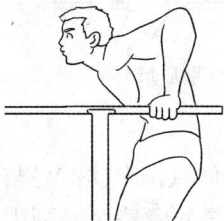

图 9-25　双杠臂屈伸

图 9-26　俯卧撑

3．背部肌肉练习动作

（1）提肘上拉。如图 9-27 所示，两手握持杠铃，手心向后，握距略窄于肩宽，两臂下垂伸直，身体正直，然后耸肩并上提肘，将杠铃上提到胸部最高处稍停，再徐徐还原。耸肩与提肘同时协调进行，两肘应尽量向上高抬，杠铃始终应贴近身体上下运动，动作要慢，特别是还原时要缓缓回位。

（2）并握划船。如图 9-28 所示，两脚开立与肩同宽，横杠从腿间穿过，上体前屈与地面平行，两手一前一后并握杠铃，两腿自然伸直（或稍屈），两臂放松下垂，挺胸，头稍仰起，目前视，随即屈臂用背阔肌的收缩力量，将杠铃向上提起至接近胸骨处，使背阔肌极力收紧，稍停，用力控制背阔肌，将杠铃徐徐放下还原。

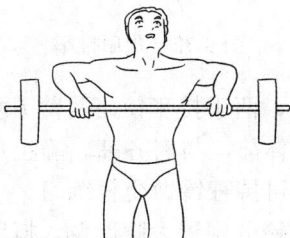

图 9-27　提肘上拉

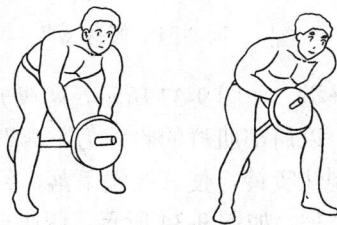

图 9-28　并握划船

（3）颈后引体向上。如图 9-29 所示，两手握单杠，手心朝前，腰背部以下放松，两小腿伸直或交叉，用背阔肌和肱二头肌的收缩力将身体向上拉引，直到颈后贴近横杠。然后，放松下降身体时，肌肉拉长收缩，缓缓下降身体，直到完全放松为止。做动作时一定不要借用身体振动的力量向上引体，应保持身体自然放松。

（4）负重后展体。如图 9-30 所示，俯卧在长凳上，髋关节与长凳端沿齐平，两腿并拢由同伴压住，两手在颈后扶持杠铃片、哑铃或实心球等重物，然后上体前屈，接着挺身向后展体，稍停后再还原成上体前屈姿势。上体前屈时背部肌肉放松，向上抬起上体时要抬头挺胸，背阔肌充分收紧，使身体成反弓形。

图 9-29　颈后引体向上　　　　　　图 9-30　负重后展体

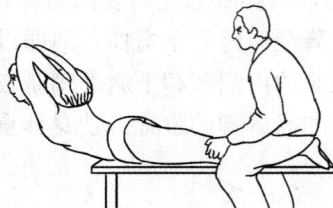

4．肩部肌肉练习动作

（1）俯身飞鸟。如图 9-31 所示，两脚开立稍宽于肩，腿伸直，上体前弓与地面平行，两手握哑铃，两臂自然下垂于腿前。然后两臂伸直分别向两侧举起哑铃至略高于肩处，稍停后按举起路线还原成开始姿势。上体尽量保持平稳，不要上下起伏摆动，动作速度均匀、缓慢，肘关节允许稍弯曲。格外要注意的是，在上举和下放哑铃时，上体不要上下摆动。

（2）颈后推举。如图 9-32 所示，两脚开立，两手采用宽握距握持杠铃置于肩上。然后挺胸、紧腰将杠铃向头后上方推起，直至两臂伸直，稍停后再按推起路线缓缓回落至颈后肩上。上举和下放时，身体不要摆动，头可适当前收。上举要举到两臂完全伸直，下落时要徐徐下落。

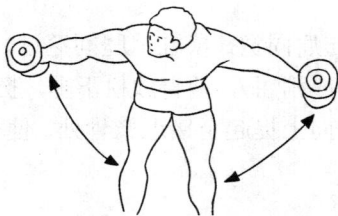

图 9-31　俯身飞鸟　　　　　　　　图 9-32　颈后推举

（3）前平举。如图 9-33 所示，两脚开立，与肩同宽，两手持哑铃，两臂下垂体前，挺胸收腹，直立，以肩部肌群的收缩力，直臂将哑铃提举至体前，与肩齐高。静止片刻后，再以肩部肌力控制住哑铃，使其缓慢下落，经原路还原。也可持哑铃做交替练习。

（4）侧平举。如图 9-34 所示，两脚开立，两手握哑铃分别置大腿两侧，挺胸收腹，两手臂提哑铃侧平举至与肩同高，稍停后按上举线路徐徐还原。动作速度尽量均匀缓慢，特别是下落时要控制速度，进行充分退让性练习。

5．臂部肌肉练习动作

（1）胸前弯举。如图 9-35 所示，两脚开立与肩同宽，两手握杠铃，自然下垂于大腿前侧，然后两臂同时用力屈肘，将杠铃向上弯举至胸前，稍停后慢慢伸肘下落还原。在此动作中，身体应基本固定，不得前后摆动借力，大臂要紧贴上体，慢举慢落。

图 9-33　前平举

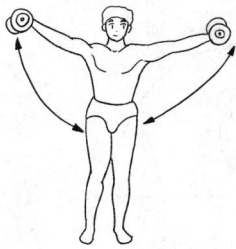

图 9-34　侧平举

图 9-35　胸前弯举

（2）俯立臂屈伸。如图 9-36 所示，练习者两脚左右开立与肩同宽，俯身使上体与地面平行，一只手手心向前握持哑铃，上臂贴近体侧，前臂自然下垂，另一只手支撑在凳上或同侧膝盖上，然后持铃向后上方伸前臂，将哑铃向后上方抬起，伸直手臂，略停还原。

（3）颈后臂屈伸。如图 9-37 所示，站立或坐姿，两手握杠铃（正、反握均可）高举于头上，然后屈肘将杠铃慢慢向颈后放落至最低处，这时两肘尖朝上，两上臂与地面垂直，稍停后两臂用力将杠铃慢慢上举还原。

（4）腕弯举。如图 9-38 所示，练习者坐在凳上或半蹲，两手掌心向前正握杠铃（或手背向前反握杠铃），将腕关节垫放凳子上或膝盖处，手腕悬空，然后手腕用力向上弯起，直至不能再屈为止，稍停后手腕逐渐放松成开始姿势。

（5）手指俯卧撑。练习者十指张开撑地，其他动作与俯卧撑相同。此动作主要锻炼手臂肌、指伸肌等。

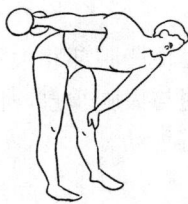

图 9-36　俯立臂屈伸

图 9-37　颈后臂屈伸

图 9-38　腕弯举

6．腹部肌肉练习动作

（1）两头起。如图 9-39 所示，练习者仰卧在垫子上，腹部肌肉收缩，两腿和上体同时抬起，使手脚在肚脐上方汇合，手触脚尖，稍停，然后两腿和上体同时各按原路线还原。

（2）悬垂举腿。如图 9-40 所示，练习者两手正握单杠，握距与肩同宽，身体自然，然后腹部与腿部肌肉收缩，两腿伸直上举，使两脚触及单杠，慢放还原。为发达腹内、外斜肌，可在悬垂屈膝上举的同时，两腿向两侧做转腰动作。

（3）侧卧侧身起坐。如图 9-41 所示，两手抱头侧卧于垫上，同伴压住双脚，练习者侧身起坐至最高处，然后再慢慢还原。

（4）体侧举。如图 9-42 所示，两脚开立，右手持哑铃，拳眼向前，下垂于体侧。随即上体向左侧屈体至极限，稍停，恢复原状态，再循环练习。左手持哑铃方法同上。上体向左、右侧屈体时，动作速度要平稳、缓慢，两腿伸直，不要弯曲。上体向不持哑铃的一侧屈时，持哑铃的手臂应完全放松，紧靠体侧。

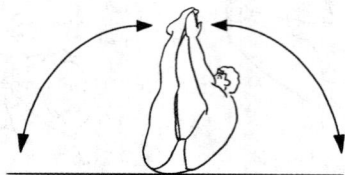

图 9-39　两头起

图 9-40　悬重举腿

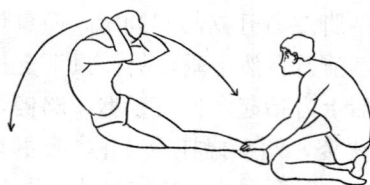

图 9-41　侧卧侧身起坐

图 9-42　体侧举

7. 腿部肌肉练习动作

（1）负重深蹲。如图 9-43 所示，练习者将杠铃置于颈后肩上，两手正握扶持杠铃，两脚平行开立略宽于肩，然后抬头、挺胸慢慢屈膝下蹲至大腿低于水平线，静止片刻；然后缓慢起立还原至直立姿势。

（2）深蹲跳跃。如图 9-44 所示，将杠铃放在颈后肩上，两手握住横杠，两脚并立，稍屈膝，利用屈膝的反弹力使身体向上跃起，两脚同时向两侧分开蹲下（两脚间距离与肩同宽），大腿贴住小腿的同时迅速向上跳起。

（3）腿后弯举。如图 9-45 所示，将哑铃等重物绑在脚上，俯卧在凳上使胸腹部和大腿紧贴凳面，两手抓住凳端，随即以股二头肌的收缩力量，将重物弯举至小腿与大腿垂直，使股二头肌彻底收缩，静止片刻，然后缓慢还原。躯干要始终紧贴凳面，不得晃动。

图 9-43　负重深蹲　　　图 9-44　深蹲跳跃　　　图 9-45　腿后弯举

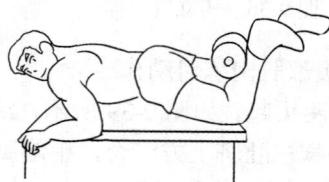

（4）坐姿腿屈伸。如图 9-46 所示，练习者坐在凳上，两脚托住脚柄滚筒，然后用力向上抬脚伸直膝关节，使大小腿在一条直线上，稍停，慢慢还原。如果没有腿屈伸器或综合健身器，可以把重物（如杠铃片）绑在足踝处。

（5）负重提踵。如图 9-47 所示，将杠铃置于颈后肩上（或两手持哑铃下垂于体侧），两脚平行开立，使脚掌站在垫木上，脚跟露在垫木外，然后尽力提起脚跟至最高位置，略停顿，慢降至着地。

（6）摇绳纵跳。如图 9-48 所示，即直腿跳绳。动作要点是，直膝前踢跳过绳，脚后跟不得着地。

图 9-46　坐姿腿屈伸　　　　　图 9-47　负重提踵　　　　　图 9-48　摇绳纵跳

二、健美训练的原则

了解和掌握健美运动训练的原则，是进行健美训练、健美身心、增强体质、发达肌肉、美化体形体态的重要环节，它对健美运动的科学训练手段与方法的实施，有着直接的指导作用。

1. 超负荷原则

超量负荷能给人体带来超量恢复，即超量负荷的刺激会给肌肉带来疲劳，经过短时的恢复和营养，机体的机能会获得比原来水平还高的飞跃，会使肌肉获得更快的生长与发育。超量负荷的刺激要适当，应控制在人体能够承受的范围内，这样可以防止受伤或过度训练。

2. 循序渐进原则

人体对环境的适应是一个缓慢的由量变到质变的过程，健美训练也是如此。初级练习者应根据自身情况，合理设计和选择健美训练计划，安排训练内容。经过一段时期的训练，再逐步增加训练的内容、方法和运动量。如不根据自己的实际情况，盲目地追求大运动量，突然加大练习重量，身体就不能很好地适应，甚至导致伤病。

3. 均衡发展原则

健美的身体应该是从头到脚，从内到外，每个部位肌肉之间都协调发展，身体的比例匀称，各器官系统平衡全面发展。因此，健美训练应根据人体的生理特点，采用各种有效的训练方法，使身体各部位肌肉群、各器官的机能以及身体各方面素质都得到全面均衡的发展。

4. 持之以恒原则

根据有机体的超量恢复原理，由于运动负荷造成的机体的异化作用刺激了同化作用的加强，加上食物营养的及时补充，机体的能源储备和机能能力不仅可以达到运动前的水平，而且会超过运动前的水平，这也就是健美运动训练的精髓所在。如果在超量恢复阶段不持续进行训练，机体就会进入复原阶段。机体原先所获得的训练效果就会消失。由此可以看出，健美训练最忌"三天打鱼，两天晒网"和"一曝十寒"。

思考与练习

1. 健美操的基本动作有哪些？
2. 健美运动的练习方法有哪些？

第十章

游 泳 运 动

本章阐述了游泳运动的常识：游泳的起源与发展、设施、装备，游泳卫生，熟悉水性的基本练习和水上救护等。对蛙泳、自由（爬）泳、仰泳、蝶泳的动作要领和练习方法进行了详细介绍。

第一节 游 泳 常 识

本节介绍了游泳的起源与发展，国际标准游泳池的设置，常用的游泳装备。阐述了游泳卫生的注意事项：除体育锻炼的一般卫生问题外，还要重视热身，自备泳具，清水淋浴，注意水质，排废入槽，严防疾病。讲解了熟悉水性的基本练习方法：水中行走，水中呼吸，水中漂浮，水中滑行。从自我救护和他人救护的角度概述了水上救护的常用方法。

一、游泳概述

游泳（Swimming）在人类征服自然、改造自然的生产劳动中产生，在满足人们娱乐和竞争的需求中发展起来。它能有效地提高神经、呼吸和血液循环等系统的机能，促进新陈代谢，增大肺活量，改善体温调节能力和人体摄氧能力，促进身体匀称、协调和全面的发展。

现代游泳运动起源于 17 世纪 60 年代的英国。1896 年，游泳被列为第一届现代奥运会比赛项目。1912 年，第五届奥运会开始设女子游泳比赛项目。迄今奥运会游泳比赛共设 32 个项目（男、女各为 16 个），是仅次于田径运动的金牌大户（见表 10-1）。

表 10-1   奥运会游泳比赛项目

性别	蝶泳	仰泳	蛙泳	自由泳		混合泳
男子	100 米 200 米	100 米 200 米	100 米 200 米	50 米 100 米 200 米 400 米 1 500 米	4 × 100 米接力 4 × 200 米接力	200 米 400 米 4 × 100 米接力
女子	100 米 200 米	100 米 200 米	100 米 200 米	50 米 100 米 200 米 400 米 800 米	4 × 100 米接力 4 × 200 米接力	200 米 400 米 4 × 100 米接力

注：自由泳对技术没有规定限制，运动员多采用爬泳，现今两者互为代名词。

1. 国际标准游泳池标准

国际标准游泳池长 50 米，宽 21 米或 25 米，深 2 米以上，共设 10 道（2～9 为比赛之用）。每条泳道中心池底有清晰的深色直线标志，线宽为 20～30 厘米，线长为 46 米，两端各离池边 2 米，以便比赛时运动员沿直线游进。池底 5 米、25 米、45 米处各画一条宽 25 厘米的红色横线，以便运动员识别游程。出发台设在泳池两端每条泳道的中央，其前缘高出水面 50～75 厘米，台面为 50 平方厘米的正方形，覆盖防滑材料，向前倾斜不超过 10°。

2. 常用的游泳装备

常用的游泳装备包括泳装、泳帽和泳镜。

（1）泳装。泳装的选择应注意两个问题：第一，氯纶丝的含量要达到国际统一标准（18%）；第二，泳装的弹性并非越大越好，而是回弹复原要好，即多次拉伸仍能恢复原样。

（2）泳帽。泳帽可以防止头发完全浸泡在含氯的水中，避免使柔嫩的头发受到伤害。目前，以硅胶泳帽最为常用，其手感柔软，弹性较强。

（3）泳镜。要检查泳镜是否透明，有无划痕；垫圈（胶皮）是否密封；鼻梁处的宽度是否适宜；泳镜带的牢固性、弹性可好。

3. 趣味水上比赛

（1）水中摔跤比赛。苏联莫斯科的一家海底俱乐部首创了游泳池内的水中摔跤活动。摔跤选手腰系加重腰带，头戴呼吸面罩潜入池底，谁能把对手挤出限制线、紧贴于池壁或摔倒在池底保持 30 秒，就是胜利者。

（2）沉游比赛。索马里人每年都要举行别开生面的沉游比赛。比赛前，组织者用长绳把一块大石头绑在参赛选手身上，但不绑住选手的手脚，绳子的另一端系在船上。发令后选手们一齐跳下水，最先解开绑在身上的绳子爬上船的选手获胜。如果参加比赛的选手 5 分钟还没有冒出水面，船上的人就立即把他从水中拉出来，以免发生事故。

（3）骑鲨比赛。在印度洋西部的巴哈马群岛，当地岛上的人民盛行一种古怪而又有趣的骑鲨鱼比赛。比赛时，首先把海中一些不太大的鲨鱼赶到浅海湾，然后运动员勇敢地骑上鲨鱼，在波涛中遨游。谁骑的时间最长，谁就是胜利者。

（4）水面竞走比赛。美国、荷兰和奥地利的 20 多名体育爱好者，曾在奥地利的朵维海岸，举行一次水面竞走横渡大海的比赛。比赛时，运动员穿长 3.4 米、重 15 千克的滑水板，手握平衡桨。经过 3 个半小时的拼搏，相继有 17 名选手退出比赛，最后只有 3 名选手经过 9 小时的努力，走完了 42 千米海面。

（5）潜水对弈。在美国佛罗里达州一家游泳池里，两名小男孩为了躲避炎热的夏天，想出了一个高招，潜入游泳池里下棋。后来他们为了锻炼思考力、记忆力和潜水的能力，只戴防水眼镜，而不带水下呼吸器。每潜下一次下一步棋后，返到水面上吸一口气，如此循环进行，直至下完。

扫一扫

二、游泳卫生

游泳卫生主要包括以下 6 个方面。

1. 重视热身

游泳池的水温通常要比人体低很多，如果突然下水，容易导致心

微课：游泳卫生常识

慌、头晕、恶心、腹痛和四肢无力等不适感觉，有时还会引起抽筋和拉伤。所以，游泳前，应进行充足的准备运动，提高神经系统的兴奋性，加强肌肉和韧带的柔韧性，增加呼吸器官和循环器官的效率，使人体器官由安静状态进入运动状态。

2．自备泳具

自带衣物储存袋、泳衣、泳帽、泳巾、拖鞋及洗浴用品，尽量不使用共用的拖鞋、浴帽、毛巾、救生圈等物品，避免交叉感染。换衣服时，尽量不要让皮肤直接接触凳子，衣物要用干净的袋子装好，内衣最好裹在外衣里面。

3．清水淋浴

游泳池是多人共用，且水中含有杀菌的化学药剂。游泳前后，都应用清水淋浴，不但有利于保持池水卫生，适应水中环境，而且可以冲走氯等对人体有害的物质。海水中亦含有多种细菌，游泳后应及时清洗头发和全身。

4．注意水质

游泳池的水质应透明无色，无臭无味，清澈可见池底。在无人管理的天然水域里游泳，要特别注意卫生情况。如果水面有油垢或被污染，水域有吸血虫，海水中无拦鲨网，水底有淤泥、杂草、木桩、急流、暗礁等都不能游泳。

5．排废入槽

游泳时，若有痰或鼻涕等，一定要尽快抬头游到池边，向水槽或痰沟内排净，否则易污染池水，传播疾病。

6．严防疾病

游泳时，特别容易感染耳、鼻、眼疾病，所以最好佩戴专用耳塞、泳镜。患有心脏病、高血压、肺炎、严重皮肤病、中耳炎、癫痫病等以及有开放性伤口的人群不宜游泳，若勉力而为，不仅容易加重病情，甚至会发生意外危及生命。

此外，体育锻炼中应注意的一般卫生问题，在游泳时同样需要重视，详见第三章第一节运动卫生。

三、熟悉水性

熟悉水性是学习各种游泳姿势的重要基础，初学者通过身体感官感知水的浮力、压力、阻力等特性，逐步适应水中环境，掌握水中行走、呼吸、漂浮、滑行等游泳的基本动作。

1．水中行走

在齐腰或齐胸深的水中，初学者可以进行各种方向的走动和跳动练习，学习在水中保持身体协调，维持身体平衡。

水中走动时，身体稍微前倾，动作先小后大、先慢后快。熟练后，用前脚掌蹬池底，轻轻上跳，逐渐用力，做跳跃练习。

趣味练习方法。

（1）纵队赛跑。双手扶在前面同伴的肩上，分成几队比赛速度（见图10-1）。

（2）结网捕鱼。一人当"渔夫"，其余人分散做"鱼"。若被"渔夫"拍到，则与其手拉手结网，直至全部捕获为止（见图10-2）。

图 10-1　纵队赛跑

图 10-2　结网捕鱼

2．水中呼吸

（1）各种姿势的游泳，都要求在水中憋气、呼气和在水上吸气。

手扶固定物（池壁、水线、同伴等），用嘴深吸一口气，蹲入水中，尽量长时间憋气，然后用口、鼻均匀缓慢地呼气，直至将体内废气呼尽，再站立吸气。反复练习并形成韵律。按照"快吸""稍闭""慢呼""猛吐"这一特殊节律。

（2）趣味练习方法：两人对抗。两人一起蹲入水中，一人伸出几个手指，另一人跟着学。既练习了水中憋气和呼气，又练习了水中睁眼视物。

3．水中漂浮

漂浮技术主要是让身体漂浮起来，体会水的浮力，初步掌握在水中控制身体和维持平衡的能力。

（1）扶物漂浮。扶物漂浮如图 10-3 所示，手扶固定物，吸气，把头没入水中，憋气，伸展身体，全身放松，自然地漂浮于水中。亦可扶物团身漂浮。

（2）抱膝漂浮。抱膝漂浮（团身漂浮）如图 10-4 所示，站立水中，深吸气后下蹲憋气，低头，含胸收腹，两手抱膝，成低头团身抱膝姿势。轻轻蹬离池底，身体放松，自然地漂浮于水中。用口、鼻慢慢呼气，然后两臂前伸，手掌向下压水，抬头，同时两腿伸直下踩。

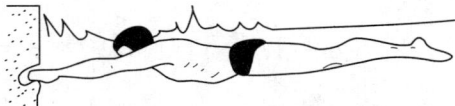

图 10-3　扶物漂浮

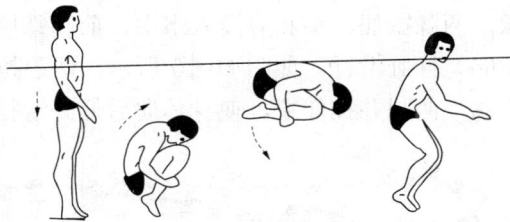

图 10-4　抱膝漂浮

（3）展体漂浮。展体漂浮如图 10-5 所示，抱膝浮体于水中，两臂向前、两腿向后均伸直并拢，身体俯卧漂浮于水面。然后，迅速收腹、收腿，手掌向下压水，抬头，两腿下踩触底站立。

（4）仰卧漂浮。仰卧漂浮如图 10-6 所示，水中站立，深吸气，上体慢慢后仰，呈仰卧漂浮状态。随后，双手从后向前用力拨水，收腹、收腿，上体前倾，两脚触底站立。

4．水中滑行

练习水中滑行的目的在于进一步体会水的浮力，掌握在水中平浮和滑行的身体姿势，为各种游泳姿势奠定良好基础。

第十章　游泳运动

149

图 10-5　展体漂浮

图 10-6　仰卧漂浮

滑行时，身体放松成流线型，臂和腿自然伸直，尽量延长憋气时间和滑行距离。

（1）扶伴滑行。如图 10-7 所示，手臂扶住同伴，身体放松伸展，自然漂浮。同伴拉住练习者的手倒退行走，使其体会滑行。在此基础上，同伴可以放开双手，在旁保护，由练习者自己漂浮滑行。

（2）蹬壁滑行。如图 10-8 所示，背向池壁，一手扶池壁，同侧腿屈膝蹬壁；另一手臂水平前伸，同侧腿以脚尖支撑站立。深吸气，低头，收腹提臀，上收支撑腿，两脚贴池壁。用力蹬离，两臂并向前伸，双腿自然并拢，全身充分伸展、放松，成流线形向前滑行。滑行结束时，收腿，下踩，站立。

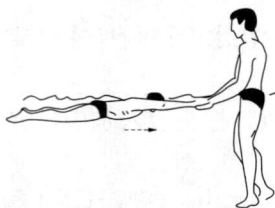

图 10-7　扶伴滑行

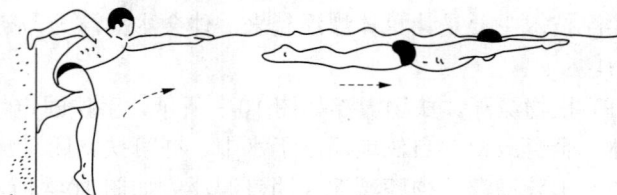

图 10-8　蹬壁滑行

（3）蹬底滑行。如图 10-9 所示，两脚前后开立，两臂前伸并拢贴近双耳，深吸气后身体前倾，两膝微屈，头和肩浸入水中，前脚掌用力蹬池底。两腿并拢，身体俯卧向前滑行。

（4）仰卧滑行。如图 10-10 所示，两手拉住槽沿，两脚贴于池壁或池底。松手，两脚用力蹬离，两腿并拢伸直，使身体向后仰卧滑行。

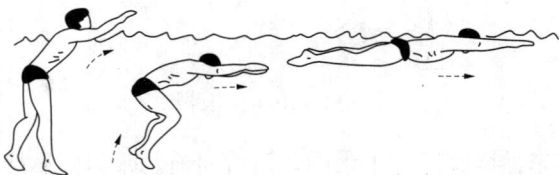

图 10-9　蹬底滑行

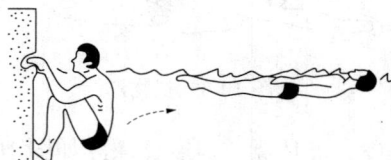

图 10-10　仰卧滑行

滑行后，两脚可以自然地进行上下打水动作，使身体向前游进。

四、水上救护

游泳救护主要包括自我救护和他人救护两种救护形式，其中他人救护又分为间接救护和直接救护。

1. 自我救护

自我救护是指水中遇到意外险情时而采取的自我保护和救助措施。

（1）抽筋。当过度疲劳，精神紧张，水太凉，动作不协调，局部多次重复一种姿势，准备动作不充分时，容易出现抽筋。具体表现为疼痛难受，肌肉坚硬，且一时不易缓解。

抽筋后，要保持镇静，主要采用牵引法自我解救。即通过关节的屈伸，拉长抽筋的肌肉，使收缩的肌肉松弛并伸展，还可以配合局部按摩而促使缓解。若在深水区，自己无法解脱困境时，应及时呼救。

图 10-11　抽筋

如图 10-11 所示，腓肠肌（小腿肚）或脚趾抽筋，可先吸一口气仰浮水面，用抽筋腿异侧的手握住抽筋（腿）的脚趾，用力向身体方向拉，同时用另一手掌压在抽筋腿的膝盖上，帮助小腿伸直。

大腿抽筋，深吸气，仰浮于水面，抽筋腿屈膝，双手抱住小腿用力贴在大腿上，直至抽筋现象消失。

手指抽筋，将手握拳，随后用力张开，反复几次，直到抽筋消除为止。

胃部抽筋，吸气后仰浮水中，迅速弯曲两大腿，向胸部靠近，双手抱膝，随即向前伸直，保持身体平衡，动作要自然。

（2）被缠住或遇漩涡。若被长藤植物缠住，可采取仰卧姿势进行解脱，再从原路游出。若被漩涡吸住，可平卧水面，从旋涡外沿全速游出。

（3）头晕。初学游泳者，下水后心跳加快，可能出现头晕眼花的症状。此外，耳道进水、空腹游泳等也会导致头晕。出现头晕现象后，要保持镇静并坚持锻炼，逐渐熟悉水性，克服头晕。下水前适当补充能量，也可预防头晕。

（4）耳中进水。在水中可用吸引法，将头偏向有水一侧，用手掌紧压有水的耳朵，憋气，快速提起手掌，反复几次即可。也可在岸上将头偏向有水一侧，手扯耳朵，原地单足跳跃几次。

（5）呛水。呛水是因为水从鼻腔或口腔吸入呼吸道所引起的。发生呛水时，要把头露出水面，把水从鼻和口里咳出，很快就能恢复正常呼吸。

2. 他人救护

（1）间接救护。利用救生器材（救生圈、竹竿、木板、轮胎、泡沫块、绳子等），对较清醒的溺水者施行救助。将救生圈或其他漂浮物系上绳子，左脚踩住绳尾，右手持圈自后向前摆，由上而下的抛给溺水者。若距离较近，也可直接利用竹竿、木板等将其拖至岸边。

（2）直接救护。直接救护是徒手对溺水者（此时溺水者已经丧失了自我救护或接受间接救护的能力）施救的一种方法。

入水前，救护人员应观察周围环境和水的流向，选择与溺水者最近的方位下水。静水中，救护人员可以直接游向溺水者；急流的江河中，救护人员应从溺水者斜前方入水施救。救护者在找到并有效控制溺水者后，要确保双方的口、鼻露出水面，以保持正常呼吸。将人救上岸后，要针对其症状，决定急救方式。轻度溺水者，可让其吐水、保暖、休息。对昏迷、呼吸微弱或窒息者要实施心脏按摩或人工呼吸，并叫救护车。

人工呼吸前，首先，要设法张开溺水者口腔，清除其口鼻内可视的污物，取出活动假牙等。其次，进行控水。解开溺水者衣带，救护者一腿跪，另一腿屈膝，将其腹部置于屈膝的大腿上，一手扶其头部，保持向下，另一手压其背部，把水排出。

如图 10-12 所示，实施人工呼吸时，使溺水者仰卧，救护者一手提高其下颌保持呼吸顺畅，另一手捏紧其鼻孔，深吸气后，口对口吹气 1.5～2 秒。为防止漏气，施救者应该将嘴完全罩住并贴近溺水者的嘴。待溺水者胸部扩张后，停止吹气并松开口鼻，可用手按压溺水者胸部，以助其呼气。如此反复进行，每分钟 14～20 次，速度由慢到快。

如果溺水者失去知觉，心跳极其微弱，甚至心跳停止或心跳与呼吸均停止时，应将胸外心脏按压（即 CPR 心跳复苏术）和人工呼吸配合进行。先在 3～4 秒内进行 2 次人工呼吸，然后进行 15 次连续的心脏按摩，反复进行。

 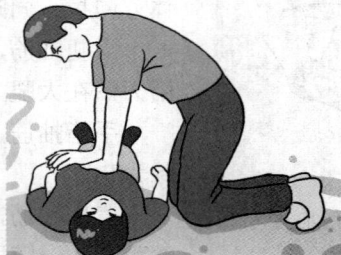

图 10-12　人工呼吸　　　　　图 10-13　胸外心脏按压

如图 10-13 所示，胸外心脏按压时，将溺水者仰卧，救护者位于其右侧，一只手的掌根置于其胸骨按压部位（胸骨从上向下的 2，3 根处），手指不可触及肋骨，另一只手重叠在上，两臂伸直，上体前倾，借助身体重力，平稳有力地向下垂直加压，使其胸骨下端下陷 3～4 厘米，压迫心脏。随后两手松压，但掌根不得离位，使胸廓扩张，心脏随之舒张。下压时动作缓慢，松压时动作迅速，有节奏地连续进行，成人每分钟约 60～80 次，儿童每分钟约 80～100 次。

第二节　蛙　　泳

本节详细讲解了蛙泳的动作要领和练习方法。

一、动作要领

蛙泳（Breast Stroke）与青蛙游水极其相似，身体俯卧水中，两肩与水面平行，两臂在胸前对称直臂侧下屈向后划水、两腿对称屈伸向后蹬夹水。

1. 躯干姿势

如图 10-14 所示，蛙泳时，身体呈水平俯卧于水中，微抬头，稍挺胸，两臂向前两腿向后均伸直并拢，掌心向下，身体纵轴与前进

扫一扫

微课：蛙泳

方向成 5°～10°。游进时，头部的动作幅度应适度，否则会导致肩部起伏过大而增加阻力，影响前进速度。

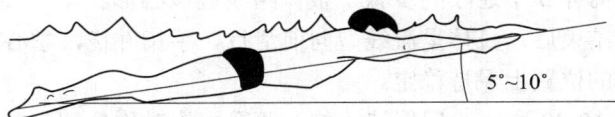

图 10-14　躯干姿势

2．腿部姿势

蛙泳的腿部动作是推进身体前进的主要动力，其分为收腿、翻脚、蹬水和滑行 4 个连贯的阶段。

（1）收腿。如图 10-15 和图 10-16 所示，两腿稍微内旋，脚跟分开，大小腿充分折叠，膝关节随腿的下沉边收（向前）边分（向外）。两膝距离约与肩同宽，脚跟分开与臀部同宽，大腿和躯干之间的夹角成 130°～140°。

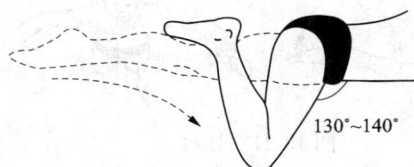

图 10-15　收腿姿势 1

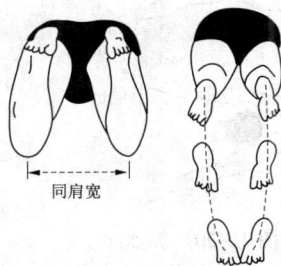

图 10-16　收腿姿势 2

（2）翻脚。如图 10-17 所示，为了增长蹬水的路线，收腿结束时，两脚应继续向臀部靠拢，大腿内旋使两膝内扣的同时小腿向外翻，脚尖也随之向两侧外翻，脚掌内侧正对蹬水方向。

（3）蹬水。如图 10-18 所示，由髋部发力，带动膝、踝关节相继伸直。大腿内旋造成膝内压，带动小腿和脚向后弧形蹬夹，形成一个有力的鞭状打水动作。蹬水效果取决于 4 个因素：一是速度要快；二是距离要长，即踝关节的伸直，要在两腿蹬直之后，若过早就会缩短蹬水的有效距离；三是推水面要大，即小腿内侧和脚掌应大面积对准水；四是蹬水方向应尽量向后下方。

（4）滑行。可以有效地放松肌肉，并保持良好的游进节奏。如图 10-19 所示，身体成水平姿势，借助惯性高速向前滑行，两腿并拢向后伸直，脚跟稍稍提向水面，为收腿做好准备。

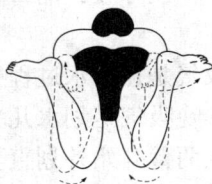

图 10-17　翻脚

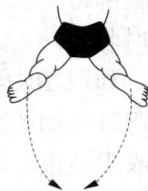

图 10-18　蹬水

图 10-19　滑行

3．臂部姿势

蛙泳的手臂划水对产生牵引力具有重要作用，两臂动作对称、速度一致，可分为滑行、抓水、划水、收手和前伸5个连续的步骤，整体路线近似心形。

（1）滑行。伸臂结束后，身体呈流线型向前滑行，手指并拢，掌心向下，两手尽量接近水面，使身体在较高的位置上保持稳定。

（2）抓水。如图10-20所示，肩保持前伸，两臂内旋对称外划，掌心转向斜外下方。当双臂间距超过肩宽时，向外、下屈腕成150°～160°。此时，两臂与水平面及前进方向约成15°～20°夹角，肘关节伸直。

（3）划水。如图10-21所示，掌心从外后转向内后，双臂向斜下方急促拨水。两手划至肩线时，逐渐屈臂提肘，同时加速沿弧线继续划水。整个动作过程，肩部向前伸展，肘高于手并前于肩。划水结束时，形成高肘姿势，臂与前进方向约成80°角，肘关节的角度为120°～130°。

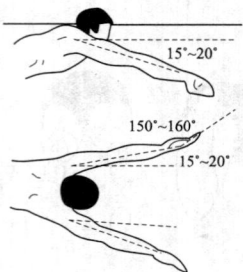

图10-20　抓水

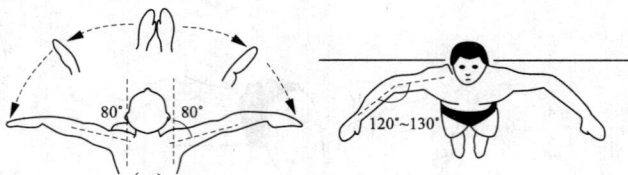

图10-21　划水

（4）收手。如图10-22所示，高肘划水完成后，双手倾斜相对向内上移动，同时上臂外旋，双肘逐渐向内、下靠。

（5）前伸。如图10-23所示，收手到下颌前时，迅速推肘伸臂，两手先向前上、再向前伸，掌心转向下，肩关节和身体尽量伸展、放松，两臂伸直靠拢，恢复为滑行姿势。

图10-22　收手

图10-23　前伸

4．整体配合

蛙泳一般采用1:1:1的配合方式，即一次腿部蹬夹水，一次划臂，一次呼吸。两臂划水时，腿伸直；两臂前伸时，腿蹬水；收手的同时收腿。

蛙泳的呼吸方法有两种：早吸气和晚吸气。如图10-24所示，早吸气是在划水过程中抬头吸气，收手时低头闭气，伸臂滑行和抓水时呼气。如图10-25所示，晚吸气是划水几乎结束时才开始抬头，在身体达到最高点时吸气，收手结束时闭气低头，从两臂开始外划直至划水过程中慢慢呼气。

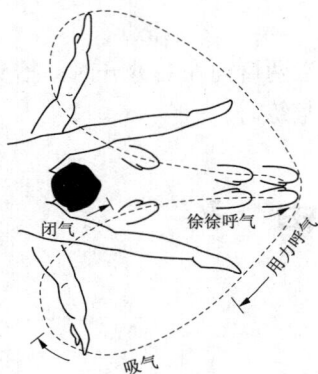

图 10-24　早吸气　　　　　　图 10-25　晚吸气

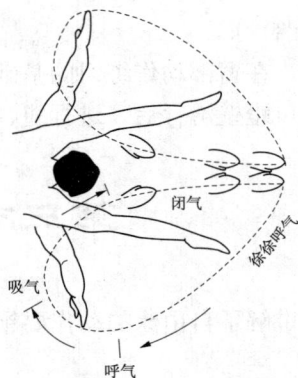

二、练习方法

1．腿部动作练习

（1）陆上练习。

① 坐姿蹬水。如图 10-26 所示，坐在凳上或池边，上体稍后仰，两手后撑，两腿伸直并拢，做蛙泳腿的收腿、翻脚、蹬夹水和停止动作。先做分解动作，再做连贯的完整动作。

② 卧姿蹬水。如图 10-27 所示，俯卧在凳子上做收（腿）、翻（脚）、蹬（夹）、停的腿部动作。

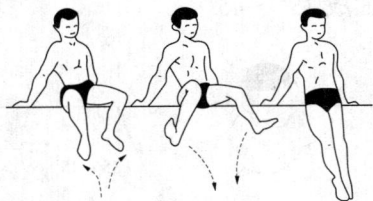

图 10-26　坐姿蹬水

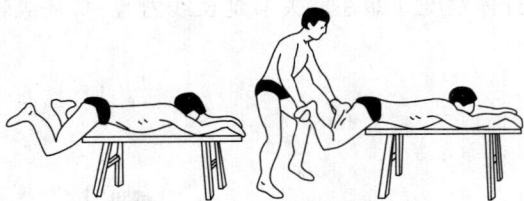

图 10-27　卧姿蹬水

（2）水中练习。如图 10-28 所示，一手扶池槽，另一手撑住池壁，身体漂浮平卧于水中，两腿伸直并拢，做蛙泳腿部动作。

亦可由同伴抓其脚，牵引完成腿部练习。或自己蹬池壁滑行后，做蛙泳腿练习。

2．臂部动作练习

（1）陆上练习。如图 10-29 所示，原地站立，上体前屈成水平姿势，低头，两臂前伸，掌心向下，做蛙泳划水动作。

（2）水中练习。在齐胸深的水中，两脚开立（或走动），上体前倾，两臂前伸，做抓水、划水、收手、前伸的动作。亦可由同伴托腰腹，或自己蹬池壁滑行后，进行手臂练习。

图 10-28　水中练习

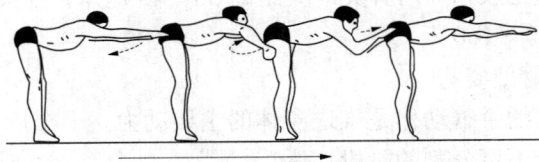

图 10-29　陆上练习

3．整体配合练习

站于水中，在臂部动作练习的基础上配合呼吸。当两臂向左右分开时，抬头吸气，臂前伸时呼气。亦可蹬壁滑行后，进行腿、臂、呼吸的完整练习。

第三节 自 由 泳

本节详细讲解了自由泳的动作要领和练习方法。

一、动作要领

自由泳（Freestyle）又称爬泳（Crawl Stroke）。自由泳在4种竞技游泳（自由泳、仰泳、蝶泳、蛙泳）中速度最快。其俯卧水中，两腿上下交替摆动打水，两臂轮流划水推动身体向前游进，动作很像爬行，因此也叫爬泳。

扫一扫

微课：自由泳

1．躯干姿势

如图10-30所示，爬泳时，身体伸直成流线形，与水平面保持3°～5°，颈部自然后屈与水平面成20°～30°，背部与臀部的肌肉适度紧张。

如图10-31所示，游进中，躯干随划水和呼吸动作形成有节奏的转动，髋部活动范围不超出身体宽度（即在肩关节延长线内），身体纵轴与水平面成35°～45°。

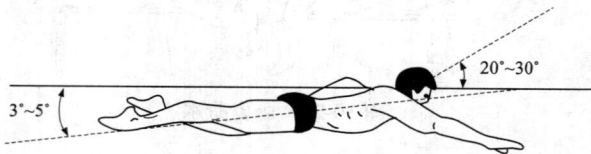

图10-30 爬泳时躯干姿势

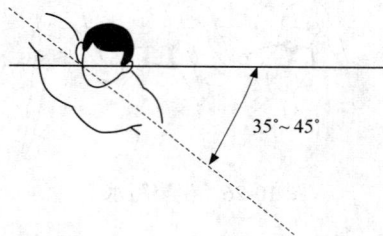

图10-31 游进中躯干姿势

2．腿部姿势

游进时，腿部做上下打水动作，其主要作用是保持身体平衡，还能产生一定的推进力并增进划臂效果。如图10-32所示，两腿并拢，脚稍内旋，脚尖自然伸直，踝关节放松，髋关节发力，大腿带动小腿，两腿快速有力地上下交替做鞭打动作。下打时用力，是产生推动力的主要阶段，上打时适当放松。两脚尖最大距离30～45厘米，膝关节弯曲度140°～160°。

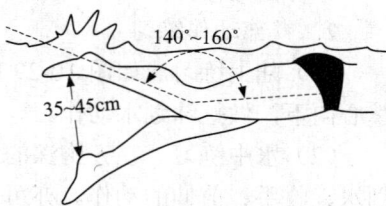

图10-32 腿部姿势

3．臂部姿势

爬泳的手臂动作是推进身体的主要动力。一个周期分为入水、抱水、划水、出水和空中移臂5个不可分割的阶段。

（1）入水。如图 10-33 所示，提肘略屈，手指自然伸直并拢，掌心稍向外侧，手腕放松，向斜下方切插入水。拇指和食指先触水，入水点在同侧肩关节的延长线上。动作应柔和，不宜过猛。

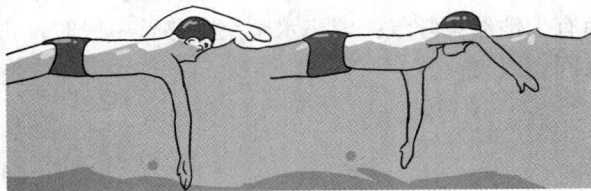

图 10-33　入水

（2）抱水。如图 10-34 所示，臂入水后，手掌从向斜外下方转向斜内后方，屈腕、屈肘，并保持高抬肘（肘关节高于手的位置）姿势。上臂和前臂与水平面分别约成 30° 和 60°，手掌接近垂直对水，肘关节屈至 150° 左右，形成抱水姿势。

（3）划水。划水是发挥最大推动力的主要阶段，采用屈臂划水，臂越长，屈臂程度越大，反之屈臂程度越小。其动作过程分为拉水和推水两个部分。开始划水时，沿身体中线以约 120° 的肘关节夹角向后划水，上臂内旋，前臂移动快于上臂。臂部划至肩的垂直面后，即进入推水部分。手臂加速向后推水至腿侧，掌心转向大腿。划水过程中，手掌微凹，手的轨迹呈现"S"形（见图 10-35）。

（4）出水。划水结束后，顺应运动惯性，微屈肘，手臂在肩的带动下提出水面，肘部向外上方提拉，带动前臂和手出水面，掌心转向后上方。出水动作应无停顿、迅速、放松。

（5）空中移臂。肘稍屈，位置高于肩和手。手离水面较低，入水前适当减速。臂部尽量放松，移臂速度较快。

（6）两臂配合。爬泳时，两臂的协调配合是匀速前进的重要因素。两臂划水时的交叉位置有 3 种类型：前交叉、中交叉和后交叉（见图 10-36）。前交叉指一臂入水时，另一臂处于划水的开始阶段。中交叉指一臂入水时，另一臂划至肩下与水面约成 90°。后交叉指一臂入水时，另一臂已划至腹下方，与水面约成 150°。一般而言，前交叉更易掌握呼吸技术，且保持身体平衡，能节省体力，减少疲劳，更适于初学者。而优秀运动员多采用中交叉和后交叉，其速度的均匀性较好。

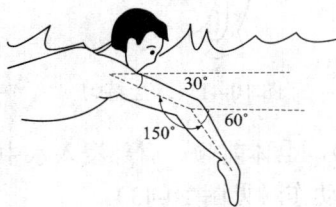

图 10-34　抱水

图 10-35　划水

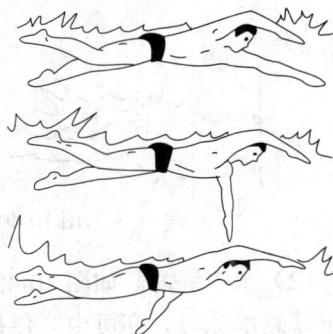

图 10-36　两臂划水时的交叉位置

4．整体配合

爬泳一般采用 1∶2∶6 的配合方式，即 1 次呼吸、2 次划水（两臂各划一次）、6 次打腿。此外，还有 1∶2∶4，1∶2∶2 等多种配合方式。

手入水后，口鼻慢慢呼气，臂划水至肩下时，头部开始转向划水臂同侧并增大呼气量，划水即将结束时，快而有力地结束呼气；臂出水至空中移臂中段时，张嘴吸气。短暂闭气。头部随着手臂再次入水回到原来位置。

二、练习方法

1．腿部动作练习

（1）岸边打水。如图 10-37 所示，坐在池边，双手后撑。两腿伸直，脚内旋使脚尖相对，脚跟分开成八字形，踝关节放松。以髋关节为轴，大腿带动小腿，做上下交替打水动作。亦可将两脚放入水中做打水动作（见图 10-38）。动作练习应由慢到快。

（2）水中打水。如图 10-39 所示，俯卧水面，手握池槽（亦可扶浮板、救生圈或由同伴托其腹部），进行打水练习，脚不可露出水面。还可脚蹬池壁做滑行打水（见图 10-40）。

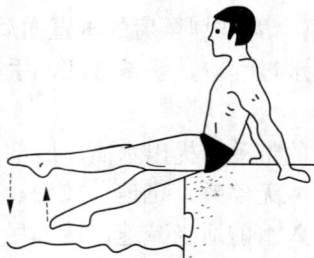

图 10-37　岸边打水 1　　　图 10-38　岸边打水 2　　　图 10-39　水中打水

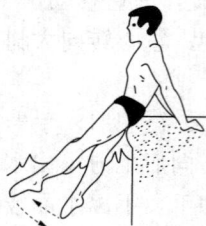

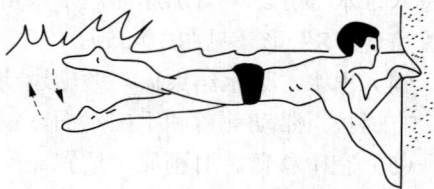

2．臂部动作练习

（1）陆上练习。如图 10-41 所示，两脚开立，上体前屈，做入水、抱水、划水、出水、空中移臂动作。

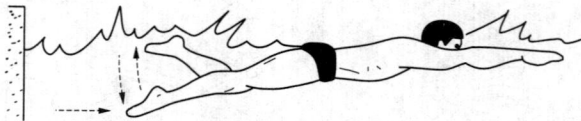

图 10-40　滑行打水　　　　　　　图 10-41　陆上练习

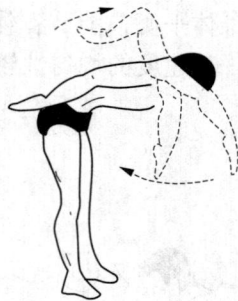

（2）水中练习。如图 10-42 所示，立于水中（或水中行走），上体前倾，肩部浸入水中，做手臂划水练习。亦可由同伴扶住双脚，俯卧水中，练习手臂动作（见图 10-43）。

3．整体配合练习

水中站立，上体前屈至水平，头部没入水中，练习手臂划水与呼吸的配合。然后蹬离池底，两腿打水，形成完整配合。

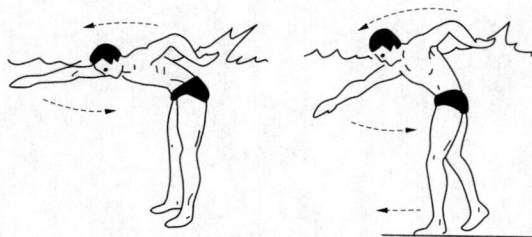

图 10-42　划水练习

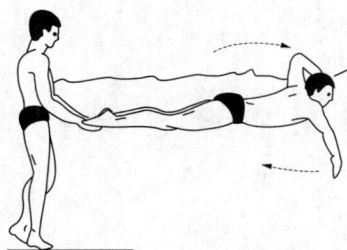

图 10-43　练习手臂动作

思考与练习

1．游泳的卫生要求有哪些？
2．熟悉水性的基本练习有哪些？
3．水上救护包括哪些方法？
4．蛙泳、自由泳的动作要领和练习方法有哪些？

第三部分

民族传统体育篇

一、民族体育的概念

民族体育是指各民族在长期社会实践中所创造、积累和发展起来的带有显著民俗特点，以健身、防身、娱乐为主要目的的身体锻炼活动。往往以其悠久的历史、动人的传说、瑰丽的色彩和独特的情趣反映了各民族的生活习俗、文化特点、道德风尚和宗教信仰，是各民族政治、文化、生活的一种特殊表现形式，具有传统性、集会性、节庆性、游艺性、风俗性、表演性等特点。

二、少数民族体育的特点

我国少数民族传统体育的特点，是指它与近、现代体育的对比而显现出来的特性。这些特性是在它的产生和发展过程中逐步形成的，是在特定的地理环境、社会生产方式、历史条件、文化水平以及宗教、民俗等因素的作用下形成的。

（一）传统性

我国少数民族传统体育自产生以来，始终与本民族的政治、经济、文化、习俗、信仰相联系，世代相传，具有明显的传统性。众多项目在历史发展的长河中，经过锤炼、优化而升华、继承和发展，形成内容、形式、时间、地点相对稳定的传统体育项目。如正月初一高山族举行竿球比赛、水族赛马、阿昌族荡秋千；正月初二黎族的射箭比赛；正月初五羌族的射击比武；正月十五毛南族的踩风车等。

（二）地域性

我国 55 个少数民族有人口少、分布广的特点。且多居高山、谷地，生产水平不高、交通不便，信息量少，文化氛围狭窄，受经济自给性、地方封闭的影响孕育出来的体育文化，必然常带有很强的地域性。"草原骄子"的蒙古族，过着"随草迁移"的游牧生活精骑善射，从而形成了以骑射为特点的赛马、赛骆驼等传统体育项目。而居住青藏高原的藏族，爬山、骑马、射箭是牧民日常生活的重要组成部分，在这基础上逐渐形成了高原登山、赛马、射箭、赛牦牛的传统体育等。此外，由于少数民族分布地域广，各民族的政治、思想、经济、文化、习俗差别大，因而形成了内容丰富、风格不一、形式多样、各具本民族特色的体育运动项目。即使同一运动项目，所包含的内涵、技艺等均有较大的差异。据不完全统计，我国少数民族传统体育项目共有 230 多项，仅广西就有 150 多项。分布地域广，是形成少数民族传统体育项目繁多的重要因素。

（三）民俗性

我国各少数民族都有其独特的风俗习惯。传统体育与这些风俗习惯紧密结合，互相渗透，形成了传统体育的民俗性特点。民俗促进了传统体育的深化和发展，传统体育丰富了民俗的内容，有的是传统体育融进传统节日、婚俗、祭典活动中；有的是节日、歌会、墟场、庆典活动包含了传统体育；有的是传统体育项目贯串于各种民俗之中。如苗族的跳鼓可在"跳年会""四月八""六月六""起秋"等节期间广泛进行，还盛行于新郎给岳母拜年时。蒙古族的那达慕大会就包括了摔跤、赛马、射箭、田径、球类、马术、射击、武术、棋类、拔河等多项体育比赛，使传统体育的民俗性体现得更充分。

（四）娱乐性

纵观我国少数民族传统体育，以强身健体为目的的表演性、娱乐性项目居多。这些活动大多安排在业余时间进行，欢庆丰收、欢度佳节、祝贺新婚、闲暇消遣，将体育寓于娱乐之中，扩大欢快的氛围。壮、黎、侗、苗、瑶、彝、布依等族都喜爱打铜鼓，打铜鼓时伴以歌、载以舞，边教边舞、表演各种动作，开展比赛，风格纯朴，具有浓郁的民族特色和欢快气氛。维吾尔族的达瓦孜，哈尼族的爬树、追逐游戏，妙趣横生。

（五）文体交融

我国少数民族能歌善舞，能骑善用，能登善泳，热爱文化，酷爱体育，形成了互相交融、互相促进、不断发展的传统文化和传统体育，形成了高度体育技巧性同高度艺术性统一的传统体育项目。既强身健体又愉悦身心，达到健、力、美的和谐统一。如黎族的跳竹竿，击竿者时跪、时蹲、时站，节奏越打越快，难度越来越大。跳竿者随竹竿的分合、高低、快慢，灵巧地跳跃其间，千姿百态，千变万化，展现出各种优美的姿势，美不胜收。参加者不仅要求具备良好的身体素质，还要具备较高的音乐素养和舞蹈技巧。

三、民族体育的起源与发展

（一）起源的条件

（1）在共同缔造祖国疆域的过程中，56个民族在政治、文化、生活方式等诸方面结成不可分离的血肉联系，为斑斓多姿而又各具特色的民族体育项目的产生与发展提供了社会基础。

（2）少数民族传统体育的演进离不开自然条件的制约。中国传统文化的主体部分，正是在河谷平原的摇篮中发育成长的。它选择了一条既不同于海洋民族(如古希腊罗马人)，也不同于游牧民族（如古代阿拉伯人）的发展道路，一开始就以农业经济作为建设文明的基点。最终演进为一种高度发达、极端成熟的以农为主的文化形态，并由此繁衍出不同的文化传统，铸造了中华民族独具的世界观念和文化心理。

（3）中华民族是由多民族凝合而成的。文化的历史就是人类共同性不断张扬的历史。文化选择的目标，是价值目标的实现，民族的交汇和融合是民族的更新与发展。同时，少数民族在文化的更新与发展中承接着中华民族大一统的文化积淀，为其共同缔造华夏文化发挥独创的精神。绚丽多姿的民族文化，正是这一疆域的优势和文化资源，为少数民族传统体育的形成提供了土壤。

（二）发展状况

我国少数民族传统体育作为世界体育文化的一个组成部分，既是一种植根深厚从而形成自身一贯、稳定的精神特质文化，又在历史变迁中不断改变其具体的结构样式，呈现出多姿多彩的差别。以至于在宗教形式、喜庆丰收、婚丧嫁娶以及各种节日中，民族传统体育是不可缺少的内容，各种体育活动出现频率之高是其他文化所不能比拟的。流传至今的蒙古族的摔跤、维吾尔族的姑娘追、朝鲜族的秋千、回族的木球、傣族的跳竹竿、苗族的上刀梯、高山族的背篓球赛、羌族的推竿等无不凝结了少数民族人民的智慧。这种在民族文化体系中最具有代表性的文化特质，突出地再现了民族特色、民族心理和民族意识。

近年来，国家及各地方召开的各种形式的民族体育运动会，使少数民族传统体育如雨后春笋般得到了极大的发展。每四年举办一届的全国民族运动会，规模一届比一届盛大，项目一届比一届丰富多彩。而大量民族体育项目规则的制定，则为民族体育的推广和交流奠定了良好的基础，使少数民族体育的发展形成规范化。同时，少数民族在党的富民政策的指引下，民族经济得到了飞快发展，为民族传统体育的社会化奠定了深厚的基础。随着农牧民收入的提高，文体活动多以"家庭为龙头"而举办的民族体育活动在占全国18%的西北少数民族地区屡见不鲜。这一结果必将带动少数民族地区出现以"家庭联产承包责任制"的中国特色民族体育发展的一个模式，使国家办与民族办、社会办与集体办、个人办有机结合起来，从而使民族体育更好地面向社会，为社会服务。就56个民族而言，少数民族传统体育是社会主义体育的重要组成部分，在开拓中华民族悠久的宝贵文化遗产时，与现代体育互相辉映，在人民的体育生活中，构成了五彩缤纷的绚丽景观。无论在奥运会上争取金牌，还是在继承和挖掘民族遗产、增进民族团结和凝聚民族向心力、增强民族忧患意识、再现伟大的爱国主义精神诸方面都将发挥重要的作用。

"只有民族的才是世界的"。中国少数民族传统体育在经历几千年的承袭、发展、演变之后，将根据自己的时代和民族的需求来寻求传统向现代转化的契机，进而合理地继承与消化异域输送来的养料，有效地促成固有文化结构的变换，创造出符合时代潮流并具备中华民族特色的崭新文化形态来。我国少数民族所创造的绚丽多姿的体育形式，蕴含着对生命价值的追求，民族情感的强化，民族向心力的凝聚。再现伟大的爱国主义精神的丰富内涵，使其在国家的现代化建设和全民健身活动以及全面提高民族整体素质中发挥着积极的作用。中国少数民族传统体育进一步的发展，将促使各民族的体育文化在坚持"民族特色"的基础上追求新的发展，促进世界体育文化的共同交汇、异质互补与全面繁荣，以其鲜明的民族特色在东西方跨文化交流中呈现出独特的魅力。

四、主要传统项目

近年来，各民族所特有的民族传统体育项目不断得到重视并不断地得到挖掘整理。表11-1所示为我国各民族开展的代表性传统体育项目汇总。

表11-1　　　　　　　各民族开展的代表性传统体育项目分类简表

序号	民族名称	代表性项目	序号	民族名称	代表性项目
1	蒙古族	摔跤、赛马、打布鲁、布木格等	4	维吾尔族	达瓦孜、摔跤、赛马、抢花帽等
2	回族	木球、掼牛、中幡、打抛俩等	5	苗族	上刀梯、秋千、划龙舟、跳鼓等
3	藏族	赛牦牛、赛马、藏棋、拔腰等	6	彝族	磨秋、跳火绳、摔跤、赛马等

序号	民族名称	代表性项目	序号	民族名称	代表性项目
7	壮族	抛绣球、跳花灯、抢花炮等	32	羌族	推杆、观音秋、扭根子、骑射等
8	布依族	丢花包、划竹排、秋千、花棍舞等	33	布朗族	藤球、爬竿、斗鸡、跑马等
9	朝鲜族	跳板、顶罐走、摔跤、高丽象棋等	34	撒拉族	拔腰、打蚂蚱、打缸、放木筏等
10	满族	溜冰车、珍珠球、冰嬉、击石球等	35	毛南族	顶竹竿、下棋、石担、石锁等
11	侗族	抢花炮、草球、踩芦笙、投火把等	36	仡佬族	打篾鸡蛋球、打花龙等
12	瑶族	独木滑水、人龙、打陀螺、毛来球等	37	锡伯族	射箭、摔跤、赛马、角力等
13	白族	霸王鞭、仪鼓、赛马、赛龙舟等	38	阿昌族	象脚鼓舞、舞阿昌刀、荡秋、车秋等
14	土家族	打飞棒、抱磨赛跑、踢毽子等	39	塔吉克族	刁羊、赛马、马球等
15	哈尼族	磨秋、塞蒙抬、打陀螺等	40	普米族	赛马、打靶、布球、打鸡毛球等
16	哈塞克族	刁羊、姑娘追、马上摔跤、滑雪等	41	怒族	溜索、跳竹、滑草、摔跤等
17	傣族	象脚鼓队踢、藤球、赛龙舟、跳竹竿等	42	乌孜别克族	赛马、刁羊、摔跤等
18	黎族	打花棍、卡咯、盖冽、钱铃双刀等	43	俄罗斯族	嘎里特克等
19	傈僳族	弩弓射击、泥弹弓、爬竹竿、拉绳等	44	鄂温克族	套马、狩猎、滑雪等
20	佤族	射弩、摔跤、爬杆、布球、顶杠等	45	德昂族	射弩、梅花拳、左拳等
21	畲族	稳凳、操石磉、打尺寸、赛海马等	46	保安族	抹旗、夺腰刀、抱腰、羊皮筏等
22	高山族	背篓球、竿球、顶壶、拉竿等	47	裕固族	赛马、摔跤、拔棍、顶牛、射箭等
23	拉祜族	打马桩、射弩、鸡毛球、丢包等	48	京族	踩高跷、跳竹竿、顶竹竿等
24	水族	赛马、狮子登高、翻桌子等	49	塔塔尔族	赛跳跑、爬竿、拔河等
25	东乡族	羊皮筏子、羊皮袋、压走马比赛等	50	独龙族	射弩、溜索、蹬绳索、滑草等
26	纳西族	东巴跳、秋千、飞石索、丽江球等	51	鄂伦春族	夏巴、毛皮球、射击、赛马等
27	景颇族	火枪射击、爬滑竿、扭杠、顶杠等	52	赫哲族	叉草球、冰磨、打爬犁、击木轮赛等
28	柯尔克孜族	姑娘追、刁羊、马背拔河、二人翻等	53	门巴族	射击、狩猎等
29	土族	轮子秋、拉棍、拔腰等	54	珞巴族	射箭、碧秀（响箭）
30	达翰尔族	曲棍球、劲力、老虎棋、波依阔等	55	基诺族	跳嘎、竹竿比赛、藤条、羊打架等
31	仫佬族	抢花炮、打篾球、打灰包、花龙等	56	汉族	投壶、蹴鞠、布打球、捶丸、龙舟等

思考与练习

1. 什么是民族体育？
2. 民族体育的特点有哪些？

武 术

本章介绍了武术的起源和分类，概述了武术的基本功和基本动作，详细讲解了二十四式太极拳的动作要领。

第一节　武术运动概述

本节概述了武术的起源与发展，阐述了武术的分类：按其运动形式可分为功法运动、套路运动和搏斗运动，亦可按其依附地域或以二分法进行分类。

一、武术的渊源

武术（Martial Arts）是以技击动作为主要内容，以套路和格斗为运动形式，注重内外兼修，增强体质、培养意志的中华传统体育项目。

武术萌芽于祖先与野兽的搏斗。随着部落战争的烽火，攻防格斗技术不断积累。自卫本能的升华、猎取食物的需求和实战技术的积累为武术发展奠定了基础。青铜兵器的使用，战车、机弩的发明，刀剑钩铖戟的出现，武器向多样化发展，使得武术的技击性进一步突出。从单纯的军事技术到带有健身色彩的民间体育运动，从相击形式的搏斗到舞练形式的演练，从单练、对练到套路，武术的内容不断充实。

狭义的武术特指中华武术，它是中华民族的宝贵遗产，以中国传统文化为基础。在其源远流长的发展过程中，摄养生之精髓，集技击之大成，攻防自卫，养身健体，具有"内外合一""神形兼备""尚武崇德"的特点。中国武术历史悠久，受到了古代道家、儒家、释家等诸家思想的影响，得到了传统医学、杰出兵法、哲学思辨等理论的熏陶，以阴阳五行学说为基础，形成了独特的武学文化，既包括讲礼守信、尊师重道、行侠仗义的道德标准，又富含博大精深、攻防兼备的动作套路。

我国武术代表团曾多次出访，以精湛的技艺和表演在众多国家和地区引起强烈反响，"武术热"风靡全球。1990 年国际武术联合会（简称国际武联）在北京成立，1994 年该组织被国际单项体育联合会接纳为会员，2002 年其在国际奥委会第 113 次全会上被正式承认。1990 年第十一届亚运会，武术便被列为正式比赛项目，2008 年第二十九届奥运会将武术作为特别竞赛项目。原国际奥委会主席萨马兰奇先生指出：作为中国传统体育项目之一的武术现已超越国界，许多国家成千上万的爱好者聚集一起，他们相互交流，探讨武术的体育价值及道德观念，以教育年轻人。现任国际奥委会主席罗格先生曾明确表示：欢迎武术进入奥林匹克大家庭。

二、武术的分类

我国武术运动根深叶茂，流派众多。战国时代的《司马法》中记有"长兵""短兵"的分法。戚继光在《纪效新书》中介绍拳技时则使用了打、踢、跌、拿4种技法的概念。清初黄宗羲又提出了内家拳、外家拳的分类概念。此外，民间还流传着"南拳""北腿"的说法。

1. 按运动形式分类

（1）功法运动。功法运动是以单个武术动作作为主体进行练习，以达到增强专项体能或健体目的的运动。其包括内功（内养功）、外功（外壮功）、轻功（弹跳）、硬功（击打和抗击打）等，既是套路运动和搏斗运动的基础，又是极好的锻炼方法。例如，习浑元桩可以调心、调身、调息，站马步桩可以增强腿力等。

（2）套路运动。套路运动是指以踢、打、摔、拿、击、刺等技击动作为主要内容，以攻守进退、动静疾徐、刚柔虚实等矛盾运动的变化规律编成的整套练习形式。按其练习形式可分为单练、对练和集体表演3种类型。

单练是指单人练习的套路运动，包括徒手拳术与器械。徒手拳术种类众多，有长拳、南拳、太极拳、形意拳、八卦拳、通背拳、劈挂拳等。器械又可分为短器械、长器械、双器械和软器械4种。短器械主要有刀、剑等；长器械主要有棍、枪等；双器械主要有双刀、双剑、双钩、双枪、双鞭等；软器械主要有三节棍、九节鞭、流星锤等。

对练是由两人或两人以上，在预定条件下进行的假设性攻防练习套路，其包括徒手对练，器械对练，徒手与器械对练等。

集体演练指6人或6人以上徒手或持器械同时进行练习的演练形式，有一定的集体造型和队形变化，可有音乐伴奏。

（3）搏斗运动。搏斗运动，是两人在一定条件下，按照一定的规则，运用相应的攻防技法，斗智、斗勇、较技、较力的对抗性练习形式，如散打、推手、短兵等。

2. 按依附地域分类

传统的武术流派往往是依托不同的山川名胜而自然形成的，并传承至今，如少林派（嵩山）、武当派、峨眉派、青城派、华山派、崆峒派、天山派等。

3. 按二分法来分类

按技术、技击风格的不同，兴盛地域的差异等，民间多以二分法，通过比较对武术进行分类，如南拳与北腿、长拳与短打、内家拳与外家拳等。

第二节　武术基本功和基本动作

本节概述了武术的基本功和基本动作。武术的基本功主要包括：肩臂功、腿功、腰功和桩功等。武术的基本动作主要包括手型、步型、手法、步法、腿法、平衡和跳跃动作等。

一、武术基本功

武术的基本功是发展某项专门素质的基础功法。它能有效地提高关节的伸展性和灵活性，增强韧带的柔韧性和肌肉的力量，既是武术入门必不可缺的基础功夫，又是提高体能和武术技能的必要手段。

按人体的身体部位可划分为肩臂功、腿功、腰功和桩功。

1. 肩臂功

肩臂功，主要是加大肩关节的活动范围并增进其韧带的柔韧性，发展肩臂部肌肉力量，提高上肢运动的伸展、敏捷、松长、转环等能力。

练习方法主要有压肩、吊肩、转肩、绕肩等。

（1）压肩。如图 12-1 所示，开步（两脚平行，左右站立）站立，与肩同宽或稍宽，上体前俯，手握肋木，下振压肩。也可两人面对面站立，互相扶按肩部，做体前屈振动压肩动作。要点：挺胸、塌腰、收髋，两臂、两腿伸直；振幅逐步加大，压点集中于肩部。

（2）吊肩。如图 12-2 所示，并步（两脚内侧相靠）站立，背对肋木，两手反臂抓握，然后下蹲，两臂拉直或悬空吊起。要点：两臂伸直，肩部放松。

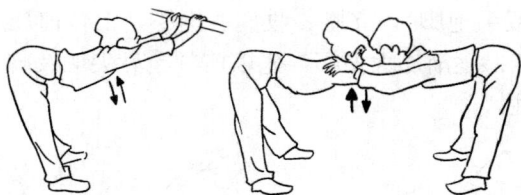 

图 12-1　压肩　　　　　　　　　　　　　　　　　图 12-2　吊肩

（3）转肩。如图 12-3 所示，开步站立，两手正握棍于体前。以肩关节为轴，两臂伸直上举经头顶绕至体后，再从体后向上绕至体前。要点：两臂始终伸直；两手握棍距离应由宽到窄，一般与肩同宽。

（4）绕肩。单臂绕环，成左弓步姿势，左手按于左膝上（也可两脚开立，左手叉腰），右臂上举，由上向后、向下、向前环绕，为后绕环（见图 12-4）；右臂由上向前、向下、向后环绕，为前绕环。左右臂交替练习。要点：臂要伸直，肩应放松，贴身划立圆，逐渐加速。

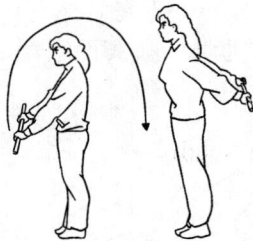 

图 12-3　转肩　　　　　　　　　　　　　图 12-4　绕肩

双臂绕环有 3 种，3 种都要两脚开立，与肩同宽。①前后绕环，如图 12-5 所示，两臂垂于体侧，依次由下向前、向上、向后做绕环。数次后，再做反方向的绕环。②左右绕环，如图 12-6 所示，左右两臂同时向右、向上、向左、向下绕环。数次后，再做反方向绕环。③交叉绕环，如图 12-7 所示，两臂直臂上举，左臂前绕环，同时右臂后绕环。数次后，再做反方向绕环。要点：松肩、探臂，划立圆绕环。

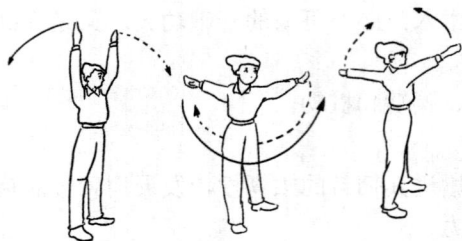

图 12-5　前后绕环

图 12-6　左右绕环

2．腿功

腿功主要是拉长腿部的肌肉和韧带，加大髋关节和膝关节的活动范围，发展腿部的柔韧性、灵活性、协调性和力量等素质。练习方法主要有压腿、搬腿、劈腿等。

（1）压腿。

① 正压腿。如图 12-8 所示，右腿直立支撑，将左脚跟放在与髋同高或稍高的肋木上，脚尖勾紧，两手扶按在膝关节上（或双手抱脚），立腰、收髋、挺膝，上体前屈，向前、向下做压振动作。左右腿交替练习。要点：逐渐加大振幅，先以前额、鼻尖触及脚尖，然后过渡到下颏触及脚尖，以提高腿的柔韧性。

图 12-7　交叉绕环

图 12-8　正压腿

② 侧压腿。如图 12-9 所示，身体侧对肋木，右腿伸直支撑，脚尖外展。左脚跟放在肋木上，脚尖勾紧，右臂上举，左掌附于右胸前，立腰、展髋，上体向左侧压振。左右腿交替练习。要点：逐步加大振幅，直到右手握左脚掌、上体侧卧在左腿上。

③ 后压腿。如图 12-10 所示，背对肋木，右腿支撑，左脚背放在肋木上，脚面绷直，上体后仰做压振动作。左右腿交替练习。要点：挺胸、展髋、腰后屈。

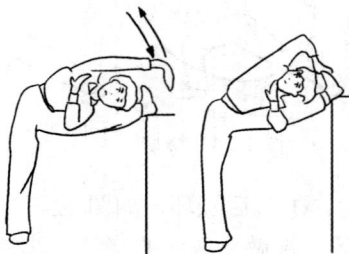

图 12-9　侧压腿

图 12-10　后压腿

④ 仆步压腿。如图 12-11 所示，右腿屈膝全蹲，左腿挺膝伸直，脚尖里扣。两脚全脚掌着地，两手分别抓握两脚外侧，成仆步向下压振。左右腿交替练习。要点：挺胸、塌腰、沉

髋，左右移动不宜过快，臀部尽量贴近地面。

（2）搬腿。

① 正搬腿，如图12-12所示，右腿直立与上体保持正直，左腿屈膝提起，右手托握左脚外侧，左手抱膝。然后，左腿挺膝向前上方举起，脚尖勾紧。也可由同伴托住脚跟上搬。左右腿交替练习。要点：挺胸、立腰、收髋；上搬高度应由低到高。

图 12-11　仆步压腿　　　　　　　　　　　图 12-12　正搬腿

② 侧搬腿，如图12-13所示，左腿直立与上体保持正直，右腿屈膝提起，右手经小腿内侧托住脚跟，然后将右腿向右上方搬起，左臂上举亮掌。也可由同伴托住脚跟向侧上搬腿。左右腿交替练习。要点：挺胸、立腰，髋关节放松。

③ 后搬腿，如图12-14所示，手扶一定高度的物体或肋木，左腿支撑，由同伴托起右腿从身后向上搬举，挺膝，脚尖绷直，上体后屈。左右腿交替练习。要点：挺胸、塌腰、髋放正、腰后屈。

图 12-13　侧搬腿　　　　　　　　　　　　图 12-14　后搬腿

（3）劈腿。

① 竖叉。如图12-15所示，两臂侧平举或扶地，两腿前后分开成一条直线。左腿后侧着地，脚尖勾起，右腿内侧或前侧着地。要点：挺胸、立腰、沉髋、挺膝。

② 横叉。如图12-16所示，两臂侧平举或在体前扶地，两腿左右分开成一条直线，两腿内侧着地。要点：挺胸、立腰、展髋、挺膝。

图 12-15　竖叉　　　　　　　　　　　　　图 12-16　横叉

3．腰功

俗语曰："练拳不练腰，终究艺不高"。腰是贯通上下肢体的枢纽，是表现身法技巧的关键。腰功主要发展脊椎和腰部各肌肉群的柔韧性和弹性，加大腰部的活动范围。练习方法主要有俯腰、甩腰、涮腰、下腰等。

（1）俯腰。

① 前俯腰。如图12-17所示，并步站立，两手手指交叉，直臂上举，掌心朝上。上体前俯，两掌心尽量贴地。也可两手分别抱住两脚跟腱部位，头贴近腿部，持续一定时间后再站立，如图12-18所示。要点：两腿挺膝伸直，挺胸、塌腰、收髋，尽力向前折体。

② 侧俯腰。如图12-19所示，基本同前俯腰，但两手手指交叉在脚外侧触地，向左或向右转体。要点：两腿挺膝伸直，两脚不可移动，上体尽量下屈。

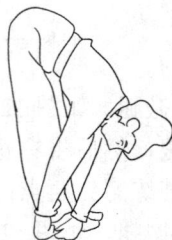

图12-17　前俯腰1　　　　　图12-18　前俯腰2　　　　　图12-19　侧俯腰

（2）甩腰。

如图12-20所示，开步站立，两腿挺膝伸直，两臂上举。以腰、髋关节为轴，上体做前后屈的甩动动作，两臂也随之摆动。要点：快速、紧凑而有弹性。

（3）涮腰。

如图12-21所示，两脚开立，略宽于肩，上体前俯，两臂向左前下方伸出。然后以髋关节为轴，向前、向右、向后、向左翻转绕环一周。左右交替练习。要点：尽量增大绕环幅度。

（4）下腰。

如图12-22所示，两脚开立，与肩同宽，两臂伸直上举。腰向后屈，抬头、挺胸、顶腰，两手撑地成桥形。要点：挺膝、挺髋、挺胸、腰向上顶，桥弓要大；脚跟不可离地。

图12-20　甩腰　　　　　　图12-21　涮腰　　　　　　图12-22　下腰

4．桩功

桩功是以静站的方式锻炼气息、修养意念、增强力量并形成动作动力定型的锻炼方法。

通过桩功练习能增加并稳固下肢力量，使内劲饱满，气血畅活，达到壮内强外的效果。练习方法主要有马步桩、虚步桩、浑元桩（升降桩和开合桩）等。

二、武术基本动作

武术运动讲究心、神、意、气和手、眼、身、步的配合与统一，利关节、强筋骨、壮体魄、理脏腑、通经脉、调精神，使身心得到全面发展。武术的基本动作是指武术各项目中基础的、简单的、典型的、不可缺少的动作，主要包括手形、步形、手法、步法、腿法、平衡和跳跃动作等。

1. 手形

（1）拳。四指并拢卷握，拇指紧扣食指和中指的第二指节。拳眼朝上为立拳（见图12-23），拳心朝下为平拳。要点：拳握紧，拳面平，直腕。

（2）掌。四指并拢伸直，拇指弯曲紧扣于虎口处。手腕伸直为直掌，掌指朝上为立掌（见图12-24）。要点：竖指并拢，掌心展开。

（3）勾。如图12-25所示，五指第一指节捏拢在一起，腕屈紧。要点：五指指尖齐平，腕屈紧。

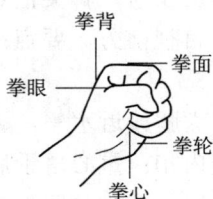

图 12-23　拳

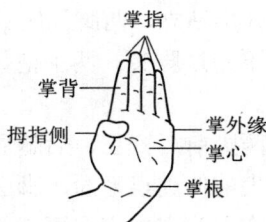

图 12-24　掌

图 12-25　勾

2. 手法

（1）冲拳。

预备姿势：如图12-26（a）所示，开步站立，与肩同宽；两手握拳分别抱于腰侧，拳心向上，肘尖向后；目视前方。

动作说明：如图12-26（b）所示，右拳从腰间猛力向前冲出，肘关节过腰后，前臂内旋，力达拳面，臂伸直高与肩平；同时左肘向后牵拉；目视右拳。左右臂交替练习。

要点：挺胸、收腹、拧腰、顺肩，出拳应快速有力且有寸劲（即爆发力）。

（2）推掌。

预备姿势和要点同冲拳。

动作说明：如图12-27所示，拳变掌，以掌根为力点立掌（翘掌、沉腕）推出，力达掌外沿。

（3）亮掌。

预备姿势同冲拳。

动作说明：如图12-28所示，右拳变掌，由腰间经体侧向右、向上划弧至头部右上方，肘微屈，抖腕翻掌；同时头向左转，目视左方。

（a）　　　　（b）

图 12-26　冲拳

图 12-27　推掌

图 12-28　亮掌

要点：挺胸、收腹、立腰，抖腕翻掌与转头要同时完成。

3．步形

步型与步法的练习主要是增进腿部的速度和力量，提高两腿移动的灵活性和稳固性。

（1）弓步。如图 12-29 所示，前腿屈膝半蹲，大腿接近水平，脚尖微内扣，与膝垂直；后腿挺膝伸直，脚尖内扣斜向前（约 45°）；两脚全脚掌着地，间距约为本人脚长的 4～5 倍；上体正对前方，两手抱拳于腰间，平视前方。弓左腿为左弓步，弓右腿为右弓步。要点：前腿弓，后腿绷；挺胸、塌腰、沉髋。

（2）马步。如图 12-30 所示，开步站立，两脚间距约为本人脚长 3 倍，脚尖正对前方；屈膝半蹲，大腿接近水平，膝关节不超过脚尖；两手抱拳于腰间，目视前方。要点：挺胸、塌腰、直背，膝微内扣，脚跟外蹬。

（3）虚步。如图 12-31 所示，两脚前后开立，后腿屈膝半蹲，大腿接近水平，脚尖外展约 45°，全脚着地；前腿微屈，脚尖前伸虚点地面，脚面崩平并稍内扣；重心落于后退，目视前方。左脚在前为左虚步，右脚在前为右虚步。要点：挺胸、塌腰、虚实分明。

图 12-29　弓步

图 12-30　马步

图 12-31　虚步

（4）仆步。如图 12-32 所示，两脚左右开立，间距约为本人脚长的 4 倍；一腿屈膝全蹲，大小腿紧靠，臀部接近小腿，脚和膝稍外展；另一腿挺直平仆接近地面，脚尖内扣；两脚全脚掌着地，两手抱拳于腰间，眼向仆出腿一方平视。仆左腿为左仆步，仆右腿为右仆步。要点：挺胸、塌腰、沉髋。

（5）歇步。如图 12-33 所示，两腿交叉靠拢，屈膝全蹲，前脚全脚掌着地，脚尖外展；后脚脚跟离地，膝部贴近前腿外侧，臀部坐于后小腿接近脚跟处；两手抱拳于腰间，眼向前腿一方平视。左脚在前是左歇步，右脚在前为右歇步。

要点：挺胸、塌腰、两腿靠拢并贴紧。

（6）丁步。如图 12-34 所示，两腿并拢半蹲，一脚全脚掌着地支撑（重心落于此腿）；另一脚脚面绷直，脚尖内扣并虚点地面，靠于支撑脚脚弓处；两手抱拳于腰间，目视前方。左脚尖点地为左丁步，右脚尖点地为右丁步。要点：挺胸、塌腰、虚实分明。

图 12-32　仆步

图 12-33　歇步

图 12-34　丁步

4．步法

（1）击步。

预备姿势：两脚前后开立，同肩宽，两手叉腰。

动作说明：如图 12-35 所示，上体略前倾，前脚蹬地前纵，后脚提起在空中向前碰击前脚跟；两脚依次落地，后脚先落，前脚后落；目视前方。

要点：腾空时，上体保持正直并侧对前方。

（2）弧形步。

预备姿势同击步的预备姿势相同。

动作说明：如图 12-36 所示，两腿略屈半蹲，沿弧形路线迅速连续行步，脚跟先着地并迅速过渡到全脚掌，步幅略比肩宽，目视前方。向左跨为左弧形步（或左环绕步），向右跨步为右弧形步（右环绕步）。

图 12-35　击步

图 12-36　弧形步

要点：挺胸、塌腰；身体重心要平稳；注意转腰。

5．腿法

（1）正踢腿。

预备姿势：并步站立，臂侧平举，立掌，目视前方。

动作说明：如图 12-37 所示，左脚向前上半步，左腿伸直支撑，右腿挺膝，脚尖勾起向前额处快速踢起；上体正直，目视前方。左右腿交替练习。

要点：收腹、挺胸、立腰；踢腿过腰后加速；踢腿时脚尖勾起绷落或勾起勾落。

（2）斜踢腿。

预备姿势和要点同正踢腿。

动作说明：如图 12-38 所示，一腿向异侧耳际踢起。

图 12-37　正踢腿

图 12-38　斜踢腿

（3）侧踢腿。

预备姿势同正踢腿。

动作说明：如图 12-39 所示，右脚向前上半步，脚尖外展；左脚跟稍提起，身体略右转，左臂前伸，右臂后举。随即左腿挺膝，勾脚向左耳侧踢起；同时右臂上举亮掌，左臂屈肘立掌于右肩前。踢左腿为左侧踢，踢右腿为右侧踢。

要点：挺胸、立腰、开髋、侧身、猛收腹。

（4）外摆腿。

预备姿势同正踢腿。

动作说明：如图 12-40 所示，右脚上步支撑，左脚脚尖勾紧向右侧上方踢起，经面前向左侧上方摆动，而后直腿下落，还原成预备姿势。左掌可在左侧上方迎击左脚脚面。左右腿交替练习。

图 12-39　侧踢腿

图 12-40　外摆腿

要点：挺胸、立腰、收腹、展髋，摆腿成扇形，幅度要大。

（5）里合腿。

预备姿势同正踢腿。

动作说明：如图 12-41 所示，左脚向左上方踢起，经面前向右侧上方直腿摆动。

要点：挺胸、立腰、合髋，腿成扇形里合，幅度要大。

（6）弹腿。

预备姿势：并步站立，两手抱拳于腰间，目视前方。

动作说明：如图 12-42 所示，左腿支撑，右腿屈膝提起，右脚绷直，大腿与腰平，迅速挺膝，小腿猛力向前弹击，力达脚尖。大腿与小腿成一条直线，高与腰平。左右腿交替练习。

图 12-41　里合腿

图 12-42　弹腿

要点：挺胸、直腰、收髋，脚面绷平，弹踢有力。

（7）后扫腿。

图 12-43　后扫腿

如图 12-43 所示，成左弓步，同时两掌从腰侧向前推出，掌指朝上。然后，左腿屈膝全蹲，脚尖内扣，成右仆步，同时上体右转并前俯，两掌在右腿内侧撑地，随上体向右后拧转的惯性力量，以左前掌为轴，右脚贴地向后扫转一周。

要点：转体、俯身、撑地，扫转要连贯协调，一气呵成。

6．平衡

平衡练习的主要作用是增加腰、髋的柔韧性和肌肉的控制力量。

（1）提膝平衡。如图 12-44 所示，右腿伸直支撑，左腿屈膝高提过腰，脚面绷直，垂扣于右腿前侧。右臂上举于头上亮掌，左手反臂后举成勾手。两眼向左平视。

要点：挺胸、立腰、收腹；平衡站稳，提膝近胸，脚内扣。

（2）燕式平衡。如图 12-45 所示，左腿支撑站稳，右腿屈膝提起，两掌在身前交叉，掌心向内。然后，两掌向两侧直臂分开平举，上体前俯，略高于水平，脚面绷平向后上蹬伸，至高于头顶水平部位。

要点：两腿伸直；挺胸、抬头、腰后屈。

图 12-44　提膝平衡

图 12-45　燕式平衡

7．跳跃

跳跃是指蹬地跳起，身体腾空时完成各种手法、腿法等动作。它能增强腿部力量，并提高弹跳能力。

（1）腾空飞脚。预备姿势：并步站立，两臂垂于体侧，目视前方。

动作说明：上体稍后仰；右脚向前迈步，以脚跟着地，蹬地跃起；左腿随之向前、向上踢摆；同时，两臂向头上摆起，右掌背碰击左掌心；双眼平视前方[见图 12-46（a）、图 12-46（b）]。身体向上腾起；右腿挺膝向前上方弹踢，脚面绷平过腰，右掌迎击右脚面；同时左腿屈膝收控于右腿侧，脚面绷直，脚尖向下，左掌直臂摆至头部左上方，变勾手，勾尖向下，略高于肩；上体微前倾，目视右脚[见图 12-46（c）]。左右脚依次落地，以前脚掌先着地，然后过渡到全脚，随之屈膝加以缓冲。

（2）旋风脚。预备姿势：高虚步亮掌站立。

开步站立，两臂垂于体侧，目视前方。右臂向前上方弧形摆掌，掌心向斜上方；同时左臂屈肘，左掌收于左腰侧，掌心向下；上体微左转，目随右掌[见图 12-47（a）、图 12-47（b）]。右掌经体前向左、向下、向右、向头上抖腕亮掌，掌心向上，掌指朝左；同时左掌从右臂内穿出，经胸前向上，向左摆至左侧，掌指朝上，高于肩平。在右臂抖腕亮掌的同时，头部左转，两眼转视左侧，左脚收于体前，脚尖虚点地面，成高虚步[见图 12-47（c）]。

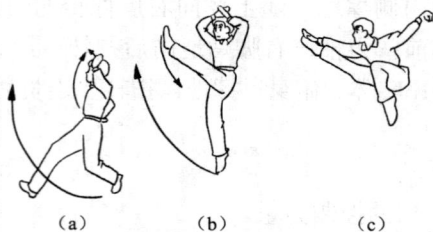

图 12-46　腾空飞脚

图 12-47　高虚步亮掌站立

动作说明：左脚左上步，同时左掌向前、向上摆起，右臂伸直向后、向下摆动[见图 12-48（a）]。右脚随即上步，脚尖内扣，左臂随之向下摆动并屈肘收至右胸前。左臂向上、向前抢摆，上体向左旋转前俯[见图 12-48（b）]。重心右移，右腿屈膝蹬地跳起，左腿提起向左上方摆动。上体向左上方翻转，同时两臂向下、向左上方抢摆。身体旋转一周（不少于270°），右腿挺膝里合，左手在面前迎击右脚掌，左腿舒展外摆自然下垂，并在击响的刹那间离地[见图 12-48（c）、图 12-48（d）]。当腾空动作较熟练后，左腿应逐步高摆，屈膝或直腿收控于身体左侧。

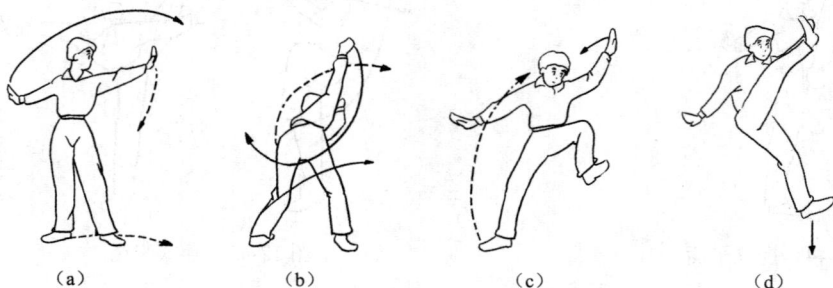

图 12-48　旋风脚关键动作

（3）腾空摆莲。预备姿势：高虚步挑掌站立。

如图 12-49 所示，并步站立，右脚后撤一大步，同时右臂向前、向上挑掌，左臂后摆至体后。重心后移，左脚回收至身前虚点地面，成高虚步；同时右臂向上、向后、向下、向前环绕一周于身前挑掌，左臂向前、向上、向后绕环抡摆至身后，两臂与肩齐平，两掌掌指朝上；挺胸、直腰、顺肩，目视前方。

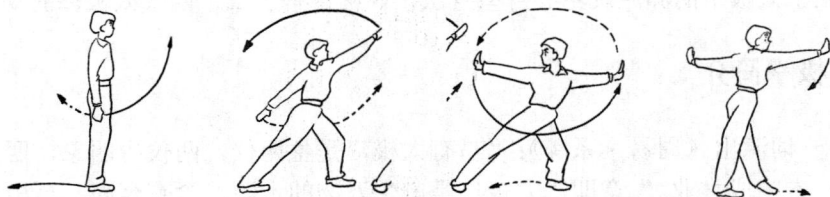

图 12-49　高虚步挑掌站立

动作说明：

弧形步上跳。左脚向前进半步[见图 12-50（a）]，右脚随之向前进一大步，脚尖外展，屈膝微蹲。同时右掌弧形回收至腰间，左臂由后经上摆至头前上方[见图 12-50（b）]。右腿蹬伸上跳，左脚屈膝提起收扣于身前，身体腾空。同时右臂经左臂内侧向上弧形斜上举，左臂顺势摆向身后，头部左转，右肩前顺[见图 12-50（c）]。右脚落地，左脚随之在身前落步，右脚再进一步，脚尖外展；身体右转，同时右臂顺势下落，左臂前摆[见图 12-50（d）、图 12-50（e）]。

（a）　　　　（b）　　　　（c）　　　　（d）　　　　（e）

图 12-50　腾空摆莲关键动作 1

重心前移右腿，右脚蹬地跳起，同时左腿向右上方里合踢摆，两手上摆于头上击响，上体向右旋转，身体腾空[见图 12-51（a）]。右腿上踢外摆呈扇形，两手先左后右依次拍击右脚面，左腿屈膝收控于右腿侧。上体微前倾，两眼随视两手[见图 12-51（b）]。空中击响时，左腿充分伸直分开摆动控于体侧[见图 12-51（c）]。

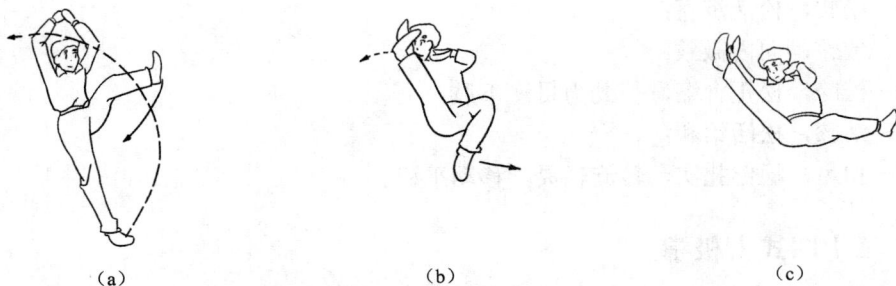

（a）　　　　　　　　（b）　　　　　　　　（c）

图 12-51　腾空摆莲关键动作 2

第三节 太 极 拳

本节介绍了太极拳的渊源及主要身型身法，详细讲解了二十四式太极拳的动作要领。

一、太极拳简介

"太极"一词源出《周易·系辞》："易有太极，是生两仪，两仪生四象，四象生八卦，八卦定吉凶，吉凶成大业。"意即"太极"是产生万物的本源，含有至高、至极、绝对、唯一之意。太极拳亦是取义于此。

太极拳的起源，众说纷纭，大致有唐朝许宣平、李道子，明朝张三丰、陈卜，清朝陈王廷、蒋发、王宗岳等几种不同的说法。太极拳的发展可见一斑：其并非一人所创，而是前人不断开发、总结、吸收、整理、创新、发展而来的。

太极拳在道家导引、吐纳等养生之术的基础上，吸收了明代名家拳法之长，结合了中国古代的阴阳学说和中医经络学说，形成了完整独立的体系。具有强身健体、祛病延年、陶冶性情之保健功效。

太极拳动作柔和、缓慢、圆活、连贯、自然、协调，迈步如猫行，运劲似抽丝。讲求体松心静，精神贯注，以意导形，上下相随，中正安舒，虚实分明。整套动作行云流水，连绵不断，既自然又高雅，既有音乐的韵律、哲学的内涵，又有美的造型、诗的意境。其特点是以柔克刚、以静待动、以圆化直、以小胜大、以弱胜强。

太极拳（hexagram boxing）主要身形身法。

头——虚领顶劲，头正、顶平、项直、颏收，有上悬意念；

肩——沉肩，平正松沉；

肘——坠肘，自然弯曲垂坠；

臂——掤劲，上肢充满膨胀的内力；

腋——虚腋，腋下保持一定空隙；

腕——塌腕，劲力贯注；

手——展指舒掌，五指自然分开，掌心微含；

胸——含胸，舒松微含；

背——拔背，舒展伸拔；

脊——正脊，中正竖直；

腰——松腰，松活沉直；

臀——敛臀，向内微敛；

胯——松胯，松正含缩，使劲力贯注下肢；

膝——活膝，松活柔和；

足——扣足，稳健扎实，转旋轻灵，移动平稳。

二、二十四式太极拳

二十四式太极拳又称作简化太极拳，其动作分为 8 组，共 24 个。

第一组：（1）起势，（2）左右野马分鬃，（3）白鹤亮翅；第二组：（4）左右搂膝拗步，（5）手挥琵琶，（6）左右倒卷肱；第三组：（7）左揽雀尾，（8）右揽雀尾；第四组：（9）单鞭，（10）云手，（11）单鞭；第五组：（12）高探马，（13）右蹬脚，（14）双峰贯耳，（15）转身左蹬脚；第六组：（16）左下势独立，（17）右下势独立；第七组：（18）左右穿梭，（19）海底针，（20）闪通臂；第八组：（21）转身搬拦捶，（22）如封似闭，（23）十字手，（24）收势。

扫一扫

微课：二十四式
太极拳

如图 12-52 所示，身体自然直立，两脚并拢；头正颈直，下颌微收，眼平视，口轻闭，舌抵上颚；两臂自然垂于体侧，手指微屈；全身放松，呼吸自然，精神集中。

1．起势

（1）两脚开立。如图 12-53（a）所示，左脚缓缓提起（不超过右踝的高度）向左横跨半步，与肩同宽，脚尖、脚跟依次落地，成开立步。

（2）两臂前举。如图 12-53（b）、图 12-53（c）所示，两臂缓缓向前平举，至高、宽同肩。手心向下，指尖向前。

（3）屈膝按掌。如图 12-53（d）所示，上体保持正直，两腿缓缓屈膝半蹲；同时两掌轻轻下按，落于腹前；掌膝相对。

（a）　　（b）　　（c）　　（d）

图 12-52　站立姿势　　　　　图 12-53　起势

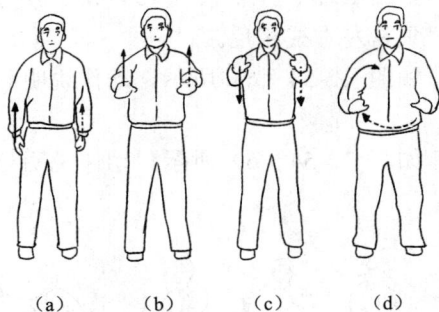

要点：眼向前平视；两肩下沉，两肘松垂，手指自然微屈；屈膝、松腰、敛臀，身体重心落于两腿中间；落臂按掌与屈膝下蹲的动作要协调一致；两臂前举时吸气，向下按落时呼气。

2．左右野马分鬃

（1）左野马分鬃。

① 收脚抱球。如图 12-54（a）、图 12-54（b）所示，上体微右转，身体重心移至右腿上；同时右手向右、向上、向左划弧，右臂平屈于右胸前，掌心向下，手指微屈，左手向下、向右划弧，逐渐翻转至右腹前，掌心向上，两掌心上下相对成抱球状；左脚随即收到右脚内侧，脚尖点地（即脚前掌着地，下同），成左丁步；目视右手。

② 转体迈步。如图 12-54（c）、图 12-54（d）所示，上体缓缓左转，左脚向左前侧迈出一步，左腿自然伸直，脚跟着地；同时左、右手分别向左上、右下分开；视线随左手移动。

③ 弓步分掌。如图 12-54（e）所示，随转体左脚全掌逐渐踏实，左腿屈膝前弓，身体重

心逐渐前移至左腿，右腿自然伸直，右脚跟后蹬稍外碾，成左弓步；同时两手继续分开，左手高与眼平，掌心斜向上，右手落于右胯旁，掌心向下，指尖朝前；两肘微屈，保持弧形；目视左手。

（2）右野马分鬃。

① 后坐翘脚。如图 12-54（f）所示，上体慢慢后坐，右腿屈膝，身体重心后移至右腿；左腿自然伸直，膝微屈，脚尖翘起；目视左手。

② 收脚抱球。如图 12-54（g）、图 12-54（h）所示，身体左转，左脚尖随之外摆（40°～60°），左脚全掌踏实，屈膝弓腿，身体重心移至左腿，右脚跟进收至左脚内侧，脚尖点地；同时左手翻转划弧至左臂胸前平屈，右手向左上前摆至左手下，两掌心相对在胸前左侧成抱球状；目视左手。

③ 转体迈步。如图 12-54（i）所示，动作说明与"（1）左野马分鬃"中"转体迈步"相同，只是左右式相反，且转体幅度稍小。

弓步分掌。如图 12-54（j）所示，动作说明与"（1）左野马分鬃"中"弓步分掌"相同，只是左右式相反。

（3）左野马分鬃。

① 后坐翘脚。如图 12-54（k）所示，动作说明与"（2）右野马分鬃"中"后坐翘脚"相同，只是左右式相反。

② 收脚抱球。如图 12-54（l）、图 12-54（m）所示，动作说明与"（2）右野马分鬃"中"收脚抱球"相同，只是左右式相反。

③ 转体迈步。如图 12-54（n）所示，动作说明与"（1）左野马分鬃"中"转体迈步"相同。

④ 弓步分掌。如图 12-54（o）所示，动作说明与"（1）左野马分鬃"中"弓步分掌"相同。

图 12-54　左右野马分鬃

要点：上体舒松正直，松腰松胯；身体转动时要以腰为轴；做弓步时，迈出脚先脚跟着地，然后过渡至全脚掌，脚尖向前，膝不可超过脚尖，后腿自然伸直，前后脚尖约成45°～60°夹角（下同）；野马分鬃式弓步时，前后脚的脚跟应分在中轴线的两侧，两脚横向距离（身体的正前方为纵轴，其两侧为横向）约 10～30 厘米；转体、弓腿和分手要协调一致；进步时先进胯，使两腿虚实分明；抱球时为吸气，转体迈步、弓步分掌时为呼气。

3．白鹤亮翅

（1）跟步抱球。如图12-55（a）所示，上体微左转，右脚脚跟先离地，向前跟进半步，前脚掌着地，落于左脚后（约20厘米），身体重心仍在左腿；同时左手翻掌向下，左臂平屈于左胸前，右手翻掌向上，向左上划弧至左腹前，与左手成抱球状；目视左手。

（a）　　　　　　（b）　　　　　　（c）

图12-55　白鹤亮翅

（2）后坐转体。如图12-55（b）所示，上动不停（表示动作与动作之间的连贯性），上体稍右转，右脚全脚掌踏实，右腿屈蹲，重心移至右腿；同时两手向右上，左下分开；视线随右手移动。

（3）虚步分掌。如图12-55（c）所示，上动不停，上体稍向左转，面向前方（前进方向），左脚稍向前移，脚尖点地，膝微屈，成左虚步；同时右手继续向右上划弧至右额前，掌心斜向左后方，指尖稍高于头，左手下按至左胯前，掌心向下，指尖朝前；目视前方。

要点：上体舒松正直；转体、分掌和步形的调整要协调一致，同时完成；转动动作要以腰带臂，虚步动作要收腹敛臀；抱球过程吸气，转体分掌过程呼气。

4．左右搂膝拗步

（1）左搂膝拗步。

① 转体摆臂。如图12-56（a）、图12-56（b）、图12-56（c）所示，上体微左转再右转；左脚收至右脚内侧，脚尖点地；同时右手体前下落，由下经右胯侧向右肩外侧划弧，至与耳同高，掌心斜向上，肘微屈，左手由左下向上，经面前再向右下划弧至右肩前，肘部略低于腕部，掌心斜向下；目视右手。

② 弓步搂推。如图12-56（d）、图12-56（e）所示，上动不停，上体左转，左脚向左前方迈出，成左弓步，身体重心移至左腿；同时右手内旋回收，经右耳侧向前推出于右肩前方，高与鼻平，掌心向前，指尖朝上，左手向下经左膝前搂过（即向左划弧搂膝），按于左胯侧稍前，掌心向下，指尖朝前；目视右手。

（2）右搂膝拗步。

① 后坐翘脚。如图12-56（f）所示，右腿屈膝，上体后坐，身体重心移至右腿，左腿自然伸直，脚尖翘起，略向外撇（约40°）；同时右臂微收，掌心旋向左前方，左手开始划弧外展；目视右手。

② 摆臂跟脚。如图12-56（g）、图12-56（h）所示，上体左转，左脚掌逐渐踏实，左腿

屈膝前弓，身体重心移至左腿，右脚跟至左脚内侧，脚尖点地；同时两手继续翻掌划弧，左手向左上摆举至左肩外侧，与耳同高，掌心斜向上，右手随转体向上经面前，向左下摆至左肩前，肘部略低于腕部，掌心斜向下；目视左手。

③ 弓步搂推。如图 12-56（i）、图 12-56（j）所示，动作说明与"（1）左搂膝拗步"中"弓步搂推"相同，只是左右式相反。

（3）左搂膝拗步。

① 转体摆臂。如图 12-56（k）所示，与"（2）右搂膝拗步"中"后坐翘脚"相同，唯左右相反。

② 摆臂跟脚。如图 12-56（l）、图 12-56（m）所示，与"（2）右搂膝拗步"中"摆臂跟脚"相同，唯左右相反。

③ 弓步搂推。如图 12-56（n）、图 12-56（o）所示，动作说明与"（1）左搂膝拗步"中"弓步搂推"相同。

要点：推掌时，上体舒松正直，松腰松胯，沉肩垂肘，坐腕舒掌；搂膝拗步成弓步时，两脚跟的横向距离约 30 厘米（同肩宽）；两手推搂和转体弓腿必须协调一致，同时完成；转体摆臂、后坐翘脚、摆臂跟脚动作过程中吸气，弓步搂推动作过程中呼气。

(a)　　(b)　　(c)　　(d)　　(e)

(f)　　(g)　　(h)　　(i)　　(j)

(k)　　(l)　　(m)　　(n)　　(o)

图 12-56　左右搂膝拗步

5. 手挥琵琶

（1）跟步展臂。如图 12-57（a）所示，右脚跟进半步，以前脚掌着地，落于左脚内后约 20 厘米处；同时右臂稍向前伸展，腕关节放松；目视右手。

（2）后坐引手。如图 12-57（b）所示，上体后坐，右脚全脚掌踏实，身体重心移至右腿；上体稍向右转，左脚跟离地；随转体左手由左下向前上弧形挑举，高与鼻平，肘微屈，掌心斜向下，右手屈臂后引，收于左肘里侧，掌心斜向下；目视左手。

图 12-57　手挥琵琶

（3）虚步合臂。如图 12-57（c）所示，上体微向左回转，但仍保持稍向右侧身状；左脚稍向前移，脚跟着地，膝微屈，成左虚步；同时，两臂外旋，屈肘合抱，左手与鼻相对，掌心向右，右手与左肘相对，掌心向左，犹如怀抱琵琶；目视左手。

要点：身体姿势平稳自然，胸部放松，沉肩垂肘；上肢与下肢动作应协调一致；做图 12-57（a）到图 12-57（b）动作时吸气，做图 12-57（b）到图 12-57（c）动作时呼气。

6．左右倒卷肱

（1）左倒卷肱。

① 转体撤掌。如图 12-58（a）、图 12-58（b）所示，上体右转；两手翻转向上，右手向下撤引，经腰侧向右后上方划弧，至与耳同高，掌心斜向上，肘微屈；目随转体先右视，再转看左手。

② 提膝屈肘。如图 12-58（c）所示，上体微向左回转，左腿屈膝提起，脚尖自然下垂；同时右臂屈肘卷回，右手收向右耳侧，掌心斜向前下方；目视前方。

③ 退步推掌。如图 12-58（d）所示，上动不停，上体继续微向左回转至朝前；左脚向后略偏左侧退一步，脚前掌先着地，然后全脚掌踏实，屈膝微蹲，身体重心移至左腿，右脚跟离地，并以前脚掌为轴随转体将脚扭正（脚尖朝前），膝微屈，成右虚步；同时右手经耳侧向前推出，高与鼻平，左臂屈肘收至左胯旁，掌心向上；目视右手。

（2）右倒卷肱。

① 转体撤掌。如图 12-58（e）所示，上体稍左转；左手向左肩外侧引举，腕与肩同高，掌心斜向上，肘微屈，右手随之翻掌向上；目随转体先左视，再转看右手。

② 提膝屈肘。如图 12-58（f）所示，动作说明与"（1）左倒卷肱"中"提膝屈肘"相同，只是左右式相反。

③ 退步推掌。如图 12-58（g）所示，动作说明与"（1）左倒卷肱"中"退步推掌"相同，只是左右式相反。

（3）左倒卷肱。动作说明与"（1）左倒卷肱"相同。

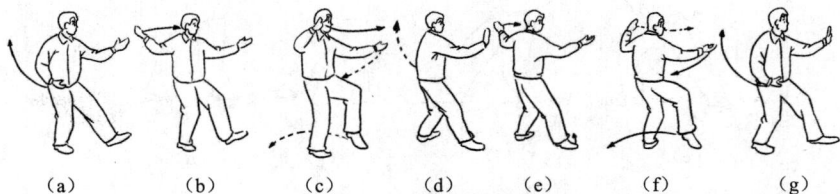

图 12-58　左右倒卷肱

（4）右倒卷肱。动作说明与"（2）右倒卷肱"相同。

要点：前推和后撤的手臂均应划弧线；退左脚略向左后斜，退右脚略向右后斜，避免两脚成一条直线；最后退右脚时，脚尖外撇的角度应略大些，以便于接下来做"左揽雀尾"的动作；转体撤掌和提膝屈肘时吸气，退步推掌时呼气。

7. 左揽雀尾

（1）转体抱球。如图 12-59（a）、图 12-59（b）、图 12-59（c）所示，上体右转，左脚收至右脚内侧，脚尖点地，成左丁步，重心落于右腿；同时右手由胯侧向右后上方划弧屈臂与右胸前，掌心向下，左手由体前划弧下落至右腹前，掌心向上，两手相对成抱球状；目视右手。

（2）弓步绷臂。如图 12-59（d）、图 12-59（e）所示，上体左转，左脚向左前方上步，屈膝，右腿自然蹬直，身体重心前移至左腿，成左弓步；同时左臂向左前方平屈绷出（即左臂平屈成弧形，用前臂外侧和手背向左侧推出），高与肩平，掌心向内，右手向右下方划弧落按于右胯旁，掌心向下，指尖朝前；目视左前臂。

（3）转体伸臂。如图 12-59（f）所示，上体稍向左转；左前臂内旋，左手前伸翻掌向下，右前臂外旋，右手翻掌向上，经腹前向前上伸至左前臂下方；目视左手。

（4）转体后捋。如图 12-59（g）所示，上动不停，上体右转；右腿屈蹲，上体后坐，左腿自然伸直，身体重心移至右腿；同时两手经腹前向右后上捋，直至右手掌心斜向上，高与耳平，左臂平屈于胸前，掌心向内；目视右手。

（5）弓步前挤。如图 12-59（h）、图 12-59（i）所示，上体微左转，左腿屈膝前弓，右腿自然蹬直，重心前移成左弓步；同时右臂屈肘回收，右手经面前附于左腕内侧，掌心向内，左掌心向外，双手同时向前慢慢挤出，与肩同高，两臂呈半圆形；目视左腕。

（6）后坐收掌。如图 12-59（j）、图 12-59（k）、图 12-59（l）所示，左前臂内旋，左掌下翻，右手经左腕上方向前伸出，掌心向下，两手左右分开，与肩同宽；然后上体后坐，屈右膝，左腿自然伸直，脚尖翘起，身体重心移至右腿；同时两臂屈肘，两手划弧回收至腹前，掌心均向前下方；目视前方。

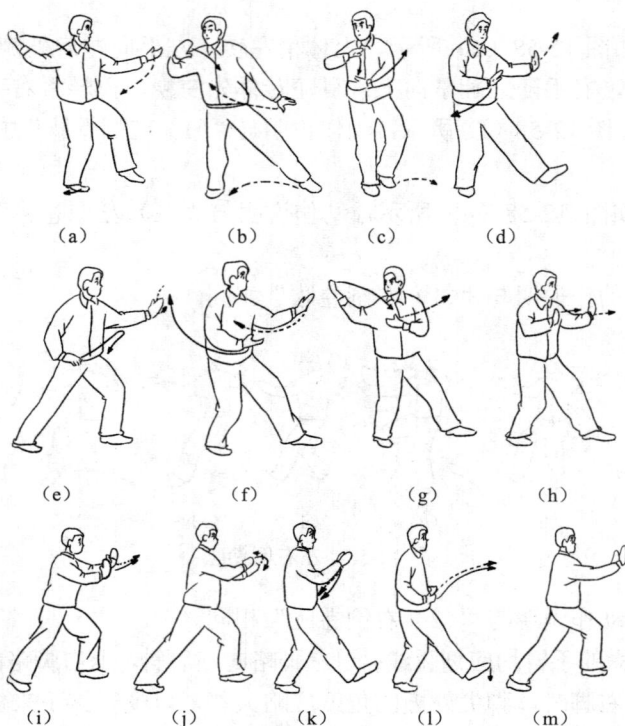

(a)　　　　　(b)　　　　　(c)　　　　　(d)

(e)　　　　　(f)　　　　　(g)　　　　　(h)

(i)　　　　(j)　　　　(k)　　　　(l)　　　　(m)

图 12-59　左揽雀尾

（7）弓步按掌。如图 12-59（m）所示，上动不停，左脚掌踏实，左腿屈膝前弓，右腿自然蹬直，身体重心前移成左弓步；同时两手向前、向上推按，与肩同宽，腕高与肩平，掌心向前，指尖朝上，两肘微屈；目视前方。

要点：左揽雀尾中包括掤、捋、挤、按 4 种击法；上体舒松正直，松腰松胯；动作处处带弧，以腰为主宰，带动手臂运动；掤臂、松腰与弓腿，后坐与引捋，前挤、转腰与弓腿，按掌与弓腿，均要协调一致；转体抱球时吸气，掤式时呼气，捋式时吸气，挤式时呼气，后坐收掌时吸气，按式时呼气。

8. 右揽雀尾

（1）转体抱球。如图 12-60（a）、图 12-60（b）所示，上体右转并后坐，屈右膝，左腿自然伸直，脚尖内扣，身体重心后移至右腿；同时右手经面前平摆右移，掌心向外，两臂成侧平举；视线随右手移动。

如图 12-60（c）、图 12-60（d）所示，上体微左转，屈左膝，右脚收至左脚内侧，脚尖点地，成右丁步，重心回移到左腿；同时左臂平屈胸前，掌心向下，右手由体侧右下向上翻掌划弧至左腹前，掌心向上，两手相对成抱球状；目视左手。

（2）弓步掤臂。如图 12-60（e）、图 12-60（f）所示，动作说明与"7. 左揽雀尾"中"（2）弓步掤臂"相同，只是左右式相反。

（3）转体伸臂。如图 12-60（g）所示，动作说明与"7. 左揽雀尾"中"（3）转体伸臂"相同，只是左右式相反。

（4）转体后捋。如图 12-60（h）所示，动作说明与"7. 左揽雀尾"中"（4）转体后捋"相同，只是左右式相反。

（5）弓步前挤。如图 12-60（i）、图 12-60（j）所示，动作说明与"7. 左揽雀尾"中"（5）弓步前挤"相同，只是左右式相反。

（6）后坐收掌。如图 12-60（k）、图 12-60（1）、图 12-60（m）所示，动作说明与"7. 左揽雀尾"中"（6）后坐收掌"相同，只是左右式相反。

（7）弓步按掌。如图 12-60（n）所示，动作说明与"7. 左揽雀尾"中"（2）弓步按掌"相同，只是左右式相反。

要点：与"7. 左揽雀尾"相同。

(a)　　(b)　　(c)　　(d)　　(e)　　(f)　　(g)

(h)　　(i)　　(j)　　(k)　　(l)　　(m)　　(n)

图 12-60　右揽雀尾

9．单鞭

（1）转体扣脚。如图 12-61（a）、图 12-61（b）所示，上体左转并后坐，左腿屈膝微蹲，右膝自然伸展，右脚尖翘起内扣，身体重心移至左腿；同时左手经面前至身体左侧平举，肘微垂，掌心向左，指尖朝上，右手向下经腹前向左划弧至左肋前，臂微屈，掌心向后上方；视线随左手移动。

（2）丁步勾手。如图 12-61（c）、图 12-61（d）所示，上体右转，屈右膝，左脚收至右腿内侧，脚尖点地，身体重心移至右腿；同时右手逐渐翻掌，并向右上方划弧，经面前至身体右侧时变勾手，勾尖朝下，腕高与肩平，肘微垂，左手向下经腹前向右上划弧至右肩前，掌心转向内；视线随右手移动，最后目视右勾手。

（3）弓步推掌。如图 12-61（e）、图 12-61（f）所示，上体左转，左脚向左前方迈出，成左弓步，身体重心移至左腿；同时左掌经面前翻掌向前推出，掌心向前，腕与肩平，左掌、左膝、左脚尖上下相对；视线随左手移转，最后目视左手。

| （a） | （b） | （c） | （d） | （e） | （f） |

图 12-61　单鞭

要点：上体保持正直，松腰；上下肢动作应协调一致；在做图 12-61（a）、图 12-61（b）、图 12-61（c）所示动作时吸气，做图 12-61（d）、图 12-61（e）、图 12-61（f）所示动作时呼气。

10．云手

（1）云手一。

① 转体扣脚。如图 12-62（a）、图 12-62（b）、图 12-62（c）所示，身体渐向右转，右腿屈膝半蹲，左脚尖翘起、内扣、着地，身体重心回移至右腿；同时左手下落经腹前向右上划弧至右肩前，掌心斜向后，右手松勾变掌，掌心向右前方；目视右手。

② 收步云手。如图 12-62（d）、图 12-62（e）所示，上体左转，身体重心随之左移；右脚提起，收至左脚内侧（相距 10～20 厘米），前脚掌先着地，全脚掌逐渐踏实，两脚平行，两膝微屈；同时左手划弧经面前向左运转，至身体左侧时，内旋外撑，掌心向外，腕与肩平；右手下落经腹前向左上方划弧，至左肩前，掌心斜向里；目视左手。

（2）云手二。

① 开步云手。如图 12-62（f）、图 12-62（g）、图 12-62（h）所示，上体右转，左脚向左横跨一步，脚尖向前，前脚掌先着地，全脚掌逐渐踏实，身体重心移至右腿；同时右手经面前向右划弧，至身体右侧时，内旋外撑，掌心向外，腕与肩平；左手向下经腹前向右上方划弧，至右肩前；目视右手。

② 收步云手。动作说明与"（1）云手一"中"收步云手"相同。

（3）云手三。

① 开步云手。动作说明与"（2）云手二"中"开步云手"相同。

② 收步云手。动作说明与"（1）云手一"中"收步云手"相同。

图 12-62 云手

要点：云手左右各做 3 次，左云手时收右脚，右云手时跨左脚；视线随云手移动；身体转动以腰为轴，松腰松胯，重心应稳定；两臂随腰而动，要自然圆活，速度应缓慢均匀；最后右脚落地时，脚尖微内扣，以便于接做"单鞭"的动作；转体扣脚和开步云手时吸气，收步云手时呼气。

11．单鞭

（1）转体勾手。如图 12-63（a）、图 12-63（b）、图 12-63（c）所示，上体右转，左脚跟离地，身体重心移至右腿；同时右手经面前向右划弧至身体右侧，内旋、五指屈拢变成勾手，勾尖朝下，左手向下经腹前向右上划弧至右肩前，掌心斜向内；视线随右手移动，最后目视右勾手。

（2）弓步推掌。如图 12-63（d）、图 12-63（e）所示，动作说明与"9.单鞭"中"（3）弓步推掌"相同。

图 12-63 单鞭

要点：与"9.单鞭"相同。

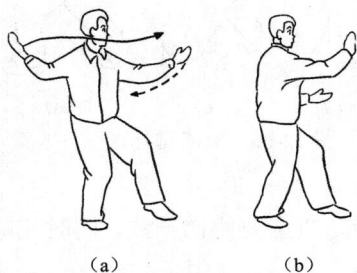

图 12-64 高探马

12．高探马

（1）跟步翻掌。如图 12-64（a）所示，上体微向右转，右脚跟进半步，前脚掌先着地，全脚掌逐渐踏实，屈膝后坐，身体重心移至右腿，左脚跟提起；同时右勾手变掌外旋，两掌心翻转向上，两肘微屈；目视左手。

（2）虚步推掌。如图 12-64（b）所示，上体微向左转，左脚稍向前移，脚尖点地，膝微屈，成左虚步；同时右臂屈肘，右手经耳侧向前推出，腕与肩平，掌心向前，左手收至左腰前，掌心向上；目视右手。

要点：上体舒松正直；上下肢动作应协调一致；跟步翻掌时吸气，虚步推掌时呼气。

13．右蹬脚

（1）弓步分掌。如图 12-65（a）、图 12-65（b）、图 12-65（c）所示，左脚提起向左前侧方迈出，脚尖稍外撇，成左弓步，身体重心前移至左腿；同时左手前伸至右腕背面，两

第十二章　武术

腕背对交叉，腕与肩平，左掌心斜向后上，右掌心斜向前下；随即两手分开，经两侧向腹前划弧，肘微屈；目视前方。

（2）收脚抱手。如图 12-65（d）所示，上动不停，右脚跟进，收至左脚内侧，脚尖点地；同时两手下落经腹前由外向内上划，相交合抱于胸前，右手在外，掌心均向内；目视右前方。

（3）蹬脚分掌。如图 12-65（e）、图 12-65（f）所示，右腿屈膝上提，右脚向右前方慢慢蹬出，脚尖朝上，力贯脚跟；同时两手翻掌左右划弧分开，经面前至侧平举，肘微屈，腕与肩平，掌心均斜向外；右臂与右腿上下相对；目视右手。

要点：身体重心要稳定；分掌与蹬脚动作要同时进行、协调一致；图 12-65（a）、图 12-65（b）的动作过程为吸气，图 12-65（c）到图 12-65（d）的动作过程为呼气，图 12-65（d）到图 12-65（e）的动作过程为吸气，图 12-65（e）到图 12-65（f）的动作过程为呼气。

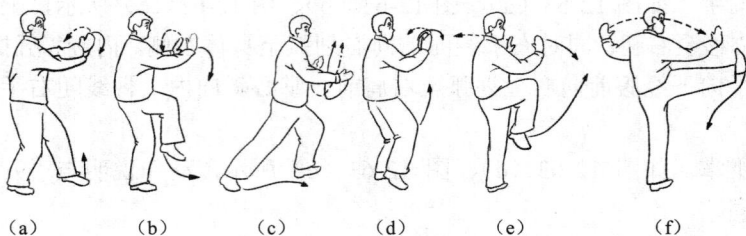

（a）　　　　　（b）　　　　　（c）　　　　　（d）　　　　　（e）　　　　　（f）

图 12-65　右蹬脚

14．双峰贯耳

（1）屈膝并掌。如图 12-66（a）、图 12-66（b）所示，右小腿回收，屈膝平举，脚尖自然下垂；同时左手摆至体前，两手并行由体前向下划弧，落于右膝上方，掌心均翻转向上；目视前方。

（2）迈步落手。如图 12-66（c）所示，右脚向前方落下，脚跟着地；同时两手继续下落至两胯旁，掌心均斜向上；目视前方。

（3）弓步贯拳。如图 12-66（d）所示，右脚掌逐渐踏实，右腿屈膝前弓成右弓步，身体重心移至右腿；同时两手继续向后划弧，并内旋握拳，从两侧向前、向上弧形摆至面部前方，高与耳齐，宽约与头同，拳眼斜向下，两臂微屈；目视右拳。

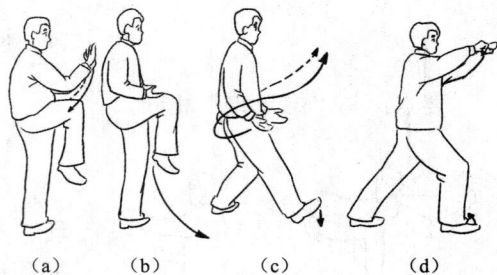

（a）　　　（b）　　　（c）　　　（d）

图 12-66　双峰贯耳

要点：头颈正直，松腰松胯，沉肩垂肘，两拳松握；弓步与贯拳要协调一致，同时完成；屈膝并掌到迈步落手时吸气，迈步落手到弓步贯拳时呼气。

15．转身左蹬脚

（1）转体分掌。如图 12-67（a）、图 12-67（b）所示，上体向左后转，左腿屈膝后坐，右脚尖内扣（约 90°），身体重心移至左腿；同时两拳变掌，向左右两侧分开平举，掌心斜向外，肘微屈；目视左手。

（2）收脚抱手。如图 12-67（c）、图 12-67（d）所示，上动不停，右腿屈膝后坐，左脚收至右脚内侧，脚尖点地，身体重心回移至右腿；同时两手下落经腹前向上划弧，交叉合抱于胸前，左手在外，两掌心皆向内；目视前方。

（3）蹬脚分掌。如图12-67（e）、图12-67（f）所示，动作说明与"13.右蹬脚"中"（3）蹬脚分掌"相同，只是左右式相反。

图 12-67　转身左蹬脚

要点：与"13.右蹬脚"相同。

16．左下势独立

（1）收腿勾手。如图12-68（a）、图12-68（b）所示，左腿回收平屈，小腿稍内扣，脚尖自然下垂；随之上体右转；同时右掌变勾手，勾尖朝下，左手向上、向右经面前划弧下落，立于右肩前，掌心斜向后；目视右勾手。

（2）仆步穿掌。如图12-68（c）、图12-68（d）所示，右腿慢慢屈膝下蹲，左脚向左侧偏后伸出，脚尖内扣，成右弓步，上体左转，右腿继续向下全蹲成左仆步；同时左手外旋下落，向左下沿左腿内侧向前穿出，掌心向外；目视左手。

（3）弓步立掌。如图12-68（e）所示，左脚以脚跟为轴，脚尖外摆，左腿屈膝前弓，右脚尖内扣，右腿自然蹬直，身体重心前移；上体微向左转并随步形转换向前起身；同时左臂继续前伸，立掌挑起，掌心斜向右，右勾手内旋下落于身后，勾尖转向后上方，右臂伸直成斜下举；目视左手。

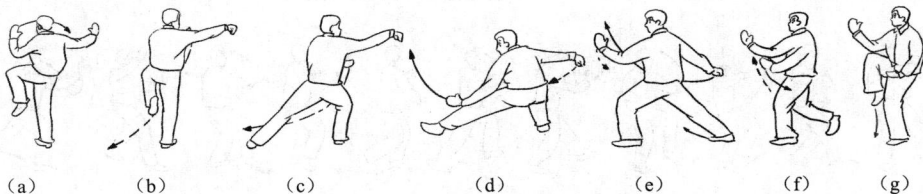

图 12-68　左下势独立

（4）提膝挑掌。如图12-68（f）、图12-68（g）所示，身体重心继续前移，右腿慢慢屈膝提起，与腹同高，脚尖自然下垂，左腿微屈支撑，成左独立式；同时右勾手变掌，下落经右腿外侧向体前弧形挑起，屈臂立于右腿上方，肘膝相对，掌心斜向左，指尖朝上，腕与肩平，左手下按落于左胯旁，掌心向下，指尖朝前；目视右手。

要点：仆步时，左脚尖与右脚跟在一条直线上；图12-67（f）到图12-68（b）的动作过程为吸气，图12-68（c）到图12-68（d）的动作过程为呼气，图12-68（d）到图12-68（e）的动作过程为吸气，图12-68（f）到图12-68（g）的动作过程为呼气。

17．右下势独立

（1）落脚勾手。如图12-69（a）、图12-69（b）所示，右脚落于左脚右前方，脚尖点地，然后以左脚前掌为轴脚跟内转，身体随之左转；同时左手向左后侧提起，成勾手平举，勾尖朝下，腕与肩平，臂微屈；右手随转体经面前向左划弧至左肩前，掌心斜向后；目视左勾手。

（2）仆步穿掌。如图12-69（c）、图12-69（d）所示，动作说明与"16.左下势独立"中"（2）仆步穿掌"相同，只是左右式相反。

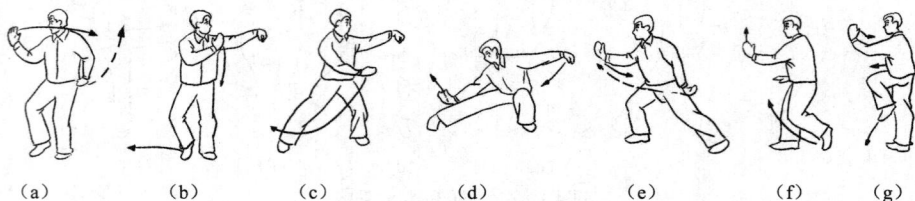

（a）　　（b）　　（c）　　（d）　　（e）　　（f）　　（g）

图12-69　右下势独立

（3）弓步立掌。如图12-69（e）所示，动作说明与"16.左下势独立"中"（3）弓步立掌"相同，只是左右式相反。

（4）提膝挑掌。如图12-69（f）、图12-69（g）所示，动作说明与"16.左下势独立"中"（4）提膝挑掌"相同，只是左右式相反。

要点：右脚尖触地后要稍提起，再向下仆腿；其他均与"左下势独立"相同。

18.左右穿梭

（1）左穿梭。

① 落脚转体。如图12-70（a）、图12-70（b）所示，上体左转，左脚向左前落地（先以脚跟着地，再全脚掌踏实），脚尖外摆，两腿屈膝，成半坐盘式，身体重心略前移；同时左手内旋屈臂于左胸前，掌心向下，右手外旋摆至腹前，掌心向上；目视左手。

② 收脚抱球。如图12-70（c）所示，上体继续左转，右脚收到左脚内侧，脚尖点地，身体重心移至左腿；同时两手左上右下成抱球状；目视左手。

（a）　（b）　（c）　（d）　（e）　（f）　（g）　（h）　（i）　（j）　（k）

图12-70　左右穿梭

③ 弓步架推。如图12-70（d）、图12-70（e）、图12-70（f）所示，上体右转，右脚向右前方迈出，成右弓步，身体重心前移；同时右手内旋，向前、向上划弧，举架于右额前，掌心斜向上；左手先向左下划弧至左肋前，再向前上推出，与鼻同高，掌心向前；目视左手。

（2）右穿梭。

① 收脚抱球。如图12-70（g）、图12-70（h）所示，右脚尖稍向外撇，左脚收至右脚内侧，脚尖点地，身体重心移至右腿；同时右臂屈肘落于右胸前，掌心向下，左手外旋，向下、向右划弧下落于右腹前，掌心向上，两手右上左下在右胸前成抱球状；目视右手。

② 弓步架推。如图 12-70（i）、图 12-70（j）、图 12-70（k）所示，动作说明与"左穿梭"中的"弓步架推"相同，只是左右式相反。

要点：身体正直，重心平稳；架推掌和前弓腿动作要协调一致；弓步时，两脚跟的横向距离同搂膝拗步式，约 30 厘米；落脚转体和收脚抱球时吸气，弓步架推时呼气。

19．海底针

（1）跟步提手。如图 12-71（a）所示，上体稍向右转，右脚向前跟进半步，右腿屈膝微蹲，左脚稍提起，身体重心移至右腿；同时右手下落经体侧向后、向上屈臂提抽至右耳侧，掌心斜向左下，指尖斜向前下，左手经体前下落至腹前，掌心向下，指尖斜向右前方；目视右前方。

（2）虚步插掌。如图 12-71（b）所示，上动不停，上体稍左转；左脚稍向前移，脚尖点地成左虚步；同时右手向斜前下方插出，掌心向左，指尖斜向前下，左手向下、向后划弧，经左膝落至左大腿侧，掌心向下，指尖朝前；目视前下方。

要点：右手前下插掌时，上体稍前倾，松腰松胯，收腹敛臀，不可低头；跟步提手时吸起，虚步插掌时呼气。

20．闪通臂

（1）提脚提手。如图 12-72（a）所示，左腿屈膝，左脚微提起；同时右手经体前上提至肩，掌心向左，指尖朝前；左手向前、向上划弧至右腕内侧下方，掌心向右，指尖斜向上；目视前方。

（2）迈步分手。如图 12-72（b）所示，上体稍右转，左脚向左前方迈出，脚跟着地；同时右手上提内旋，掌心翻向外；目视右前方。

（3）弓步推撑。如图 12-72（c）所示，上体继续右转，左脚掌踏实，左腿屈弓成左弓步，重心前移；同时左手向前推出，掌心向前，高与鼻平，肘微屈；右手屈臂上举，圆撑于右额前上方，掌心斜向上；目视左手。

要点：上体正直，松腰沉胯；推掌、撑掌和弓腿动作要协调一致；弓步时，两脚跟横向距离不超过 10 厘米；提脚提手时吸起，迈步分手和弓步推撑时呼气。

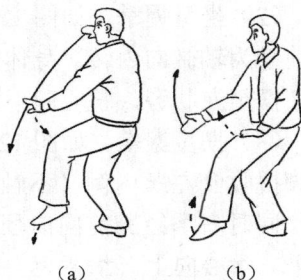

图 12-71 海底针

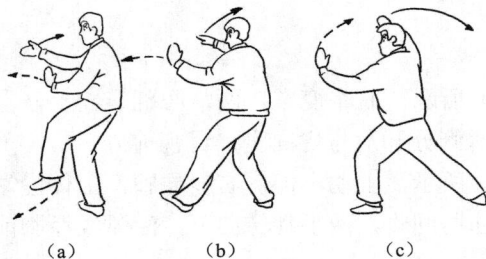

（a）　　　　（b）　　　　（c）

图 12-72 闪通臂

21．转身搬拦捶

（1）转体扣脚。如图 12-73（a）所示，上体右转，右腿屈膝后坐，左脚尖翘起内扣，身体重心移至右腿；同时两手向右划弧，右手成右侧举，左手至头左侧，掌心均向外；目视右手。

（a）　　　（b）　　（c）　（d）　（e）　　（f）　　（g）　　（h）

图 12-73 转身搬拦捶

（2）坐身握拳。如图 12-73（b）所示，上体继续右转，左腿屈膝后坐，右脚跟离地，以脚前掌为轴微向内转，身体重心回移至左腿；同时右手继续向下、向左划弧，经腹前屈臂握拳，摆至左肋旁，拳心向下；左手继续上举至左额前上方，掌心斜向前上；目视右前方。

（3）摆步搬拳。如图 12-73（c）、图 12-73（d）所示，上动不停，身体右转至面向前方；右脚提收到左踝内侧（不触地），再向前垫步迈出，脚尖外撇，脚跟先着地，随即全脚掌踏实；同时右拳经胸前向前翻转搬出（即右手经胸前以肘关节为轴，向上、向前搬打），高与肩平，拳心向上，拳背为力点，肘微屈；左手经右前臂外侧下落，按于左胯旁，掌心向下，指尖朝前；目视右拳。

（4）转体收拳。如图 12-73（e）所示，上体微向右转，右腿屈膝，重心前移，左脚跟提起；同时左掌经体侧向前上划弧，右拳内旋回收至体侧，拳心转向下，右臂平屈于胸前右侧；目视前方。

（5）上步拦掌。如图 12-73（f）、图 12-73（g）所示，上动不停，左脚向前上步，脚跟着地；同时左手向前上划弧拦出，高与肩平，掌心斜向右，指尖斜向上；右拳向右摆，内旋屈收于右腰旁，拳心转向上；目视左手。

（6）弓步打拳。如图 12-73（h）所示，身体稍左转，左脚掌踏实，左腿屈弓成左弓步，重心前移；同时右拳向前打出，高与胸平，拳眼向上，肘微屈；左手微收，附于右前臂内侧，掌心向右，指尖斜向上；目视右拳。

要点：上、下肢动作应协调一致；"搬"要先按后搬，在体前划立圆，并与右脚外撇提落相配合；"拦"以腰带臂平行绕动向前平拦，并与上步动作向配合；"捶"，拳要螺旋形向前冲出，应与弓步动作相配合，同时完成；图 12-73（a）、图 12-73（b）为吸气，图 12-73（b）、图 12-73（c）、图 12-73（d）为呼气，图 12-73（d）、图 12-73（e）、图 12-73（f）、图 12-73（g）为吸气，图 12-73（g）、图 12-73（h）为呼气。

22. 如封似闭

（1）穿手翻掌。如图 12-74（a）、图 12-74（b）所示，右拳变掌，两掌心翻转向上，左掌经右手前臂下向前伸出；两手交叉，随即分别向两侧分开，与肩同宽；目视前方。

（2）后坐收掌。如图 12-74（c）、图 12-74（d）所示，上动不停，右腿屈膝，上体慢慢后坐，左脚尖翘起，身体重心移向右腿；同时两臂屈肘回收，两手翻转向下，沿弧线经胸前内旋向下按于腹前，掌心斜向下；目视前方。

（3）弓步推掌。如图 12-74（e）、图 12-74（f）所示，上动不停，左脚掌踏实，左腿屈膝成左弓步，重心前移；同时两手向上、向前推出，臂微屈，腕与肩平，掌心均向前；目视前方。

要点：上体保持正直；两手距离不超过两肩；穿手翻掌时吸气，后坐收掌和弓步推掌时呼气。

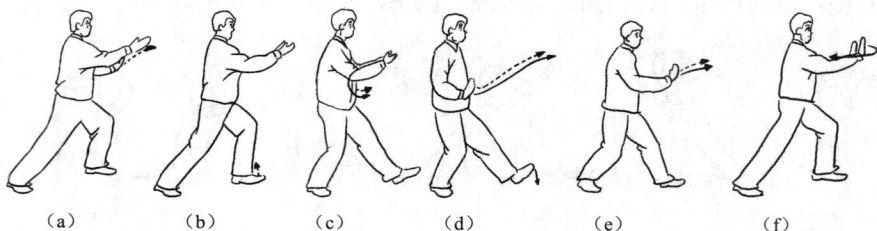

(a)　(b)　(c)　(d)　(e)　(f)

图 12-74　如封似闭

23．十字手

（1）转体分掌。如图 12-75（a）、图 12-75（b）所示，上体稍右转，右腿屈膝后坐，脚尖稍外撇，左腿自然带直，脚尖内扣，成右侧弓步，身体重心移向右腿；同时右手随转体经面前向右平摆划弧，与左手成两臂侧平举，肘微屈，掌心均向前；目视右手。

（2）收脚合抱。如图 12-75（c）、图 12-75（d）所示，上动不停，上体稍左转，左腿屈膝，右脚尖内扣，脚跟离地，身体重心移至左脚；随即右脚轻轻提起向左回收，前脚掌先着地，进而全脚掌踏实，脚距与肩同宽，脚尖朝前，两腿慢慢伸直成开立步，身体重心移到两腿中间；同时两手下落经腹前再向上划弧，交叉合抱于胸前，腕与肩平，两臂撑圆，两掌心均向内，右手在外，成十字手；目视前方。

（a）　　　（b）　　　（c）　　　（d）

图 12-75　十字手

要点：动作要虚实分明；两手向外分开时吸气，两手向下划弧时呼气，两手向上向里合抱交叉时吸气。

24．收势

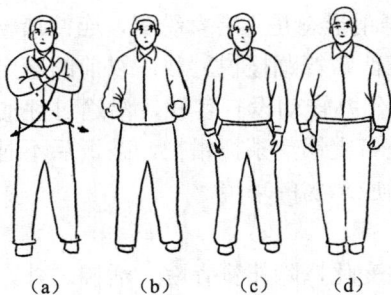

（a）　（b）　（c）　（d）

图 12-76　收势

（1）翻掌分手。如图 12-76（a）所示，两手向外翻掌，掌心向下，左右分开，与肩同宽；目视前方。

（2）垂臂落手。如图 12-76（b）、图 12-76（c）所示，两臂慢慢下落至两胯外侧，自然下垂，松肩垂肘；目视前方。

（3）并步还原。如图 12-76（d）所示，左脚提起与右脚并拢，两脚尖向前，恢复成预备姿势；目视前方。

要点：全身放松；两掌下按的过程呼气，动作完成后，应再进行 3～4 次深呼吸。

思考与练习

1．武术的分类有哪些？
2．武术的基本功有哪些？
3．武术的基本动作有哪些？
4．二十四式太极拳的动作有哪些？

第十三章
藏族传统体育项目选介

第一节　锅庄和响箭

一、锅庄

1. 锅庄舞的起源

锅庄，最早源于火塘。三块石头围着一堆火，石上支锅烹食，三块石头便是锅庄或锅庄石。因地区方言和对锅庄的理解不同，记音和用字也迥异，另有"卓""措""果卓""歌庄""擦拉"等名称。

锅庄舞是一种以歌伴舞形式的集体舞。它是藏族最古老、分布最广的舞种之一。据《钦定大清会典》记载：清高宗（乾隆）平定金川（四川境内）时获得"蕃乐"，并把它作为宫廷乐舞"列于燕乐之末"。乾隆年间刊印的《卫藏图识》中载："俗有跳歌妆之戏，盖以妇女十余人，首戴白布圈帽，如箭鹄，著五色彩衣，携手成圈，腾足于空，团栾歌舞。度曲亦靡靡可听。"在《皇清职贡图》中，又有藏族"男女相悦，携手歌舞，名曰锅庄"的记载。清人李心衡所著《金川锁记》说藏民"俗喜跳庄嘉会"，其舞蹈形态是"男女纷沓，连臂踏歌"，"携手成圈，腾足于空……"是对民间锅庄的直观描述。《西藏舞蹈概说》载：以前的康定一带，有一种商业性组织叫"锅庄"，这类商行收购土产，代办转动设有客栈，沿途过往的藏族商贾常携骡帮宿居其中，晚上，他们往往在院内旷地垒石支锅熬茶抓糌粑，茶饭后不时围着火塘歌唱跳舞，以驱一天的疲劳，保持旺盛的精力，适应恶劣的环境。

2. 锅庄舞的特色

锅庄舞内容丰富，随着藏民族生产生活的发展而产生变化，除礼赞寺院、活佛之外，更多的是寄物言情描绘山川景色，依恋家乡，倾吐爱情，迎宾待客，歌颂幸福生活等。曾有民谚赞其：天上有多少颗星，卓就有多少调；山上有多少棵树，卓就有多少词；牦牛身上有多少毛，卓就有多少舞姿（锅庄，藏语称为"卓"）。

锅庄舞男女分别成弧形对唱而舞，一曲一舞，舞与歌的节奏紧密配合，无乐器伴奏。由慢步开始，逐渐加快，舞姿矫健，动作灵巧，强调情绪表现，极为彰显藏族人民真诚善良、勤劳勇敢、热情奔放、纯朴剽悍的气概。

根据规模和功能的不同，锅庄分为大型宗教祭祀活动的"大锅庄"、民间传统节日的"中锅庄"和亲朋聚会的"小锅庄"3 种。按其风格特点和分布情况，又可分为舒展缓慢、富有韵味的农区果卓（藏语称为"玉卓"），粗犷奔放、热情坦荡的牧区果卓（藏语称为"促卓"），刚柔相间、稳健自在的林区果卓，当地称"博"，豪放典雅的宗教果卓（藏语称为"曲卓"）。按其表现内容，反映牧区劳动生活的叫"羊毛果卓"；适于婚嫁喜庆的叫"吉庆果卓"；模拟动物形态的有"兔子果卓";表现生活情趣的有"醉酒果卓"（摹仿醉汉神态、显示身体灵巧的嬉戏动作）、"哑巴果卓"（快板歌舞段无音乐旋律，以"嘿、嘿、嘿"的呼叫声当节奏配合舞步）等。

3．锅庄舞基本动作

本节讲解了锅庄舞的身体基本姿势、基本脚位、基本手位、袖舞等动作。

（1）身体基本姿态

① 自然站立：松髋，微含胸，垂肩，眼睛平视。

② 坐顶髋：重心自然右移，坐髋、松髋，向侧顶，松腰稍息。

姿势要领：坐顶髋是在点、线与体的流动过程中所形成的瞬间造型，常用于藏族舞蹈动作之间的连接，也是人体自身上体与下肢连接点。

（2）基本脚位

① 自然位（小八字）：在立正姿态的基础上，两脚自然打开站立。

② 丁字步：在小八字步的基础上，左脚脚跟靠于右脚弓前。

③ 脚型：自然勾脚。

（3）基本手位

① 垂肩：双臂自然下垂，在髋侧或前后自然摆动。

② 双叉腰（扶髋）：双手扶髋略前，五指并拢，手心向里，手指尖向斜下方（似叉裤兜状），沉腕，肩关节要放松，可单手做，配合好膝关节。

③ 单臂袖（单背袖）。

- 叉腰单臂袖。右手体侧肩上屈臂90°，左叉腰（扶髋），手心向前，手指并拢向上。
- 侧展单臂袖。右手体侧肩上屈臂90°，手心向前，手指并拢向上，左手有两种姿势：左手体侧自然平展与上体成90°，手心朝下或左手体侧外展与上体成45°，手心向前。

④ 斜上手：双臂斜上方延伸，手心相对。

⑤ 斜下手：双臂斜下方打手，手心向前。

（4）袖舞

长袖是藏族同胞典型的服装样式，锅庄舞中手与臂的动作一般离不开外晃内盖、绕、抛、拉、抽、扔、摊抹、扬、甩、撩、拖等。

① 外晃内盖：右手顺时针，左手逆时针的流动为晃；右手逆时针，左手顺时针的流动为盖。臂的运动保持松弛。

② 绕：指袖子在手腕的操作下形成360°的圆圈，多为水平面的流动。绕动要松弛协调。

③ 抛：指在晃手流动基础上前臂向上发力形成大的半弧线，臂稍有力。

④ 拉：指手在外将袖向身体方向回抽。臂的动作要流畅自然。

⑤ 抽：指以肘关节带动向外发力，留手于后，成直线外出。

⑥ 扔：在抽的基础上，前臂将袖直线快出。

⑦ 摊抹：摊指手心朝上由里至外；抹指手心朝下由外到里。摊抹多是双手同时动作，稍用内在的力量。

⑧ 扬："扬袖"是袖技的主要技巧。"举臂扬袖"是基本的姿态。通过大臂带动肘部再到手腕发出力量，使袖子展现出最长的袖体。

⑨ 甩：甩是袖技中的一个基本动作。舞者挥动双袖向两旁甩，大臂一挥，使两袖飞燕，袖子通过肘部带动手腕的力量使袖体成一条直线，既扩大了人体的伸展，也增强了舞蹈的动感。

⑩ 撩：撩的形态与甩的最大区别在于大臂没有参加运动。舞者挥袖时，小臂垂直于大臂，动力的来源是小臂与手掌，袖子动势的幅度较小，使体态的舒展有所限制。撩袖是一个手腕上的技巧，通过手腕让袖子在空中呈现出一条曲线，使袖子多一种表现形式。

⑪ 拖：拖袖是依靠表演者全身的配合形成的舞姿。上肢带动袖体的拖动与下脚与髋的配合，形成拖袖这个姿态。这个舞姿不求体现袖舞的飘逸，而是突出它厚重感的一面。

4．锅庄舞基本技术

本节讲解了锅庄舞的基本技术，包括上肢动作及其与之相配合的步伐。

（1）上肢动作

① 齐眉晃手：双手下垂，运动时曲腕、曲肘，以腕带动，两手于胸前交替晃动。右手顺时针划圆。此动作有大、中、小之分。小晃于腹前和胸前；中晃的高度于眉齐；大晃于前上方。

② 晃盖手：一手晃，另一手曲臂立腕，手心抹，经上弧线从侧及里，形成上弧线的双手流动。单手的晃盖亦常见于腰侧，腹前。

③ 髋前划手：双手下垂，左右手先后在髋前从内向外至侧划圆。右手顺时针，左手逆时针、在平面上划圆。髋前划手和齐眉晃手属规律性连接。

④ 前后摆手：两手垂于体侧，向前后 45° 摆动，手腕主动。

⑤ 横向摆手：两手垂于体侧，多为单手的横向摆动，手腕主动带动前臂，上臂附随。双手横向（左右）摆起成小八字位，回摆时，一臂屈肘于胸前，另一臂屈肘于体后，摆动时，要放松自然悠起。

⑥ 平面摆手：两手下垂于体侧，单手起至侧，从外至里于胸前水平面摆动，手腕带动，臂附随。

（2）与上肢配合的常见步伐

齐眉晃手——配以单靠、长靠、单撩、三步一撩、点转等。

晃盖手——配以抬踏步、双颤性质的步伐等。

前后摆手——配以退踏步、连三步等。

横向摆手——配以悠踢步等。

平面摆手——配以悠跨步等。

二、响箭

1．响箭的起源、发展

响箭，藏语叫"碧秀"，是弓箭的一种。射响箭是西藏民间的竞技娱乐活动。相传 400 多年前，西藏人民在过"望果节"时就举办射响箭活动，其发端亦与年节的由来密切相关。射响箭运动，在加查、工布、林芝一带藏族中普遍开展，在珞瑜地区的珞巴族中很流行。他们常把响箭作为在深山密林中狩猎时寻找伙伴的信号，平时或节假日也用于比赛、表演、活跃文化生活。响箭比赛是公布年节的主要内容之一，每逢藏历年十月初一即为贡布地区的新年之始。据说在四五百年前，当地的部落首领阿吉杰布，因该地在这年的藏历九月受到外来的侵犯，要忙于率领部下出征，就把正常年份的藏历新年提前到这年的十月一日，过完节后即佩戴上弓箭，跨上骏马，率领部下打仗去了。以后该地区的人民群众相沿成习，至今仍把这个日子定为贡布年之始。阿吉杰布当时佩戴的箭有两种，一是铁镞竹箭，锋利无比，速度快、杀伤力强，专做打仗用；另一种箭即现在的响箭，作为冲锋的信号。这位首领射出的第一支箭即为响箭，并使战斗取得了胜利。从此以后，每逢贡布年人们总是要佩戴响箭，比试射艺，以示纪念，流传至今。

响箭的靶子一般采用木质圆片，直径约 30 厘米，系在 20 厘米长的杆子上，圆片当中有一个可以移动的木塞，直径 10 厘米，参赛者的目的就是将木塞射出去，也有绳系的活靶，以及用牛皮革制作的靶子。箭头是铁镞，箭尾是鹰翎，弦以数股马尾或牦牛绳交缠而成，富有弹性。箭有竹箭、金箭，箭尾嵌有鹰翎，以便使飞箭保持平衡。箭镞分梭镖形、三棱形和圆锥形三种，长 2～3 厘米，重约 10～15 克，很锋利。弓以竹片制作，也有用铁制的硬弓，做弓的竹子都来自墨脱，具有坚强的韧性。弓上均无瞄准装置。弓长约 140～160 厘米。弓力约 25～30 千克，弦一般用牛筋制作。箭由小竹竿制作，总长约 87 厘米，竿粗直径约 9 毫米，尾部镶有羽毛。柳木箭尖，上粗下细，长约 10 厘米，重 50 克，头部为四眼内空的菱角形，小孔直径约为 10 毫米，底部为 3 厘米，箭射出后因空气震荡而发出"呜呜"的声音，故为响箭。

2．响箭比赛的竞赛方法

响箭比赛主要分远射和近射。近射主要比准确，远射既比远又比准。靶子用牛皮或者羊皮制成，设有三个环区，分别标有红、蓝、黄 3 种颜色。正中的环区直径约 10 厘米。靶心距地面的高度约为 1 米多。箭靶是一种非常别致的活动靶环，是用 3 种不同颜色的牛毛绳编制成 3 个圆圈，套在一起。外圈白色，中间黑色，靶心红色，直径约 20 厘米，帘长 3 米，宽 2 米。正中的靶心是活动的，箭中靶心后就同靶心一起脱落，穿过靶心，击在靶后 8 厘米处的挡布落地。射手或专门拾箭的人又可将箭拾回再射。响箭比赛场地为一块长 37～40 米、宽 25～30 米的空地。比赛射程 30 米，靶场空中悬吊 20 厘米见方的靶子，靶心是活的可以脱落。传统习惯靶子设北朝南，箭手由南朝北射箭。这样的摆布既有民间传统习俗上的说法，也有风势方向上的科学道理。响箭的比赛形式既有团体赛，也有个人赛。比赛正式开始前，箭手和歌舞队要齐唱《工布箭歌》。比赛中，男女歌舞队不停地口唱箭歌，并且跳一种动作特别的《工布箭舞》。比赛时，首先箭手们横向排成"一字形"，然后在箭手们的纵向男女歌舞队分别排成"一字形"（男右、女左）。每次比赛活动要进行 10～15 轮，每轮每人射两箭。第一轮从箭手排着横队的左边开始，第二轮从右边开始，依此类推至比赛结束。比赛时箭中靶心，只要"玛尔帝"（红心）脱落就得两分，黑圈脱落则得一分。一轮中两箭都射中加一箭，再射中继续加箭。记分方式既简单又公开，每一个箭手前的左边弓架放 8 颗圆形石子、得一分箭手自己从左边的石子中拿一颗摆放在右边。在比赛期间除收箭人以外，任何人都不能在场地内随便走动和横穿。对比赛获胜者的奖励办法有各种各样。一般以精神鼓励为主，物资奖励为辅。箭手射中靶子，众人便向他敬一杯酒，比赛获胜了献一条洁白的哈达，以呼欢声来祝贺，以歌声来赞扬。参加比赛的选手，每人射两箭，中一箭献哈达一条，中两箭就献哈达两条，两箭都失利者，罚酒一杯。

第二节　抱举石头和藏式摔跤

一、抱举石头

1. 抱举石头的起源、发展

抱举石头是藏民族特有的民族传统体育项目之一，历史悠久。通过历史演变和发展，目前已成为西藏民族传统体育竞赛项目。此项目多在喜庆日子及群众集会时举行。这一体育活动源于日常的生产劳动，日益成为藏族群众喜闻乐见的一种体育比赛。

据文字记载，抱举石头可以追溯到 1 000 多年前的吐蕃时期。赞普朗日伦赞统治时，在与邻邦开展的体育竞赛中，举石头为角力比赛。松赞干布时期建造的大昭寺和赤松德赞时期建造的桑耶寺壁画中也绘有抱举石头的画面。在这些壁画中，抱举石头者均为彪形大汉。他们大都长发梳辫，身穿长袍，下着长裤，腰间系带，足蹬翘头鞋。壁画对比赛的整个过程及赛场环境等都有形象逼真的描绘。赞普赤都松（公元 704—754 年）时期，藏族人把体育视为民族兴衰的重要标志。统治者除了考虑军事外，还选拔精兵强将与邻邦异地的对手比赛。这一时期，还出现了西藏历史上 7 名著名的勇士，成为西藏历史上民间体育活动最为繁荣的时期。到了元朝时，抱举石头成为藏族男子必须具备的技艺之一。此后，抱举石头这一传统体育竞赛开始在民间广为流传。

最初进行的这类角力比赛，只是为了显示男子的力量和权威，而没有比较规范的比赛规则。在后来逐渐演变发展，目前已形成了独特而较完整的比赛规则，并在全区各地广泛开展。近年来，该体育项目得到了进一步规范和完善。

2. 抱举石头的竞赛方法

抱举石头形式多样，一般有以下几种：第一种比赛形式，须将重约 150 千克的石头或装满沙子的皮袋捧起，抱到胸腹部并抱至肩上或从腋下移到背上走圈，走圈多者为胜。第二种形式，先把重约 100 千克、150 千克不同重量的石头抱至肩头，然后从肩部向后抛，抛远者获胜。第三种形式，重约 150 千克的圆形石头上涂上酥油，赛手先躬身搬起石头，然后逐级抱到双腿、腹部、肩膀上，最后将石头从后背抛至地面，即为成功。最后一种比赛方式是以抱举的高度决胜负，赛手把石头抱至左（右）肩头经过颈部移到右（左）肩头，再抱回胸部，周而复始，以次数多少定胜负。

二、藏式摔跤

1. 藏式摔跤的起源、发展

藏式摔跤，藏语称为"北嘎""加哲"或"有日"，康定藏人叫"写泽"，白马藏人称其为"卡惹则"。早在原始社会时期，摔跤的雏形就已出现。在冷兵器时代到来之前，藏族先民在与自然界、与敌对部落的争斗中，贴身肉搏成了最主要的对战形式。这种贴身肉搏战应该就是摔跤的雏形。创建于公元 7 世纪的桑耶寺壁画中有一组摔跤的画面，摔跤手裸露着上身，背涂酥油明光闪亮，下穿半截短裤，腰束布带，足登藏靴，做着跤臂、拉腰、绊足等动作。在该寺乌孜大殿另一幅"摔跤比赛"的壁画中，摔跤手两两相对，画中共有 12 人分 6

对同时进行比赛。一方着白色短裤，一方着红色短裤，他们光着脚丫，赤膊上阵。比赛双方有的刚开始交手，有的已打得不可开交，有的已被摔在地上，还有的受伤停战。比赛另设有两名裁判，身穿藏式长袍，手持写有藏文"1"和"2"的木牌。其中持"1"号牌的似乎是主裁判，戴宽沿毡帽，站在一方桌子上；另一裁判持"2"号木牌，立在桌旁，以便为获胜者颁奖。此外，还有两人手捧哈达，准备以藏族特有的民族礼俗献给优胜者。可见，这时的藏式摔跤已经有了较完善的规则，并成为了藏族人最主要的竞技项目之一。据史料记载，隋唐时期中原地区和吐蕃在体育方面交流频繁，来自西藏的摔跤力士让当时的中原人士大开眼界。唐人释道寒在其著作《续高僧传》中记载："有西番贡一人云大壮，在北门外试相扑，无敌者"，这里所说的"西番"就是藏族，由此可见，早于唐时吐蕃的摔跤就已开始向中原地区传播。

2. 藏式摔跤的竞赛方法

据《天祝县志》《卓尼县志》《甘南州志》等地方志记载，天祝藏区和甘南藏区的摔跤分为自由式和固定式两种。自由式的规则和青海藏人的"活跤"一样，可勾脚绊腿，只要摔倒在地即可。这要求选手不仅要有爆发力，还要有耐力、智谋加力量方能取胜。固定式则要求选手赤脚上阵，不能用腿脚勾绊对方，比赛时双方系不同颜色的腰带，相对而立。评判者宣布比赛开始，双方抢抓住对方腰带，并把握住腰部以上部位，然后通过摔、拉、起、提等动作，使对方的两个部位着地即赢。比赛一般采取三局两胜制。藏式摔跤在卫藏、康区和安多藏区以及新疆部分地区也十分流行，不同的地区衍生出各具特色的藏式摔跤。藏区的摔跤还有背抵背式和马上摔跤。这两种独特的摔跤方式在藏区以外很难见到。尤其是马上摔跤，更是藏民族独有的。在藏族民间，摔跤作为一种角力运动很受藏族群众的喜爱，摔跤不仅在节日、集会或收获后的庆祝活动上列为必有的项目，在日常劳动之隙也随处可见，儿童更以摔跤为日常功课。摔跤在藏族女子中也十分普及，从小女孩到中年妇女都很喜欢。第一个获得国际赛事冠军的藏族摔跤运动员是自来林芝地区的女子穷吉。

全国少数民族传统体育运动会"北嘎"比赛分为个人赛与团体赛。比赛采用循环制或淘汰制。运动员年龄不受限制。按体重分为五个级别，为52千克级、57千克级、62千克级、74千克级和90千克级。每场比赛3局，比赛时间为每局净摔3分钟，中间休息1分钟，每局中谁胜一跤即停止比赛，获胜者即胜一局，如运动员需连续比赛，场与场之间至少有10分钟休息时间。比赛中双方运动员同时倒地分不出上下、先后则判平跤，互不得分。进攻者膝先着地，判进攻无效。

第三节 赛牦牛和藏族赛马

一、赛牦牛

1. 赛牦牛的起源、发展

赛牦牛是藏族的传统体育项目。由经验丰富的牧民驾驭性情暴躁的牦牛进行赛跑比赛，原在11月25日进行，现改在望果节（秋收前）。比赛时，牧民骑手待于起跑线，发令后即驭牛疾奔200～300米，以先到终点者为胜，获胜者将受到观众的热烈祝贺并得到酒肉奖励。

相传在唐朝初年，松赞干布迎娶文成公主，迎亲、娶亲队伍到了玉树后，举行了隆重的欢迎仪式。其中有精彩的赛马、马球、射箭、摔跤活动，令久居深宫的文成公主及送亲的官员大开眼界。尤其是黑、白、花各色牦牛组成的赛牦牛活动，更让人们惊奇不已。文成公主等异常欣喜，忘却了背井离乡的忧愁，松赞干布便诏定以后每年赛马的同时举行赛牦牛这一富有情趣的活动。赛牦牛在牧区和半农半牧区比较盛行。新中国成立后，赛牦牛活动得到了很大发展，参加人数增多，跑队长度增长为 2000 米，以时间来计算名次。这一天，农牧民带着青稞酒，酥油茶和牛羊肉，穿上节日的盛装，把牦牛打扮起来，兴高采烈地参加一年一度的赛牦牛比赛。

2．赛牦牛的竞赛方法

赛牦牛一般由一个部落或地区发起，邀请邻近部落参加，也有闻讯后从百里之外赶来参加者，受到邀请的部落立即准备，选派优良的牦牛和骑手，由长者召集人研究对策，比赛选拔，驯养调教赛牛，以求在比赛中夺魁。

赛前，骑手将牦牛精心地洗刷打扮，并在长而弯曲的牛角上系上各色彩绸，表示吉祥如意、夺魁在望。骑手头戴礼帽，身着藏袍，腰扎红带，足蹬皮靴，干净利落。他们多是十四五岁的少年，体轻灵巧，便于驭牛。

开始以区乡为单位，参加的牦牛有五六十头。现在有些地方已经扩大到以村寨为单位，参加比赛的牦牛增加到 150 多头，取前 10 名。采用时间记分以后，比赛成绩有了很大提高，一般 2000 米赛跑所用时间为 8 分钟左右。

比赛分预赛、决赛。仲裁集合骑手点名，进行分组预赛，并从每组中选出优胜者参加决赛。决赛是大型比赛中的高潮，从预赛中选拔出参加决赛的骑手和牛都不能更换，否则无效或取消比赛资格。选手个个跃跃欲试，仲裁令发，霎时，众骑手峰拥而出，驱牛疾驰。头头牦牛争先，个个骑手逞能，呼声阵阵，高潮迭起，有的牦牛在观众的呼声中受惊失控，狂奔乱颠，但在骑手高超的驾驭下，终究还乖乖就范。决赛中获胜的选手，被热情的观众举起上抛，牦牛也披红载花，备受青睐。优胜者奖以牛或马，以及茶、布匹等。参赛的选手都可获得纪念品，没有一个空手而归。

二、藏族赛马

1．藏族赛马的起源、发展

赛马，藏语称"达久"。西藏的赛马历史悠久，自古以来，不仅是西藏传统节日的重要内容，而且是军队习武强体的手段，深受藏族人民的喜爱。藏族先民大多是过着游牧生活，而马则是人们交往、生产、战争中的重要工具，由于生活和生存环境要求人们必须精于骑马之术，所以，他们从小就受到训练，随之产生了赛马运动。藏族长期的骑马生涯，造就了不少精于骑术的英雄，深受藏族人民喜爱的民间传说《格萨尔王传》描绘了一个名字叫岭·格萨尔的英雄。他出身贫寒，但练就了一身高超的骑马本领，因一次赛马胜利而成为岭国的国王。所以，格萨尔便成为藏族古代骑马称王具有代表性的英雄形象。由于受到格萨尔赛马称王的鼓励，藏族人民争相效仿，使西藏高原风行赛马。

吐蕃时期十分流行赛马。史书记载，吐蕃第一代赞普聂赤赞普时期，骑马速跑已成为一种娱乐活动。《拉达克王系》中载称当时有"五骑士善于赛马奔驰"。古代的赛马场地通常为临时选定，赛程长短、路面状况均没有统一的要求。古代藏族部落主要举行一种十分接近大自然的"格萨尔王氏"的场地障碍赛。在 7～10 千米的赛道上，布满了河塘、沟堑、陡坡和弯路。在这种复杂的赛场上，参赛选手和马匹必须具备顽强的毅力，出众的耐力和灵活性，演出一幕幕涉险绝技，方可登上高高的山顶终点。比赛以先到达终点者为胜。此外，还在距离较短的赛道上进行折返跑，对路面状况亦无统一的要求。《艺海》中记载：吐蕃王朝初期，藏族民间赛马极为普遍，唐书《吐蕃传》中也有赛马的记载。

西藏和平解放后，西藏各地的赛马更为普遍。民间传统节假日、传召大法会、物资交流会期间，人们都举行赛马活动。每年藏历八月，在西藏农区开镰收割前的这段农闲时间，各地都要开展一年一度的赛马活动，以庆祝丰收。拉萨的雪顿节、藏北草原的姜塘青赛马会、江孜达马节以及各地的赛马会、望果节上，除了歌舞之外，赛马是一项重要内容。在持续一星期左右的时间里，农牧民把各自心爱的骏马打扮得鲜艳夺目，骑手们穿着节日盛装。在比赛骑马长跑过程中，骑手们不停地吹着哨子、或是不断拍打着快马，以奋勇争先，加速前进，拔取头筹、骑马射箭、跨马射箭、飞马拾哈达比赛和一人骑两马、多人骑多马、马上叠罗汉、跑马掩体等项目的马术表演，也十分精彩。

2. 藏族赛马竞赛方法

藏族赛马的项目很多，有长跑、短跑及快马折腰、迅跑中拔旗、捡哈达、挥刀斩旗杆、马上打靶射击等。藏族人民把赛马看做是一年中最盛大的节日。赛马分长跑、短跑、跑马射击、马技等项目，长跑又有大跑、小跑和走步 3 种。长跑距离大约 310 公里，驭马者多为十来岁的少年，因身轻不影响马的速度。马都是光背，最多铺一张薄毯。

开赛之前，一位草原上年高德劭的喇嘛给所有的骑手加持祝福。枪声响后，几十匹或者上百匹藏北马风驰电掣般冲向终点，两边有成千上万身穿节日盛装的牧人为骑手呐喊鼓劲。

赛马冠军往往能得到一匹马或者相当于一匹马的钱，当然他更多的是获得荣耀，人们所献的吉祥哈达会将他和他的赛马淹没。同部落或者牧场的人还会把他抬起来，牵着优胜的马在节日的人海里欢呼着游行。他和他的马将很快名传藏北，无论走到什么地方都受到贵宾似的款待。

马术表演者多为技艺娴熟的成年骑手，他们俯倾在马鞍上，一边任马奔驰，一边捞取摆在地上的哈达、钱币。另有点烟的，前一位把火绒草打着扔在地上，后一位嘴衔一尺长的烟管，猛然俯身捞起火绒点燃烟管，然后扬扬自得地环顾左右抽起烟来。

还有跑马射击，场地一侧栽一溜靶子，骑手执枪催马，从另一侧驰进靶区。他们用右手在头顶转枪，又从身后换左手接枪继续旋转，接着大吼一声"格—嘿—嘿！"瞄准靶子放上一枪。又朝第二个靶子射一箭；在第三个靶子上刺一刀。"格—嘿—嘿！"之声和枪声、蹄声轰鸣一片，使人激动不已。

除了羌塘赛马节，精彩的赛马或马术表演在别的地方也有，如江孜达玛节上的速度赛马、拉萨藏历新年初三的马术表演等。一些地方在庆祝丰收的望果节上，人们也一样要表演赛马和马术等传统体育活动。

第四节 押加

1. 起源与发展

押加又称"大象拔河"和"藏式拔河"，因为此项运动行如大象，实为拔河。在西藏已有百年的历史。在四川藏区，类似的活动称为"贲牛"。甘孜藏族自治州还有一种把腰带套在脖子上、面对面站立的拔河游戏，称为"格吞"。

押加比赛是由两名运动员在比赛场地上，将一条长绸布带做成的圆环分别套于颈部（带子从两腿间通过），四肢着地并背向对方，向自己的前进方向用力，以一方将置于两者之间的坠条拉过自己一侧的决胜线为胜利。

押加这项传统的民族体育项目是在西藏特殊的自然环境和独特的民族生活习俗上产生的，此项运动能够充分展现藏族人民的那种粗犷、豪放、坦诚的性格，并以独特的形式世代相传，深受广大藏族群众的喜爱，具有深厚的群众基础，因此得以保存和发展。在第一届至第五届全国民族运动会中押加为表演项目，1999年第六届全国民族运动会上押加被正式定为竞赛项目。1998年12月在澳大利亚举办的世界民间民族传统体育文化节上，中国云南代表团向全世界展示了这一项目。2003年第七届全国少数民族传统体育运动会上，四川省代表团参加本届运动会的押加项目比赛，并包揽了全部金牌。按习俗"押加"是只有勇敢者才能参与的"游戏"，因而在少数民族运动会上有着特别的魅力。

2．押加的竞赛办法

押加的活动形式有大象拔河、颈力比赛、腰力比赛、手力比赛等。住藏区押加比赛开展得很普遍，一到节假日各地都举行押加比赛。平日农牧闲暇时，在牧场上、在田间，人们会把两条背带或腰带相互连在一起，以游戏的形式练习和比赛。由于押加的基本技术、比赛规则和场地设备比较简单，因此是一项比较容易开展的民族传统体育项目。此项运动不受年龄的限制，甚至男女老少都可以参与进来，它可以吸引更多的群众来参加这项运动。

（1）比赛场地。

比赛应在平整硬质地面上进行。比赛场地为长方形，宽2米，长9米。场地的丈量从界限的内沿量起。

（2）界线、中线和决胜线。

比赛场地应有明显的标线，两条长边为运动员比赛限制线。线宽均为0.05米，场地四周至少2米以内不得有任何障碍物。连接两条边线的中点，画一条与边线垂直的线为中线。距中线两侧各1.2米处，各画一条与中线平行的线为决胜线。

（3）器材。

① 带子。带子长6.5米，宽1.2~1.6米，用红色绸缎制成。带子两端呈圆环形，圆环周长为1.0~1.10米。带子中间系一条可移动的、并有适当重量的坠条，作为判定胜负的标志。

② 护垫：护垫是长0.30米、宽0.15米、厚0.02米的海绵，以软布包裹后，固定在带子两端圆环处的受力处，用于保护脖颈。

③ 用于鉴别双方运动员的比赛绸带，比赛绸带为两种不同颜色。

（4）比赛方法。

比赛礼节：比赛开始前和比赛结束后，双方运动员应相互握手，并与场上裁判员握手致意。

比赛姿势：四肢着地，带子两端的圆环分别套在双方运动员的颈部，带子经胸前和两腿中间经过。双方运动员身体距中线最近点的距离应该相等，运动员向各自的前方用力（见图13-1）。

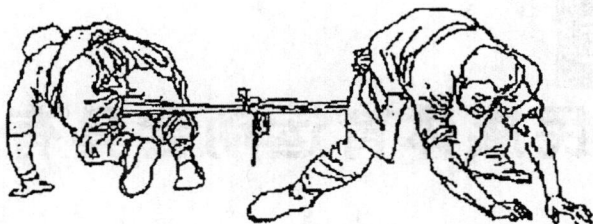

图 13-1　押加比赛示意图

比赛时间：

每局比赛以一方获胜为结束，但在一局比赛中如遇双方相持达 90 秒不能决出胜负，则暂停比赛，休息一分钟后重新开始比赛。

比赛胜负：

带子中间坠条垂直于中线，裁判员发令后比赛开始，以坠条拉过一方的决胜线者为胜方。比赛过程中，如遇比赛带子断裂，应换取新的比赛带子重新进行比赛，已完成的比赛成绩有效。

（5）比赛要求。

每局比赛的开始与结束，均以场上裁判员鸣哨为准。比赛进行中，当记录台发出信号，场上裁判员发出停止口令时，双方运动员应立即停止比赛。全场比赛结束时，场上裁判员宣布该场比赛结束后，运动员方可离开比赛场地。

思考与练习

1．简述锅庄舞的特点有哪些？
2．响箭的技术要领有哪些？
3．简述藏族赛马的历史渊源。

第十四章
全国少数民族体育运动会具有代表性的竞赛项目

第一节 毽 球

一、概述

毽球是一项新兴的体育项目，20 世纪 80 年代中后期才亮相国内赛场。它的比赛场地类似于排球场，中间挂网（男子网高 1.60 米，女子网高 1.50 米），两项团体赛每方各 3 人，每局 15 分，决胜局为每球得分制。比赛时运动员用脚踢球，不得用手、臂触球，在本方场区内最多只能击 4 次球。

在设计毽球比赛时曾有原则为"羽毛球场地、排球规则、足球动作"，但在实际诞生后，最后一条并未落实，其基本动作酷似诞生于 1964 年的、流行于东南亚的藤球。从发球、主要攻防动作和集体项目设定方面都与藤球十分接近。例如，在进攻动作方面，目前毽球的两种主要进攻动作"高腿踏毽"和"外摆脚背倒勾攻球"，就是藤球在 20 世纪 60 年代盛行的进攻动作。在防守动作方面，都允许进行跳起封网和以头击毽过网，也与藤球的规则完全相同。所以，目前我国广东省和山东省的毽球管理机构就与藤球管理机构合二为一称为"藤、毽协会"。

花毽即花样踢毽，足踢毽运动中的一种，分规定动作赛和自选动作赛两项。规定动作有盘踢、磕踢、落、上头和交踢 5 个套路，自选动作则由运动员即兴发挥，花样更多，难度更高。在竞赛分类上，花毽属于"竞争性比赛"，与毽球所属的"对抗性比赛"属于完全不同的竞赛类型。

二、起源与发展

1. 起源

踢毽子，是一项在中国流传很广，有着悠久历史的民族体育活动。经常进行这项活动，可以活动筋骨促进健康。在古都北京，踢毽子还有个富有诗意的名字——翔翎。

据历史文献和出土文物证明，踢毽子起源于我国汉代，盛行于六朝、隋、唐。唐《高僧传》二集卷十几《佛陀禅师传》中记载：有一个叫跋陀的人到洛阳去，在路上遇到了十二岁的惠光，在天街井栏上反踢筐子，连续踢了五百次，观众赞叹不已。踢毽子已成为民谚的内容，而且发展到数人同踢的技巧性运动。至清末踢毽子已达到鼎盛时期，参加的人越来越多，不仅用来锻炼身体：作养生之道，而且把踢毽子和书画、下棋、放风筝、养花鸟、唱双簧等并提，一些人以会踢毽子而自荣。因此，踢毽子的活动更加广泛，特别是青少年参加者更为普遍，当时就有这样的童谣："一个毽儿，踢两半儿，打花鼓，绕花线儿，里踢外拐，八仙过海，九十九，一百。"说明踢毽子已经到了相当普及的程度。民间踢毽爱好者更是用功苦练，以口传身授的方法代代相传。以北京为例，每遇城乡庙会，各路能手，步行相聚，观摩、比赛、培养新手，甚是热闹。

2．发展

到了 20 世纪 30 年代，涌现了一批全国闻名的踢毽子能手。如北京的谭俊川、金幼申、溥子衡、林少庵，上海的周柱国、陈鸿泰，河北的杨介人，浙江的谢叔安，河南的路锦城等，数不胜数。踢毽技术在普及的基础上得到了提高，各种踢法丰富多彩，高难翻新的动作层出不穷，不同风格争奇斗胜，使观者眼花缭乱，惊叹不已。我国传统的踢毽运动，日趋完善。

1928 年 12 月，在上海市举办"中华国货展览会"时，举行了我国第一次踢毽子公开比赛，推动了这项民族体育项目的发展。1933 年 3 月 26 日，在南京市又举行了第一次全国性的踢毽比赛，据当时的报纸报道："报名参加者颇为踊跃，其中有河北的溥子衡、金幼申、杨介人三人，对于踢毽子极有经验。能踢之花式均有百余种之多，观者无不赞叹。此外，有著名体育家及踢毽能手参加，届时定有一番热闹"。

1933 年 10 月举行的全国体育运动会上，踢毽子同拳术、摔跤、弹弓、剑术等民间运动项目一起，又列入了比赛。比赛后，获胜运动员还在南京、上海等地的一些大学、中学等单位进行了多场表演，得到了各界人士的好评。

但是，此后踢毽子运动衰落了，直到新中国成立后，才逐渐得到了恢复和发展。1950 年，北京市吸收了在街头靠踢毽子糊口的艺人参加了杂技团，专设了踢毽子节目，并出国进行表演，受到了国外观众的热烈欢迎。

1963 年，踢毽子同跳绳等，被列入国家提倡开展的体育活动，踢毽子运动还被编入了小学体育教材。

1961 年 6 月，中央新闻电影制片厂拍摄了名为《飞毽》的电影，介绍了踢毽的运动的历史和踢法，推动了这一运动的发展。天津、上海、保定、哈尔滨等地参加踢毽子的人越来越多。

三、基本技术

1．准备姿势

准备姿势，是运动员在场上未接球时身体的一种等待状态，保持良好的姿势，是使身体能随时在瞬间由静变动，由被动的状态变主动状态的关键。准备姿势一般分以下两种。

（1）左右开位站姿。这种站姿使运动员能从静止状态快速转向左右移动的状态，尤其用在比赛的防守过程的站姿当中。

（2）前后开位站姿。这种站姿使运动员能从静止状态快速转向前后的移动状态．较多应用在比赛过程中的接发球和防守当中。注意后脚跟离地，身体重心要向前移，随时保持静中带动的状态。

2．步法

步法是移动的灵魂，没有纯熟的步法移动技巧，在比赛中就不能变被动为主动。步法移动一般有八种，分别为前上步、后撤步、滑步、交叉步、并步、跨步、转体上步、跑动步。只有熟悉各种步法的移动运用，在比赛中才能更具主动性和灵活性。

3．踢法

（1）脚内侧踢球膝关节向外张，大腿向外转动，稍有上摆，幅度不要过大，髋和膝关节放松，小腿向上摆，踢毽时踝关节发力，脚放平，用内足弓部位踢球。在运用上主要多用在传接球方面，因此要想成为一名出色的球员，无论是一传手、二传手或是攻球手，都必须熟练、稳定地掌握好脚内侧球。

（2）脚外侧踢球要稍侧身，向体侧甩踢小腿，勾脚尖，用脚外侧踢球。注意要想获得较低的托球点，必须使支撑脚做适当的弯曲。还要注意身体重心应放在支撑脚上。

（3）用脚背踢球，一般用正脚背，要注意绷脚尖和抖动脚腕发力击球。此踢球的技术是相对其他基本技术中难度较大的一种，主要动作要求不但要快，还要求有一定的准度，一旦抖动脚腕发力击球的节奏过快或过慢都会影响完成踢球的质量。

（4）触球。在身体膝关节以上部位的踢球都叫触球。但又可以分为大腿触踢球、腹部触踢球、胸部触踢球、头部触踢球。大腿触踢球时，要注意抬大腿迎球，放松小腿，用大腿正面前段击球。腹部触踢球，胸部触踢球，头部触踢球，都要注意触球时将腹部、胸部或头部稍微向前去主动迎接球，并控制球落在自己的前方，然后用脚将球踢出。

（5）发球。发球动作一般有三种：脚内侧发球、脚正背发球和脚外侧发球。脚内侧发球的时候要抬大腿带小腿，用内足弓部位向前上方送髋推踢。其特点是既稳又准，破坏性强。脚正背发球时要注意绷脚尖，用正脚背向前上方发力挑踢，它的特点是平、快、准。脚外侧发球时要注意稍侧身站位，绷脚尖，用脚外侧发力扫踢，其发球的特点是既快又狠，攻击力强。发球是比赛的开始，又是一项进攻技术，发球的时候可以采用盯人、找空、压后、吊前等手段发出各种战术球，以达到破坏对方组织进攻或直接得分的目的。

毽球是一种对身体素质要求比较高的体育项目。由于网上激烈地争夺及"两米线"对头部的限制，使得脚部进攻成为极其重要的手段。所以对身体柔韧性要求特别高。因此在日常教学与训练中要特别注意柔韧性素质的练习。柔韧素质是运动员完成大幅度动作的能力，也是肌肉、肌腱、韧带的弹性和伸展性。柔韧性好，有利于运动员正确掌握技术动作，大幅度完成进攻技术动作，并可防止运动员损伤。

第二节　搏　　克

一、概述

"搏克"为蒙古语，意为摔跤，它是蒙古族"男儿三艺"之一，属蒙古族传统的体育项目。搏克是蒙古族传统的体育娱乐活动之一，草原上的人们把蒙古族式摔跤称作"搏克"（蒙语：结实、团结、持久的意思）。它是蒙古族三大运动（摔跤、赛马、射箭）之首，不管是祭敖包，还是开那达慕，"搏克"是绝对不可缺少的主项。

搏克内涵非常丰富，涵盖蒙古族政治、经济、文化、军事、哲学思想方方面面，它不但是勇敢和力量的象征，也聪明和智慧的结晶；搏克历来提倡人人平等、不畏强暴、不欺凌弱小，重在参与；经过参与、交流、拼搏、竞争，达到消除隔阂、忘记仇恨、增进友谊、加强团结，最终达到让所有的人高兴、欢乐，皆大欢喜之目的。

全国著名体育社会学家、世界体育社会学学会执委、解放军体育学院教授刘德佩先生指出"世界上有多少民族，就有多少摔跤。其中，蒙古族搏克的竞争意识符合奥林匹克运动竞争意识，又保持有浓郁的民族特色，与人们的日常生产劳动相结合，十分贴近生活"。

二、起源与发展

搏克已有近两千年的历史，西汉初期开始盛行，元代广泛开展，至清代得到空前发展。现在内蒙古自治区各地尤其是锡林郭勒盟，通辽市、呼伦贝尔市、巴彦淖尔市、鄂尔多斯市、阿拉善盟等地都有流行。

搏克的历史发展和规则演变大致可分为"最野蛮、野蛮、文明、现代文明"4 个阶段。野蛮的氏族社会，人类为了生存，在与野兽和同类的搏斗中发展了搏克，当时以"生死"为取胜标准；第二阶段（13 世纪蒙古族兴起）和第三阶段（元朝建立），搏克运动开始用于政治、军事以及经济和文化娱乐，胜负标准从"生死"逐步演变为"双肩着地"和"躯干着地"即负；当代中国的搏克，随着人类社会的进步，胜负标准又发生了质变：膝关节以上任何部位"一点着地"即为负。

乌珠穆沁草原是蒙古族搏克的摇篮。为了把搏克运动发扬光大，东乌珠穆沁旗于 1984年成立了摔跤协会，将每年夏天的 6 月 10 日定为"搏克节"。2003 年，国家体育总局把搏克运动与中国式摔跤融为一体，正式纳入全国摔跤锦标赛中。

三、搏克的运动特点

搏克运动的比赛形式古朴而庄重。按照蒙古族的传统习惯，赛前要推选一位德高望重的长者主持编排，根据报名参赛选手的情况，少则编为 32 人或 64 人，多则编为 512 人或 1024人，不能出现奇数。比赛采用单淘汰式一种，一跤分胜负，膝盖以上任何部位先着地者为败。比赛不限时间，不分体重。比赛时，摔跤手要穿专门的摔跤服，蒙语叫"卓德格"。脚穿蒙古族靴子或马靴。此外，脖子上还要套七五色绸条做成的项圈似的"章嘎"，"章嘎"标志取得的名次，得胜次数越多，彩条越多。赛手出场前要唱摔跤歌、跳鹰步舞。裁判员发令后，双方握手致意，各施展扑、拉、甩、绊等技巧以制胜。比赛要求不得抱腿，不得搞危险动作，除脚掌外，其他膝盖以上的任何部位着地即为失败。

与其他民族式摔跤不同的是，搏克在对待参加者的资格要求上，不分年龄、地位、民族、地域和运动经历，只要在名额满之前报名都可参加比赛，而且规则面前，人人平等。

正式比赛时，下场的运动员一般最少为 64 人，最多可达 1024 人。在直接对抗性运动项目中，场面之宏大，绝无仅有。上场运动员足蹬马靴、身穿牛皮饰钉跤衣，在歌声中跳跃入场，个个宛如巴斯达克的勇士，给人留下威武彪悍的形象。

比赛时运动员下肢可采用踢绊等动作，但只限用膝关节以下，上肢可使用任何推拉抱揉动作，但只限于臀部以上，踝以上的任何部位着地即被判输。

凡上场参加比赛的人，每人都可得到一份奖品。按照传统，第一名选手将得到一峰白色骆驼，依次是一匹骏马、一头牛、一只羊、一双马靴等。现在，摔跤比赛第一名经常奖马一匹，第二名奖牛一头。

四、搏克的比赛规则

经过多年的演变，不同地区的搏克发展出了不同的规则。中国新疆地区的瓦剌搏克规则规定一方双肩同时着地为输；蒙古国的规则规定一方肩、膝或者肘的任何部分触地为输；中国内蒙古则规定脚踝或者膝盖以卜的任何身体部位触及地面即算输（喀尔喀规则允许一只手触地）。在动作方面，内蒙古的乌珠穆沁和呼伦贝尔规则规定一方的手不得触及对方的腿，但喀尔喀规则却正相反，规定一方必须通过抱腿摔倒对方才有效，蒙古国的规则允许抱腿摔。呼伦贝尔规则允许踢对手的腿，但是所有其他规则均禁止这种行为。鄂尔多斯、阿拉善和瓦剌规则规定比赛开始时双方必须抱在一起，而乌珠穆沁、喀尔喀和呼伦贝尔规则无此规定。

搏克手必须遵守一定的礼节，在比赛前后必须向对手和观众致意，对手衣服松乱时必须停止进攻，摔倒对手后必须帮助对手站起。

搏克手上身穿用皮革制成的红色或蓝色短袖无领紧身夹克，前襟敞开露出胸部，称作"昭达格"，蒙古国跤手下身穿紧身红色或者蓝色短裤，内蒙古跤手则穿宽松短裤，腰系短裙，称"希力布格"，脚蹬皮制长靴。

第三节 射　弩

一、概述

弩（Crossbow），也称作"窝弓""十字弓"，是古代用来射箭、弩箭的一种兵器。它是一种装有臂的弓，主要由弩臂、弩弓、弓弦和弩机等部分组成。虽然弩箭的装填时间比弓长得多，但是它比弓箭的射程更远，杀伤力更强。命中率更高，因为不需要在上弦的同时瞄准，所以对使用者的要求也比较低，是古代一种大威力的远距离杀伤武器。强弩的射程可达 600 米，特大型床弩的射程可达一千多米。按张弦的方法不同，可分为臂张、蹶张（足踏）和腰张等，欧洲人更是使用各种拉弦器来上弦。

2000 多年来我国许多少数民族的人民用弩狩猎、抵御外敌入侵，渐渐演变出射弩这一项为人们喜爱的传统体育项目。射弩作为少数民族的一项传统体育项目，深受群众的喜爱，弩不仅仅是他们生活的工具和武器，他们还用射弩来庆祝节日，表示他们对美好生活的向往、对丰收的喜庆。射弩已成为许多少数民族文化生活不可缺少的一部分。

射弩比赛可分为射准射弩、射远射弩等。正式的比赛为射准射弩。射弩的其他比赛形式由各地区少数民族根据本地传统习惯决定。

二、起源与发展

射弩这一民间体育活动，在云南、贵州、海南、湖南、广西等少数民族地区有着悠久的历史。相传，海南苗族的弩和箭是先人由大陆作为作战武器而传人的，称为"药弩"。人或鸟兽中箭，即中毒而死，所谓"见血封喉"。因弩击发无声，射击精度颇高而又可就地取材自行制作，用以打猎和射鱼，所以苗族男子几乎人人都备弩箭，男童自幼习射，还常常进行比试。

射弩不仅在苗族人民中十分盛行，在傈僳族、苦聪人、黎族人民中也都有射弩的传统。弩弓和箭是傈僳男子的标志，外出时，都肩扛弩弓，腰挂箭包，并且每年农历正月初一至初三，傈僳村寨都要举行射弩比赛。进入 20 世纪 80 年代，射弩运动在很多少数民族中都得到广泛开展。

在 1982 年第二届全国少数民族运动会上，云南、广西选手表演了精彩的射弩。1986 年8 月第三届全国少数民族运动会上列为竞赛项目。

三、规则

1. 场地设置和器材

（1）场地设置。

① 场地平坦，在保证安全的情况下。长度不少于 30 米，宽度可根据靶数决定。

② 比赛时所有运动员均在同一比赛场地进行。比赛如果在室外进行，射击方向应避免阳光逆射。

③ 丈量射程距离是从起射线外沿起至靶心的垂线止。

④ 起射线宽 5 厘米，应与靶标线平行。

⑤ 射位宽 2 米，长 2.5 米，每个射位应有与靶号位一致的靶号标致。

⑥ 靶标高度一致并设在同一直线上，每个靶标上应有明显的号位标志。靶标尺寸：长60 厘米，宽 60 厘米，厚度以箭能插稳为佳。中心高度：立姿 1.3 米（误差为±0.1 米），跪姿 1 米（误差为±0.1 米），间距 2 米。

⑦ 为确保安全，靶标后应设箭挡，如果设置困难，应留有至少 50 米的安全地带，插警戒旗并设专人警戒。

（2）器材。

① 弩只能用竹、木质材料制成。弩床上可设管槽与瞄准器，瞄准器只允许用弩身相同的材料制成，击发部分可用任何材料制成，但长度不得超过 8 厘米。管弦的制作材料不限。

② 箭是用竹、木质材料制成的，长度不限，断面直径不超过 0.6 厘米，箭头、箭尾可用其他材料，但长度规定为箭头不超过 8 厘米，箭尾不超过 1 厘米（尾翼除外）。

③ 靶均采用室内 18 米箭靶，靶纸尺寸第 10 环环距为 4 厘米，其余环距均为 2 厘米。每两环为一种颜色，依次为第 10 环、第 9 环黄；第 8 环、第 7 环红；第 6 环、第 5 环蓝；第 4 环、第 3 环黑；第 2 环、第 1 环白。

2. 比赛通则

（1）项目设置。

① 男子 20 米立姿 10 箭。

② 男子 20 米跪姿 10 箭。

③ 男子 20 米个人全能（立姿和跪姿）。

④ 全能团体（三人组队）。

⑤ 女子 15 米（项目同男子）。

（2）姿势要求。

① 立姿：两脚掌着地，一手握弩床下部，一手握发牙部，两臂悬夺，弩床均不得直接或间接接触身体。

② 跪姿：必须用一脚脚趾、膝盖和另一只脚掌着地成三角支撑，握弩手势同立姿，一肘可放于膝上，弩床均不得直接或间接接触身体的其他部位。

③ 两种姿势都不得使用附加物。

（3）分段及时间。

每一项计分射箭均分段进行，每段射 5 箭。计分箭可进行 3 箭试射。

时间：试射 1 分钟，计分射每段 6 分钟。

3．比赛程序

① 运动员按规定时间带箭、弩到检录处检录（每项比赛最多可带 15 支箭）。

② 运动员进入后有 2 分钟的准备时间。

③ 准备时间结束后，由起射线裁判员以口哨宣布比赛开始，时间到以哨声宣布比赛结束（每段都要宣布最后 1 分钟），比赛结束时间到而未能射出的箭不再计成绩。

④ 每段射完后听到"看靶"口令，运动员、记分员及裁判员均可到靶标处看靶。记分员登记成绩时，运动员须站在 1.5 米线外不得影响裁判员工作，等成绩统计完毕，经裁判员允许方可拔箭。

⑤ 每段比赛结束将记分牌挂于靶标下公布成绩。

⑥ 每项比赛结束，运动员须在登记表上签字后方可离开场地。

4．成绩及名次评定

① 以现场所确定的成绩为最后成绩。

② 凡箭已脱离弯槽，射手在起射线内用手无法捡回射出的箭，均记为有效发射。

③ 发射箭不中环均算脱靶，碰环线算内环（包括斜插箭）。

④ 如箭脱落以箭孔计算成绩。

⑤ 名次评定按总环数多少，环数高者名次列前，总环数相等看高环箭数，高环箭数多者名次列前，再相等看最后 5 箭成绩（方法同前），仍相同则名次并列。

5．判罚

① 错射到别人靶上，均记为脱靶。

② 超出起射线的发射均算脱靶。踩线发射，第一次警告，第二次算脱靶。

③ 出现多射箭，从本段中扣除最高环数的箭。

④ 比赛的运动员在发射区内不得接受任何方式的技术指导，凡违反者，裁判员对指导和被指导者均给予警告，以后每重犯一次，从总成绩中扣除 5 环。

⑤ 比赛中出现下列情况时取消其比赛资格。

• 违反安全条例经警告不改者。

• 无故迟到或缺席者（以裁判员点名完毕算）。

• 不服从裁判员及工作人员职责范围内的指挥经警告不改者。

- 无论任何情况下，弄虚作假，伪造成绩者（经调查情况属实）。

6．故障处理

比赛中发生故障，经裁判员允许可更换弯、箭、弦，也可自行排除，但不延长比赛时间。

7．疑问、争议和申诉

① 对靶上某支箭的环数发生疑问时，记分员或运动员在拔箭之前可向裁判员提出由裁判员表决后裁定。

② 如果在拔箭之前，发现记分表上有错误，应立即向裁判员提出，经裁判员核实后可予改正。

③ 运动员对损坏严重的靶面或其他器材、场地设备有意见，可由本人或教练员向裁判员提出，由裁判员决定修整或撤换。

④ 运动员对裁判员的裁决有争议时，在成绩公布30分钟内由领队或教练以书面形式向仲裁委员会提出申诉。

四、注意事项

① 严禁在非指定场地训练与发射。

② 未经同意不得搬弄他人的箭弩，也不得随意将箭弩给他人使用。

③ 裁判员未下达比赛开始口令前，不得将弩准备成待发状态。

④ 比赛中箭应始终指向前方。

⑤ 发射完毕应报告裁判员，放下箭弩等候签字。

第四节　龙　　舟

一、概述

1．概念

龙舟就是船上画着或做成龙的形状的船。赛龙舟是中国民间传统水上体育娱乐项目，已流传两千多年，多是在喜庆节日举行，是多人集体划桨竞赛。史书记载，赛龙舟是为了纪念爱国诗人屈原而兴起的。由此可见，赛龙舟不仅是一种体育娱乐活动，更体现出人们心中的爱国主义和集体主义精神。

2．龙舟的种类

龙舟的种类有以下几种。

（1）广东观赏龙舟。

中国广东省用的观赏龙舟船身较长略宽，龙头与尾部高翘，龙头可以上下左右摇动。

（2）竞赛龙舟。

龙舟注重轻盈，船身多以柚木或玻璃纤维为材料，头与尾则多用樟木。一般只用一两面旗帜作简单装饰。竞赛龙舟分有标准龙舟、小龙舟等。但规格因地而异，故以竞赛规定为准。龙舟内有鼓手在前、舵手在后，桨手则按龙舟竞赛规则而定。至于竞赛使用之桨、尾舵、鼓等都有规定的长度和重量。

（3）台湾龙舟。

近年来中国台湾地区各乡镇都自行举办龙舟竞赛。台湾龙舟以木造及玻璃纤维为主，并且被视为艺术品，较有名的是基隆的刘清正所制的木造龙舟和屏东的洪全瑞所制作的玻璃纤维龙舟及小造龙舟，有的乡镇使用大型及小型龙舟，以应付不同大小的队伍，一般来说，木造龙舟较重，而玻璃纤维龙舟较轻，由于没有统一的规格，中国台湾地区各乡镇的龙舟规格各不一样。

木造龙舟则依需求制作，尺寸、价格皆依照不同规格而有所不同。

（4）苗族子母舟。

苗族子母舟由三只独木舟组合而成的，中间较长的一只称为母舟；两边的子舟比母舟稍短。龙舟约长20米、宽1米。船身由完整杉木挖空而成；龙头至颈则由水柳木雕刻。苗族子母舟常用于贵州苗族的龙舟节，不是比速度而是比礼物的多寡。

（5）越南关兰岛龙舟。

越南关兰岛在每年农历六月十八举行龙舟竞渡，以纪念陈朝大将陈庆余抵御外侮、保家卫国的功绩。

（6）长崎龙舟。

从江户时代初开始，划龙舟的习俗从中国传到日本，自此长崎每年夏季都会举行龙舟竞渡。

（7）旱龙舟。

旱龙舟（或称陆上龙舟）用竹子或木制成，再以五色绫缎为鳞甲。船身比较大，因为龙脊设层楼、飞阁以及两旁有屈原、水神和桡手的绘画和彩扎。旱龙舟的比赛不是比较速度，而是着重表演水平。参赛者都以浓妆打扮，边划船边表演歌舞。

（8）夜龙舟。

龙舟两旁垂下无数小灯，在晚上出行。夜龙舟的灯光和水波互相辉映，犹如银白色的蛟龙在滑行。

（9）天子之舟。

为古代中国皇帝专用船只。皇帝的龙舟高大宽敞，舟上有雄伟楼阁，舟身则有精雕彩绘，外表非常奢华。

由于龙舟已成为一种国际化的运动，一些西方国家的龙舟产生了不少变化，与传统的龙舟造型相异。如会将龙头的造型由传统的中国龙改为西方龙，或是减去鼓手等。

二、龙舟比赛

龙舟的大小因地而异。比赛是在规定距离内，同时起航，以到达终点先后决定名次。我国各族的龙舟赛略有不同。汉族多在每年"端午节"举行，船长一般为20～30米，每艘船上约30名水手。苗族是在每年5月24日至27日的"龙船节"举行，船长约20米，宽1米，由三根直而粗的杉树挖成槽形，捆绑而成，中间是母船，两边为子船，每艘船上有38名水手。傣族是每年傣历6、7月（清明节后十日左右）"泼水"举行，每船有600名水手，11名舵手和4名引道手。比赛时，由一人敲锣指挥，水手按锣声节奏划桨前进。

龙舟赛历史悠久，传入国外后，深受各国人民的喜爱并形成了国际比赛。1983 年，我国首次派队参加龙舟大赛，一举夺得全部两项冠军。1984 年国际龙舟大赛在中国香港特别行政区举行，有美国、德国、日本、英国、新西兰、新加坡、泰国、马来西亚等 16 个队参赛，中国队又夺得冠军。同年，原国家体委决定将龙舟赛列为体育比赛项目，举办了"屈原杯"龙舟赛。

龙舟赛在我国南方地区开展得比较普遍，已形成一年一度的"龙舟节"。

三、比赛规则

1．航道

（1）根据河道条件，设男女 400 米、500 米、600 米、800 米、1000 米直道赛（可按当地条件变更距离）。

（2）比赛应设在静水水域，航道是直的，起航线与终点线必须平行并与航道线垂直。

（3）根据参赛队数及场地条件，设 2、4、6 或 8 条航道，每条航道宽度可按 9 米、11 米和 13.5 米布置。

（4）航道最浅处水深不得少于 2.50 米，航道内不得有水草、暗礁和木桩，航道外 5 米内应无障碍物。

2．器材

（1）按各地传统龙舟式样规格制造，制作材料不限。

（2）舵桨及划桨规格按各地传统要求制作。

3．附属装置

传统龙舟可按各地习惯制作龙头和龙尾，并备有锣、锣架、鼓和鼓架等，另可带水标两个，预备划桨若干个。

4．队员

（1）队员必须身体健康，会游泳，熟悉水性。

（2）龙舟参赛队员为 25 人。

（3）每队设队长一名（运动员兼），比赛时必须佩戴标志。

（4）每队登舟比赛队员为 23 人，包括舵手、锣手、鼓手各 1 人，划手 20 人。

（5）每队替补队员 2 人。替换时需经裁判员验明资格，并于检录蹙舟前替换完毕，登舟后不得替换。

第五节　高脚竞速

1．简介

高脚竞速，俗称"高脚马"，又称"竹马"，是一项深受土家族人民喜爱的民族传统体育项目。高脚竞速运动是由运动员双手各持一杆，同时脚踩杆上的踏蹬，在田径场上进行的比赛，以在同等的距离内所用的时间多少决定名次。

2．起源与发展

高脚竞速是流行于南方少数民族地区的一项民间传统体育项目。它又被称为竹马，是土家语谓其"吉么列"。相传在解放前的少数民族地区，由于浅水河流比较多，在雨季或过浅水河流时为了不湿鞋袜，而以此作为代步的工具，特别是对于喜欢穿好布鞋的土家族人民来说，它不失为一种极好的趟水工具。

据史料记载，约在 14～15 世纪时，生活在湖南境内的苗族、土家族人由于生活贫困买不起鞋穿，后来他们就想了一个办法，在两根一米多长的竹竿上各绑一个可以支脚的网子，平时出门的时候，两只脚伸进网产里，用竹竿来代步。再加上当地的气候比较湿润经常下雨，将竹竿的一端削尖，走路的时候既不费鞋又可以防滑。1986 年，湖南省体委将高脚马整理成一项民族传统体育项目，并作为表演项目参加了第五届、第六届全国少数民族传统体育运动会的表演。

3．特点与形式

高脚竞速作为一项在田径场上进行的运动，其技术要求比较复杂，需要参与者具备良好的身体素质和勇敢、坚毅的意志品质，这种运动的最大特点是运动中肌肉活动达到最大强度，整个肌体处于极其紧张的状态中，尤其是大脑皮层兴奋抑制过程要迅速频繁地转换交替。在竞速过程中人体的位觉感受能得到有效改善，对提高人体平衡能力有显著的作用。

人们根据这一活动可以用来比赛耐力和技艺、比赛速度的特点，将其加以发挥，逐步发展为一种民间体育运动——高脚竞速。因这一运动是削竹为马，类似于以竹代马，故此项运动又称竹马，是高脚马上速度和力量的比赛。比赛时，两脚分别踏在两个竹马的脚蹬上，前进或后退。比赛主要有竞速和对抗。竞速，是比谁跑得快，可在平地或田径场上进行。比赛的距离有 50 米、100 米、200 米、400 米和 4×400 米接力跑。对抗，或叫撞架，在规定的场地上，骑在竹马上，各自在规则允许的范围内运用各种攻防技巧，将对方撞倒下地或打下高脚马，自己仍骑在竹马上为胜利。

高脚马的比赛，除了竞速和对抗外，还可以进行越野、障碍和竞艺比赛。越野赛跑，就是在郊外赛跑，需要跨过溪沟、通过泽沼或稻田、穿过沙滩、小林等。障碍赛跑，就是在竞速的途中设几个障碍的跑。竞艺，就是骑在竹马上，在规定的场地上，在不下马的条件下比谁骑的姿势多、姿势优美、难度大等。

4．比赛规则

（1）场地。

比赛在标准田径场上进行，场地线宽均为 5 厘米，跑道分道宽 2.44～2.50 米。

（2）器材。

高脚杆为竹、木或其他硬质材料制成（简称杆）。

高脚杆高度不限，从杆底部向上 30～40 厘米处加制踏镫，踏镫高度的丈量从杆底部至踏镫与杆支点的上沿距离为准。

（3）犯规与判罚。

出现下列之一者，均取消犯规者的比赛资格。

抢跑：即抢前立于地面的脚离地。

窜道：运动在比赛过程中跑离本跑道。

掉杆：比赛运动员脚触地，未在原地上踏蹬。

人杆分离：运动员抵达终点线时，身体或高脚杆的一部分仍未过线，脚与踏蹬即分离。

第六节　蹴　　球

一、蹴球的起源、发展

蹴球起源于清代的踢石球，原称"踢石球"，是从我国古代的蹴鞠游戏发展而来的，有着极其悠久的历史。蹴鞠活动源于原始社会后期，是人类祖先的石球游戏。早在 1953 年西安"半坡遗址"文化挖掘中，就发掘出供游戏用的石球。在春秋战国时期，蹴鞠活动就已开始形成，是当时军队训练的内容之一。在唐代，蹴鞠活动已发展十分盛行，成为宫廷的一项主要活动。在随后的宋、元、明、清时期，此活动一直盛行不衰。在《资治通鉴·汉纪十一》《旧唐书·中言》《北京民间风俗百图》等史书中，都有开展蹴鞠活动的记载。自 1984 年起，北京市民族传统体育协会开始对其进行挖掘、整理、改进，将蹴鞠改名为"蹴球"，于 1986 年首次在全国第 3 届少数民族传统体育运动会上进行了表演，得到社会各界的充分肯定。在之后的 20 余年里，有关体育专家从没停止过对蹴球的器材、活动形式的改进，逐步完善了竞赛办法及规则。1999 年正式将蹴球项目列为全国第 6 届少数民族传统体育运动会的竞赛项目。自此，蹴球运动开始在全国各地蓬勃开展。

二、蹴球竞赛方法

蹴球比赛是双方运动员用脚掌"蹴"球，使球通过脚底向前滚动，依据所"蹴"之球碰击对方或本方球的情况计算得分，以决定胜负的体育竞赛项目。第 8 届全国少数民族传统体育运动会蹴球竞赛规程规定，蹴球竞赛设有男子单蹴、男子双蹴、女子单蹴、女子双蹴、男女混合双蹴共 5 个比赛项目。

蹴球比赛场地及器材：场地规格是长 10 米、宽 10 米的正方形平坦场地，线宽不得超过 5 厘米，边线及各线段均为场内和各区内的一部分。在场地正中心，为一个半径 20 厘米的圆圈为停球区。在场地中央，为一个半径 2.4 米的圆圈作为中心圆。在场地四角，每角一个，为半径 50 厘米的扇面，按逆时针方向编号为 1、2、3、4 区为发球区。比赛用球为硬塑实心球，直径 10 厘米±0.2 厘米，重量 1000 克±10 克。分红、蓝两色，标有 1、2、3、4 的数字，1、3 号球为同一颜色，2、4 号球为同一颜色。

蹴球比赛办法：分单蹴、双蹴和混双。比赛时抽签决定首发球队，首发队佩戴 1 号和 3 号号码布，用①号和③号球，在 1 号和 3 号发球区开始发球。另一队则佩戴 2 号和 4 号号码布，用②号和④号球，在 2 号、4 号发球区开始发球，比赛时按 1、2、3、4 号的顺序轮流蹴球。蹴球方法是用脚跟着地，脚掌触球，用力将球蹴出。凡一方击中对方一球得 1 分，把对方一球击出场外得 4 分；击中任何一球，可以连蹴 1 次；一蹴直接击中 2 球，可以用此球连蹴 2 次；未击中任何一球无连蹴权（连蹴权仅指第 1 次蹴球时）。每场比赛当一方达 80 分或 80 分以上时，比赛结束。比赛分 2 局，第 1 局比赛中当一方或双方达到 40 分或 40 分以上时，比赛停止，休息 3 分钟，然后双方交换首发权，接休息前的比分继续比赛，当一方达 80 分或以上时为胜，比赛结束。

由于蹴球的器材简单，场地面积小，玩起来举止文雅、变化多端、极富情趣，是开展全民健身运动的一个好项目。

三、蹴球运动基本技术

蹴球运动是双方运动员用脚掌蹴球，使所蹴之球碰击对方球而得分的运动。蹴球运动技术的特点是攻击准确，力量适当，只有攻得准，击中对方球方可得分；只有力量适当，将对方球击出界外，并保持本方球不出界才可得高分。蹴球运动技术主要包括预备姿势、蹴正撞球、蹴侧撞球、蹴回旋球、蹴球后的结束动作。

1. 预备姿势

预备姿势是指运动员从自己的发球区场外进入场内准备蹴球前的站立姿势。它对稳定运动员情绪、树立信心、正常发挥蹴球技术具有重要作用。

动作要领：距本方球后 0.5 米处，面向进攻方向，两脚自然开立，身体放松，目视对方球，根据临场情况对本次进攻目标与战术布置进行积极思考，尽快决定本次进攻的意图。

2. 蹴正撞球

蹴正撞球是指本球撞击目标球的正后中部，撞击后，目标球沿本球原来的方向前进，而本球上旋以较慢速度继续向前滚一小段距离停住。这是蹴球最基本也是最常用的技术，是初学者必须掌握的技术。

动作要领：以左（右）脚为支撑脚，支撑在球侧后方 20 厘米处，脚尖外展，与出球方向成 45°角，膝微屈；以右（左）脚跟在球正后方 15 厘米处着地，脚掌前部在球上方距球 2 厘米左右，脚瞄准进攻方向后（使脚的中轴线、本球中心、目标中心成一直线），则以脚掌轻轻压住球，不能使球发生任何移动，压紧后眼睛正视进攻目标，凝神静气、以蹴球腿髂腰肌、股直肌等用力收缩使髋关节做屈，用大腿向前上方抬腿的动作，同时通过脚前掌用力向前蹴动，使球上旋向前滚动朝进攻目标奔去。

3. 蹴侧撞球

蹴侧撞球是指本球击打目标球的侧面，使目标球变向滚动转移位置或使本球相应转移位置的技术。一般用于传或欲使目标球被击打出界而球留在界内等。

动作要领：支撑脚和最后用力的动作要领同蹴正撞球，唯要用本球的球心瞄准目标球的一侧边缘，使蹴球脚跟中心点、脚的中轴线、本球球心、目标球一侧边缘处在一条直线上。如撞击目标球越薄，分球角度越大，本球的前进速度愈快，目标球的前进速度越慢；撞击目标球愈厚，分球角度越小，目标前进速度越快，本球分球跟进速度越慢。

4. 蹴回旋球

蹴回旋球是指蹴出的本球撞击目标后，又以回旋的形式往回滚的一种技术。在进攻对方处于边线附近的球时，可将对方球挤出界外，而使本球回旋不出界，处于优势地位。

动作要领：支撑脚腿动作要领同蹴正撞球，蹴球腿的脚掌触球比蹴正撞球偏后一些，即以脚趾部位压住即可，要保持脚跟不动，目视进攻目标，凝神静气，脚掌用力下压。随着用力的增大，球以回旋（下旋）的形式向前滚出，在向前移动的过程中保持回旋滚动，撞击目标球后，前移的动能即传给目标球，则以回旋的形式滚回来。

5. 蹴球后的结束动作

蹴球后的结束动作是指运动员将球蹴出后应保持身体的平衡姿势，这是关系进攻成败的重要技术之一。

动作要领：踢球结束后，应保持身体重心落在支撑腿上，踢球脚摆至膝关节部位高时应及时制动，随即自然放下，形成双腿支撑，保持身体平衡，并注意不要触及场内其他球，目视进攻方向，了解进攻效果，做好下次进攻的准备或离场回到场外位置。踢回旋球时，球踢出后，踢球脚应迅速上提，以防球回滚时碰脚犯规，然后自然放下，形成双腿支撑。

第七节　板　鞋　竞　速

一、板鞋运动的起源与发展

板鞋竞速运动是广西河池地区壮族民间传统体育项目。相传明代瓦氏夫人领旨率兵赴沿海抗倭，为让士兵步调一致，令3名士兵同穿一副长板鞋齐步跑。长期如此训练，士兵的素质大大提高了，斗志高涨，所向披靡，挫败了倭寇，为壮族人民立了大功。后来，南丹县那地州壮族人民效仿瓦氏夫人练兵法，在田头地角、房前屋后开展3人板鞋竞速活动自娱自乐，相袭成俗，流传至今。

板鞋竞速运动历史悠久，器材简单，因地制宜，不受年龄、性别、条件的限制，深受壮族人民的喜爱。每逢喜庆节日、假日，板鞋竞速成为壮族体育爱好者、学校学生开展健身活动的项目之一，吸引各族的群众参与，对民族团结、民族体育的发展起了巨大的促进作用。板鞋竞速是一项集群众性、娱乐性、竞速性于一体的民族传统体育，同时也是一项非常独特的健身娱乐活动。

二、民间板鞋运动形式

板鞋竞速比赛形式有3人板鞋竞速、板鞋竞技抢粽粑（民间）、板鞋竞技戏水、板鞋竞技抢水球、板鞋竞技抛绣球（或各种球）和板鞋竞速踩气球等。表演方法是：2～3人或多人穿板鞋，分别定距离组成趣味性的具有对抗性的比赛形式，哪个队速度快或哪个队获得的物品多则为胜者。

三、板鞋竞速竞赛方法

经民族传统体育协会组织专家和学者对这一项目进行挖掘和整理，在第8届全国少数民族运动会上，3人板鞋竞速被列为正式比赛项目。板鞋竞速是由多名运动员一起将足套在同一双板鞋上，在田径场上进行的比赛，以在同等的距离内所用的时间多少决定名次。按照板鞋竞速竞赛规程，竞赛项目包括男子60米、100米，女子60米、100米，以及2×100米混合接力等。

板鞋竞速场地及器材：是在标准的田径场地上进行，场地线宽均为5厘米，跑道分道宽2.44～2.50米。比赛器材，板鞋以长度为100厘米、宽度为9厘米、厚度为3厘米的木料制成。以3人板鞋为例，每只板鞋配有3块宽度为5厘米的护足面皮，分别固定在板鞋规定的距离上，护皮以套紧脚面为宜。第1块护皮前沿距板鞋前端7厘米，第2块护皮在第1块与第 3 块护皮的中间，第 3 块护皮后沿距板鞋末端 15 厘米。

板鞋竞速竞赛办法：以第一名运动员身体躯干任何部位抵达终点线后沿垂直面瞬间为止，运动员的身体和板鞋须全部超过终点线后才能分离。运动员在比赛过程中，如果出现某一队员脚脱离板鞋、脚触地或摔倒，须在触地（落地）处重新套好板鞋继续比赛。

四、板鞋竞速基本技术

板鞋竞速的基本技术有预备姿势、原地踏步、向前走、快速跑、弯道走、终点冲刺技术。

1．预备姿势

3 人将脚套进板鞋的鞋套，第 2 名和第 3 名队员分别扶在前 1 名队员腰部或者肩部。

2．原地踏步——向前走——快速跑

3 人都穿好鞋后，1 人或一齐喊口令"1、2、1"或"左、右、左"原地踏步，步调一致。熟练后，自然向前走，再慢慢过渡到自然跑、快速跑，提高速度。

3．弯道走——弯道跑

以左转为例，保持身体重心，克服转弯时的倾斜度，走动时整个身体稍向内倾斜，右臂摆动幅度稍大且稍向外，左臂摆幅稍小，右脚前抬时稍向内扣，用前脚掌的内侧扣紧板鞋，左脚稍向外，脚外侧稍用力。自然向前走，再慢慢过渡到自然跑、快速跑，提高速度。在转弯后整个身体逐渐过渡到正常姿势，快速向前跑。

4．终点冲刺技术

板鞋竞速接近终点时目视前方，上体要稍前倾，两小腿惯性前摆，积极带动两脚前抬加大幅度，快速向前摆动，冲过终点线。

思考与练习

1．简述毽球、高脚竞速、押加和板鞋竞速的技术要领。

2．简述毽球、高脚竞速、押加和板鞋竞速的竞赛方法。

第四部分

休闲体育篇

第十五章
休闲体育

本章介绍休闲体育的相关内容，包括登山、拓展训练、定向越野、攀岩、保龄球、台球、轮滑的技术要点及训练方法。

第一节　登　　山

本节概述登山运动的起源与分类，介绍登山的计划与准备，包括制订登山计划、选择和使用登山地图等，详细阐释登山的基本技巧，如步伐、行进速度与休息、编组与队形等。

一、登山概述

1. 登山运动的起源

登山运动起源于 18 世纪 80 年代。1786 年 8 月 6 日，法国医生巴卡罗与石匠巴尔玛结伴，首次登上海拔 4810 米的阿尔卑斯山主峰勃朗峰；次年，法国科学家德·索修尔以巴尔玛为向导，率领一支由 20 多名科学家组成的登山队登上勃朗峰，搜集科学数据，世界登山运动由此诞生。因诞生地在阿尔卑斯山区，故国际上又称登山运动为"阿尔卑斯运动"。

中国开展此项运动始于 20 世纪 50 年代。1955 年出现第一批登山运动员；1956 年建立第一支登山队。1960 年和 1975 年先后两次从东北山脊登上珠穆朗玛峰，并于 1975 年将一个特制金属测绘觇标竖立在珠峰顶上，准确测出该峰的高度为 8848.13 米。

2. 登山运动的分类

登山运动根据其目的、内容的不同，可以分为高山探险、竞技登山、攀岩以及普通登山活动。

二、登山的计划与准备

在制订登山计划之前，首先要了解即将攀登的山是难是易、同行者能力如何，以及其他许多细节，依据所得结果详细制订计划。

1. 确定登山形态

登山形态分三种，纵走登山、放射状登山与集中登山。在登山形态中，以纵走登山为最正统的方法。登山者对纵走登山的路线及季节作不同的选择，其难易程度会有很大的差别。夏天纵走，若没有特别障碍，则轻而易举。一旦到了冬天，由于天气问题，且背包加重，行走将较为困难。尤其是纵走没有人烟的山，计划更要周密，并根据正确的资料做行前准备。一周以上的纵走，准备的情形与队员的体能，是决定登山成功与否的关键。因此，进行团体登山训练是很重要的。

2．制订登山计划

制订合理的登山计划，选择领队、副领队以及勘探路线，制订登山计划。要研究调查即将攀登的山的特性和天气状况，并计划往返天数、费用、装备等。

3．选择和使用登山地图

（1）地图的选择。

地图有许多种类，通常登山用的地图以缩图五万分之一者最适合。购买或使用地图时要注意出版时间，较早的地图千万不要使用。要知道地图的新旧，可参看出版年份。

（2）地图的使用。

地图上有各种记号和等高线。地图上的各种记号，能帮助了解山的状态。等高线可以显示出山的骨骼。山的立体模型就是以等高线为基础做成的。

4．指北针

同地图一样重要的是指北针。定位地图时，指北针起着重要的辅助作用，若因雾或雨而迷失方向，更要靠指北针来帮助。遇到这种情形，一定要仔细观察周围的情况，稍有不慎，就会因误认自己的位置而发生危险。

5．准备食品

登山食品必须具备的条件为：体积小、重量轻、保存容易、容易消化、味道好、易于烹调，但以上条件，并不是全部都能顾及，因此在出发前应有完善的计划与准备。

6．准备背包和绳索

登山背包是最理想的用具。好的登山背包不仅应有双肩背带，而且还应有一根束在腰际、结实而舒适的腰带。背包的材料既要结实又要柔软，内部最好有防水层内衬，以免雨水渗入。绳索是一件非常重要的工具。它既能用来协助攀登，又能在紧急情况下救援他人，因此，同一集体中要由专人负责携带。

三、登山的基本技巧

1．步行方法

（1）全脚掌，稳踏步。

全脚掌，稳踏步是相对于用脚尖，或者用半脚掌着地而言，全脚掌着地不但有更高的稳定性，更重要的是，相较于前者使用小腿肌肉支撑重量，全脚掌的行进使用更多的大肌肉来支撑重量，不易疲劳，能从事较长时间的运动而不需要休息。这也是为什么登山鞋的鞋底必须选用较坚硬的材质，这不仅利于全脚掌的行进，也可以减少脚踝所承受的冲击。很多山友登山徒步经常会大腿或者小腿肚肌肉抽筋，就是登山徒步脚掌踏出没有选择全脚掌着地，或者选择全脚掌着地了但刚好踏在凹凸不平的面上，没有选择好踏点，比如脚掌踏在一块小石头上，这样一移动重心，感觉不对劲，至少要花多四倍的力量来重新平衡身体重心，通常在无谓花掉这些"浪费"的力气平衡身体过程中，是导致脚抽筋的原因之一。所以请尽量选择平稳的地面及稳定踏点的地方走。

（2）休息步。

休息步是指在跨出下一步之前，首先把现在支撑重量的那只脚打直，脚打直的目的在于将身体的重量交给整只脚的腿骨，让你的大、小腿（尤其是小腿）肌肉休息 1/10 秒，就算只有 1%秒的休息，乍看微不足道，却是使肌肉能够长久持续的获得宝贵休息时间。

（3）鸭子步。

在登山过程中，将脚掌微张，随着坡度增加，脚掌张开的幅度也增加，这样的走路方式想象起来似乎颇为滑稽，但实际上这是一个十分简单，却有着神奇效果的方法，不但在上坡时能缩短脚打直的时间，且能令膝盖所承受压力减轻，尤其是下坡时，一定更能切身感受到膝盖的受力明显减少，因为压力已经被脚骨和腿部肌肉吸收掉大半了。如果你在下山时，觉得膝盖隐隐作痛，这会是一个相当受用的技巧，膝盖会痛的人尤能真切感受它的重要。

（4）上坡外八字，下行重后脚。

遇到较斜的上坡道时，最重要的是脚要采外八字步走，亦即脚尖向外打开走。山地下行时，身体重心切莫注于下行的前脚。如何下行把全身重量集中注于前脚，也就是用一蹦一蹦的样子走下去，这样会造成前脚负担很大，也是造成膝盖疼痛的原因之一。而且很容易导致身体精疲力尽不能继续行程。所以请记得在脚往下坡踩的瞬间，将脚踝及膝盖充分弯曲，发挥缓冲作用来着地，重心在后脚。

（5）高台地，切莫跳。

徒步线路上，时而可见同膝盖高或比膝盖略高的台阶地，或是斜坡上露出很大的高度落差坡度等。下行这种落差很高的台阶地形时，严禁突然往下弹跳，因为跳着下，不仅会滑倒、扭伤脚踝，还会有挫伤或骨折的危险性。正确的下行步法是紧紧抓住边上树根类的植物，稳住身体重心把脚顺利往下掂着地，或者坐在地上慢慢地滑下去着地。

2．步伐

登山时由于道路曲折，时常是有升有降，此时我们采取的走法是不一样的：当坡度较缓上升时，我们只需要注意控制自己的速度，步子不要迈得太大；如果坡度较陡，前进时应使身体略向前倾，走时膝部抬高，步子减小，增加后蹬力量。有人在走很陡的坡时，采取"之"字形迂回走法，看似增加了走的路线，其实运用了物理学原理，以延长斜面的长度来达到省力的目的；下山或下坡时，则应采取完全不同的走法，身体略向后仰，步子略放大些，支撑腿稍弯曲，大小腿肌肉保持一定的紧张状态，步伐应小些，速度节奏宜慢不宜快。

3．行进速度与休息

行进速度与需要攀登山峰的高度有关。如果是一座很矮的小山坡，尽可能地提高自己的行进速度，到达山顶后再休息。如果这座山有一定的高度，路又不是那么好走，那么登山就需要很长的时间。

刚开始登山徒步，不要逞强赶速度。步行山路要花很长的时间，是一种路程较远的运动。有的人急于上山顶，所以开始就急于快速赶路像跑步一样，用这种方式的人，休息次数多，后半段路程不仅速度减缓，有的甚至已累到走不动。

刚开始起步，速度稍微放慢点，让身体有一个适应过程，通常刚开始的 30 分钟内，都要给队伍一个休息调整时间，队员可以利用这个时间调整鞋带、背包、衣物的减增等。为保证登山的质量，在保持一定行进速度的基础上，登山徒步的休息也显得尤为重要。

登山徒步的休息方法，分小休息与长休息。无论小休息与大休息，这样一种登山重复休息模式，目的都只有一个：防止疲劳，让身体获得充分休息，恢复精神更利于行走。

4．编组与队形

出发前，每个集体无论多少人，都需要认真地研究如何编组。一个较大的集体，至少应该有正、副两领队，他们都是富有登山经验的人。在领队的指导下，整个集体可以分成若干个 5～6 人的小组，以保持紧密的联系。正领队负责前后呼应，掌握行进速度和选择休息的时机与地点；副领队则走在队伍的最前面，选择正确的行进路线和发出各种信号，提醒大家注意安全。

每个小组要与其他小组保持一定的距离，不能离得太远，如果发现前后小组的距离过大，则领队应设法进行调整。每个小组最好由一名体力、能力较强的组员走在前面，这样可以随时帮助别人，小组中的第二、第三的位置应让给体力、经验比较差的队员，使他们处于前后照顾之中。如果有绳索，应交给第一个队员携带，以便随时使用。

5．特殊路段的行进技巧

（1）过吊桥。

吊桥不时地摇晃，要一个人一个人地过。对桥下河水恐惧的人应该只看脚下 1 米前方的桥面。

（2）过独木桥。

把脚横开如肩宽，采取稍有点外八字的步法，就能取得良好的平衡。若独木桥只有一根，应看着 1 米左右的前方，一步一步使鞋底踏稳，尽快走过去要比慢吞吞地更稳健。

（3）过河。

对于浅于膝盖的河水，如果是夏天，要穿鞋趟过去，这样比较安全。如果河流里有石头，可以踏石而过，且应选踏比较干燥的石头，因为湿石容易滑倒。而对于深过膝的河水，涉水过河比较危险，请另选它路过河。

第二节　拓　展　训　练

本节介绍拓展训练的渊源，阐述拓展训练的特点，概括拓展训练的流程。针对大学生协作能力、沟通能力、创新能力的培养，选取有代表性的拓展训练项目进行详细讲解。

一、拓展训练概述

本节介绍了拓展训练的起源与发展；分析了其本质特征——亲身体验性，综合活动性，挑战极限性，集体协作性，高峰成就性，自我发展性；概述了其流程：亲历、感受、分享、总结、应用，这 5 个步骤循环往复，巩固并提升着拓展训练的效果。

1．拓展训练的渊源

拓展训练（Outward Bound）意为一艘小船，在暴风雨来临之际，驶离平静、熟悉的港湾，义无反顾地投向未知的旅程，去迎接一次次挑战和考验！

Outward Bound 的雏形源于第二次世界大战期间的英国。当时，英国的商务船队屡遭德国潜艇的袭击，大批船只被击沉，绝大多数落水船员不幸牺牲，只有极少数的人在经历了长时间的磨难之后得以生还。多数生还者不是身体强健、反映机敏的年轻船员，而恰恰是年纪相对偏大的船员。救生专家们通过调查、分析发现：这些人之所以能逃脱巨大的危难，坚强的意志和相互的支持起了决定性的作用，即成功并非取决于充沛的体能，而是依靠强大的意志力。他们正是凭借良好的心理素质，以其强大的求生欲望和求生能力，勇敢地面对危险，沉着地分析处境，坚韧地对抗困难，最终摆脱了死亡厄运。而许多身强力壮的年轻水手，当灾难来临之际，缺乏信心、无法坚持，精神的沮丧和不知所措的恐慌导致了心理防线的全面崩溃，进而智力和体能迅速下降，最终葬身海底。

鉴于上述判断，1941年，库尔特·汉恩（Kurt Hahn，德国教育家）等人在英国创办了阿德伯威海上训练学校。训练船员海上生存能力，使其养成坚毅的性格，树立无惧的勇气，全力以赴地面对险情、排解逆境。经过潜心研究，库尔特·汉恩提出了Outward Bound的两条核心内容：（1）Your disability is your opportunity（你的挫折就是你的机会），（2）There is more in you than you think（你有很多意想不到的能力）。他认为培养学生面对挫折的能力与培养学生的智力同样重要。

拓展训练以其独特的创意和训练方式，逐渐推广开来。其训练对象由最初的海员扩大到军人、学生、工商业人员等各类群体，训练目标也由单纯的体能训练、生存训练和心理训练扩展到人格训练、管理训练、团队训练等。20世纪70年代，Outward Bound传入美国，之后进入亚洲。1995年传入中国大陆，被翻译为"拓展训练"，引领了国内体验式培训的蓬勃发展。

拓展训练的实质是或利用崇山峻岭、翰海大川等自然环境，或就地取材，通过一些模拟场景的体验和精心设计的活动，获取积极思维、突破自我的经验，取代以前经历中沉淀的一些消极经验。最终达到"磨炼意志、陶冶情操、挑战自我、完善人格、激发潜能、熔炼团队"的培训目的。

2．拓展训练的特点

有人认为，拓展训练充满未知性，不像其他运动那么循规蹈矩；有人认为，拓展训练就是玩个心跳，找个刺激，是考验胆量，不像其他运动那么平淡；也有人认为，拓展训练可以更好地培养团队合作精神，不像其他运动那么内涵简单，这些说法都在一定层次上反映了拓展训练的表面特征。就本质而言，拓展训练的特点有以下6点。

（1）亲身体验性。

亲身体验是拓展训练的真谛。研究表明，人类对听到的知识大约可以记住10%；对看到的知识大约可以记住25%；对亲自经历过的则大约可以记住70%。也就是说，人们更容易接受并记住亲身经历的事情。而拓展训练最大的特点之一就在于抓住了人类学习的记忆特点，以各种方式模拟在实际工作生活中可能会遇到的矛盾，通过身体力行，从中悟出道理。

简而言之，拓展训练是以学员的亲身体验为核心，对人深层次的心理施加影响的训练方式。它在人的心理、性格、态度等方面的教育具有突出的优势，能够真正切实有效地改变一个人的行为习惯，塑造积极的行为方式。

（2）综合活动性。

拓展训练以体能活动为引导，蕴涵认知活动、情感活动、意志活动和交往活动，有明确的操作过程，要求参与者全身心投入。

（3）挑战极限性。

拓展训练的部分项目需要参与者通过鼓励克服心理障碍，跨越"心理极限"。

（4）集体协作性。

拓展训练强调集团合作性，力求每位参与者都能从团队中汲取力量，并竭尽全力地为团体争光。

（5）高峰成就性。

在克服重重困难完成扩展训练的项目要求后，参与者能够体会到发自内心的成就感、胜利感和自豪感，获得人生的高峰体验。

（6）自我发展性。

参与者在训练中占据主体地位，充分发挥主观能动性，发现自己的问题所在，并努力克服弊端。通过拓展训练，参与者能够提升群体意识，改善人际关系，学会关注他人，发掘自身潜能，增强自信自立，克服懒惰懦弱，磨炼品性意志，启发想象力和创造力。

3．拓展训练的流程

如图 15-1 所示，拓展训练的流程包括 5 个步骤：亲历、感受、分享、总结、应用。

（1）亲历。

亲历也就是亲身体验。任何一个训练项目的开始都是学生在教师的指引下去经历一种模拟场景，去完成一项任务。

学生在十分开放（这种方式令个体充满疑惑和好奇，对获取知识充满了渴望，这时人的状态是完全开放的）的状态下，体悟到自身在性格、思维、处事方式、应急反应等深层次方面的优势和劣势，进而将影响直接施加到心灵的最深处。

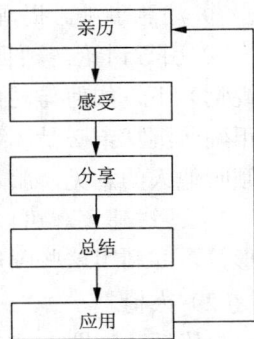

图 15-1　拓展训练流程

（2）感受。

通过置身其中，才能得到最真切的、全方位的、印象深刻的感受。学生在经历的过程中，会产生一些想法、观点，意识到自己的"症结"所在。

（3）分享。

"三人行必有我师"，完成任务的过程，也是磨合切磋，交流共进的过程。分享感受、畅所欲言的同时，每个人就会得到数倍的经验，这也正是拓展训练的魅力所在。

（4）总结。

通过实践、观察、交流和讨论，个人都会有所心得，其认识亦由感性上升到理性。

（5）应用。

这个过程是训练之后的个人收获。认识由实践获得，最终再用来指导实践，这也是拓展训练的终极意义所在。

二、拓展训练项目

本节针对大学生协作能力、沟通能力、创新能力的培养，选取了盲人方阵、人椅、连环手、雷阵等具有代表性的拓展训练项目进行了详细讲解。

1．协作能力拓展训练

（1）盲人方阵。

盲人方阵活动如图 15-2 所示。

① 项目类型。团队合作项目。

② 场地。一块平整的场地。

③ 器材。眼罩若干、长绳（按条件可以选择不同长度的绳子，如 25 米、20 米、18 米、12 米等）。

④ 人员。根据绳子长短，每组 5～20 人。

⑤ 项目时间。20～30 分钟。

⑥ 项目目标。加强参与者的团队合作精神，帮助参与者体会团体工作中沟通的重要性，提高参与者对于结构变动的适应能力。

⑦ 项目规则。蒙上眼睛后，每位参与者在原地转 3 圈，再向前走 5 步；教师将一捆缠绕在一起的绳子交给一名参与者，要求在规定时间内利用这捆绳子组成一个最大的正方形；所有参与者要均匀的分布在四边，在项目完成前不许解开眼罩。

⑧ 注意事项。提醒并防止参与者互相碰撞。

⑨ 引导讨论。项目中最困难的环节在哪里（兄弟同心，其利断金）？在非常状态（没有视觉）下，如何与同伴沟通（要尽快选定指挥者）？有些人为什么始终保持沉默，这样是否正确（沉默未必是坏事，太多不成熟的意见反而会干扰决策。在没有明确的决定前，要善于倾听他人的意见，服从统一指挥可能就是对团队的最大贡献）？领导者的指挥是否迅速有效？

⑩ 改进建议。可以几个组同时进行，不同的组摆出不同的图形，如圆形、三角形、长方形等，并利用这些图形拼出图画，如房屋、汽车、水塔等。

（2）人椅。

人椅活动如图 15-3 所示。

① 项目类型。团队合作项目。

图 15-2　盲人方阵

图 15-3　人椅

② 场地。一块平整的场地。

③ 器材。无。

④ 人员。5 人以上。

⑤ 项目时间。5 分钟以上。

⑥ 项目目标：认识团队协作的重要性；理解个体和团队之间的辩证关系。

⑦ 项目规则。全体参与者围成一圈；每人将双手放在前面一名队员的两肩上；大家听从教师的指令，缓缓坐在身后队员的大腿上；坐下后，教师可以带领大家喊出相应的口号，如"齐心协力""团结一致"等。

⑧ 注意事项。注意参与者的安全。

⑨ 引导讨论。游戏中自己是否有依赖思想（松懈自己对团队可能造成怎样的影响），自己的精神及体力状态发生了怎样的变化（要想坐得长久，坐得舒服，每个人都要先当好一把椅子）。

⑩ 改进建议。可以以小组竞赛的形式进行。

2．沟通能力拓展训练

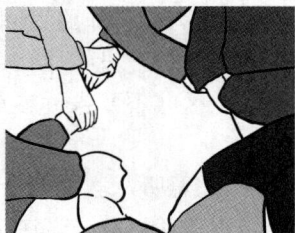

图 15-4　连环手

连环手如图 15-4 所示。

① 项目类型。团队项目。

② 场地。一块平整的场地。

③ 器材。无。

④ 人员。每组 10 人。

⑤ 项目时间。20 分钟。

⑥ 项目目标。让参与者体会在解决团队问题时沟通的重要性，以及团队合作、永不放弃的精神。

⑦ 项目规则。每个小组围成一圈；每个人交叉左右手，握住身边人的右左手；在不松手的情况下，把这张网打开，成为小组组员之间手拉手的圆。

⑧ 注意事项。每组成员要共同想办法，及时交流。

⑨ 引导讨论。开始思路是否很混乱（参与者应明白，有些问题单凭个人力量无法解决。当一个环节出现问题，可以从全局的角度考虑解决）？当解开一点后，你的想法是否发生了变化（是否能体会到"胜利往往就是再坚持一下"）？沟通是否帮助你们解决了问题？

⑩ 参考答案。先翻转身，使大家手拉着手背对圆心。然后从某一个人开始，从邻近一个人的手下走过去，全部人走完后，手环也就解开了。

3．创新能力拓展训练

雷阵如图 15-5 所示。

雷阵出口

109	110	111	112	113	114	115	116	117	118	119	120
97	98	99	100	101	102	103	104	105	106	107	108
85	86	87	88	89	90	91	92	93	94	95	96
73	74	75	76	77	78	79	80	81	82	83	84
			67	68	69	70	71	72			
			61	62	63	64	65	66			
			55	56	57	58	59	60			
			49	50	51	52	53	54			
37	38	39	40	41	42	43	44	45	46	47	48
25	26	27	28	29	30	31	32	33	34	35	36
13	14	15	16	17	18	19	20	21	22	23	24
01	02	03	04	05	06	07	08	09	10	11	12

雷阵入口

图 15-5　雷阵

① 项目类型。团队合作项目。

② 场地。一块平整的场地。

③ 器材。用粉笔画的雷阵。

④ 人员。10 人以上。

⑤ 项目时间。30 分钟。

⑥ 项目目标。突破定式思维；勇于探索，敢于创新；学会吸取别人的经验，少走弯路；要善于利用工具和资源。

⑦ 项目规则。每次只有一人进行探雷，只能走相邻的格子，不能隔格跨越，如果没有触雷，指导教师就说"OK"，探雷者可以继续前进，如果指导教师说"对不起"，请按原路返回，返回后站在队尾，下一个人继续探路。100 分为满分，每重复触雷 1 次扣 1 分，没按原路返回扣 1 分。指导教师有雷区图，表明雷的分布，两个大的空白格区是安全区（不要告诉参与者，但只有通过其中一个安全区才能最终走出雷阵）。

⑧ 注意事项。提醒参与者要听清要求，要记住触雷情况及行走路线，注意听从教师指令。

⑨ 项目控制。活动开始后，教师应始终保持沉默；队员之间可以进行争论；队员试图放弃时，教师应反复询问。

⑩ 引导讨论。采用了哪些方法帮助完成任务（利用树叶、石块等做标记，分人记忆等）？最终参与者走投无路尝试踏入空白区时，意味着打破了思维定势，是成功的突破。

第三节　定　向　越　野

本节介绍了定向越野的基本内涵和发展历程。概述了定向越野的分类，按运动形式的不同可分为徒步定向、山地车定向、轮椅定向、滑雪定向 4 种。讲解了定向越野的基本技术：平路跑、草地跑、上坡跑、下坡跑、下跳跑、林中跑、跨越跑、悬空跑等。

一、定向越野简介

定向越野（Orienteering）是一种参加者借助地形图和指北针（指南针），按规定的顺序独立地完成寻找若干个标绘在地图上的地面检查点或转折点，并以最短的时间通过全程的运动。

定向越野又称为"定向运动""定向跑""野外定向""识图越野"等，能够在强健体魄的同时，有效地培养人们独立思考、独立分析、独立解决困难的能力，切实地铸就人们在体力和智力受到双重压力的环境中作出迅速反应、果断决定的能力和一定的野外生存能力，是一项融趣味性、知识性、竞争性和健身性于一体的新潮别致的智慧型军事体育运动。

定向越野通常在森林、郊外和城市公园里进行，也可在面积较大的学校校园里进行。不同的野外区域，适合于不同的野外定向活动群体。

定向越野比赛中，每一条标准的定向路线都包括起点（用三角表示）、终点（用双圆圈表示）和一系列点标（用单圆圈表示）。这些点标在地图上用阿拉伯数字标明。两点之间的路线没有限制，通常会有两个以上的选择。这种路线选择能力以及借助于地图和指北针在森林和公园辨明方向并以最快的速度按顺序到达目的地的能力便是定向运动的精髓所在。

在实际地形中，一个红色和白色相间的点标旗标志着运动员应该找到的点的位置。夜间定向检查点应有光源或具备反光体。运动员必须在到达的每一个点标处使用打卡器打卡。电子打卡系统不仅能证实是否按顺序正确到访，还能记录到访时间。

二、定向越野的发展

"定向"这两个字在 1886 年瑞典的军营中作为军事训练术语首次使用，意指在地图和指北针的帮助下，穿越陌生地带。真正的定向比赛于 1895 年在瑞典斯德哥尔摩和挪威奥斯陆的军营区举行，这标志着定向运动作为一种体育比赛项目正式诞生。1918 年，瑞典一位名叫吉兰特的童子军领袖组织了一次"寻宝游戏"的活动，引起参加者的极大兴趣，这便是定向运动的雏形。开展定向运动并不需要像其他体育项目那样在场地与器材上支付大量经费，且娱乐性与实用性兼备，因此日益受到军队的重视，并且很快地在民间流传开来。1932 年，第一次世界定向运动比赛举行。1946 年，瑞典、芬兰、挪威和丹麦成立了世界上第一个定向运动合作组织——北欧定向理事会。1961 年，国际定向联合会（IOF，简称"国际定联"）在丹麦的哥本哈根成立。1978 年，国际定联得到国际奥委会承认，定向运动被接纳为奥林匹克体育运动项目。1998 年，在日本举行的冬季奥林匹克运动会上，定向运动成为比赛项目。

20 世纪 70 年代末期，我国当时的体育报刊上陆续刊登了一些介绍国外定向运动的文章。国际定向运动特有的锻炼价值和实用性，逐渐引起了国内体育和军事部门的注意。1983 年 3 月 10 日，中国人民解放军体育学院首次在广州白云山组织了"定向越野试验比赛"。其后，郑州的测绘学院还举办了难度较大的夜间定向比赛，并将其列为该院每年举办的运动会项目。1985 年 9 月 29 日，深圳市体委与香港野外定向会共同举办了首届"深港杯野外定向85"比赛。1986 年 1 月，亚洲及太平洋地区定向越野锦标赛在香港举行。1986 年 4 月 30 日，中国人民解放军体育学院举行了"广州首届白云杯定向越野比赛"，在我国首次实现了完全依靠自己的技术力量，组织面向社会的定向越野"公开赛"。1991 年 12 月，原国家体委批准中国无线电运动协会下设"中国定向运动委员会"，使定向运动作为一种体育项目开始在国内有组织地推广。1992 年 7 月，中国成为国际定联成员国。1994 年，在北京举行了第一届全国定向锦标赛。1995 年，"中国定向运动委员会"更名为"中国定向运动协会（Orienteering Association of China，OAC）"。2003 年，定向运动被确定为 2004 年新学期开始实施的《全国普通高等学校体育教学本科专业课程方案》中主干课程的教学内容。同年，隶属于教育部学生体育协会的"中国学生定向协会（Student Orienteering Association of China，SOCN）"在浙江成立。

三、定向越野的分类

定向运动按运动形式的不同可分为徒步定向、山地车定向、轮椅定向和滑雪定向 4 种，其标志如图 15-6～图 15-9 所示。

图 15-6　徒步定向标志

图 15-7　山地车定向标志

图 15-8　轮椅定向标志　　　　　　图 15-9　滑雪定向标志

1．徒步定向

徒步定向运动按场地的不同，可以分为野外定向、公园定向、校园定向、大院（机关）定向、军营定向等。按活动时间的不同，可以分为白天定向、夜间定向、多日定向等。

2．山地车定向

定向越野中，高超的山地车技巧是应付陡坡的必备条件。出于环保考虑，运动员不能离开规定的线路。山地车定向从 2002 年起每隔两年举行一次世界锦标赛。

3．轮椅定向

轮椅定向是专为伤残人士特别设计的定向运动形式。它既可以让乘坐轮椅的人们加入定向运动的行列中，又可以供新手进行定向运动基本技术的训练。首届轮椅定向世界杯赛于 1999 年举行。

4．滑雪定向

滑雪定向在东欧国家十分流行，其选手需要使用滑雪装备（非机动的）。供比赛用的滑道则使用摩托雪橇开辟。许多世界高山运动员、越野运动员和速度滑雪选手同时又是滑雪定向的高手。

四、定向越野的基本技术

通常情况下，定向越野比赛区域内可能存在道路、草地、上坡、下坡、高低不平地、树林以及不同的障碍等各种通道和地形地貌，要在不同的条件下，提高奔跑的效率，就应该采用与之相适应的奔跑技术。

1．平路跑

运动员在定向越野跑中，若行进路线中有较平坦的道路，应采取与马拉松式或中、长距离跑基本相同的技术。

2．草地跑

运动员在定向越野跑中，若行进路线上有草地小路，应尽量用全脚掌着地，并随时注意观察面前的路面，避免陷进坑洼或被草丛中的石块、枯枝碰伤腿脚。

3．上坡跑

运动员在定向越野跑中，若行进路线遇到上坡道路，应上体前倾，抬高大腿，减小步幅，用前脚掌抓地。若斜坡较陡时，应采用"之"字形小跑或走的方式前进。当斜坡过陡时，应采用以单手或双手辅助攀登的越野方式。

4．下坡跑

运动员在定向越野跑中，若行进路线上遇到下坡道路，应采用上体稍后倾的姿势，以全脚掌或脚跟着地的方式奔跑。若所遇下坡较陡或坡面较滑，可以采用侧身侧脚掌着地的方式下坡。当坡面过陡过滑时，应采用蹲撑状或蹲坐状的姿势，以手撑地或牵拉住蒿草、树枝等方式下坡。

5. 下跳跑

运动员在定向越野跑中，若遇到坡地需要下跳时，应尽量降低高度，并屈膝深蹲缓冲落地速度，以保护肢体安全。亦可通过扶地团身滚动来减缓冲击力，并顺借滚动之势起身继续前跑。

6. 林中跑

运动员在定向越野跑中，若行进路线上遇到树林，应尽量选择林木稀疏之径，并且用手护住脸面，防止被枝叶剌伤眼睛及脸部，同时还要注意地面上的小树丛、杂草及藤蔓等植被，不要被其剌住或绊倒。对于通视度较差的树林，不能贸然进入，否则容易迷失方向。

7. 跨越跑

运动员在定向越野跑中，若行进路线上遇到小壕坑、沟渠、矮灌木丛及倒伏的树林时，可以用大步跨跳或跳远的技术越过障碍物。若遇到较宽的沟渠时，则需要采用 15～25 米的加速跑来提高助跑初速度，以保证能够完全跳过，落地时要保持前倾趋势，防止后仰倒地。若遇到 2 米以内的围栏或土堰等障碍物时，可以采用正面助跑蹲跳或以单、双手支撑翻越的方法通过。

8. 悬空跑

运动员在定向越野跑中，若遇到独木桥等狭窄悬空障碍物时，可以采用脚尖外展的外八字脚形跑过，以增加身势的稳定性。当这类障碍物较长时，则应平稳地走过，以避免因跑动失衡而跌落其下。

第四节　攀　岩

本节概述了攀岩运动的发展历程，介绍了攀岩装备，详细讲解了攀岩的基本方法：攀岩手法、攀岩脚法、手脚配合及三点固定攀岩法。

一、攀岩运动的概述

攀岩（Rock Climbing）运动是除安全保护装备，不使用任何工具，仅靠手脚和身体的平衡，采用各种用力方法攀登岩石峭壁或人造岩墙的极限运动。它是从登山运动中衍生而来的，融健身、娱乐、挑战和竞技于一体，被誉为"峭壁上的芭蕾""勇敢者的游戏"。

攀岩运动的根本特点是惊险刺激，能充分满足人们回归自然、挑战自然、战胜自我的渴望。其需要体能与智能的结合，良好身体素质与过硬心理素质的结合，协调灵敏的体格、勇敢坚韧的意志、准确果断的决断。

攀岩技术迄今已有 100 多年的历史。1865 年，英国登山家埃德瓦特，首次使用钢锥、铁链和登山绳索等简易装备，成功地攀上险峰。20 世纪中叶，攀岩从军事训练项目逐渐发展为难度较大的竞技运动。1948 年，苏联举办了首届攀岩锦标赛，这是世界上第一次攀岩比赛。从 20 世纪 80 年代起，攀岩运动在世界范围内迅速推广。1989 年，首届攀岩世界杯赛在法国、英国、西班牙、意大利、保加利亚和苏联分段举行。1992 年，其首次被列入奥运会表演项目。

二、攀岩运动的装备

攀岩装备的用途主要表现在两个方面：一方面它是攀岩运动（尤其是自然岩壁攀登）的安全保障，另一方面它使攀登者的表现更为出色。

（1）安全带。人与装备的连接枢纽，便于与绳子连接，使攀岩者更加舒适、安全。

（2）主绳。一般 9～11 毫米，可分为动力绳和静力绳。动力绳的弹性系数较高，是各种攀岩活动的主要用具；静力绳的延展性较小，一般用于下降和探洞。

（3）铁锁。可自由开合的金属环状物，连接攀岩绳、支点等各类保护或攀登装备，主要用于攀登全过程的自我保护。其闭合时所能承受的拉力约是开启时的 3 倍。如图 15-10 所示，挂上铁锁后，要将其开口翻至向下并朝外，或者向下并朝攀登者，铁锁开口若朝岩面，易被摩擦或碰撞而意外开启导致危险。

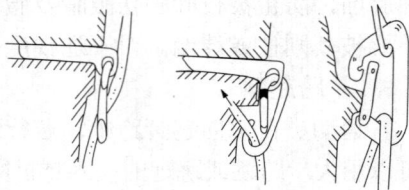

图 15-10　铁锁

（4）头盔。有效防止高空落石以及意外坠落带来的头部伤害。

（5）下降器。普遍使用八字环下降器。

（6）攀岩鞋。鞋底采用特殊橡胶，极大地增加了摩擦力，可以节省较多体力。攀岩鞋应选择较小号的，鞋越紧脚，发力时越稳固。

（7）镁粉。能够吸收手上的汗液和岩壁表面的水分，增大摩擦力，防止打滑。

（8）岩钉。金属材料制成的保护器械，一头是楔形，通过敲击楔进岩缝提供保护力，另一头为环状，可连接铁锁等。

其他装备，如悬挂式帐篷、小刀、打火机等用具，视活动类别、时间长短和个人需要而携带。

三、攀岩运动的基本技术

1．攀岩手法

攀岩中，手的作用是使身体贴近岩壁并向上运动。根据支点上突出（凹陷）的位置和方向，手要采用不同的用力方法，如抓、抠、扒、捏、拉、推、压、撑、攥、握等。

（1）抓（拉）。抓住前上方牢固支点，用力上拉引体向上。其一，如图 15-11 所示，在岩石棱角很小或台阶很浅的情况下，要弯屈手指的前两个关节，勾住棱角或台阶。攀登中手指的力量十分重要，平常应多做练习，如指卧撑、提捏重物等。其二，如图 15-12 所示，以前手掌抓住岩石。其三，如图 15-13 所示，用全手握住凸起的岩石。

图 15-11　攀岩手法 1　　　　　图 15-12　攀岩手法 2　　　　　图 15-13　攀岩手法 3

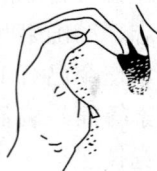

（2）抠（扒）。用手抠（扒）住岩石的棱角、缝隙和边缘。如图 15-13 所示，当岩石裂

缝极为狭窄时，可将四指并拢相对横卧插入（图 15-14（a）是对于纵向裂缝时手的动作；图 15-14（b）是对于横向裂续时手的动作）。

（3）撑（推）。利用台阶、缝隙或其他地形，以手掌和手臂的力量使身体移动。如图 15-15 所示，当岩石裂缝较大足以伸直手掌时，可根据裂缝大小调整手形，如大拇指贴进手掌，或握拳。如图 15-16 所示，若岩石缝足以插入手臂，但人体无法进入时，则可根据裂缝的宽窄将胳膊伸展或稍作弯曲，形成支点。

攀登路线较长时，两手可轮换休息。选择无仰角或仰角较小，且手部支点较大的地段，双脚踩稳，手臂拉直，上体后仰，腰部前顶，使下身贴近岩壁，同时体重压于脚部，进行抖手、活动手指等手掌放松动作，并擦抹镁粉。

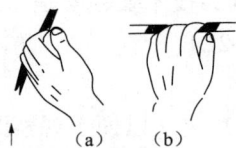
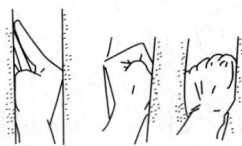
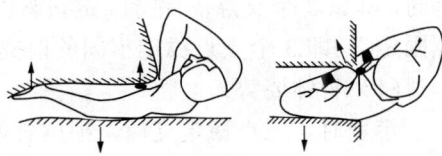

图 15-14　抠（扒）　　　图 15-15　撑（推）1　　　　图 15-16　撑（推）2

2．攀岩脚法

腿部的负重能力、爆发力、耐力均较强，攀岩中要充分利用腿脚力量。根据支点不同，脚部的攀登动作主要包括蹬、跨、挂、踏等。

（1）蹬。用前脚掌内侧或脚趾的蹬力把身体支撑起来，减轻上肢负担并借助这一力量移动身体。如图 15-17 所示，攀岩中常用的高步（High Step）技术便是采用了蹬力。一脚用作支点踩至腰部附近，折起大腿，用立下蹬，即可将下半身向上推动。

（2）跨。充分利用自身柔韧性，避开难点，尽力寻求有利的支撑点。如图 15-18 所示，攀岩中常用的后跟挂（HeeI Hooking）技术便是运用了跨力。下身无处可踩时，一腿上抬，以脚跟锁住上面的石，进而拉动身体。

图 15-17　蹬　　　　　　　　　　　　　　图 15-18　跨

攀爬过程中，双脚需根据裂缝的形状、方向及大小而采用不同的动作。如图 15-19 所示，遇直角裂缝时，脚趾应高于脚跟且向下用力。如图 15-20 所示，遇纵向裂缝时，应注意调整插入脚的位置，使其能紧紧地卡在岩石缝中，以便于用力。

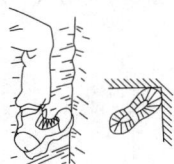
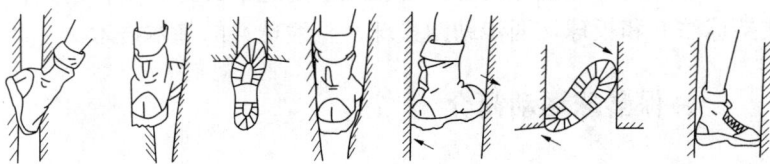

图 15-19　跨方法 1　　　　　　　　图 15-20　跨方法 2

3．手脚配合

攀岩需要上、下肢力量的协调运用。上肢力量以手指和手腕、小臂力量为主，下肢力量由脚腕、脚趾以及腿部力量等组成。攀登过程中，上肢多发挥引体作用，下肢施以蹬压抬腿，而移动身体。

一般而言，手臂力量相对有限，应主要使用腿部力量。但若上肢力量太差，攀登时就会手臂无力，继而酸疼麻木，甚至失去抓握能力，即使下肢力量充分，也难以维持身体平衡继续前进。所以，攀岩运动应注意手脚能力的同时锻炼，切忌重此轻彼。

4．三点固定攀岩法

攀登时，攀岩者的双手和双脚构成人体的 4 个支撑点（以下简称支点），移动一手或一脚时，其余 3 个支点需保持固定状态以保证身体的平衡。简而言之，攀登的技术要领就是"三点固定"，即 3 个支点稳定牢固的前提下才能移动第 4 个支点（见图 15-21）。

（1）身体姿势。

攀登时，三点稳定支撑，根据岩壁陡缓程度使身体和岩壁保持一定距离（以便于观察路线、选择支点为宜），上、下肢要协调舒展，上拉、下蹬要同时用力，身体重心应落在脚上，面向岩壁，形成直立向上的攀登姿势。

（2）腿脚动作。腿部力量是影响攀登技术的关键。正确的下肢姿势是：两腿外旋微屈，大脚趾内侧靠近岩面，膝部不能触岩，注意控制力度和施力方向。

此外，要尽可能地使全脚掌踏在岩石棱角或小台阶上。若落脚点成斜坡状等，要根据其形状恰当下脚（见图 15-22）。

图 15-21　攀登的技术要领　　　　　图 15-22　腿脚动作

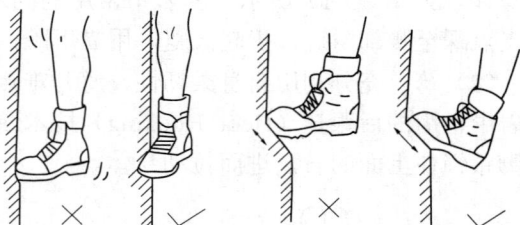

（3）手臂动作。

攀岩过程中，手臂力量的大小直接影响攀岩的质量和效果。因此，攀岩者应具有足够的指力、腕力和臂力。

第五节　保　龄　球

本节介绍了保龄球的起源与发展，阐述了其持球（传统式持球法、半握式持球法、全握式持球法）和投球（四步助跑投球、直线球）的基本技术。

一、保龄球运动简介

保龄球（Bowling），又叫"地滚球"，是一种在木板球道上用球滚击木瓶的室内体育运动。

据传起源于古埃及，13 世纪时流行于德国教会，又称"九柱戏"。

1875 年，美国纽约地区 9 个保龄球俱乐部的 27 名代表组成了世界上第一个保龄球协会（NBA），其规定了球道的长短和球瓶的大小，为保龄球的发展奠定了一定的基础。1895 年，美国保龄球总会（ABC）正式成立，规定将保龄球瓶排列为正三角形并确定了标准保龄球的直径。1946 年，AMF 公司研制出全自动置瓶机，将保龄球运动推向新纪元。1952 年，国际保龄球联盟（FIQ）成立，总部设在芬兰的赫尔辛基，它以奥林匹克精神为宗旨，积极提倡并推进着该项运动的发展。1954 年，第一次保龄球国际比赛在赫尔辛基举行。1963 年，举行了第一届世界锦标赛。1964 年，举行了第一届世界杯赛。1968 年，举行了首届亚洲锦标赛。1974 年，保龄球项目被列为亚运会正式比赛项目。1988 年，第二十四届汉城奥运会上，保龄球被列为表演项目。1992 年，第二十五届巴塞罗那奥运会首次将保龄球列为正式比赛项目。

保龄球拥有独特的球场礼仪，其和台球、高尔夫球、网球一起并称为 4 大绅士运动。

保龄球运动要注意的基本礼仪。

（1）进入投球区时，必须更换保龄球鞋。

（2）只使用自己选定的保龄球。无论是公用球还是个人专用球，未经对方允许不得使用。

（3）先让已经准备好投球姿势的球员投球。

（4）遵守先右后左的原则。相邻球道的球员同时进到投球动作时，应让自己右边的球员先投。如果得到右边球员的示意，也可自行先投。

（5）不要进入旁边的投球区。特别是当对方球员站立在起步位置上准备投球时，自己应停留在助跑道底线之后，以免影响和干扰对方。

（6）不可以随意进入投球区。进入投球区后，投球预备姿势不可太久。不可投出高球。投球动作结束后，不可长久站在投球区。

（7）等到瓶完全置完之后再投球。

（8）正常投球后，摆弄姿势或进行习惯动作，应停留在自己的助跑道上。连续投得全中球时，不要因心情喜悦而使动作过分夸张。

（9）不在投球区，不可挥动保龄球，且不要在休息室和观众场地内练习摆臂投球等动作，以免发生意外。

（10）成绩不好时，应严格控制情绪，不可调笑、批评他人，勿轻率迁怒于球道。

（11）暂时离开球台或上洗手间时，尽可能换下保龄球鞋；应注意水渍，不可将饮料等撒落在投球区内；打球结束后，应主动把球和鞋放回原处。

二、保龄球基本技术

1. 持球技术

保龄球持球是用大拇指、无名指和中指来抓握球，主要有三种持球方法，如下所述。

（1）传统式持球法。如图 15-23 所示，大拇指完全伸入指孔，中指、无名指伸入指孔到第二指节。它比较容易控制球，因为三个手指放得深，且球的重量平均分配在三个手指上，所以投球时不怕球漏掉。另外，使用这种持球方法时应注意，在手掌和球之间必须留有一定空间，一般以能够插入一支铅笔为宜。这样可以充分发挥手型的杠杆作用。这是一种最基本的持球方法，也是最受欢迎的一种方法。对于初学者或手力弱的女性比较合适。但这种持球方法很难投出旋转球。

（2）半握式持球法。如图 15-24 所示，中指和无名指伸入指孔到第一指节和第二指节之间，拇指可以完全伸入孔中。这种持球方法比传统式持列法容易投出旋转球及曲线球，同时也更能体会保龄球的趣味性，但必须注意控制得当。一般职业球员采用这种持球法。

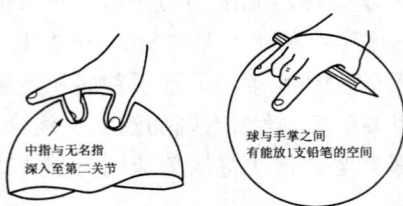

图 15-23　传统式持球法　　　　　　　　图 15-24　半握式持球法

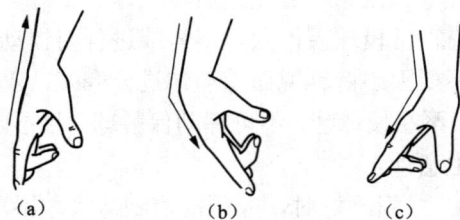

（3）全握式持球法。如图 15-25 所示，这是一种"浅入"的持球方法。中指和无名指只有一指节伸入指孔中，拇指可以完全伸入指孔中。球的起伏、回转都比较好，但摆动费力，非常难控制，而且容易增加手指头的负担。所以，一般只有熟练的球员才会选择这种持球法。勉强使用会使手指、手腕的筋肉受到牵拉，产生疼痛感。

（4）手腕姿势。选好持球方法以后，持球的手腕可以有 3 种不同姿势：手腕挺直（见图 15-26（a））；向内侧弯曲（见图 15-26（b））；向外侧张开（见图 15-26（c））。这三种姿势将决定投球的形式。绝大多数球员采用前两种姿势。不管选用上述哪一种姿势，都必须始终如一，决不能因运球、摆臂等不同动作而中途改变持球手腕的姿势，因为这样不仅会影响投掷效果，甚至会扭伤或拉伤手腕。

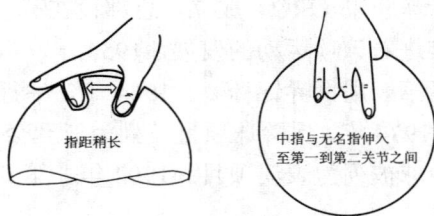

图 15-25　全握式持球法　　　　　图 15-26　手腕姿势

2．投球技术

（1）四步助跑投球。

助跑投球技术一般分为三步助跑、四步助跑和五步助跑。下面着重介绍四步助跑投球技术。

① 准备动作。身体对着目标，双脚并拢；肘部紧贴身体，球与肩膀成一水平线双膝坐下 10～15 厘米，身体自然向前倾；保持身体向前倾约 15°。

② 第一步推球。如图 15-27 所示，右脚向正前方迈出一小步，同时双手把球向前下方推出，右手臂伸直与身体约成 45° 角，同时

图 15-27　推球

左手离球向外侧展出。右脚着地后重心随即移至右腿。迈出右脚和推出球的动作必须时间一致。

③ 第二步直臂下摆。如图 15-28 所示,迈出左脚,步幅比第一步稍大,同时右手臂在球重力作用下下摆,左手继续外展,当持球手臂下摆到与地面成垂直角度位置时,平稳的完成第二步,身体重心平稳地移动到左脚处。

④ 第三步直臂后摆。如图 15-29 所示,握球的右手臂在重力和人体的作用下,由下摆过渡到后摆,同时迈出右脚,左手继续外展。这一步的步幅和第一步一样,但速度加快,第三步着地时球后摆至最高点与右肩齐平。

图 15-28　直臂下摆　　　　　　　　　　图 15-29　直臂后摆

⑤ 第四步滑步回摆投球。如图 15-30 所示,紧接第三步,球以重力向下回摆,同时左脚前脚掌贴着地面向正前方滑进。左脚向前滑进一大步后,在犯规线前,脚跟落地制动前冲,这时左腿深屈,左手向外展平,配合身体保持平衡。躯干前屈重心移至左脚,成左弓步。

图 15-30　滑步回摆投球

此时,持球手臂由向下回摆过渡到向前回摆,当持球手臂加速回摆至与地面垂直时,回摆速度达到最大值。此时球距离犯规线上 15～20 厘米的高度时,手腕不作任何人为转动,把球向二号目标箭头上送出,大拇指先行脱出球孔,中指和无名指向上钩提后脱出指孔。随后顺势拉起,完成滑步投球动作。

(2)直线球。直线球是指球路为直线而无侧旋的球。这种球只要摆动正确就可以投出好球,而且不费力气,适合初学者。

投直线球时,球的旋转类型一般是充分滚动球,对木瓶仅有向前的撞击力。这个撞击力随着木瓶阻力而不断减弱,直进力变小,同时球路还会出现不应有的偏离。因此,全中率较低。这是直线球最大的缺点。

投直线球时,除了遵照上面的助跑技术以外,还要掌握正确的投球动作。放球时,首先把大拇指脱出指孔,接着顺势依次以中指、无名指直线向上扬起。投出球后,掌心直对头顶的后方,球沿自身横轴向前滚进。

第六节 台 球

本节介绍了台球种类、设施等，阐述了其身体姿势、握杆、架杆、运杆、出杆击球等基本技术。

一、台球运动简介

台球（Billiards/Pool），也叫桌球，是一种用球杆在台上击球、依靠计算得分确定比赛胜负的室内体育项目。其源于英国，迄今已有五六百年的历史，娱乐功能较强。

台球运动的种类众多，一般而言可以分为有袋式和无袋式两大类。就地区划分，又有英式台球、美式台球、法式台球。其中英式和美式属于有袋台球，法式属于无袋台球。按规则及打法分类，包括斯诺克台球、8球、9球、15球积分、3球开伦、4球开伦等。目前，世界上较为流行的是英式（斯诺克）台球和美式台球。

台球运动的设施由3部分组成：球台、球和球杆。

球台通常是由坚硬的木材制成，台面一般以三四块石板铺成，上面铺一层绿呢绒。形似长方形会议桌，包括置球点、内区、外区、底袋、中袋、顶袋、开球区。

球是由塑胶制成的实心球。以斯诺克而言，双方共用一只白球，另外，使用21个目标球。其中红球15个，每个分值为1分；彩球6个，黄球2分，绿球3分，棕球4分，蓝球5分，粉球6分，黑球7分。

球杆由杆体、杆头、皮头构成。按用途大致可分为斯诺克杆和美式九球杆。球杆的长短和重量没有统一的规定，但一般不短于91厘米。

二、台球基本技术

1. 身体姿势

如图 15-31 所示，两脚约齐肩宽站立，左腿向前微屈，右腿伸直。两脚避免张得太开，或太过于靠拢，要使重心平稳，身体的姿势自然轻松。

如图 15-32 所示，握杆时手腕放轻松，虎口朝下，四指微握，手臂弯曲约成 90° 角。击球前要使握杆、架桥、母球以及目标球成一直线，然后开始平稳地抽打动作，以预备击球。球杆必须在脸部（下巴）正中心的正下方，使架桥、下巴、握杆三点成一直线（见图 15-33）。

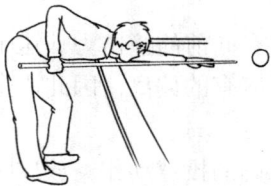

图 15-31 身体姿势 1　　　　图 15-32 身体姿势 2　　　　图 15-33 身体姿势 3

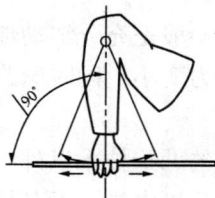

2．握杆

如图 15-33 所示，握杆的方法正确与否直接影响到出杆的好坏。正确的握杆方法是：手腕自然下垂，拇指、食指和中指在虎口处用轻力握住球杆，其余 2 个手指要虚握。

3．架杆

架杆就是用手或杆架给球杆一个稳定支撑（架桥）和对杆头在主球的击球点进行调节的姿势。一般情况下，都是用手给球杆做支架。

（1）平背式。如图 15-35 所示，先将整个手掌放在台面上，将拇指以外的四指分开，手背稍微弓起，拇指翘起和食指的根部相贴形成一个"V"形的夹角，球杆放在"V"夹角内。需要注意的是，架杆手的掌根、小拇指、食指以及拇指处大鱼际部位要充分地贴住台面，切勿使架杆向左侧或右侧翻起，以确保架杆的稳定。这种架杆方法常用于斯诺克台球。

（2）凤眼式。如图 15-36 所示，左手指张开，指尖微向内弯曲，用拇指和食指扣成一个指环，并与球杆成直角，掌握和中指、无名指、小指构成稳定支撑。这种架杆方法多用在开伦台球、美式台球中。

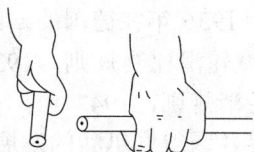

图 15-34　握杆　　　　　　　　图 15-35　平背式　　　　　　　　图 15-36　凤

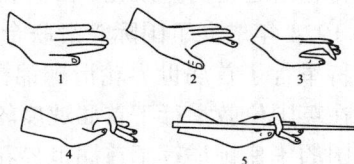

眼式当主球靠近台面边时，架杆手需用四指压在台边上。当主球后有一其他球时，架杆上手需要将四指立起来，避免球杆碰到球。

（3）杆架的使用。当主球远离台边，用正常的击球姿势无法击打主球时，就必须使用杆架。运用杆架时，身体适度前倾，手持球杆的尾部，拇指在下，食指、中指在上夹住球杆，无名指、小指自然弯曲，另一手将杆架放置与适当位置，将杆架整体放在台面上，用手按住以防运杆、出杆时杆架晃动。

4．运杆

运杆指的是击球前的瞄视准备动作。在击主球前，台球选手都会有一个运杆的过程，这个过程可分解为后摆和暂停。

（1）后摆。后摆的幅度大小取决于所需要的击球力量，在肌肉用力相同时，后摆幅度大，球杆击球力量也要大，后摆动作要做到"稳"和"慢"以保证出杆的平直。

（2）暂停。暂停是在出杆前的一个短暂的暂停，以此保证平稳出杆。

运杆时，要求身体保持稳定，持杆手的手臂进行前后运杆，运杆时应尽可能使球杆平直运摆。运杆的目的是为了获得击球的准确性，运杆的次数不宜太多。

5．出杆击球

出杆击球是台球击球动作结构中最重要的环节，决定最终击球的效果。出杆击球是在后摆停顿后所完成的动作。以肘关节为轴，前臂向前送出，触击球瞬间，根据击球的要求，注意对手腕力量使用的控制，避免由于过分抖动手腕造成击球的不准确；出杆时，肩部和身体不要用力，出杆动作要果断、清晰。

第七节 轮 滑

本节介绍了轮滑起源、装备、比赛类型等，阐述了其站立、滑行、停止等基本技术。

一、轮滑运动简介

轮滑（Roller Skating）也叫"溜旱冰"，是从滑冰运动过渡而来的。最初一位荷兰的滑冰运动员，为了在自然冰融化的情况下继续进行训练，尝试把木线轴安在皮鞋下，试图在平坦的地面上滑行，经过不断改进后终于取得成功。从此轮滑运动便在欧洲兴起。1861 年，轮滑项目在巴黎世界博览会上的精彩表演，确立了其在体育运动大家庭中的地位。1863 年美国的詹姆斯·普利姆普顿用金属轮子代替木质轮子，发明了更为适用的新型轮滑鞋滑。

1884 年，英国首次举办了全国轮滑锦标赛。1892 年 4 月 1 日，国际轮滑联盟在瑞士成立，使得轮滑运动向正规化、国际化进一步发展。后来由德国、法国、英国和瑞士 4 个国家发起，于 1924 年成立了国际轮滑联合会，现在总部设在西班牙的巴塞罗那。1936 年在德国的斯图加特举行了首届世界轮滑球锦标赛。1937 年在美国制定了第一个速度轮滑比赛规则，1938年在英国伦敦举行了首届速度轮滑世界锦标赛。1939 年制定了花样轮滑规则，1947 年，在美国的华盛顿举行了首届世界花样轮滑锦标赛，从此，轮滑运动在世界各国得到迅猛的发展，并真正走上轮滑竞赛的道路。

轮滑的装备主要有轮滑鞋和护具，介绍如下。

1．轮滑鞋

竞速轮滑鞋（见图 15-37）：通常用于专业选手追求速度的轮滑竞赛。一般为 5 轮鞋，为了减轻负载及充分发挥脚踝力量，鞋帮都比较低，鞋身采用全皮，一般不装制动器。一般都选用更高级的轮子及更精密的轴承，轮子直径多在 76～80 毫米，且较尖，以减少与地面的摩擦力。其特点是重心较低，以便在滑行中求稳。

休闲轮滑鞋（见图 15-38）：用于一般休闲和健身活动。我们常在公园、校园或自行车道上看到的轮滑鞋就是这种鞋。它一般由 4 个轮子排成一线，轮子后方装有制动器，高鞋腰、中等鞋跟。这种鞋的刀架和鞋为一体，鞋壳不能太软，否则有可能造成脚踝扭伤。

特技轮滑鞋（见图 15-39）：用于特技轮滑，如在跳板、滑杆或"U"形滑道上做特技动作。一般为 4 轮直排，多采用系带加扣式，这样在做特技时不会因鞋扣松开而发生危险。特技轮滑运动经常有跳跃等动作，因此强调底座厚实、抗冲击性较强，鞋体内套包覆性较强，以防止运动中的伤害事故。特技轮滑鞋的轮子通常较小，直径一般在 47～62 毫米，形状较宽而平，以使落地动作更平稳，也便于滑动。

花样轮滑鞋（见图 15-40）：4 轮双排，用于花样轮滑或表演。其主要特点是：4 个轮子排成两排，前后各两个，且前后两个轮子间距略宽于脚，鞋尖前下方装一个制动器，高鞋腰、高鞋跟。

轮滑球鞋：轮滑球鞋用于轮滑球运动。此类鞋是为专门从事轮滑球运动而设计的，采用一次成型无内套的鞋体，使脚与鞋更紧密贴合，以利于轮滑球运动中快速前进、转弯、射门等瞬间移动。材质以皮质为主。

图 15-37　竞速轮滑鞋　　　图 15-38　休闲轮滑鞋　　　图 15-39　特技轮滑鞋　　　图 15-40　花样轮滑鞋

2．轮滑护具

轮滑护具一般有头盔、护肘、护腕、手套、护膝等。护具的功能在于当练习者在进行轮滑练习过程中一旦出现跌倒或撞击事故时，它能够起到将对身体的冲击力量加以分散、缓冲和吸收的作用。护具的选用可根据练习者自身的轮滑技术水平和所进行练习的技术动作而定。

轮滑运动的比赛主要有速度轮滑、花样轮滑和轮滑球等项目。

（1）速度轮滑。分为场地跑道比赛和公路比赛两种。

（2）花样轮滑。分男女单人滑（规定图形，自由滑），双人滑，舞蹈（规定舞、创编舞、自由舞）。比赛场地为 50 米 × 25 米的长方形，规定图形的圆圈直径一般为 5 米或 6 米。

（3）轮滑球。比赛双方各 5 人上场竞技。比赛时间上下各为 20 分钟，中间休息 5 分钟。要求每个队员只能用球杆接球、传球、带球、射门，不准用身体接触球和冲撞，不准有野蛮动作。

二、轮滑基本技术

1．站立

（1）"丁"字站立法。如图 15-41 所示，前脚后跟卡住后脚的弓处，两脚成"丁"字形。上体稍前倾，两膝微屈，重心稍偏于后脚上。

（2）"八"字站立法。如图 15-42 所示，两脚后跟靠紧，两脚尖自然分开，上体稍前倾，两膝微屈，两臂自然下垂于体侧，重心落在两脚中间。

（3）平行站立法。如图 15-43 所示，两脚平行分开，大约与肩同宽，两脚尖稍内扣，膝部稍屈，上体稍前倾，重心落在两脚尖中间。

图 15-41　"丁"字站立法　　　图 15-42　"八"字站立法　　　图 15-43　平行站立法

2．滑行

（1）单蹬双滑。单蹬双滑是指单脚蹬地，双脚向前滑行的一种滑行方法。练习时左脚在前成"丁"字步站立，膝部弯曲，以右脚内侧轮向身体侧后方蹬地，左脚尖外撇向前滑出，此时重心随之移至左脚，同时右脚自然收至左脚旁成双足着地向前滑行。然后，左右脚交替蹬地进行练习。

（2）交替单蹬单滑。交替单蹬单滑是指两脚交替蹬地，两脚交替单足向前滑行的一种滑行方法。左脚在前，成"丁"字步站立，以右脚内侧轮向身体的侧后方蹬地，左腿屈膝向前滑出，重心逐渐移至左腿成单足支撑滑行。然后，再以左脚内侧轮蹬地形成右脚单足支撑向前滑行，重复交替进行。

（3）前滑压步转弯。左转弯时，右脚内侧轮蹬地，左脚以外侧轮着地并向前滑出，滑行一段后，右脚内侧轮蹬地向前超越左脚在左前侧落地滑出，此时重心移至右脚内侧轮上。同时左脚用外轮在右后侧蹬地，蹬后前移至左前侧，支撑滑行。右转弯与左转弯动作相同，方向相反。

（4）葫芦形后滑。两脚稍稍分开，平行站立，开始脚尖稍向内，两腿弯曲，用两脚内刃向前蹬地，同时两脚跟向两边分开，向后外滑至两脚稍宽于肩时，两脚跟内收靠拢，恢复至开始姿势，随后重复上述滑行动作，两脚一开一合向后滑行。

（5）蛇形后滑。两脚成内八字，用右脚内刃蹬地，身体重心移向左侧，成左脚向后滑行。右腿在体前伸直，随即右脚放在左脚内侧，恢复开始的姿势。然后再用左脚蹬地，身体重心移向右侧，成右脚向后滑行。左腿在体前伸直，随即左脚放在右脚的内侧。然后依次重复上述动作。

3．停止

（1）正中切法。重心放低，双脚平行，把有制动器的那一脚向前推出，脚尖微向上，让制动器摩擦地面而逐步停止。

（2）转弯减速法。利用做惯性转弯的动作来消耗滑行的速度惯性，逐渐减速直至停止。

（3）丁字停止法。单脚向前滑行时，浮足在滑行脚的后跟处成"丁"字形放好，使浮足的轮子横向与地面摩擦，减缓滑行，直至停止。

（4）侧向停止法。在向前滑行时，两脚和上体同时做顺时针（或逆时针）方向急转90°，上体向前进的反方向倾斜，两腿弯曲，使滑轮横向摩擦而急停。这是一种难度较高的方法，初学者慎用。

思考与练习

1．登山有哪些基本技巧？
2．拓展训练的流程包括哪几步？
3．定向越野运动的基本技巧有哪些？
4．攀岩的基本技巧有哪些？
5．保龄球的基本技术包括哪些？
6．台球的基本技术包括哪些？
7．轮滑的基本技术包括哪些？

国家学生体质健康标准（2014 年修订）

一、说明

1. 《国家学生体质健康标准》（以下简称《标准》）是国家学校教育工作的基础性指导文件和教育质量基本标准，是评价学生综合素质、评估学校工作和衡量各地教育发展的重要依据，是《国家体育锻炼标准》在学校的具体实施，适用于全日制普通小学、初中、普通高中、中等职业学校、普通高等学校的学生。

2. 本标准的修订坚持健康第一，落实《国家中长期教育改革和发展规划纲要（2010—2020年）》、《国务院办公厅转发教育部等部门关于进一步加强学校体育工作若干意见的通知》（国办发〔2012〕53 号）和《教育部关于印发〈学生体质健康监测评价办法〉等三个文件的通知》（教体艺〔2014〕3 号）有关要求，着重提高《标准》应用的信度、效度和区分度，着重强化其教育激励、反馈调整和引导锻炼的功能，着重提高其教育监测和绩效评价的支撑能力。

3. 本标准从身体形态、身体机能和身体素质等方面综合评定学生的体质健康水平，是促进学生体质健康发展、激励学生积极进行身体锻炼的教育手段，是国家学生发展核心素养体系和学业质量标准的重要组成部分，是学生体质健康的个体评价标准。

4. 本标准将适用对象划分为以下组别：小学、初中、高中按每个年级为一组，其中小学为 6 组、初中为 3 组、高中为 3 组。大学一、二年级为一组，三、四年级为一组。

5. 小学、初中、高中、大学各组别的测试指标均为必测指标。其中，身体形态类中的身高、体重，身体机能类中的肺活量，以及身体素质类中的 50 米跑、坐位体前屈为各年级学生共性指标。

6. 本标准的学年总分由标准分与附加分之和构成，满分为 120 分。标准分由各单项指标得分与权重乘积之和组成，满分为 100 分。附加分根据实测成绩确定，即对成绩超过 100分的加分指标进行加分，满分为 20 分；小学的加分指标为 1 分钟跳绳，加分幅度为 20 分；初中、高中和大学的加分指标为男生引体向上和 1000 米跑，女生 1 分钟仰卧起坐和 800 米跑，各指标加分幅度均为 10 分。

7. 根据学生学年总分评定等级：90.0 分及以上为优秀，80.0～89.9 分为良好，60.0～79.9分为及格，59.9 分及以下为不及格。

8. 每个学生每学年评定一次，记入《〈国家学生体质健康标准〉登记卡》（附表 1～6）。特殊学制的学校，在填写登记卡时可以按规定和需求相应地增减栏目。学生毕业时的成绩和等级，按毕业当年学年总分的 50% 与其他学年总分平均得分的 50% 之和进行评定。

9. 学生测试成绩评定达到良好及以上者，方可参加评优与评奖；成绩达到优秀者，方可获体育奖学分。测试成绩评定不及格者，在本学年度准予补测一次，补测仍不及格，则学年成绩评定为不及格。普通高中、中等职业学校和普通高等学校学生毕业时，《标准》测试的成绩达不到 50 分者按结业或肄业处理。

10. 学生因病或残疾可向学校提交暂缓或免予执行《标准》的申请，经医疗单位证明，体育教学部门核准，可暂缓或免予执行《标准》，并填写《免予执行〈国家学生体质健康标准〉申请表》（附表 7），存入学生档案。确实丧失运动能力、被免予执行《标准》的残疾学生，仍可参加评优与评奖，毕业时《标准》成绩需注明免测。

11. 各学校每学年开展覆盖本校各年级学生的《标准》测试工作，《标准》测试数据经当地教育行政部门按要求审核后，通过"中国学生体质健康网"上传至"国家学生体质健康标准数据管理系统"。测试和数据上传时间由教育行政部门确定。

12. 本标准由教育部负责解释。

二、单项指标与权重（大学）

测试对象	单项指标	权重（%）
大学各年级	体重指数（BMI）	15
	肺活量	15
	50 米跑	20
	坐位体前屈	10
	立定跳远	10
	引体向上（男）/1 分钟仰卧起坐（女）	10
	1000 米跑（男）/800 米跑（女）	20

注：体重指数（BMI）＝ 体重（千克）/身高^2（米^2）

三、评分表

表 A-1　　　　　　　　　体重指数（BMI）单项评分表（单位：千克/米^2）

等级	单项得分	大学男生	大学女生
正常	100	17.9～23.9	17.2～23.9
低体重	80	≤17.8	≤17.1
超重		24.0～27.9	24.0～27.9
肥胖	60	≥28.0	≥28.0

表 A-2　　　　　　　　　　　　大学各年级评分表

等级	项目 单项得分	男生肺活量（毫升）		女生肺活量（毫升）		男生 50 米跑（秒）		女生 50 米跑（秒）		男生坐位体前屈（厘米）		女生坐位体前屈（厘米）	
		大一大二	大三大四	大一大二	大三大四	大一大二	大三大四	大一大二	大三大四	大一大二	大三大四	大一大二	大三大四
优秀	100	5040	5140	3400	3450	6.7	6.6	7.5	7.4	24.9	25.1	25.8	26.3
	95	4920	5020	3350	3400	6.8	6.7	7.6	7.5	23.1	23.3	24.0	24.4
	90	4800	4900	3300	3350	6.9	6.8	7.7	7.6	21.3	21.5	22.2	22.4
良好	85	4550	4650	3150	3200	7.0	6.9	8.0	7.9	19.5	19.9	20.6	21.0
	80	4300	4400	3000	3050	7.1	7.0	8.3	8.2	17.7	18.2	19.0	19.5
及格	78	4180	4280	2900	2950	7.3	7.2	8.5	8.4	16.3	16.8	17.7	18.2
	76	4060	4160	2800	2850	7.5	7.4	8.7	8.6	14.9	15.4	16.4	16.9
	74	3940	4040	2700	2750	7.7	7.6	8.9	8.8	13.5	14.0	15.1	15.6
	72	3820	3920	2600	2650	7.9	7.8	9.1	9.0	12.1	12.6	13.8	14.3
	70	3700	3800	2500	2550	8.1	8.0	9.3	9.2	10.7	11.2	12.5	13.0

等级	单项得分	男生肺活量(毫升)		女生肺活量(毫升)		男生50米跑(秒)		女生50米跑(秒)		男生坐位体前屈(厘米)		女生坐位体前屈(厘米)	
		大一大二	大三大四	大一大二	大三大四	大一大二	大三大四	大一大二	大三大四	大一大二	大三大四	大一大二	大三大四
及格	68	3580	3680	2400	2450	8.3	8.2	9.5	9.4	9.3	9.8	11.2	11.7
	66	3460	3560	2300	2350	8.5	8.4	9.7	9.6	7.9	8.4	9.9	10.4
	64	3340	3440	2200	2250	8.7	8.6	9.9	9.8	6.5	7.0	8.6	9.1
	62	3220	3320	2100	2150	8.9	8.8	10.1	10.0	5.1	5.6	7.3	7.8
	60	3100	3200	2000	2050	9.1	9.0	10.3	10.2	3.7	4.2	6.0	6.5
不及格	50	2940	3030	1960	2010	9.3	9.2	10.5	10.4	2.7	3.2	5.2	5.7
	40	2780	2860	1920	1970	9.5	9.4	10.7	10.6	1.7	2.2	4.4	4.9
	30	2620	2690	1880	1930	9.7	9.6	10.9	10.8	0.7	1.2	3.6	4.1
	20	2460	2520	1840	1890	9.9	9.8	11.1	11.0	-0.3	0.2	2.8	3.3
	10	2300	2350	1800	1850	10.1	10.0	11.3	11.2	-1.3	-0.8	2.0	2.5

等级	单项得分	男生立定跳远(厘米)		女生立定跳远(厘米)		男生引体向上(次)		女生仰卧起坐(个/分)		男生1000米跑		女生800米跑	
		大一大二	大三大四	大一大二	大三大四	大一大二	大三大四	大一大二	大三大四	大一大二	大三大四	大一大二	大三大四
优秀	100	273	275	207	208	19	20	56	57	3'17"	3'15"	3'18"	3'16"
	95	268	270	201	202	18	19	54	55	3'22"	3'20"	3'24"	3'22"
	90	263	265	195	196	17	18	52	53	3'27"	3'25"	3'30"	3'28"
良好	85	256	258	188	189	16	17	49	50	3'34"	3'32"	3'37"	3'35"
	80	248	250	181	182	15	16	46	47	3'42"	3'40"	3'44"	3'42"
	78	244	246	178	179			44	45	3'47"	3'45"	3'49"	3'47"
	76	240	242	175	176	14	15	42	43	3'52"	3'50"	3'54"	3'52"
	74	236	238	172	173			40	41	3'57"	3'55"	3'59"	3'57"
及格	72	232	234	169	170	13	14	38	39	4'02"	4'00"	4'04"	4'02"
	70	228	230	166	167			36	37	4'07"	4'05"	4'09"	4'07"
	68	224	226	163	164	12	13	34	35	4'12"	4'10"	4'14"	4'12"
	66	220	222	160	161			32	33	4'17"	4'15"	4'19"	4'17"
	64	216	218	157	158	11	12	30	31	4'22"	4'20"	4'24"	4'22"
	62	212	214	154	155			28	29	4'27"	4'25"	4'29"	4'27"
	60	208	210	151	152	10	11	26	27	4'32"	4'30"	4'34"	4'32"
不及格	50	203	205	146	147	9	10	24	25	4'52"	4'50"	4'44"	4'42"
	40	198	200	141	142	8	9	22	23	5'12"	5'10"	4'54"	4'52"
	30	193	195	136	137	7	8	20	21	5'32"	5'30"	5'04"	5'02"
	20	188	190	131	132	6	7	18	19	5'52"	5'50"	5'14"	5'12"
	10	183	185	126	127	5	6	16	17	6'12"	6'10"	5'24"	5'22"

表 A-3　　　　　　　　大学加分指标评分表

加分	男生引体向上(次)		女生仰卧起坐(次)		男生1000米跑		女生800米跑	
	大一大二	大三大四	大一大二	大三大四	大一大二	大三大四	大一大二	大三大四
10	10	10	13	13	-35"	-35"	-50"	-50"
9	9	9	12	12	-32"	-32"	-45"	-45"
8	8	8	11	11	-29"	-29"	-40"	-40"
7	7	7	10	10	-26"	-26"	-35"	-35"
6	6	6	9	9	-23"	-23"	-30"	-30"
5	5	5	8	8	-20"	-20"	-25"	-25"
4	4	4	7	7	-16"	-16"	-20"	-20"
3	3	3	6	6	-12"	-12"	-15"	-15"
2	2	2	4	4	-8"	-8"	-10"	-10"
1	1	1	2	2	-4"	-4"	-5"	-5"

注:引体向上、一分钟仰卧起坐均为高优指标,学生成绩超过单项评分100分后,以超过的次数所对应的分数进行加分;1000米跑、800米跑均为低优指标,学生成绩低于单项评分100分后,以减少的秒数所对应的分数进行加分。

附录A　国家学生体质健康标准(2014年修订)

245

附录 B
《国家学生体质健康标准》实施办法及评分表

一、《国家学生体质健康标准》实施办法

（一）《国家学生体质健康标准》（以下简称《标准》）的实施工作在教育部、国家体育总局的领导下，由各级教育行政部门管理，体育行政部门指导，学校组织实施。

（二）《标准》的组织实施工作在校长领导下，由学校体育教研部门、教务部门、校医院（医务室）、学工部门、辅导员（班主任）协同配合共同组织实施。《标准》的测试应与学生的健康体检有机结合，避免重复测试。学生的《标准》测试成绩按评定等级记入《国家学生体质健康标准登记卡》，小学列入学生成长记录或学生素质报告书，初中以上学校列入学生档案（含电子档案），作为学生毕业、升学的重要依据。对达到及格以上成绩的学生颁发证章。《标准》的实施工作记入教师的教学工作量。

（三）学生《标准》测试成绩达到良好及以上者，方可参加三好学生、奖学金评选；成绩达到优秀者，方可获体育奖学分。《标准》成绩不及格者，在本学年度准予补测一次，补测仍不及格，则学年《标准》成绩为不及格。普通高中、中等职业学校和普通高等学校学生毕业时，《标准》测试的成绩达不到 50 分者按肄业处理。

（四）因病或残疾学生，可向学校提交免予执行《标准》的申请，经医疗单位证明，体育教学部门核准后，可免予执行《标准》，并填写《免予执行〈国家学生体质健康标准〉申请表》，存入学生档案。对确实丧失运动能力、免予执行《标准》的残疾学生，仍可参加三好学生、奖学金、奖学分评选，毕业时《标准》成绩可记为满分，但不评定等级。

（五）认真上好体育课、积极参加体育活动、每天锻炼时间达到一小时者，奖励 5 分，计入学年《标准》总成绩。

（六）属下列情况之一者，其《标准》成绩记为不及格，该学年《标准》成绩最高记为 59 分：

1. 评价指标中 400 米（50 米×8 往返跑）、1000 米跑（男）、800 米跑（女）、台阶试验的得分达不到及格者；

2. 体育课无故缺勤，一学年累计超过应出勤次数 1/10 者。

（七）各地、各学校在实施《标准》时要树立"安全第一"的指导思想，健全各项安全保障制度，落实安全责任制，加强对场地、器材、设备的安全检查。要认真做好学生的体检工作，对生病学生实行缓测或免测。

（八）全国各级各类学校每年均直接将本校各年级《标准》测试数据，通过中国学生体质健康网（网址中文域名：中国学生体质健康网，英文域名：www.csh.edu.cn），报送至教育部"国家学生体质健康标准数据管理系统"，上报数据的时间为每年 9 月 1 日至 12 月 31 日，上报测试数据的工具软件，由学校在中国学生体质健康网上免费下载使用。

（九）高职、高专类学校参照有关要求执行。

（十）教育部每年公布各省、自治区、直辖市实施《标准》的基本情况；每学年对教育部直属高校本科新生《标准》测试结果，按生源所在地进行统计，并以省、自治区、直辖市为单位进行公布。

（十一）各地教育、体育行政部门对本地各级各类学校实施《标准》的情况，要认真检查监督。要将《标准》的实施情况纳入各级政府教育督导内容和评估指标体系，并作为对各级各类学校进行评优、表彰的基本依据。对弄虚作假、徇私舞弊者，给予通报批评，情节严重者，给予行政处分。

（十二）为保证《标准》测试数据的科学性、准确性，各地、各学校招标、选用的《标准》测试器材必须是经国家认证认可监督管理委员会批准的相关认证机构认证合格的产品。

（十三）本办法由教育部负责解释。

二、《国家学生体质健康标准》评分表（见表 B-1～表 B-4）

表 B-1　　　　大学一年级～大学四年级男生身高标准体重（体重单位：千克）

身高段（厘米）	营养不良	较低体重	正常体重	超重	肥胖
	50 分	60 分	100 分	60 分	50 分
144.0 ～ 144.9	<41.5	41.5 ～ 46.3	46.4 ～ 51.9	52.0 ～ 53.7	≥53.8
145.0 ～ 145.9	<41.8	41.8 ～ 46.7	46.8 ～ 52.6	52.7 ～ 54.5	≥54.6
146.0 ～ 146.9	<42.1	42.1 ～ 47.1	47.2 ～ 53.1	53.2 ～ 55.1	≥55.2
147.0 ～ 147.9	<42.4	42.4 ～ 47.5	47.6 ～ 53.7	53.8 ～ 55.7	≥55.8
148.0 ～ 148.9	<42.6	42.6 ～ 47.9	48.0 ～ 54.2	54.3 ～ 56.3	≥56.4
149.0 ～ 149.9	<42.9	42.9 ～ 48.3	48.4 ～ 54.8	54.9 ～ 56.6	≥56.7
150.0 ～ 150.9	<43.2	43.2 ～ 48.8	48.9 ～ 55.4	55.5 ～ 57.6	≥57.7
151.0 ～ 151.9	<43.5	43.5 ～ 49.2	49.3 ～ 56.0	56.1 ～ 58.2	≥58.3
152.0 ～ 152.9	<43.9	43.9 ～ 49.7	49.8 ～ 56.5	56.6 ～ 58.7	≥58.8
153.0 ～ 153.9	<44.2	44.2 ～ 50.1	50.2 ～ 57.0	57.1 ～ 59.3	≥59.4
154.0 ～ 154.9	<44.7	44.7 ～ 50.6	50.7 ～ 57.5	57.6 ～ 59.8	≥59.9
155.0 ～ 155.9	<45.2	45.2 ～ 51.1	51.2 ～ 58.0	58.1 ～ 60.7	≥60.8
156.0 ～ 156.9	<45.6	45.6 ～ 51.6	51.7 ～ 58.7	58.8 ～ 61.0	≥61.1
157.0 ～ 157.9	<46.1	46.1 ～ 52.1	52.2 ～ 59.2	59.3 ～ 61.5	≥61.6
158.0 ～ 158.9	<46.6	46.6 ～ 52.6	52.7 ～ 59.8	59.9 ～ 62.2	≥62.3
159.0 ～ 159.9	<46.9	46.9 ～ 53.1	53.2 ～ 60.3	60.4 ～ 62.7	≥62.8
160.0 ～ 160.9	<47.4	47.4 ～ 53.6	53.7 ～ 60.9	61.0 ～ 63.4	≥63.5
161.0 ～ 161.9	<48.1	48.1 ～ 54.3	54.4 ～ 61.6	61.7 ～ 64.1	≥64.2
162.0 ～ 162.9	<48.5	48.5 ～ 54.8	54.9 ～ 62.2	62.3 ～ 64.8	≥64.9
163.0 ～ 163.9	<49.0	49.0 ～ 55.3	55.4 ～ 62.8	62.9 ～ 65.3	≥65.4
164.0 ～ 164.9	<49.5	49.5 ～ 55.9	56.0 ～ 63.4	63.5 ～ 65.9	≥66.0
165.0 ～ 165.9	<49.9	49.9 ～ 56.4	56.5 ～ 64.1	64.2 ～ 66.6	≥66.7
166.0 ～ 166.9	<50.4	50.4 ～ 56.9	57.0 ～ 64.6	64.7 ～ 67.0	≥67.1
167.0 ～ 167.9	<50.8	50.8 ～ 57.3	57.4 ～ 65.0	65.1 ～ 67.5	≥67.6
168.0 ～ 168.9	<51.1	51.1 ～ 57.7	57.8 ～ 65.5	65.6 ～ 68.1	≥68.2
169.0 ～ 169.9	<51.6	51.6 ～ 58.2	58.3 ～ 66.0	66.1 ～ 68.6	≥68.7
170.0 ～ 170.9	<52.1	52.1 ～ 58.7	58.8 ～ 66.5	66.6 ～ 69.1	≥69.2
171.0 ～ 171.9	<52.5	52.5 ～ 59.2	59.3 ～ 67.2	67.3 ～ 69.8	≥69.9

身高段（厘米）	营养不良	较低体重	正常体重	超重	肥胖
	50 分	60 分	100 分	60 分	50 分
172.0 ～ 172.9	<53.0	53.0 ～ 59.8	59.9 ～ 67.8	67.9 ～ 70.4	≥70.5
173.0 ～ 173.9	<53.5	53.5 ～ 60.3	60.4 ～ 68.4	68.5 ～ 71.1	≥71.2
174.0 ～ 174.9	<53.8	53.8 ～ 61.0	61.1 ～ 69.3	69.4 ～ 72.0	≥72.1
175.0 ～ 175.9	<54.5	54.5 ～ 61.5	61.6 ～ 69.9	70.0 ～ 72.7	≥72.8
176.0 ～ 176.9	<55.3	55.3 ～ 62.2	62.3 ～ 70.9	71.0 ～ 73.8	≥73.9
177.0 ～ 177.9	<55.8	55.8 ～ 62.7	62.8 ～ 71.6	71.7 ～ 74.5	≥74.6
178.0 ～ 178.9	<56.2	56.2 ～ 63.3	63.4 ～ 72.3	72.4 ～ 75.3	≥75.4
179.0 ～ 179.9	<56.7	56.7 ～ 63.8	63.9 ～ 72.8	72.9 ～ 75.8	≥75.9
180.0 ～ 180.9	<57.1	57.1 ～ 64.3	64.4 ～ 73.5	73.6 ～ 76.5	≥76.6
181.0 ～ 181.9	<57.7	57.7 ～ 64.9	65.0 ～ 74.2	74.3 ～ 77.3	≥77.4
182.0 ～ 182.9	<58.2	58.2 ～ 65.6	65.7 ～ 74.9	75.0 ～ 77.8	≥77.9
183.0 ～ 183.9	<58.8	58.8 ～ 66.2	66.3 ～ 75.7	75.8 ～ 78.8	≥78.9
184.0 ～ 184.9	<59.3	59.3 ～ 66.8	66.9 ～ 76.3	76.4 ～ 79.4	≥79.5
185.0 ～ 185.9	<59.9	59.9 ～ 67.4	67.5 ～ 77.0	77.1 ～ 80.2	≥80.3
186.0 ～ 186.9	<60.4	60.4 ～ 68.1	68.2 ～ 77.8	77.9 ～ 81.1	≥81.2
187.0 ～ 187.9	<60.9	60.9 ～ 68.7	68.8 ～ 78.6	78.7 ～ 81.9	≥82.0
188.0 ～ 188.9	<61.4	61.4 ～ 69.2	69.3 ～ 79.3	79.4 ～ 82.6	≥82.7
189.0 ～ 189.9	<61.8	61.8 ～ 69.8	69.9 ～ 79.9	80.0 ～ 83.2	≥83.3
190.0 ～ 190.9	<62.4	62.4 ～ 70.4	70.5 ～ 80.5	80.6 ～ 83.6	≥83.7

注：身高低于表中所列出的最低身高段的下限值时，身高每低 1 厘米，实测体重需加上 0.5 千克，实测身高需加上 1 厘米，再查表确定分值。身高高于表中所列出的最高身高段时，身高每高 1 厘米，其实测体重需减去 0.9 千克，实测身高需减去 1 厘米，再查表确定分值。

表 B-2　　　大学一年级～大学四年级女生身高标准体重（体重单位：千克）

身高段（厘米）	营养不良	较低体重	正常体重	超重	肥胖
	50 分	60 分	100 分	60 分	50 分
140.0 ～ 140.9	<36.5	36.5 ～ 42.4	42.5 ～ 50.6	50.7 ～ 53.3	≥53.4
141.0 ～ 141.9	<36.6	36.6 ～ 42.9	43.0 ～ 51.3	51.4 ～ 54.1	≥54.2
142.0 ～ 142.9	<36.8	36.8 ～ 43.2	43.3 ～ 51.9	52.0 ～ 54.7	≥54.8
143.0 ～ 143.9	<37.0	37.0 ～ 43.5	43.6 ～ 52.3	52.4 ～ 55.2	≥55.3
144.0 ～ 144.9	<37.2	37.2 ～ 43.7	43.8 ～ 52.7	52.8 ～ 55.6	≥55.7
145.0 ～ 145.9	<37.5	37.5 ～ 44.0	44.1 ～ 53.1	53.2 ～ 56.1	≥56.2
146.0 ～ 146.9	<37.9	37.9 ～ 44.4	44.5 ～ 53.7	53.8 ～ 56.7	≥56.8
147.0 ～ 147.9	<38.5	38.5 ～ 45.0	45.1 ～ 54.3	54.4 ～ 57.3	≥57.4
148.0 ～ 148.9	<39.1	39.1 ～ 45.7	45.8 ～ 55.0	55.1 ～ 58.0	≥58.1
149.0 ～ 149.9	<39.5	39.5 ～ 46.2	46.3 ～ 55.6	55.7 ～ 58.7	≥58.8
150.0 ～ 150.9	<39.9	39.9 ～ 46.6	46.7 ～ 56.2	56.3 ～ 59.3	≥59.4
151.0 ～ 151.9	<40.3	40.3 ～ 47.1	47.2 ～ 56.7	56.8 ～ 59.8	≥59.9
152.0 ～ 152.9	<40.8	40.8 ～ 47.6	47.7 ～ 57.4	57.5 ～ 60.5	≥60.6
153.0 ～ 153.9	<41.4	41.4 ～ 48.2	48.3 ～ 57.9	58.0 ～ 61.1	≥61.2
154.0 ～ 154.9	<41.9	41.9 ～ 48.8	48.9 ～ 58.6	58.7 ～ 61.9	≥62.0
155.0 ～ 155.9	<42.3	42.3 ～ 49.1	49.2 ～ 59.1	59.2 ～ 62.4	≥62.5
156.0 ～ 156.9	<42.9	42.9 ～ 49.7	49.8 ～ 59.7	59.8 ～ 63.0	≥63.1

身高段（厘米）	营养不良 50分	较低体重 60分	正常体重 100分	超重 60分	肥胖 50分
157.0 ～ 157.9	<43.5	43.5 ～ 50.3	50.4 ～ 60.4	60.5 ～ 63.6	≥63.7
158.0 ～ 158.9	<44.0	44.0 ～ 50.8	50.9 ～ 61.2	61.3 ～ 64.5	≥64.6
159.0 ～ 159.9	<44.5	44.5 ～ 51.4	51.5 ～ 61.7	61.8 ～ 65.1	≥65.2
160.0 ～ 160.9	<45.0	45.0 ～ 52.1	52.2 ～ 62.3	62.4 ～ 65.6	≥65.7
161.0 ～ 161.9	<45.4	45.4 ～ 52.5	52.6 ～ 62.8	62.9 ～ 66.2	≥66.3
162.0 ～ 162.9	<45.9	45.9 ～ 53.1	53.2 ～ 63.4	63.5 ～ 66.8	≥66.9
163.0 ～ 163.9	<46.4	46.4 ～ 53.6	53.7 ～ 63.9	64.0 ～ 67.3	≥67.4
164.0 ～ 164.9	<46.8	46.8 ～ 54.2	54.3 ～ 64.5	64.6 ～ 67.9	≥68.0
165.0 ～ 165.9	<47.4	47.4 ～ 54.8	54.9 ～ 65.0	65.1 ～ 68.3	≥68.4
166.0 ～ 166.9	<48.0	48.0 ～ 55.4	55.5 ～ 65.5	65.6 ～ 68.9	≥69.0
167.0 ～ 167.9	<48.5	48.5 ～ 56.0	56.1 ～ 66.2	66.3 ～ 69.5	≥69.6
168.0 ～ 168.9	<49.0	49.0 ～ 56.4	56.5 ～ 66.7	66.8 ～ 70.1	≥70.2
169.0 ～ 169.9	<49.4	49.4 ～ 56.8	56.9 ～ 67.3	67.4 ～ 70.7	≥70.8
170.0 ～ 170.9	<49.9	49.9 ～ 57.3	57.4 ～ 67.9	68.0 ～ 71.4	≥71.5
171.0 ～ 171.9	<50.2	50.2 ～ 57.8	57.9 ～ 68.5	68.6 ～ 72.1	≥72.2
172.0 ～ 172.9	<50.7	50.7 ～ 58.4	58.5 ～ 69.1	69.2 ～ 72.7	≥72.8
173.0 ～ 173.9	<51.0	51.0 ～ 58.8	58.9 ～ 69.6	69.7 ～ 73.1	≥73.2
174.0 ～ 174.9	<51.3	51.3 ～ 59.3	59.4 ～ 70.2	70.3 ～ 73.6	≥73.7
175.0 ～ 175.9	<51.9	51.9 ～ 59.9	60.0 ～ 70.8	70.9 ～ 74.4	≥74.5
176.0 ～ 176.9	<52.4	52.4 ～ 60.4	60.5 ～ 71.5	71.6 ～ 75.1	≥75.2
177.0 ～ 177.9	<52.8	52.8 ～ 61.0	61.1 ～ 72.1	72.2 ～ 75.7	≥75.8
178.0 ～ 178.9	<53.2	53.2 ～ 61.5	61.6 ～ 72.6	72.7 ～ 76.2	≥76.3
179.0 ～ 179.9	<53.6	53.6 ～ 62.0	62.1 ～ 73.2	73.3 ～ 76.7	≥76.8
180.0 ～ 180.9	<54.1	54.1 ～ 62.5	62.6 ～ 73.7	73.8 ～ 77.0	≥77.1
181.0 ～ 181.9	<54.5	54.5 ～ 63.1	63.2 ～ 74.3	74.4 ～ 77.8	≥77.9
182.0 ～ 182.9	<55.1	55.1 ～ 63.8	63.9 ～ 75.0	75.1 ～ 79.4	≥79.5
183.0 ～ 183.9	<55.6	55.6 ～ 64.5	64.6 ～ 75.7	75.8 ～ 80.4	≥80.5
184.0 ～ 184.9	<56.1	56.1 ～ 65.3	65.4 ～ 76.6	76.7 ～ 81.2	≥81.3
185.0 ～ 185.9	<56.8	56.8 ～ 66.1	66.2 ～ 77.5	77.6 ～ 82.4	≥82.5
186.0 ～ 186.9	<57.3	57.3 ～ 66.9	67.0 ～ 78.6	78.7 ～ 83.3	≥83.4

注：身高低于表中所列出的最低身高段的下限值时，身高每低 1 厘米，实测体重需加上 0.5 千克，实测身高需加上 1 厘米，再查表确定分值。身高高于表中所列出的最高身高段时，身高每高 1 厘米，其实测体重需减去 0.9 千克，实测身高需减去 1 厘米，再查表确定分值。

表 B-3　　　　　　　　　　　　　大学男生各测试项目评分标准

等级	单项得分	肺活量体重指数	1000 米（分.秒）	台阶试验	50 米跑（秒）	立定跳远（米）	掷实心球（米）	握力体重指数	引体向上（次）	坐位体前屈（厘米）	跳绳（次/1分钟）	篮球运球（秒）	足球运球（秒）	排球垫球（次）
优秀	100	84	3′27″	82	6.0	2.66	15.7	92	26	23.0	198	8.6	6.3	50
	98	83	3′28″	80	6.1	2.65	15.2	91	25	22.6	193	9.0	6.5	49
	96	82	3′31″	77	6.2	2.63	14.4	90	24	22.0	186	9.6	6.9	46
	94	81	3′33″	74	6.3	2.62	13.6	89	23	21.4	178	10.3	7.3	44
	92	80	3′35″	71	6.4	2.60	12.5	87	22	20.6	168	11.1	7.7	41
	90	78	3′39″	67	6.5	2.58	11.5	86	21	19.8	158	12.0	8.2	38

等级	单项得分	肺活量体重指数	1000米(分.秒)	台阶试验	50米跑(秒)	立定跳远(米)	掷实心球(米)	握力体重指数	引体向上(次)	坐位体前屈(厘米)	跳绳(次/1分钟)	篮球运球(秒)	足球运球(秒)	排球垫球(次)
良好	87	77	3′42″	65	6.6	2.56	11.3	84	20	18.9	152	12.4	8.5	37
	84	75	3′45″	63	6.8	2.52	10.9	81	19	17.5	144	12.9	8.9	34
	81	73	3′49″	60	7.0	2.48	10.5	79	18	16.2	136	13.5	9.3	32
	78	71	3′53″	57	7.3	2.43	10.0	75	17	14.3	124	14.3	9.9	29
	75	68	3′58″	53	7.5	2.38	9.5	72	16	12.5	113	15.0	10.4	26
及格	72	66	4′05″	52	7.6	2.35	9.3	70	15	11.3	108	15.6	10.7	25
	69	64	4′12″	51	7.7	2.31	8.9	66	14	9.5	101	16.6	11.2	23
	66	61	4′19″	50	7.8	2.26	8.5	63	13	7.8	94	17.5	11.7	21
	63	58	4′26″	48	8.0	2.20	8.0	59	12	5.4	85	18.8	12.3	18
	60	55	4′33″	46	8.1	2.14	7.5	54	11	3.0	75	20.0	12.9	15
不及格	50	54	4′40″	45	8.2	2.12	7.3	53	9	2.4	71	20.6	13.3	14
	40	52	4′47″	44	8.3	2.09	7.0	51	8	1.4	64	21.6	13.8	12
不及格	30	51	4′54″	43	8.5	2.06	6.7	49	7	0.5	58	22.5	14.3	10
	20	49	5′01″	42	8.6	2.03	6.2	47	6	-0.8	49	23.8	15.0	8
	10	47	5′08″	40	8.8	1.99	5.8	44	5	-2.0	40	25.0	15.7	5

表 B-4　　　　　　　　大学女生各测试项目评分标准

等级	单项得分	肺活量体重指数	800米(分.秒)	台阶试验	50米跑(秒)	立定跳远(米)	掷实心球(米)	握力体重指数	仰卧起坐(次/1分钟)	坐位体前屈(厘米)	跳绳(次/1分钟)	篮球运球(秒)	足球运球(秒)	排球垫球(次)
优秀	100	70	3′24″	78	7.2	2.07	8.6	74	52	21.1	190	11.2	7.3	46
	98	69	3′27″	75	7.3	2.06	8.5	73	51	20.8	184	11.5	7.8	44
	96	68	3′29″	72	7.4	2.05	8.4	72	50	20.3	175	12.0	8.6	41
	94	67	3′32″	69	7.5	2.03	8.2	71	49	19.8	166	12.6	9.4	38
	92	65	3′35″	64	7.7	2.01	8.0	69	47	19.2	154	13.3	10.5	34
	90	64	3′38″	60	7.8	1.99	7.8	67	45	18.6	142	14.0	11.5	30
良好	87	63	3′42″	59	7.9	1.97	7.7	66	44	17.7	137	14.6	11.9	29
	84	61	3′46″	57	8.0	1.93	7.6	63	43	16.3	130	15.6	12.5	27
	81	59	3′50″	55	8.2	1.89	7.5	61	42	15.0	122	16.5	13.2	25
	78	57	3′54″	52	8.3	1.84	7.4	58	40	13.1	112	17.8	14.0	23
	75	54	3′58″	49	8.5	1.79	7.2	55	38	11.3	102	19.0	14.9	20
及格	72	53	4′03″	48	8.6	1.76	7.1	53	37	10.1	98	19.8	15.6	19
	69	51	4′08″	47	8.7	1.72	7.0	50	35	8.3	92	20.9	16.7	17
	66	49	4′13″	46	8.8	1.69	6.8	48	33	6.5	86	22.0	17.8	15
	63	46	4′18″	44	8.9	1.63	6.6	44	31	4.1	78	23.5	19.3	13
	60	43	4′23″	42	9.0	1.58	6.4	40	28	1.7	70	25.0	20.8	10
不及格	50	42	4′30″	41	9.1	1.56	6.2	39	27	1.5	66	25.8	21.2	9
	40	41	4′37″	40	9.3	1.53	6.0	38	26	1.3	59	26.9	21.9	8
	30	39	4′44″	39	9.5	1.50	5.7	36	25	1.0	53	28.0	22.5	7
	20	37	4′51″	38	9.8	1.46	5.4	34	23	0.6	44	29.5	23.4	6
	10	35	5′00″	36	10.0	1.42	5.0	32	21	0.2	35	31.0	24.3	4